Langenscheidt

Geschäftsbriefe Englisch

Mustersätze und Briefe
im Baukastensystem

Von Birgit Abegg
und Michael Benford

Langenscheidt

Berlin · München · Wien · Zürich · New York

Herausgegeben von der Langenscheidt-Redaktion

Druck: Druckhaus Langenscheidt, Berlin-Schöneberg
www.Langenscheidt.de
Printed in Germany

ISBN-13: 978-3-468-**40922**-6
ISBN-10: 3-468-**40922**-2

5. 6. 7. 8. * 08 07 06

Vorwort

Weit mehr noch als bei der privaten Korrespondenz folgen Briefe geschäftlichen Inhalts bestimmten Modellen oder beziehen sich auf ständig wiederkehrende Standardsituationen. So lassen sich in einer großen und guten Auswahl von Briefanlässen und Korrespondenzsituationen rund 95 % aller gängigen Geschäftsbriefe erfassen. Die aktuelle Neubearbeitung des vorliegenden Titels enthält eine solche Zusammenstellung und bietet einen Vorentwurf für die meisten der im Geschäftsleben anfallenden Briefe.

Mit Hilfe der nach Sachgebieten geordneten Geschäftsbriefe und der englischen Paralleltexte lassen sich englische Geschäftsbriefe, Faxe und E-Mails schnell und korrekt abfassen; der Benutzer profitiert dabei v. a. von der Breite der Auswahl, der Vielzahl der behandelten Einzelpunkte und der praktischen Verwendbarkeit der Vorlagen.

Bei der Neubearbeitung blieb die bewährte Systematik erhalten: Der erste Teil bietet Briefbeispiele für die wichtigsten Geschäftsbereiche, der zweite, weit umfangreichere bringt – auf Deutsch und Englisch – Mustersätze, die es Ihnen erlauben, Ihren Brief individuell im Baukastensystem zusammenzustellen.

Sprache und Inhalt wurden modernisiert und aktualisiert, die vielfältigen Neuerungen der letzten Jahre wurden eingearbeitet, und auch die einzelnen Sachgebiete wurden ihrer jetzigen Bedeutung entsprechend neu gewichtet und ergänzt.

Beim Arbeiten mit diesem Titel, der die im Englischen gebräuchlichen Ausdrücke und Wendungen wiedergibt, können Sie sich im Laufe der Zeit einen umfassenden Wortschatz und einen natürlichen Umgang mit den englischen Satzkonstruktionen aneignen, die Ihnen im täglichen Geschäftsleben von großem Nutzen sein werden.

Die Verfasser, die sich auf langjährige Erfahrung in Wirtschaft und Praxis stützen, sind Birgit Abegg, Gerichtsdolmetscherin und Dozentin in verschiedenen Industrieunternehmen, und Michael Benford, der seit vielen Jahren Wirtschaftsenglisch an einer Handelsschule unterrichtet. Beide Autoren sind seit vielen Jahren im Prüfungsausschuss der Industrie- und Handelskammer in Düsseldorf tätig. Sie sind ferner Verfasser der im selben Verlag erschienenen Neubearbeitung von „100 Briefe Englisch".

Wir möchten uns bei allen Personen und Firmen bedanken, die durch ihre Zuschriften und Anregungen einen Beitrag zur vorliegenden Neubearbeitung geleistet haben.

Autoren und Verlag

Hinweise für den Benutzer

Briefbeispiele

Der erste Teil des vorliegenden Buches enthält Beispiele für Briefe in deutscher und englischer Sprache, wie sie in der täglichen Geschäftspraxis vorkommen. Darin werden die wichtigsten Bereiche der Geschäftskorrespondenz angesprochen: Anfrage, Angebot (verlangt und unverlangt), Referenzen, Lieferkonditionen, Aufträge und ihre Abwicklung, Abweichungen in der Lieferung, Reklamationen, Vertretungen und Kommissionsgeschäfte, besondere Anlässe (Einladungen, Geschäftseröffnungen, Besuchstermine usw.), Hotelkorrespondenz, Schriftverkehr im Bankwesen, Marketing und Werbung, Empfehlungs- und Bewerbungsbriefe, Einstellung und Kündigung sowie das Transportwesen.

Selbstverständlich ist eine vollständige Erfassung aller in der Geschäftspraxis vorkommenden Gebiete nicht angestrebt, doch bietet uns dieser Teil Beispiele für möglichst viele Gelegenheiten des täglichen Berufslebens anhand im jeweiligen Fall tatsächlich geschriebener Briefe.

Austauschsätze

Der zweite Teil enthält eine Reihe von Austauschsätzen, die im Baukastensystem mit den Briefen aus Teil 1 kombiniert oder zu neuen Briefen zusammengestellt werden können. Die Aufteilung der Kapitel erfolgt analog zur Aufteilung des ersten Teils, so dass der Benutzer des vorliegenden Buches die Möglichkeit hat, Austauschsätze für einen Brief aus dem ersten Teil im entsprechenden Kapitel des zweiten Teils zu suchen und zu verwenden. Die Austauschsätze sind zusätzlich in weitere Unterkapitel eingeteilt, um dem Benutzer die Suche nach dem „richtigen" Satz zu erleichtern und die Auswahlmöglichkeiten zu vergrößern.

Bei der Übersetzung der Satzbeispiele vom Deutschen ins Englische ist nicht immer die wörtliche Entsprechung im *strengen* Sinn gewählt worden. Vielmehr haben wir versucht, den Sinn des jeweiligen Austauschsatzes in der Zielsprache korrekt wiederzugeben. So kann es durchaus vorkommen, dass der Satzbau im Englischen verändert werden musste, weil eine korrekte Syntax und ein besserer Stil dies erforderten. Außerdem soll in einem Geschäftsbrief die Mentalität des Empfängers direkt angesprochen werden. Gleichwohl wurden alle Sätze so übersetzt, dass sie die Aussage des Ursprungstextes inhaltlich genau und sprachlich adäquat wiedergeben.

Formale Besonderheiten

Am Anfang des Buches schließlich findet sich eine allgemeine Einführung in die Formalien, die bei der Abfassung eines englischen Geschäftsbriefes zu beachten sind: Anhand von Mustern eines Briefes, eines Faxes und einer E-Mail werden Besonderheiten kommentiert und Hinweise auf die äußere Form gegeben, Unterschiede in der amerikanischen Geschäftskorrespondenz herausgestellt und Musteradressen englischer und amerikanischer Adressaten präsentiert. Des Weiteren finden sich postalische Angaben und eine Behandlung der Postzustellungssysteme in GB und den USA unter Berücksichtigung der Postleitzahlen. Im Anhang folgt dann eine Liste wichtiger Handelsabkürzungen sowie ein Länderverzeichnis mit Angabe der Landeswährung und der jeweiligen Handelssprache.

Der Zugriff zu Briefbeispielen und Austauschsätzen wird durch ein ausführliches Inhaltsverzeichnis am Anfang des Buches und ein umfassendes alphabetisches Glossar am Schluss erleichtert.

Inhaltsverzeichnis

Der korrekte englische Geschäftsbrief

ACORN DECOR

Unit 6, Whitefield Industrial Estate ①
Lancaster LA4 5DA, Great Britain

Tel. +(0)1524-56431. Telex: 54229. Fax: +(0)1524 56000
E-mail: info@acom.com

Your ref: KL/th ②
Our ref: GG/vc

21 May 20... ③

West Ridge Trading Company Ltd.
98-104 Dawson Road
Calgary
Alberta T2N 2E9 ④
Canada

For the attention of Ms Miles ⑤

Dear Ms Miles ⑥

<u>Your Enquiry regarding Refuse Containers</u> ⑦

Many thanks for your enquiry of 15 May regarding our new, environmentally friendly refuse containers. ⑧

We take pleasure in sending you our latest, illustrated catalogue containing comprehensive details of our entire sales range. Our current price list is also enclosed.

We are able to supply most of the articles depicted in it from stock and are also willing to grant generous discounts to first-time buyers.

We look forward to hearing from you soon.

Yours sincerely ⑨

(Signature) ⑩

Gerald Grisham
Sales Manager

Enc ⑪ ⑬

cc: A. Clark, European Sales Co-ordinator ⑫

Die Briefbestandteile

1 Briefkopf (letterhead)

Der Briefkopf ist in der Regel auf dem Briefbogen gedruckt oder er wird bei der Arbeit mit dem Computer in das Schreibprogramm eingespeichert. Der englische Briefkopf muss Namen, Adresse, Telefon-, Fax- und E-Mail-Nummern enthalten. Die Namen der Direktoren und die eingetragene Büronummer sind in der Regel ebenfalls zu erwähnen.

2 Bezugszeile (reference line)

Die Bezugszeile besteht gewöhnlich aus den Initialen der Person, die den Brief diktiert hat, und denen der Schreibkraft. Manchmal enthält die Bezugszeile auch ein Geschäftszeichen, das – besonders bei Behörden oder großen Firmen mit zahlreichen Abteilungen – unbedingt in der Antwort angegeben werden sollte.

3 Datum (date)

Die moderne Schreibform für das Datum erlaubt zahlreiche Möglichkeiten, z. B.:

10 September 19...
September 10 19...
September 10th 19...
September 10th, 19...
September 10, 19...

Man sollte mit Rücksicht auf die anders geartete Schreibweise der Amerikaner vermeiden, nur Zahlen zu schreiben, wie z. B.:

1996-9-10

Diese Schreibform für den 10. September 1996 wäre in Amerika durchaus üblich, was natürlich zu Verwechslungen führen könnte. Daher sollte der Monatsname ausgeschrieben, bzw. vor allem bei längeren Monatsnamen in Kurzform genannt werden, z. B.:

3 Sept 1996

4 Anschrift des Empfängers (inside address)

Beispiele:

Mr P. R. Johnson
Mrs A J Howard
Ms Rita Fulham
Miss Jaqueline Howard
Messrs Hooton & Brown

Einzelpersonen oder Personengesellschaften werden in der Regel in der oben beschriebenen Weise angeschrieben. „Messrs" steht bei Personengesellschaften nur vor den Namen der Personen, entfällt jedoch, wenn die Personengesellschaft einen Namen hat, der nicht aus Personennamen besteht, z. B.:

The Whitehall Exhibition Centre
The Brighton Golf Club

Adressiert man den Brief an eine Kapitalgesellschaft, die im Englischen z. B. auf „Ltd" bzw. „Plc" endet, im Amerikanischen häufig auf „Inc.", im Südafrikanischen auf „Pty." usw., schreibt man lediglich den Namen der Firma, z. B.:

The Boston Rubber Company Inc.
Dexter & Partners Ltd
MacGraw & Hudson Plc

5 Zuständige Person – zu Händen von (attention line – for the attention of)

Soll der Brief an eine bestimmte Person zwecks Zuständigkeit geleitet werden, ist es ratsam, hierfür eine gesonderte Zeile vorzusehen. Natürlich kann die Person auch in der Anschrift direkt angeschrieben werden. Dies hat jedoch den Nachteil, dass ein Brief, der an eine bestimmte Person adressiert wird, nur von dieser geöffnet werden darf. Handelt es sich daher um einen Geschäftsbrief, ist es besser, ihn „zu Händen von ..." zu schicken. So kann er geöffnet werden und, falls die zuständige Person nicht da ist, von dem/der diese Person vertretenden Sachbearbeiter/in bearbeitet werden.

6 Anrede (salutation)

Wie Sie eine Person oder Firma anreden, hängt häufig von der Anrede ab, die Sie bei der Empfängeranschrift oder in der „attention line" verwendet haben.

„Mr A J Howard" würde man folgendermaßen anreden:

Dear Sir oder Dear Mr Howard

oder, was im Englischen häufig ist, mit Vornamen:

Dear Adam

Bei Damen gilt Ähnliches. „Ms Jane Fielding" könnte wie folgt angeredet werden:

Dear Madam Dear Jane
Dear Ms Fielding

Die Abkürzung „Ms" kam ursprünglich aus Amerika, wo Frauen weder ein „Mrs" noch ein „Miss" vor ihren Namen setzen wollten, sondern mit „Ms" lediglich dokumentierten, dass sie weiblichen Geschlechts waren. „Mrs" und „Miss" werden natürlich auch verwendet. Die Abkürzungen „Mr.", „Mrs.", „Ms." werden in amerikanischen Briefen oft mit einem Punkt versehen, in britischen Geschäftsbriefen dagegen nur selten.

Schreibt man an eine Gesellschaft, in der man noch keine Person mit Namen kennt, verwendet man: „Dear Sirs", „Dear Sir or Madam" oder auch schon „Dear Madam, dear Sir". Wird eine Firma angeschrieben, die nur aus Damen besteht, verwendet man gelegentlich in den USA „Ladies". Es gibt jedoch weder im britischen noch im amerikanischen Englisch zz. eine allgemein akzeptierte Anrede, die dem deutschen „Sehr geehrte Damen und Herren" genau entspräche. In den Briefbeispielen wurde der Einfachheit halber die Singularanrede „Dear Sir oder Madam" verwendet. Falls Zeichensetzung erfolgt, steht nach der Anrede ein Komma oder in den USA oft ein Doppelpunkt.

Auf Zeichensetzung wird im Zeitalter des Computers in Anschrift und Anrede weitgehend verzichtet. Im Brieftext selbst ist sie natürlich nach wie vor von großer Wichtigkeit. Bei amerikanischen Briefen ist die Zeichensetzung oft in Anrede und Schlussformel (als Komma) zu finden.

7 Betreff (subject line)

Über die Notwendigkeit eines Betreffs ist man sich innerhalb der verschiedenen Gremien der EU noch nicht einig. Während man in Deutschland offensichtlich noch dazu tendiert, den Betreff als Bestandteil des Briefes aufzufassen, ist er in GB nicht mehr zwingend vorgeschrieben. Obwohl es heißt, dass die Betreffzeile im Englischen **nach** der Anrede zu erscheinen hat und nicht **vor** der Anrede wie im Deutschen, gibt es hiervon auch schon Abweichungen.

8 Brieftext (body of the letter)

Selbst in einem kurzen Geschäftsbrief wird man sich auf drei Teile einigen können: die Einleitung, den eigentlichen Zweck des Briefes und den Schlusssatz.

9 Schlussformel (complimentary close)

Hier gibt es Unterschiede im britischen und amerikanischen Englisch. Während der Brite es sehr genau nimmt, ob er eine Person mit Namen angeredet hat oder nicht, ist der Amerikaner großzügiger.

Schreibt der Brite an eine Person mit Namen, z. B.:

Dear Roger
Dr Jones
Dear Mr Parker

muss er in der Schlussformel „Yours sincerely" verwenden.

Schreibt er aber:

Dear Sir
Dear Madam
Dear Sirs

heißt die Schlussformel „Yours faithfully".

Wenn man eine Person recht gut kennt, können einige höfliche Floskeln hinzugefügt werden, wie z. B.:

With best wishes
Kind regards

In den USA findet man häufig:

Sincerely yours, oder
Yours (very) truly,

ganz gleich, wie man die Person vorher angeredet hat.

10 Name und Unterschrift (name and signature)

In GB und den USA unterschreibt den Brief in der Regel die Person, die ihn diktiert oder selbst geschrieben hat. Da Unterschriften häufig unleserlich sind, wird es immer gebräuchlicher, den Namen der Person darunter zu schreiben. Um dem Leser die Stellung der Person, mit der er korrespondiert, zu erläutern, steht häufig auch die Berufsbezeichnung unter dem Namen, z. B.:

P R Land
Purchasing Manager

Mary Peterson
Chief Accountant

11 Anlagen (enclosures)

Wenn dem Brief eine Anlage hinzugefügt wird, sollte man dies der Ordnung halber am Schluss des Briefes erwähnen. Dies geschieht normalerweise in Form einer Abkürzung, „Encl(s)", „Enc(s)".

12 Kopieverteiler (cc – carbon copy)

Häufig möchte der Briefeschreiber, dass eine bestimmte Person oder Stelle (intern oder extern) eine Kopie seines Schreibens zur Information erhält. Um dies auch dem Adressaten kenntlich zu machen, schreibt er einen entsprechenden Vermerk unter den Brief. Oft handelt es sich auch um mehrere Personen oder Stellen, die darüber informiert werden sollen, dass der Brief geschrieben worden ist.

13 Postskriptum (postscript – P. S.)

Dieses dient wie im Deutschen dazu, noch etwas unter den Brief zu setzen, was man vergessen hat. Es ist jedoch heute recht selten geworden, da in computergeschriebene Briefe unschwer etwas eingefügt werden kann. Ein Postskriptum steht nach dem Namen oder nach den Angaben zur Anlage.

Postzustellung und Adressen in Großbritannien und den USA

1 Großbritannien

Anders als in Deutschland, gibt es in Großbritannien zwei Postzustellungssysteme, die „first class postage", bei der die Briefe schneller befördert werden, aber auch teurer sind, und die „second class postage", welche billiger, aber auch langsamer ist.

Bei der Postsortierung werden die Briefe zunächst maschinell in die 1. und die 2. Kategorie eingeteilt, wobei gleichzeitig die Briefmarken automatisch entwertet werden.

Die Postleitzahlen unterliegen in GB einem komplizierteren System als in Deutschland. Der „postcode" besteht aus jeweils zwei Gruppen von Buchstaben und Zahlen. Die 1. Gruppe zeigt postalisch die Stadt oder Umgebung des Adressaten an, die 2. Gruppe die genaue Adresse des Empfängers.

Eine richtig geschriebene Adresse sollte wie folgt aussehen:

Mr Joseph Browne
36 Flora Grove
HARWICH
C012 4JR
England

Die Namen der wichtigsten postalisch anerkannten Abkürzungen für Grafschaften, die jedoch nicht mehr verbindlich bei den Adressen angegeben werden müssen, lauten wie folgt:

Bedfordshire	Beds	Northamptonshire	Northants
Berkshire	Berks	Northumberland	Northd
Buckinghamshire	Bucks	Nottinghamshire	Notts
Cambridgeshire	Cambs	Oxfordshire	Oxon
Gloucestershire	Glos	Shropshire	Shrops/Salop
Hampshire	Hants	South Glamorgan	S Glam
Hertfordshire	Herts	Staffordshire	Staffs
Lancashire	Lancs	West Glamorgan	W Glam
Leicestershire	Leics	Wiltshire	Wilts
Lincolnshire	Lincs	Worcestershire	Worcs
Mid Glamorgan	M Glam	Yorkshire	Yorks
Middlesex	Middx		

2 USA

Bei Adressen in die USA sollte die Abkürzung für den jeweiligen Bundesstaat in zwei Großbuchstaben sowie die Postleitzahl (die im amerikanischen Englisch „ZIP code“ heißt) angegeben werden.

In den Vereinigten Staaten ist es üblich, die Adresse in Großbuchstaben und ohne Zeichensetzung auf den Umschlag zu schreiben, z. B.:

MS RITA PETERSON
40 BRIDGETOWN STREET
FLORIDA FL 810450
USA

Sonst entfällt die Großschreibung, nur der Ländername bleibt in Großbuchstaben bestehen.

Die Namen der US-Staaten und deren Gebiete mit Abkürzungen lauten wie folgt:

Alabama	AL	Kansas	KS	Ohio	OH
Alaska	AK	Kentucky	KY	Oklahoma	OK
Arizona	AZ	Louisiana	LA	Oregon	OR
Arkansas	AR	Maine	ME	Pennsylvania	PA
California	CA	Maryland	MD	Puerto Rico	PR
Canal Zone	CZ	Massachusetts	MA	Rhode Island	RI
Colorado	CO	Michigan	MI	South Carolina	SC
Connecticut	CT	Minnesota	MN	South Dakota	SD
Delaware	DE	Mississippi	MS	Tennessee	TN
District of		Missouri	MO	Texas	TX
Columbia	DC	Montana	MT	Utah	UT
Florida	FL	Nebraska	NE	Vermont	VT
Georgia	GA	Nevada	NV	Virginia	VA
Guam	GU	New Hampshire	NH	Virgin Islands	VI
Hawaii	HI	New Jersey	NJ	Washington	WA
Idaho	ID	New Mexico	NM	West Virginia	WV
Illinois	IL	New York	NY	Wisconsin	WI
Indiana	IN	North Carolina	NC	Wyoming	WY
Iowa	IA	North Dakota	ND		

Das Fax

Das Telefax oder Fax erfreut sich in Zeiten immer schnellerer Kommunikationsmöglichkeiten steigender Beliebtheit und hat das Telex beinahe vollständig verdrängt.

Faxe ähneln Geschäftsbriefen im Aufbau, folgen jedoch weniger strikten Regeln, was die Form und den Aufbau anbelangt. Sie können über spezielle Faxgeräte, die telefonisch anwählbar sind, oder auch direkt über den Computer an den Empfänger geschickt werden.

Hinsichtlich ihrer äußeren Form gibt es noch keine festen Regeln. Meistens benutzen Firmen eigens gestaltete Vordrucke, die den Absender mit seiner genauen Adresse und weiteren Angaben ausweisen. Die Adresse des Empfängers ist oft nicht vollständig angegeben, da es ja ausreicht, die richtige Faxnummer anzuwählen.

Anders als beim Brief wird die Seitenzahl erwähnt, damit der Empfänger weiß, wie viele Seiten er erhalten soll und sich melden kann, wenn die erhaltene Anzahl nicht vollständig ist.

Inwieweit ein Fax Rechtsverbindlichkeit hat, ist noch nicht eindeutig geklärt. Während es im Geschäftsverkehr weitestgehend als rechtsverbindlich anerkannt wird, gilt dies noch nicht für alle behördlichen und gerichtlichen Bereiche. Bei wichtigen Dokumenten sollte daher vorsichtshalber eine briefliche Bestätigung erfolgen.

Ein Fax ist auch stilistisch etwas ungezwungener als ein Geschäftsbrief. Häufig entfallen starre Grußformeln oder Redewendungen. Es ist jedoch auch im Fax unerlässlich, wichtige Daten und Fakten anzugeben, damit keine Missverständnisse entstehen.

Anschließend ein Beispiel dafür, wie man eine Faxmitteilung gestalten kann:

FAX MESSAGE

TO: Mr Wong, ColorPrints (PTE) Ltd., Singapore
FAX: ++65-6423762

FROM: Mr R. Wolf, Langenscheidt Publishers, Munich, Germany
FAX: ++89-2316-234 TEL: ++89-2316-421

Dear Mr Wong

We have tried unsuccessfully to reach your office by telephone several times on an urgent matter. Please ring back at your earliest convenience.

Yours sincerely

(Signature)

Die E-Mail

Seit der Erfindung des Internet hat sich die E-Mail als formlose, über das Computer-Datennetz speicherbare Mitteilung einen nicht mehr wegzudenkenden Platz in der Welt der Telekommunikation erobert. Die E-Mail ist eine Mitteilung, die, meistens über einen sogenannten Provider, an eine an das Computernetz angeschlossene andere E-Mail-Adresse geschickt werden kann. Der Vorteil ist hierbei nicht nur der Zeitfaktor: Auch längere Mitteilungen sowie Anlagen können im Computerverkehr hin- und hergeschickt und auch zwischendurch bearbeitet und ergänzt werden.

Wie beim Fax gilt jedoch noch die Regel, dass es zur rechtsverbindlichen Anerkennen einer E-Mail einer zusätzlichen Bestätigung bedarf.

Die äußere Form einer E-Mail ist keinen festen Normen unterworfen. Sie enthält die E-Mail-Adresse des Absenders und des Empfängers und in der Regel die Vermerke, ob und an wen Kopien und/oder Anlagen versandt werden.

e-mail

From:	a.merz@elektro-hartmann.de
To:	t.jones@megastore.uk;r.jonson@quickserve.com
Date:	26 June 2000, 10:29
Subject:	New offers and price list

Dear customer

The enclosed file contains a list of our latest special offers at knock-down prices.

To order please send us an e-mail, or order online at

http://www.elekto-hartmann.de

Remember – demand for these products is growing every day, so let us rush your order to you now while stocks last!

Yours sincerely

Angela Merz
Export Sales Department

Ausdrücke des Post- und Transportwesens

1 Post

attn (for the attention of) *zu Händen von*	P. O. Box *Post(schließ)fach*
By airmail *Per Luftpost*	Poste restante / to be called for *Postlagernd*
By courier *Per Kurier*	Printed matter *Drucksache*
By registered mail *Per Einschreiben*	Printed matter reduced rate *Drucksache zu ermäßigter Gebühr*
c/o (care of) *per Adresse, bei*	Private *Privat*
Confidential *Vertraulich*	Private and confidential *Streng vertraulich*
Express Delivery *Eilboten*	To be forwarded / Please forward *Bitte nachsenden*
If undelivered, please return *Falls unzustellbar, bitte zurück*	Urgent *Eilt*

2 Transport

Bottom *Unten*	Lift with chains not with hooks *Nicht mit Haken, sondern mit Ketten anheben*
Do not store in a damp place *Sofort in trockenen Raum stellen*	Keep dry *Vor Nässe schützen*
Do not remove protective cardboard *Dachpappe nicht entfernen*	Keep upright *Nicht umlegen*
Do not drop *Nicht stürzen*	Open here *Hier öffnen*
Fragile *Zerbrechlich*	To be rolled, not tipped *Nicht kanten, sondern rollen*
Handle with care *Vorsicht*	Top *Oben*
Lift here *Hier anheben*	Weight, net, legal, gross, tare *Gewicht, netto, gesetzlich, brutto, Tara*

Briefbeispiele
Sample Letters

Die Anfrage
Enquiries

Angebotsanforderungen

Angebot für Elektromotoren

1 Sehr geehrte Damen und Herren,

als Hersteller von vollautomatischen Waschmaschinen haben wir einen großen Bedarf an elektrischen Motoren von 0,1 bis 0,5 PS.

Können Sie uns für solche Motoren ein Angebot unterbreiten? Bitte kalkulieren Sie dabei unter Zugrundelegung eines Jahresbedarfs von ... Motoren äußerste Preise.

Dem Eingang Ihrer ausführlichen Offerte sehen wir mit Interesse entgegen.

Mit freundlichen Grüßen

2 Sehr geehrte Damen und Herren,

wir haben Ihre Anschrift von der Telekommunikationsfirma ... in ... erhalten. Herr/Frau ... sagte uns, dass Sie für den Vertrieb von Mobiltelefonen der Marke ... im EU-Markt zuständig seien. Wir würden gern Ihr Produkt in unser Telefonprogramm aufnehmen.

Sollten Sie an einer längerfristigen Geschäftsverbindung mit uns interessiert sein, bitten wir Sie, uns nähere Informationen zukommen zu lassen.

Gern hören wir wieder von Ihnen.

Mit freundlichen Grüßen

Requests for offers

Offer for Electric Motors

1 Dear Sir or Madam

As manufacturers of fully automatic washing machines we require large numbers of 0.1 – 0.5 hp electric motors.

Would you please submit us an offer for these motors, quoting your lowest prices, assuming a yearly requirement of ... motors?

We look forward to receiving your detailed offer.

Yours faithfully

2 Dear Sir or Madam

We were given your address by ..., a telecommunications firm in ... and were told by Mr / Ms ... that your company is in charge of sales of ... (brand name) mobile telephones on the EU market. We would be interested in adding your telephone to our range.

Should you be interested in doing business with us on a long-term basis, we would ask you to let us have more detailed information on your products.

We look forward to hearing from you.

Yours faithfully

3 Sehr geehrte Damen und Herren,

wir haben in den letzten Jahren verschiedene ausländische ...marken auf dem Markt eingeführt und für die Lieferfirmen beträchtliche Umsätze erzielt.

Ihr Verkaufsprogramm hat bei der Ausstellung in ... überzeugt und unser besonderes Interesse gefunden. Deshalb bitten wir Sie, uns alle Unterlagen über Ihre ... zu übersenden.

Wir möchten noch darauf hinweisen, dass unsere Abnehmer über eine ausgezeichnete Kundendienstorganisation verfügen.

Ihrer Nachricht sehen wir mit großem Interesse entgegen.

Mit freundlichen Grüßen

3 Dear Sir or Madam

In recent years we have introduced a variety of foreign brands of ... to the market, resulting in substantial sales for the manufacturers supplying us.

The impressive range of products you displayed at the exhibition in ... particularly attracted our attention. We would therefore request you to to send us all the information available on your ...

We would also like to point out that our clients also enjoy an excellent after-sales service.

We look forward to your reply with great interest.

Yours faithfully

Das Angebot

Offers

Antwort auf Angebotsanforderungen

Ablehnung

1 Sehr geehrte Damen und Herren,

vielen Dank für Ihr Schreiben vom ... und das darin zum Ausdruck gebrachte Interesse an unseren Erzeugnissen.

Wir waren aus Wettbewerbsgründen jedoch leider gezwungen, die Vielfalt unserer Produktpalette zu beschränken. Wir stellen deshalb den von Ihnen genannten Artikel nicht mehr her.

Soviel uns bekannt ist, wird er in der gesamten EU nur noch von der Firma ... in ... gefertigt.

Bei dieser Gelegenheit dürfen wir Ihnen jedoch, um Ihnen einen Überblick über die von uns nunmehr gefertigten Waren zu geben, als Anlage einen illustrierten Prospekt überreichen. Sollte ein ähnlicher Artikel für Sie interessant sein, sind wir gern bereit, Ihnen ein ausführliches Angebot mit Lieferfristen, Preisen, Zahlungsbedingungen usw. zuzusenden.

Mit freundlichen Grüßen

Anlage
1 Prospekt

Response to a request for an offer

Rejection

1 Dear Sir or Madam

Many thanks for your letter of ... and the interest expressed in our products.

However, in order for us to keep our competitive edge, it has proved necessary to streamline our range. We therefore no longer manufacture the article you mention.

As far as we know, the only firm still making it in the EU is ... in ...

We would nevertheless like to take this opportunity to give you an overall impression of the goods we now manufacture and enclose an illustrated brochure. Should you be interested in a similar article, we will be pleased to send you a detailed offer with delivery periods, prices, terms of payment etc.

Yours faithfully

Enc
1 Brochure

2 Sehr geehrte Damen und Herren,

auf Ihre Anfrage vom … müssen wir Ihnen mitteilen, dass wir uns nicht in der Lage sehen, Ihnen ein Angebot zu unterbreiten, da wir mit Aufträgen für die nächsten … Monate voll ausgelastet sind. Eine kurzfristige Kapazitätsausweitung ist leider nicht möglich.

Wir bitten um Ihr Verständnis.

Mit freundlichen Grüßen

2 Dear Sir or Madam

In response to your enquiry of …, we regret to inform you that as our order books are full for the next … months, we are unable to make you an offer. We are also unfortunately not able to expand our capacity in the short term.

We trust you will understand our position.

Yours faithfully

3 Sehr geehrte Damen und Herren,

besten Dank für Ihre Anfrage vom …
Dazu müssen wir Ihnen leider mitteilen, dass wir selbst keine Exportgeschäfte tätigen. Wir beliefern nur den … Markt.

Alle von uns hergestellten Erzeugnisse werden von der Firma … exportiert. Wir haben Ihre Anfrage dorthin weitergeleitet und gebeten, Ihnen das gewünschte Angebot zu unterbreiten. Sie werden in Kürze von dort Nachricht erhalten.

Mit freundlichen Grüßen

3 Dear Sir or Madam

Many thanks for your enquiry dated …
We regret to inform you, however, that we ourselves are not exporters, only supplying goods for the … market.

All the goods we produce are exported by …. We have passed your order on to them and requested them to make you an offer as requested. You will be hearing from them in the near future.

Yours faithfully

4 Sehr geehrte Damen und Herren,

Wir danken Ihnen für Ihre Anfrage vom …

Leider sind wir nicht in der Lage, Ihnen ein direktes Angebot zu unterbreiten.

Wir werden seit vielen Jahren durch die Firma … vertreten. Mit diesem Unternehmen haben wir vertragliche Vereinbarungen. Wir können daher in das dortige Gebiet keine unmittelbaren Lieferungen vornehmen.

Wenden Sie sich deshalb bitte – unter Bezugnahme auf dieses Schreiben – an die Firma …

Mit freundlichen Grüßen

4 Dear Sir or Madam

Many thanks for your enquiry dated …

We are, however, unfortunately not in a position to make you a direct offer.

For many years now we have been represented by …, with whom we have a contractual agreement. We are therefore unable to make any deliveries to your sales territory directly.

Please therefore contact … quoting this letter.

Yours faithfully

Angebot entsprechend der Anfrage

1 Sehr geehrte Damen und Herren,

wir danken Ihnen für Ihre Anfrage vom ... Als Anlage erhalten Sie ein Muster der nachgefertigten ... Diese bieten wir Ihnen wie folgt an:

... aus Kunststoff: per ... Stück

Mindestabnahme: ... Stück

Lieferung:	frachtfrei Grenze
Verpackung:	wird nicht berechnet
Zahlung:	durch unwiderrufliches Akkreditiv.

Wir würden uns sehr freuen, von Ihnen den Auftrag zu erhalten, und sichern Ihnen schon heute eine prompte Abwicklung zu.

Mit freundlichen Grüßen

Anlage
1 Muster

Offer as requested in enquiry

1 Dear Sir or Madam

Thank you for your enquiry of ... Enclosed you will find a sample of the goods requested, for which we are able to quote you as follows:

Plastic ... in lots of ...

Minimum order: ... units

Delivery:	freight paid to border
Packing:	no charge
Payment:	by irrevocable letter of credit

We would be very pleased to receive your order, which, you may rest assured, will be executed promptly.

Yours faithfully

Enc
1 Sample

2 Sehr geehrte Damen und Herren,

Ihrem Wunsch, Ihnen unsere Musterkollektion zu übersenden, kommen wir gern nach. Gleichzeitig erhalten Sie die Preisliste für alle von uns hergestellten Artikel.

Wir sind sehr daran interessiert, Sie zu beliefern und möchten daher mit einem Probeauftrag unsere Leistungsfähigkeit unter Beweis stellen. Sie dürfen versichert sein, dass wir evtl. Aufträge sorgfältig ausführen werden.

Bitte geben Sie uns bald Bescheid.

Mit freundlichen Grüßen

Anlagen
1 Musterkollektion
1 Preisliste

2 Dear Sir or Madam

We are pleased to supply you with a collection of the samples as requested and also enclose our price list.

We would welcome the opportunity of supplying you with our products and would be pleased to receive a trial order to enable us to demonstrate our efficiency. You may be certain that any orders received will be executed carefully.

A prompt reply would be very much appreciated.

Yours faithfully

Encs
1 Selection of samples
1 Price list

3 Sehr geehrte Damen und Herren,

wir danken Ihnen für Ihre Anfrage vom … und bestätigen den Erhalt Ihres Warenmusters.

Nach Prüfung können wir Ihnen mitteilen, dass wir jederzeit in der Lage sind, den uns vorgelegten Artikel in gleicher Qualität und Ausführung zu liefern.

Sie wünschen ein Angebot auf der Basis eines Jahresbedarfs von … Stück, das wir wie folgt detaillieren:

Preis: ab Werk je Stück …

Verpackung: wird zu Selbstkosten (nicht) berechnet

Zahlung: durch unwiderrufliches Akkreditiv

Liefertermin: … Tage nach Auftrag.

Wir versichern Ihnen, dass unter Zugrundelegung der genannten Jahresmengen unsere Preise äußerst kalkuliert sind.

Über die technischen Details informiert Sie der beigefügte Prospekt. Sollten Sie noch Einzelfragen haben, bitten wir Sie um Nachricht.

Mit freundlichen Grüßen

3 Dear Sir or Madam

We thank you for you enquiry of … and confirm receipt of your sample.

Having now examined it we are able to confirm that we can indeed supply an article of identical quality and type.

The following quotation is, as requested, on the basis of an annual requirement of … units:

Price: unit price ex works …

Packing: charged at cost price (no charge)

Payment: by irrevocable letter of credit

Delivery: … days after receipt of order

We assure you that our prices are the lowest possible on the basis of the annual requirement stated.

We enclose a brochure containing technical details. Should you have any queries please do not hesitate to contact us.

Yours faithfully

4 Sehr geehrte Damen und Herren,

vielen Dank für Ihre Anfrage vom …

In der Anlage erhalten Sie einen detaillierten Prospekt über das von Ihnen angefragte Dienstleistungsprogramm mit genauen Preisen und Bedingungen.

Unser Herr …/Unsere Frau … steht Ihnen für weitere Auskünfte jederzeit unter der Tel.-Nr. … oder unter der E-Mail-Adresse … zur Verfügung.

Weitere Informationen entnehmen Sie bitte unserer Homepage www…

Mit freundlichen Grüßen

4 Dear Sir or Madam

Many thanks for your enquiry dated …

We enclose a detailed brochure on the range of services you enquire about, including particulars of our terms and prices.

Mr / Ms … (tel. …, e-mail …) will be pleased to supply you with any further details you may require.

Please visit our website at www… if you require more information.

Yours faithfully

Angebot von der Anfrage abweichend

Andere Ausführung

Sehr geehrte Damen und Herren,

zu unserem Bedauern müssen wir Ihnen mitteilen, dass wir Waren in der von Ihnen geforderten Ausführung nicht herstellen.

Über unser Fertigungsprogramm gibt Ihnen der beigefügte Prospekt Auskunft. Es würde uns freuen, wenn einige Artikel für Ihr Verkaufsprogramm geeignet wären.

Wir sehen Ihrer weiteren Nachricht mit Interesse entgegen und verbleiben

mit freundlichen Grüßen

Anlage
1 Prospekt

Offer differs from enquiry

Different model

Dear Sir or Madam

We regret to inform you that we do not produce the model you require.

The brochure enclosed contains details of our range of products. We would be pleased if some of the goods described proved suitable for your sales programme.

We look forward to hearing from you and remain

Yours faithfully

Enc
Brochure

Qualitätsabweichung

Sehr geehrte Damen und Herren,

Ihre Anfrage vom ... haben wir mit Interesse zur Kenntnis genommen. Wir mussten aber leider feststellen, dass die von Ihnen gewünschten Waren in gleicher Qualität von uns nicht produziert werden.

Zu Ihrer Information übersenden wir Ihnen Qualitätsmuster unserer Erzeugnisse und bitten Sie zu prüfen, ob diese Ihren Ansprüchen genügen. Sollte für Ihr Programm nur die von Ihnen geforderte Qualität infrage kommen, so wären wir nach Anlaufzeit von ca. ... Monaten in der Lage, auch diese Ausfertigung zu liefern.

Für die Preiskalkulationen sind genaue Angaben über Abnahmemengen erforderlich. Sobald wir Ihre Mitteilung erhalten haben, können wir Ihnen ein Angebot unterbreiten.

Wir freuen uns auf Ihre Nachricht.

Mit freundlichen Grüßen

Difference in quality

Dear Sir or Madam

We read your enquiry of ... with great interest but are sorry to inform you that we do not produce the goods you require in the quality requested.

For your information we are sending you some samples of the quality of goods we can offer and would request you to ascertain whether they meet your requirements. Should you only be able to include the quality you request in your sales programme we would be able to supply you with this in approx. ... months' time.

We need to know exactly what quantity is required before we can quote you a price. As soon as we have this information we will be able to make you an offer.

We look forward to hearing from you.

Yours faithfully

Probelieferungen können nicht ausgeführt werden

Sehr geehrte Damen und Herren,

leider müssen wir Ihnen mitteilen, dass wir Lieferungen auf Probe nicht durchführen.

Unsere Produkte haben sich in vielen Ländern einen ausgezeichneten Ruf erworben, deshalb bitten wir Sie für diese Entscheidung um Verständnis.

Wir sind an einem Export in Ihr Land durchaus interessiert und möchten Ihnen in der Weise entgegenkommen, dass wir Ihnen für die ersten ... Lieferungen einen Einführungsrabatt von ... % gewähren.

Lassen Sie uns bitte wissen, ob wir auf dieser Basis eine Vereinbarung treffen können. Ihrem Bescheid sehen wir gern entgegen.

Mit freundlichen Grüßen

Company does not supply goods on approval

Dear Sir or Madam

We regret to inform you that we do not supply goods on approval.

As our products have acquired an excellent reputation in many countries we trust you will understand our policy.

We are, however, interested in exporting to your country and would like to accommodate you by granting an introductory discount of ... % on the first consignments.

Please let us know if we can come to an agreement on this basis. We look forward to hearing from you.

Yours faithfully

Angebot mit Einschränkungen

1 Sehr geehrte Damen und Herren,

in Beantwortung Ihrer Anfrage vom ... müssen wir Ihnen leider mitteilen, dass wir die von Ihnen gewünschten Warenposten nicht in vollem Umfang liefern können.

Wir sind jedoch in der Lage, innerhalb von ... Tagen eine Teillieferung von ... vorzunehmen.

Bitte lassen Sie uns umgehend wissen, ob wir Ihnen hiermit dienen können.

Mit freundlichen Grüßen

2 Sehr geehrte Damen und Herren,

wir freuen uns über Ihre Anfrage vom ... Die von Ihnen verlangte Lieferung können wir nur durchführen, wenn Sie den Warenposten, der gerade verfügbar ist, bis spätestens zum ... abnehmen.

Bitte geben Sie uns Ihre Entscheidung so bald wie möglich bekannt.

Mit freundlichen Grüßen

Qualified offer

1 Dear Sir or Madam

In reply to your enquiry of ... we regret to inform you that we are unable to supply the quantity of goods you require.

We are, however, in a position to make a part-delivery of ... within the next ... days.

Please let us know by return whether this would be of help to you.

Yours faithfully

2 Dear Sir or Madam

We were pleased to receive your enquiry of ... We will only be able to carry out your order if you agree, by ... at the latest, to accept the goods we currently have available .

Please let us have your decision on this matter as soon as possible.

Yours faithfully

3 Sehr geehrte Damen und Herren,

vielen Dank für Ihre Anfrage.

Als Anlage überreichen wir Ihnen wunschgemäß unsere zurzeit gültige Exportpreisliste. Da die Preise auf dem Rohstoffmarkt seit einigen Monaten ständig steigen, können wir das Angebot nur dann aufrechterhalten, wenn Sie uns in den nächsten ... Tagen Ihren Auftrag erteilen.

Nach diesem Zeitpunkt werden unsere Vorräte restlos erschöpft sein, und wir werden unter Berücksichtigung eventueller Bewegungen auf dem Rohstoffmarkt unsere Preise überprüfen, gegebenenfalls auch neu festsetzen müssen.

Bitte haben Sie Verständnis. Wir erwarten gern Ihren weiteren Bescheid.

Mit freundlichen Grüßen

Anlage
1 Exportpreisliste

3 Dear Sir or Madam

Many thanks for your enquiry.

As requested, we enclose our current export price list. Since the prices of raw materials have been rising steadily for the last few months, we can only offer you as quoted if you place your order within the next ... days.

After this time our supplies will be entirely exhausted and we will be reviewing our prices in the light of any movements in the raw materials market, re-adjusting them if necessary.

We trust you will understand our position and await your response with interest.

Yours faithfully

Enc
1 Export price list

4 Sehr geehrte Damen und Herren,

in Ihrem Schreiben vom ... fehlt leider der Vermerk, welche Mengen der angebotenen Waren für Sie infrage kommen.

Als Anlage überreichen wir Ihnen eine Preisliste unseres Sortiments, müssen aber dazu bemerken, dass alle Preise auf der Abnahme von ... Stück pro Artikel basieren. Aufträge von geringerem Umfang können wir aus kalkulatorischen Gründen und wegen der verwendeten Verpackungseinheiten nicht annehmen.

Bitte unterrichten Sie uns, ob Sie mit unseren Bedingungen einverstanden sind. Wir könnten Ihnen die Ware binnen ... liefern.

Mit freundlichen Grüßen

Anlage
1 Preisliste

4 Dear Sir or Madam

In your letter of ... you have unfortunately omitted to state what quantity of the goods offered you require.

We enclose a price list for our range but would draw your attention to the fact that all prices pre-suppose a minimum order of ... units of each article. We are unable to accept smaller orders as this would necessitate re-calculating prices and using non-standardised packaging.

Please let us know whether you agree to our terms. We would be able to deliver the goods to you within ...

Yours faithfully

Enc
Price list

Unverlangtes Angebot

1 Sehr geehrte Damen und Herren,

Ihre Anschrift entnahmen wir der Homepage im Internet.

Mit dieser E-Mail dürfen wir uns Ihnen als Hersteller von … vorstellen. Durch weltweit steigende Absatzzahlen unseres Unternehmens konnten wir in den letzten Jahren unser Produktionsnetz ständig ausbauen.

Aus diesem Grund sind wir sehr daran interessiert, auch in Ihrem Land Fuß zu fassen und unsere Produkte auf Ihren Markt zu bringen.

Um Ihnen einen Einblick in die Leistungsfähigkeit unseres Unternehmens zu geben, erhalten Sie als Anlage eine Aufstellung unserer Produktpalette mit Preisen und Beschreibungen.

Wir würden uns freuen, von Ihnen zu hören.

Mit freundlichen Grüßen

2 Sehr geehrte Damen und Herren,

da Sie seit Jahren zu unseren besten Kunden gehören, möchten wir nicht versäumen, Sie heute von unserem Sonderangebot als Erste zu informieren.

Sie haben Gelegenheit, vom … bis … in unserem Lager in … alle Produkte mit einem außergewöhnlichen Nachlass von …% zu erwerben.

Wir denken, dass Sie sich diese einmalige Gelegenheit nicht werden entgehen lassen, und freuen uns auf Ihren Besuch.

Mit freundlichen Grüßen

Anlage

Unsolicited offer

1 Dear Sir or Madam

We have obtained your address from your website and are sending you this e-mail to introduce ourselves as a manufacturer of …

Thanks to our company's increasing sales figures world-wide, we have been able to progressively expand our production network over the last few years.

For this reason we are also very interested in establishing ourselves in your country and introducing our products to your market. In order to give you an insight into the efficiency of our company, we are sending you details of our range including our prices and descriptions of our products.

We would be delighted to hear from you.

Yours faithfully

2 Dear Sir or Madam

As you have been one of our best customers for many years, we are making sure today that you are the first to be informed about our special offer.

From … to … you will have the opportunity to purchase all the products in our warehouse in … at an exceptional discount of … %.

We feel sure that you will not want to miss this unique opportunity and look forward to your visit.

Yours faithfully

Enc

3 Sehr geehrte Damen und Herren,

unsere Erzeugnisse erfreuen sich im In- und Ausland wachsender Beliebtheit. Wir haben die Absicht, in Ihrem Land ein bis zwei gut gehende Importunternehmen mit unseren Waren zu beliefern.

Vor einigen Tagen haben wir bei der Handelsvertretung Ihres Landes festgestellt, welche Firmen dort für den Import von ... infrage kämen. Unter anderem wurde uns auch Ihre Adresse genannt, und wir erlauben uns, Ihnen heute ein Angebot zu unterbreiten.

Mit gesonderter Post lassen wir Ihnen von unseren diversen Modellen Muster zugehen. Exportpreislisten sind ebenfalls beigefügt.

Falls Sie sich für unser Angebot interessieren, wären wir Ihnen für einen baldigen Bescheid dankbar, damit Verhandlungen aufgenommen werden können.

Mit freundlichen Grüßen

3 Dear Sir or Madam

Our products are becoming increasingly popular both at home and abroad and we now plan to supply one or two major importers in your country.

Several days ago during a visit to your country's trade representation we were given the names of companies which would be suitable as importers of ... Your company was one of those mentioned and we are taking the liberty of submitting an offer to you today.

We are sending you samples of our various models under separate cover. Our export price lists are also included.

Should you be interested in our offer, we would be grateful to hear from you in the near future to enable us to begin negotiations.

Yours faithfully

4 Sehr geehrte Damen und Herren,

anlässlich der Ausstellung für ... in ... hatten wir auf unserem Stand Gelegenheit zu einem längeren Gespräch mit Ihrem Vertreter, Herrn ...

Dabei war vereinbart worden, dass Sie uns kurzfristig mitteilen, ob unsere Erzeugnisse für Ihren Markt infrage kommen. Leider sind wir bis heute ohne Nachricht von Ihnen geblieben.

Nachdem auch mit verschiedenen anderen Interessenten verhandelt wurde, müssen wir jetzt zu einer Entscheidung kommen. Wir wären Ihnen deshalb dankbar, wenn Sie uns Ihren Entschluss umgehend wissen ließen.

Wir dürfen Sie nochmals auf die Qualität unserer Erzeugnisse, auf günstige Preise und Konditionen hinweisen.

Wir erwarten mit Interesse Ihre Nachricht.

Mit freundlichen Grüßen

4 Dear Sir or Madam

On the occasion of the ... exhibition in ... we were able to talk to your representative, Mr ..., at length at our stand.

It was agreed that you would tell as in the near future whether our products would be suitable for your market. We have, unfortunately, received no further news from you to date.

As we have since had talks with several other interested parties we are now obliged to come to a decision. We would therefore be grateful if you would let us know your intentions by return.

May we take this opportunity to draw your attention once again to the quality of our products and our favourable prices and terms.

We look forward with interest to your reply.

Yours faithfully

Antwort auf Angebot

Eingangsbestätigung

Sehr geehrte Damen und Herren,

verbindlichen Dank für Ihr Angebot vom ... über ..., das wir sofort zur Überprüfung an unsere technische Abteilung weiterleiteten.

Bitte haben Sie einige Tage Geduld; wir kommen so schnell wie möglich auf die Angelegenheit zurück.

Mit freundlichen Grüßen

Answers to offers

Confirmation of receipt

Dear Sir or Madam

Many thanks for your offer for ... dated ..., which we immediately passed on to our Technical Section for examination.

We would be grateful if you could give us a few days for this and will be contacting you as soon as possible.

Yours faithfully

Negative Antwort

Sehr geehrte Damen und Herren,

wir danken für Ihr Angebot vom ... Leider entspricht es nicht unseren Erwartungen, da Ihre Preise wesentlich über denen anderer vergleichbarer Konkurrenzartikel liegen.

Wir bedauern, Ihnen keinen günstigeren Bescheid geben zu können.

Mit freundlichen Grüßen

Negative response

Dear Sir or Madam

Thank you for your offer of ... It unfortunately does not meet our expectations as the prices are considerably higher than those of other comparable articles offered by your competitors.

We regret that we are unable to give you a more favourable reply.

Yours faithfully

Positive Antwort

Sehr geehrte Damen und Herren,

auf Grund Ihres Angebots geben wir hiermit gemäß separatem Bestellschein Nr. ... die angeführten Dienstleistungen zu den von Ihnen genannten Preisen und Zahlungsbedingungen in Auftrag.

Die Termine ergeben sich aus dem Bestellschein.

Mit freundlichen Grüßen

Anlage
1 Bestellschein

Positive response

Dear Sir or Madam

On the basis of your offer and at the prices and terms of payment stated, we wish to order the services listed on order form no. ... attached.

Please refer to the order form for the delivery dates.

Yours faithfully

Enc
1 Order form

Bitte um Änderung des Angebots

Sehr geehrte Damen und Herren,

in Ihrem uns vorliegenden Angebot vom ... fehlen leider die Angaben über abzunehmende Mindestmengen.

Senden Sie uns bitte ein überarbeitetes Angebot zu und vermerken Sie darin auch, welche Garantieleistungen Sie gewähren.

Mit freundlichen Grüßen

Request for offer to be amended

Dear Sir or Madam

We have now received your offer of ..., which, unfortunately, does not contain details of the minimum quantity to be ordered.

Please send us an amended offer including details of the terms of your guarantee.

Yours faithfully

Ablehnung des Wunsches auf Angebotsänderung

Sehr geehrte Damen und Herren,

mit Ihrem Schreiben vom ... bitten Sie um eine Änderung unseres Angebotes vom ... hinsichtlich des Umfanges unserer Software-Dienstleistungen zum angegeben Festpreis.

Wir müssen Ihnen leider mitteilen, dass dies auf Grund unserer sehr scharf kalkulierten Preise leider nicht möglich ist, wenn wir die Qualität unserer Software aufrechterhalten wollen.

Bitte haben Sie hierfür Verständnis.

Mit freundlichen Grüßen

Request to amend offer is refused

Dear Sir or Madam

In your letter of ... you request us to amend our offer dated ... as regards the amount of software service provided for the price stated.

We regret to inform you that, as a result of our rock-bottom prices, this will not be possible if we are to maintain the quality of our product.

We trust you will appreciate our position.

Yours faithfully

Dem Wunsch kann entsprochen werden

Sehr geehrte Damen und Herren,

mit der von Ihnen im Schreiben vom ... gewünschten Änderung unseres Angebots sind wir einverstanden.

Wir werden den Auftrag Ihren Weisungen entsprechend prompt ausführen.

Mit freundlichen Grüßen

Customer's request is granted

Dear Sir or Madam

We are pleased to tell you that we agree to the amendment to our offer requested in your letter of ...

The order will be executed promptly in accordance with your instructions.

Yours faithfully

Dem Wunsch kann bedingt entsprochen werden

Sehr geehrte Damen und Herren,

mit Ihrem Schreiben vom ... wünschen Sie eine Änderung unseres Angebotes.

Soweit wir zu Änderungen in der Lage sind, haben wir diese in unserem neuen, beiliegenden Angebot entsprechend berücksichtigt.

Wir hoffen, Ihnen hiermit gedient zu haben.

Mit freundlichen Grüßen

Anlage
1 Angebot

Qualified agreement to customer's request

Dear Sir or Madam

We refer to your letter of ..., in which you request us to amend our offer.

Any changes in terms which we are in a position to make are contained in our new offer, which we enclose.

We hope thus to have been of service to you and remain

Yours faithfully

Enc
Offer

Referenzen
References

Bitte um Referenzen

Beim Geschäftspartner

Sehr geehrte Damen und Herren,

wir danken Ihnen sehr für den uns erteilten Auftrag.

Da wir bis heute noch nicht in Geschäftsverbindung mit Ihnen gestanden haben, bitten wir Sie höflich, uns einige Referenzen anzugeben.

Wir hoffen, dass Sie unserer Bitte Verständnis entgegenbringen.

Mit freundlichen Grüßen

Request for references

From a business partner

Dear Sir or Madam

Thank you for the order you have placed with us.

As we have had no business dealings with you to date we would respectfully request you to supply us with references.

We trust you will appreciate that we must make this request.

Yours faithfully

Bei Dritten

Sehr geehrte Damen und Herren,

die Firma ... beabsichtigt, uns einen größeren Auftrag zu erteilen.

Wie wir erfahren haben, stehen Sie seit Jahren mit diesem Unternehmen in Geschäftsverbindung. Wir wären Ihnen sehr dankbar, wenn Sie uns kurz über seinen Ruf und seine Kreditwürdigkeit unterrichten könnten.

Wir sichern Ihnen selbstverständlich äußerste Diskretion zu und sind jederzeit zu entsprechenden Gegendiensten bereit.

Mit freundlichen Grüßen

From a third party

Dear Sir or Madam

... (firm) are planning to place a substantial order with us.

We understand that you have had dealings with this company for some years now and would be most grateful if you would provide us with a brief report on its reputation and creditworthiness.

We can assure you that your answer will be treated with the utmost discretion and we, for our part, will be pleased to reciprocate the favour.

Yours faithfully

Antwort auf Referenzersuchen

Positive Auskunft

Sehr geehrte Damen und Herren,

Ihre Anfrage über die Firma ... liegt uns vor. Wir haben mit diesem Unternehmen gute Erfahrungen gemacht und können es bestens empfehlen. Die Geschäftsführung ist korrekt und fachlich versiert. Bisher hatten wir keinerlei Beanstandungen.

Wir hoffen, Ihnen mit dieser Auskunft geholfen zu haben.

Mit freundlichen Grüßen

Reply to request for references

Favourable reference

Dear Sir or Madam

We confirm receipt of your enquiry as regards ... Our experience with this company has been positive and we are able to recommend it highly. It is soundly run and most competent in its field of business. We have had no cause for complaint up to now.

We hope this information has been of assistance to you.

Yours faithfully

Vage Auskunft

1 Sehr geehrte Damen und Herren,

wir haben Ihr Schreiben vom ... mit der Bitte um Auskunft über die Firma ... erhalten.

Leider können wir Ihrer Bitte nicht entsprechen, da wir mit ... seit Jahren keine Geschäftsbeziehungen mehr unterhalten.

Wir bedauern, Ihnen in dieser Angelegenheit nicht weiterhelfen zu können.

Mit freundlichen Grüßen

2 Sehr geehrte Damen und Herren,

vielen Dank für Ihr Schreiben vom ...

Wir sehen uns leider nicht in der Lage, Ihrer Bitte um Auskunft über diese Firma zu entsprechen, da der Umfang unserer Geschäfte zu gering ist.

Wir würden Sie bitten, sich in dieser Angelegenheit an eine andere Firma oder Bankverbindung zu wenden.

Mit freundlichen Grüßen

Non-committal reference

1 Dear Sir or Madam

We have received your letter of ... requesting information about ... (firm).

We are unfortunately unable to comply with your request as we have not had any dealings with ... (firm) for some years now.

We are sorry that we are not able to offer you any more assistance in this matter.

Yours faithfully

2 Dear Sir or Madam

Thank you for your letter of ...

We are unfortunately not in a position to comply with your request for a reference on this firm, as the volume of our business with it is too small.

We feel it would be best for you to approach another firm or bank in this matter.

Yours faithfully

Negative Auskunft

1 Sehr geehrte Damen und Herren,

zu Ihrer Anfrage über die Firma ... müssen wir Ihnen leider mitteilen, dass wir mit diesem Unternehmen keine guten Erfahrungen gemacht haben. Die Geschäftsführung erwies sich als äußerst unzuverlässig. Bereits vor zwei Monaten ist deshalb die Geschäftsverbindung abgebrochen worden.

Da diese Auskunft nicht für Dritte bestimmt ist, bitten wir, volle Diskretion zu wahren.

Mit freundlichen Grüßen

Negative reference

1 Dear Sir or Madam

In reply to your enquiry regarding ... we regret to inform you that our experience with this firm has not been favourable. The management has proved to be highly unreliable. We broke off business relations with the firm for this reason two months ago.

As this information is not intended for any third party we would ask you to treat it in the strictest confidence.

Yours faithfully

2 Betreff: Fa. ...

Sehr geehrte Damen und Herren,

auf Ihre Anfrage müssen wir Ihnen leider mitteilen, dass wir mit diesem Unternehmen sehr schlechte Erfahrungen gemacht haben.

Termingebundene Verpflichtungen wurden nicht eingelöst; unsere Forderungen konnten nur auf dem Rechtsweg eingezogen werden. Die Geschäftsverbindung ist abgebrochen worden.

Wir bitten Sie um volle Diskretion.

Mit freundlichen Grüßen

2 Dear Sir or Madam

... (name of company)

In response to your enquiry we regret having to inform you that our experience with this company has been most unfavourable.

Deadlines were not kept to and our demands were only met when legal action was taken. We have terminated business relations with them.

We would ask you to treat this information in the strictest confidence.

Yours faithfully

Auskunft nicht möglich

Betreff: Fa. ...

Sehr geehrte Damen und Herren,

das Unternehmen ist uns nicht bekannt, deshalb sind wir nicht in der Lage, Ihnen die gewünschte Auskunft zu erteilen.

Wir bedauern, Ihnen nicht behilflich sein zu können.

Mit freundlichen Grüßen

Reference cannot be provided

Dear Sir or Madam

... (name of company)

This company is unknown to us and we are thus not in a position to provide you with the information you request.

We regret that we are unable to assist you.

Yours faithfully

Konditionen
Terms

Lagerung

Sehr geehrte Damen und Herren,

für die voraussichtlich am 10. August dieses Jahres im Hafen von Rotterdam ankommenden Waren, die in der beiliegenden Liste im Einzelnen aufgeführt sind, benötigen wir ein Freilager von ca. ... m^2. Die Freifläche müsste mit Maschendraht eingezäunt sein, um die Güter vor Diebstahl oder missbräuchlicher Benutzung zu schützen.

Bitte machen Sie uns ein Angebot unter Angabe des Quadratmeterpreises für Teil- und Ganzflächen. Gewähren Sie Nachlässe auf längerfristige Mietverträge?

Wir freuen uns auf Ihre baldige Nachricht.

Mit freundlichen Grüßen

Storage

Dear Sir or Madam

We require approx. ... m^2 of open storage space for goods due to arrive in the port of Rotterdam on 10 August of this year, as itemised on the enclosed list. The open space must be enclosed by a wire fence to protect the goods from theft or misuse.

Please submit us an offer stating the price per square metre for part and whole areas. Do you grant a price reduction for longer rental periods?

We look forward to your early reply.

Yours faithfully

Lieferung

1 Sehr geehrte Damen und Herren,

in Ihrem Akkreditiv, das uns von der avisierenden Bank unserer Stadt vorgelegt wurde, verlangen Sie die Preisangabe für Lieferung CIF ...

In unserem Kaufvertrag einigten wir uns jedoch auf Lieferung FOB ...

Wir bitten Sie entweder um Änderung der Lieferbedingung im Akkreditiv oder um Mitteilung, ob Sie jetzt doch eine Lieferung CIF ... wünschen, was natürlich eine Preisänderung nach sich ziehen würde.

Mit freundlichen Grüßen

Delivery

1 Dear Sir or Madam

In your letter of credit as presented to us by the advising bank in our town, you require us to state the price of delivery CIF ...

In our contract of sale, however, we agreed on delivery FOB ...

We would request you either to change the term of delivery in the letter of credit or to notify us whether you do, in fact, now wish to have the goods delivered CIF ..., which, of course, would entail a change in price.

Yours faithfully

2 Sehr geehrte Damen und Herren,

Ihrem Wunsche gemäß haben wir den Preis, der ab Werk kalkuliert war, in FOB Bremerhaven umberechnet.

Sollten Sie eine über diese Incoterm-Klausel hinausgehende zusätzliche Transportversicherung bis Bremerhaven wünschen, bitten wir um einen entsprechenden Bescheid.

Mit freundlichen Grüßen

2 Dear Sir or Madam

As requested our price is now quoted FOB Bremerhaven and not ex works.

Should you require additional transport insurance to Bremerhaven exceeding the Incoterm clause provision, please let us know.

Yours faithfully

Menge

Sehr geehrte Damen und Herren,

Ihre Anfrage nach unseren Konditionen liegt uns vor.

Mit Rücksicht auf die äußerst kalkulierten Preise sind wir gezwungen, Mindestabnahmen von ... zu verlangen. Wir erklären uns jedoch bereit, einem Jahresabschluss in Höhe von ... zuzustimmen, der dann in Teillieferungen von mindestens ... abgerufen werden kann.

Nehmen Sie die vereinbarte Stückzahl nicht voll ab, so wird der Preis berechnet, der sich für die tatsächlich gelieferte Menge ergibt, zuzüglich ... % Aufschlag vom Rechnungsbetrag.

Wir hoffen auf Ihr Verständnis für diese Maßnahme.

Mit freundlichen Grüßen

Quantity

Dear Sir or Madam

Thank you for your enquiry about our terms.

Taking into account the fact that our prices are the lowest possible, we can only accept orders for a minimum of ... We are, however, prepared to agree to an overall annual quantity of ..., which can then be taken up in instalments of at least ...

If you do not purchase all the quantity agreed, the price for the goods actually supplied will be charged, plus an additional charge of ...% on the invoice amount.

We trust you will appreciate this ruling.

Yours faithfully

Verpackung

Sehr geehrte Damen und Herren,

der Versand der von Ihnen bestellten Waren erfolgt in speziellen Kisten, die nach Ihren Vorschriften markiert werden.

Die Verpackung ist im Preis inbegriffen. Eine Rückgabe der Kisten ist nicht erforderlich.

Mit freundlichen Grüßen

Packing

Dear Sir or Madam

The goods you have ordered will be despatched in special crates marked in accordance with your instructions.

Packaging is included in the price.
The crates do not need to be returned.

Yours faithfully

Versicherung

Sehr geehrte Damen und Herren,

für den Transport einer Warensendung nach ... benötigen wir eine Versicherungspolice, die alle Risiken abdeckt, also den Institute Cargo Clauses, Klausel A entspricht.

Da wir den Vertrag für Lieferung von Haus zu Haus abgeschlossen haben, benötigen wir, abgesehen von der Seetransportversicherung, noch eine Zusatzpolice für den Weitertransport vom Bestimmungshafen nach ...

Bitte machen Sie uns ein günstiges Angebot. Die weiteren Einzelheiten über die zu versichernden Waren entnehmen Sie bitte der beiliegenden Auftragskopie.

Mit freundlichen Grüßen

Anlage

Insurance

Dear Sir or Madam

For the transportation of a consignment of goods to ... we require an insurance policy covering all risks, i.e. complying with Clause A of the Institute Cargo Clauses.

As we have contracted to deliver door-to-door we require, in addition to marine insurance, a further policy to cover transportation from the port of destination to ...

We await your favourable offer. Please refer to the copy of the contract enclosed for further details regarding the goods to be insured.

Yours faithfully

Enc

Zahlungsbedingungen

1 Sehr geehrte Damen und Herren,

Auf Ihre Anfrage nach unseren Zahlungsbedingungen teilen wir Ihnen mit, dass wir an neue Kunden nur per Nachnahme liefern können.

Im Falle regelmäßiger Lieferungen ist eine Änderung dieser Bedingung in ein offenes Zahlungsziel möglich.

Wir bitten um Ihr Verständnis.

Mit freundlichen Grüßen

2 Sehr geehrte Damen und Herren,

zu Ihrer Anfrage hinsichtlich unserer Zahlungsbedingungen teilen wir Ihnen Folgendes mit:

Unsere Konditionen sind Barzahlung mit ... % Skonto oder innerhalb von ... Tagen netto.

Mit freundlichen Grüßen

Terms of payment

1 Dear Sir or Madam

In reply to your enquiry regarding our terms of payment, we wish to point out that goods are only supplied to new customers on a C.O.D. basis.

Should regular orders be placed, open account terms can be arranged.

We trust you will appreciate our position.

Yours faithfully

2 Dear Sir or Madam

Thank you for your enquiry regarding our terms of payment, which are as follows:

... % cash payment discount or ... days net.

Yours faithfully

Auftrag
Orders

Auftragserteilung

1 Sehr geehrte Damen und Herren,

wir beziehen uns auf Ihr Angebot vom … und erteilen Ihnen folgenden Auftrag:

… Stück zum Preis von … Ausführung gemäß Ihrem Prospekt und den uns übergebenen Proben.

Die Lieferung hat bis … frachtfrei zu erfolgen. Verpackung in Kisten (…) und ohne gesonderte Berechnung.

Zahlung erfolgt sofort nach Eingang bzw. Prüfung der Ware.

Wir bitten Sie um Auftragsbestätigung.

Mit freundlichen Grüßen

2 Sehr geehrte Damen und Herren,

gemäß Ihrem Angebot vom … bitten wir um Lieferung von … Der Versand muss bis zum … CFR … erfolgen. Zahlung bei Eingang der Ware unter Abzug von …% Skonto.

Vereinbarungsgemäß werden uns bei Rücksendung des Verpackungsmaterials innerhalb von … Wochen …% des dafür berechneten Betrags gutgeschrieben.

Wir bitten um kurze Auftragsbestätigung. Bei einwandfreier Lieferung können Sie mit regelmäßigen Aufträgen rechnen.

Mit freundlichen Grüßen

Placing an order

1 Dear Sir or Madam

We refer to your offer of … and wish to place the following order with you:

… units at … (price) type as per your brochure and the samples supplied.

Delivery to be completetd by …, carriage paid. Packing in crates (…) at no extra charge.

Payment will be made immediately after receipt/examination of the goods.

Please confirm this order.

Yours faithfully

2 Dear Sir or Madam

On the basis of your offer of …, we wish you to supply us with … Delivery to be made CFR … by … Payment will be made on arrival of the goods with …% early payment discount. Payment will be made on arrival of the goods with …% early payment discount.

According to our agreement, if the packaging material is returned within … weeks, …% of the amount charged will be credited to us.

Please send us a brief confirmation of this order. As long as the goods arrive in perfect condition you may expect regular orders from us.

Yours faithfully

3 Sehr geehrte Damen und Herren,

wir danken für Ihre E-Mail vom ... Gemäß Ihren Allgemeinen Lieferbedingungen bestellen wir hiermit folgende Artikel:

... Stück zum Preis von ...
Gesamtpreis: ...

Lieferung: Per Nachnahme an unsere obige Adresse.
Zahlung: Netto Kasse innerhalb von 30 Tagen.

Mit freundlichen Grüßen

3 Dear Sir or Madam

Thank you for your e-mail dated ... On the basis of your General Terms of Sale we wish to order the following articles:

... units at ... (price) each
Total: ...

Delivery: C.O.D. to the above adress
Payment: 30 days net

Yours faithfully

Auftragsannahme

Sehr geehrte Damen und Herren,

wir bestätigen dankend den Erhalt Ihres Auftrags vom ... zur Lieferung von ...

Die bestellten Artikel werden pünktlich an Sie ausgeliefert werden. Der Versand erfolgt zu den in unserem Angebot vom ... mitgeteilten Konditionen.

Wir sind sicher, dass Sie mit unseren Waren gute Umsätze erzielen werden.

Mit freundlichen Grüßen

Acceptance of order

Dear Sir or Madam

We are pleased to confirm receipt of your order of ... for ...

The articles ordered will be delivered to you punctually. The goods will be despatched in accordance with the terms set out in our offer dated ...

We are certain that our merchandise will sell readily.

Yours faithfully

Auftragsablehnung

Sehr geehrte Damen und Herren,

wir haben Ihren Auftrag zur Lieferung von ... erhalten.

Leider sehen wir uns im Augenblick nicht in der Lage, die Bestellung zum angegebenen Termin auszuführen, da wir für die nächsten ... Monate restlos ausverkauft sind.

Bitte teilen Sie uns mit, ob wir Ihre Bestellung für den Monat ... vormerken sollen.

Wir bedauern, Ihnen vorerst keinen anderen Bescheid geben zu können.

Mit freundlichen Grüßen

Rejection of order

Dear Sir or Madam

Thank you for your order for ...

We are unfortunately not in a position to execute your order by the date stated, as our entire production is sold out for the next ... months.

Please let us know whether we should enter your order for ... (month)

We regret not being able to help you for the time being.

Yours faithfully

Ordnungsgemäße Auftragsabwicklung
Routine processing of orders

Anzeige des Produktionsbeginns

Sehr geehrte Damen und Herren,

wir beziehen uns auf Ihren Auftrag vom … für die Lieferung von … FOB … und teilen Ihnen wie vereinbart mit, dass wir mit der Fertigung der Artikelserie Nr. … heute begonnen haben. Die Waren werden voraussichtlich am … versandbereit sein.

Sie erhalten dann sofort weitere Nachricht. Sollten Sie noch Versandwünsche haben, teilen Sie uns diese bitte rechtzeitig mit.

Mit freundlichen Grüßen

Notification that production has begun

Dear Sir or Madam

With reference to your order dated … for … to be delivered FOB …, we are pleased to inform you as agreed that we have now started production of article no. … The goods will in all probability be ready on …

You will then be notified immediately. Should you have any special requirements as regards despatch, please let us know in good time.

Yours faithfully

Versandanzeige

1 Sehr geehrte Damen und Herren,

wir teilen Ihnen mit, dass wir die Waren gemäß Ihrer Bestellung Nr. … vom … heute an Sie versandt haben.

Der Transport erfolgt per Lastkraftwagen durch die Spedition … frei …

Wir hoffen, dass Sie mit unserer Lieferung zufrieden sind, und erwarten gern Ihre weiteren Aufträge.

Mit freundlichen Grüßen

Advice of Despatch

1 Dear Sir or Madam

We are pleased to inform you that the goods, as per your order No. … of …, were despatched to you today.

The … freight forwarding agency is transporting the goods by lorry, free …

We trust you will be satisfied with the goods supplied and look forward to receiving further orders.

Yours faithfully

2 Sehr geehrte Damen und Herren,

unsere Bank hat uns am ... von der Eröffnung Ihres Akkreditivs unterrichtet, das die Lieferung von ... abdeckt.

Wir haben sofort das Nötige veranlasst und erfahren von unserem Spediteur, dass die Ware sich bereits an Bord der „Patricia“ befindet, die am ... nach ... ausgelaufen ist.

Die entsprechenden Dokumente einschließlich des reinen Konnossements haben wir unserer Bank zur Weiterleitung an Ihre Bank vorgelegt.

Wir hoffen, dass der Überweisung des Betrages von ... nichts mehr im Wege steht, und wünschen Ihnen einen guten Empfang der Ware.

Mit freundlichen Grüßen

2 Dear Sir or Madam

Our bank notified us on ... that your documentary credit covering the delivery of ... has been opened.

The appropriate steps were immediately taken and our freight forwarder now informs us that the goods are already on board the vessel “Patricia”, which set sail for ... on ...

We have presented the necessary documents, including the clean bill of lading, to our bank to be forwarded to yours.

We trust that the sum of ... can now be duly remitted and look forward to your receiving the articles in good order.

Yours faithfully

Rechnungsstellung

Sehr geehrte Damen und Herren,

die von Ihnen bestellten Waren sind heute an Sie versandt worden.

Als Anlage erlauben wir uns, Ihnen unsere Rechnung für die Gesamtlieferung zu übersenden.

Wir würden uns freuen, weitere Aufträge von Ihnen zu erhalten.

Mit freundlichen Grüßen

Anlage
1 Rechnung

Invoicing

Dear Sir or Madam

The goods ordered were despatched to you today.

Enclosed you will find our invoice for the entire consignment.

We look forward to receiving further orders from you.

Yours faithfully

Enc
Invoice

Warenempfangsbestätigung

Sehr geehrte Damen und Herren,

die uns mit Ihrem Avis vom ... angekündigte Warensendung ist heute bei uns eingetroffen.

Eine sofortige Nachprüfung hat ergeben, dass die Bestellung ordnungsgemäß ausgeführt wurde.

Mit freundlichen Grüßen

Confirmation of receipt of goods

Dear Sir or Madam

The consignment of goods, as per your advice of ..., arrived here today.

The goods were examined immediately and we are pleased to confirm that our order has been executed in accordance with our wishes.

Yours faithfully

Abweichungen und Störungen
Discrepancies and irregularities

Lieferverzug

1 Sehr geehrte Damen und Herren,

laut Kaufvertrag vom ... sollte die bestellte Ware bis spätestens ... bei uns eintreffen.

Leider haben wir bis heute von Ihnen keine Lieferung erhalten. Auch liegt uns die Versandanzeige noch nicht vor.

Da wir die Waren dringend benötigen, stellen wir Ihnen hiermit eine Nachlieferfrist bis zum ... Sollte diese Frist von Ihnen nicht eingehalten werden, müssten wir unseren Auftrag stornieren.

Mit freundlichen Grüßen

2 Sehr geehrte Damen und Herren,

wir müssen Ihnen mitteilen, dass wir die bei Ihnen bestellte Ware nicht abnehmen werden.

Sie haben zu unserer Überraschung die Ihnen mit Schreiben vom ... gesetzte angemessene Nachfrist nicht eingehalten. Deshalb waren wir gezwungen, uns anderweitig einzudecken. Über die uns dadurch entstandenen Mehrkosten fügen wir eine Rechnung bei und bitten Sie um baldige Überweisung des Betrages.

Mit freundlichen Grüßen

Anlage
1 Rechnung

Delay in delivery

1 Dear Sir or Madam

According to our Sales Agreement dated ... the goods ordered were supposed to reach us by ... at the latest.

Unfortunately we have not received any goods from you to date. We have not received your advice of despatch, either.

As we need the goods urgently, we are extending the delivery deadline to ... Should this deadline not be kept, we will be obliged to cancel our order.

Yours faithfully

2 Dear Sir or Madam

We are obliged to inform you that we will no longer be purchasing the goods ordered.

This is because we note with suprise that you have failed to keep to the new and quite reasonable deadline set in our letter of ... We have therefore been compelled to stock up elsewhere. We enclose a bill for the the extra expenses incurred and would request you to remit this sum forthwith.

Yours faithfully

Enc
1 Bill

3 Sehr geehrte Damen und Herren,

die Ihnen mit unserem Schreiben vom … gesetzte Nachfrist zur Lieferung der bestellten Waren ist leider ungenützt verstrichen.

Wir annullieren hiermit den Ihnen von uns erteilten Auftrag.

Mit freundlichen Grüßen

3 Dear Sir or Madam

We note with regret that the new deadline set in our letter of … for the delivery of the goods ordered has also not been observed.

The order we have placed with you is thus null and void.

Yours faithfully

Zahlungsverzug

Sehr geehrte Damen und Herren,

am … haben wir Ihnen aufgrund Ihrer Bestellung vom … die Waren über die Speditionsfirma … zugehen lassen.

Nach unseren Zahlungsbedingungen war die Rechnung innerhalb von … Tagen nach Eingang der Lieferung zu begleichen. Leider können wir bis heute keinen Kontoausgleich feststellen.

Wir bitten Sie deshalb dringend, uns umgehend den Betrag von … zu überweisen, und erwarten Ihre Bestätigung der erfolgten Zahlung.

Mit freundlichen Grüßen

Delay in payment

Dear Sir or Madam

In accordance with your order of …, arrangements were made on … for the goods to be delivered to you by the freight forwarding agency …

Our terms of payment stipulated that the invoice was to be settled within … days of receipt of the goods. We note that your account has unfortunately not been settled to date.

We therefore urgently request you to remit us the sum of … by return and await your confirmation that payment has been made.

Yours faithfully

Mängelrüge

1 Sehr geehrte Damen und Herren,

Ihre Sendung ist am … bei uns eingegangen. Bei Überprüfung musste eine Mindermenge von … Stück festgestellt werden. Wir nehmen an, dass es sich hierbei um ein Versehen Ihrer Versandabteilung handelt.

Bitte liefern Sie die fehlenden Stücke umgehend nach. Weitere Frachtkosten dürfen uns jedoch nicht entstehen.

Mit freundlichen Grüßen

Complaint about defective goods

1 Dear Sir or Madam

We took delivery of your consignment on … Upon examining it we discovered that … items were missing. We assume this is due to an error on the part of your despatch department.

Please send on the missing items immediately without additional freight charges.

Yours faithfully

2 Sehr geehrte Damen und Herren,

bei Überprüfung Ihrer heute eingegangenen Teillieferung mussten wir feststellen, dass die Qualität der gelieferten Ware weder Ihrem Angebot noch den uns übersandten Mustern entspricht.

Wir bedauern deshalb, Ihnen den gesamten Warenposten wieder zur Verfügung stellen zu müssen. Geben Sie uns bitte hierzu Ihre Versandanweisungen.

Im Übrigen erwarten wir Ihre umgehende Stellungnahme, ob und gegebenenfalls bis zu welchem Zeitpunkt Sie eine mustergetreue Ersatzlieferung leisten können.

Bis zur Klärung dieser Angelegenheit bitten wir Sie, keine weiteren Sendungen an uns zu richten.

Mit freundlichen Grüßen

2 Dear Sir or Madam

Having examined the part-shipment which we received from you today we note that the quality of the goods supplied corresponds neither to your offer nor to the samples sent us.

We regret that we must therefore return the entire consignment. Please let us have your instructions regarding its despatch.

Furthermore, we await your comments as to whether and by what time you will be able to supply us with replacement goods up to sample.

Until this matter has been clarified, we would ask you to make no further shipments.

Yours faithfully

3 Sehr geehrte Damen und Herren,

bei Überprüfung Ihrer ersten Lieferung stellten wir fest, dass diese nicht dem von uns bestellten Sortiment entspricht. Ohne Frage liegt hier ein Irrtum Ihrerseits vor. Wir bitten Sie um sofortige Stellungnahme.

Bis zum Erhalt Ihrer Nachricht haben wir die Waren zu Ihrer Verfügung eingelagert.

Mit freundlichen Grüßen

3 Dear Sir or Madam

Having checked your first delivery we note that it does not correspond to the range of goods ordered. This is, without doubt, due to an error on your part. Please let us have your comments on this matter immediately.

Until we hear from you, the goods will be placed at your disposal in our warehouse.

Yours faithfully

4 Sehr geehrte Damen und Herren,

bei der heute bei uns eingegangenen Sendung von … mussten wir leider feststellen, dass ein Karton vollkommen durchnässt war. Dadurch sind … Stück für den Verkauf unbrauchbar geworden.

Wir lassen Ihnen diese Stücke heute wieder zugehen und bitten um sofortige Ersatzlieferung.

Mit freundlichen Grüßen

4 Dear Sir or Madam

On examining the consignment of … which we received today, we discovered that one cardboard box was wet through. In consequence … items are now unsaleable.

We are returning these items to you today and would ask you to replace them immediately.

Yours faithfully

Antwort auf Reklamationen

Bitte um Verständnis

Sehr geehrte Damen und Herren,

wir beziehen uns auf Ihr Schreiben vom ... , in dem Sie uns eine Nachfrist bis zum ... stellen.

Wie Ihnen vielleicht durch Pressenotizen bekannt geworden ist, haben die Arbeiter unserer Branche ... Tage gestreikt, wodurch sich unsere gesamte Produktion verzögerte. Aus diesem Grund waren wir auch nicht in der Lage, fristgemäß zu liefern.

Wir setzen jetzt aber alles daran, die versäumten Arbeitsstunden aufzuholen und die Lieferung innerhalb der von Ihnen gesetzten Frist vorzunehmen.

Für die von uns nicht verschuldete Verzögerung erbitten wir Ihr Verständnis.

Mit freundlichen Grüßen

Reply to complaints

Supplier requests understanding for his predicament

Dear Sir or Madam

We refer to your letter of ..., in which you extend the deadline to ...

As you will probably have read in the press, there was a ...-day strike by workers in our industry, which delayed our entire production. For this reason we were unable to deliver by the date agreed.

We are now doing our utmost to catch up lost working hours and make delivery by the new deadline.

We would ask you to appreciate that this delay is due to no fault of our own.

Yours faithfully

Beanstandung wird überprüft

Sehr geehrte Damen und Herren,

wir bedauern, von Ihnen zu erfahren, dass die an Sie gelieferte Ware Sie nicht zufrieden stellt, weil verschiedene Stücke Mängel aufweisen.

Wir haben unseren dortigen Vertreter, Herrn ..., beauftragt, Sie unverzüglich aufzusuchen und die Mängel festzustellen. Sobald uns sein Bericht vorliegt, kommen wir auf die Angelegenheit unaufgefordert zurück.

Bitte gedulden Sie sich einige Tage.
Bis dahin verbleiben wir

mit freundlichen Grüßen

Looking into a complaint

Dear Sir or Madam

We were most sorry to learn that the goods supplied to you were not to your satisfaction as several items proved to be faulty.

We have instructed our representative in your area, Mr ..., to call on you without delay and note the faults. We will be contacting you again as soon as we have received his report.

We would be grateful if you would give us a few days to do this and remain

Yours faithfully

Beanstandung wird zurückgewiesen

1 Sehr geehrte Damen und Herren,

Ihre Beschwerde hinsichtlich der Qualität der von uns gefertigten Waren müssen wir zurückweisen. Eine genaue Nachprüfung hat ergeben, dass unsere Lieferung voll dem Muster entspricht, das Sie uns anlässlich der Auftragserteilung übersandten.

Wir bitten Sie um nochmalige Überprüfung der Beanstandung.

Mit freundlichen Grüßen

2 Sehr geehrte Damen und Herren,

hiermit teilen wir Ihnen vorsorglich vorab per E-Mail mit, dass die von Ihnen gemäß unserem Auftrag ... vom ... erbrachte Dienstleistung nicht den gewünschten Erfolg gebracht hat. Sie erhalten in den nächsten Tagen eine ausführliche Darstellung der an unseren Geräten nach der Wartung durch Ihre Monteure noch festgestellten Mängel.

Von einer Bezahlung müssen wir bis zur Klärung der Angelegenheit Abstand nehmen.

Mit freundlichen Grüßen

Complaint is rejected

1 Dear Sir or Madam

We are unable to accept your complaint regarding the quality of the goods manufactured by us. Having re-examined them carefully we have come to the conclusion that they are in complete conformity with the sample you provided us with when placing your order.

We would ask you to re-consider your grounds for complaint.

Yours faithfully

2 Dear Sir or Madam

We are taking the precaution of informing you in advance by e-mail that the work performed by your company as per our instructions of ... has not been carried out satisfactorily.

You will be receiving a comprehensive list of the malfunctions noted after the machinery was serviced by your technicians in the course of the next few days.

Payment cannot be made until this matter has been settled.

Yours faithfully

Die Firmen und ihre Vertreter
Companies and their agents

Vertretungsangebot

Sehr geehrte Damen und Herren,

wir sind ein bedeutender Hersteller von … und exportieren unsere Waren bei steigenden Umsätzen in bereits … Länder.

Vor einiger Zeit haben wir ein Marktforschungsinstitut damit beauftragt, festzustellen, ob auch in Ihrem Land für uns ein interessanter Absatzmarkt vorhanden ist. Das Ergebnis dieser Untersuchung ist sehr positiv ausgefallen.

Wir sind nun daran interessiert, unsere Erzeugnisse auch nach … zu exportieren.

Wir haben Ihre Adresse dem Katalog der … Messe entnommen und möchten gern wissen, ob Sie an der Übernahme unserer Vertretung in Ihrem Land interessiert sind. Wie wir aus Ihrer Anzeige ersehen, deckt sich Ihr Programm weitgehend mit unseren Produkten.

Bitte setzen Sie sich so bald wie möglich mit uns in Verbindung.

Mit freundlichen Grüßen

Offer of agency

Dear Sir or Madam

We are a major manufacturer of …, and exports of our goods to … countries are steadily increasing.

Some time ago we commissioned a market research institute to determine whether your country would also provide attractive sales opportunities for our goods. The result of the survey was highly encouraging.

We are now also interested in exporting our goods to …

We have obtained your address from the … Trade Fair catalogue and would like to know whether you might be interested in the agency for our products in your country. We also note from your advertisement that your range is largely similar to ours.

Please contact us as soon as possible.

Yours faithfully

Bewerbung

Sehr geehrte Damen und Herren,

vielen Dank für Ihr Schreiben vom ..., das ich mit großem Interesse gelesen habe.

Ich würde Ihre Vertretung gern übernehmen, möchte jedoch verständlicherweise mit Ihnen persönlich über alle Einzelfragen, wie zum Beispiel Gebiet, Provisionen, Kundenschutz usw., sprechen. Deshalb hielte ich es für zweckmäßig, wenn ich Sie aufsuchen würde, um alle anstehenden Probleme zu erörtern.

Ich könnte in der Woche vom ... bis ... zu Ihnen kommen und gehe davon aus, dass Sie mir die für die Reise entstehenden Kosten gegen Vorlage der üblichen Belege ersetzen werden.

Bitte teilen Sie mir mit, ob Ihnen der Termin recht ist, oder schlagen Sie einen anderen vor.

Ich sehe Ihrer Antwort gern entgegen.

Mit freundlichen Grüßen

Application

Dear Sir or Madam

Many thanks for your letter of ..., which I read with great interest.

I would be pleased to act as your agent but, as you will appreciate, would like to meet with you personally to discuss details, such as territory, commission, customer protection etc. I therefore think it would be appropriate for me to call on you to discuss all such matters arising.

I would be available to visit you in the week of ... – ... and presume that my expenses will be reimbursed on presentation of the usual receipts.

Please let me know whether this date is suitable, or suggest a different one.

I look forward to receiving your reply.

Yours faithfully

Antwort auf angebotene Vertretung

Sehr geehrter Herr ...
(Sehr geehrte Frau ...),

vielen Dank für Ihr Schreiben vom ..., in dem Sie uns Ihre grundsätzliche Bereitschaft zur Übernahme unserer Vertretung in ... mitteilten.

Mit dem von Ihnen vorgeschlagenen Besprechungstermin am ... sind wir einverstanden. Wir erwarten Sie am ... um ... am Flughafen in ... Sie werden dort von unserem Vertreter/Mitarbeiter, Herrn/Frau ..., abgeholt.

Da Sie uns noch nicht persönlich bekannt sind, bitten wir Sie, sich am Informationsschalter zu melden und nach Herrn/Frau ... zu fragen. Die Besprechung kann dann in unserem Haus sofort beginnen. Die maßgebenden Mitglieder unserer Geschäftsleitung stehen Ihnen zur Verfügung.

Mit freundlichen Grüßen

Reply to an offer of agency

Dear Mr ...
(Dear Ms ...)

Many thanks for your letter of ... in which you state that you are, in principle, willing to act as our agent in ...

We agree to your visiting us for talks on ... Our Mr/Ms ... will be waiting to collect you when you arrive at the airport in ... at ... (time) on ... (date).

As you are not yet known to us personally we would ask you to report to the enquiries desk and ask for Mr/Ms ... Talks can be held on our company's premises immediately. All the members of the management concerned will be available for consultation.

Yours sincerely

Vertretungsgesuch

Sehr geehrte Damen und Herren,

Ihre Anzeige nach der Suche eines Vertreters im EU-Raum habe ich im Internet gelesen.

Ich bin seit Jahren auf dem Gebiet ... tätig und wäre sehr daran interessiert, Ihre Erzeugnisse in mein Programm aufzunehmen. Ich habe ein EU-weites Vertriebsnetz mit Vertragspartnern in allen EU-Ländern, die untereinander in Verbindung stehen und bestens kooperieren.

Durch dieses dichte EU-Netz bin ich in der Lage, überdurchschnittliche Umsätze zu erzielen. In meinem Hauptbüro in ... verfüge ich über einen Stab guter Mitarbeiter sowie ausreichende Lagerkapazitäten und Lieferfahrzeuge.

Falls bei Ihnen Interesse besteht, wäre ich gern bereit, Sie zu besuchen und Ihnen weitere Einzelheiten darzulegen.

Ich stehe Ihnen jederzeit für ein Gespräch zur Verfügung.

Mit freundlichen Grüßen

Request for agency

Dear Sir or Madam

I have seen you advertisement on the Internet for an agent to act within the European Union.

Having now worked for many years in the field of ... I would be most interested in adding your products to my range. I have a sales network throughout the EU and in every member state I have sales agreements with companies which communicate and co-operate closely with each other.

Thanks to this tightly woven network, I am able to achieve above-average sales figures. At my main office in ... I have a team of good employees as well as sufficient storage space and delivery vehicles.

Should you be interested, I would be pleased to pay you a visit and provide you with further details.

I am available to call on you for discussions at any time.

Yours faithfully

Antwort der zu vertretenden Firma

Sehr geehrte Frau ...
(Sehr geehrter Herr ...),

wir freuen uns Ihnen mitzuteilen, dass wir an Ihrem Angebot, uns EU-weit zu vertreten, sehr interessiert sind.

Zur Besprechung weiterer Einzelheiten würden wir sehr begrüßen, Sie in unserem Hause zu empfangen.

Bitte setzen Sie sich per E-Mail oder telefonisch mit dem/der Unterzeichneten in Verbindung, damit wir einen genauen Termin vereinbaren können.

Wir erwarten gern Ihre baldige Nachricht.

Mit freundlichen Grüßen

Reply from the firm to be represented

Dear Mr ...
(Dear Ms ...)

We are pleased to tell you that we are interested in your offer to represent our company's interests throughout the EU and would welcome the opportunity of meeting you here to discuss further details.

Please contact the signatory of this letter by e-mail or telephone to arrange an appointment.

We look forward to hearing from you soon.

Yours sincerely

Vertretungsvertrag

Zwischen der Firma ..., im Folgenden kurz Firma genannt,

und Herrn ..., nachstehend kurz Generalvertreter (GV) genannt, kommt folgender Generalvertretungsvertrag zustande:

a) Der GV übernimmt ab ... für die Firma die Generalvertretung für deren Erzeugnisse in ...

b) „Das Gebiet der Generalvertretung umfasst ..."

c) Für seine Tätigkeit erhält der GV Provision. Die Höhe der Provisionen ergibt sich aus beigefügter Provisionsliste, die Bestandteil des Vertrags ist.

d) Der GV erhält ein monatliches Fixum von ... für alle ihm für diese Vertretung entstehenden Kosten, wie z. B. Telefon, Fax, E-Mail, Lager usw." Weitere Vergütungen werden nicht bezahlt. Die Reisespesen trägt der GV selbst.

e) Die Firma ist bereit, den GV durch entsprechende Werbemaßnahmen zu unterstützen. Wie die Werbung durchgeführt wird, ist mit dem GV im Einzelnen abzusprechen. Die Gesamtwerbungskosten dürfen den Betrag von ... im Jahr nicht überschreiten. Darüber hinausgehende Kosten trägt der GV selbst.

f) Dem GV ist es während der Dauer dieses Vertrags nicht erlaubt, Konkurrenzfirmen zu vertreten.

g) Dieser Vertrag wird zunächst auf die Dauer von fünf Jahren abgeschlossen. Nach Ablauf dieser Zeit kann er von beiden Teilen unter Einhaltung einer Frist von sechs Monaten zum Ende des Kalenderjahres gekündigt werden.

h) Alle Vertragsänderungen bedürfen der Schriftform.

Gerichtsstand ist ... (Ort, Land)

Agency agreement

Between ... (firm), hereinafter referred to as firm,

and Mr ..., hereinafter "General Agent (GA)", the following General Agency Agreement has been agreed:

a) As from ... the GA will assume the sole agency for the products of the firm in ...

b) The sole territory covers ...

c) The GA will receive commission for his activities. The amount of commission is to be determined by the commission table included, which constitutes part of this agreement.

d) The GA will receive a fixed monthly allowance of ... for all the expenses incurred when acting as our agent, e.g. telephone, fax, e-mail, storage costs etc. No other expenses will be paid. Travel expenses are to be borne by the GA himself.

e) The firm is prepared to aid the GA with advertising as appropriate, details of which are to be discussed with the GA. Total advertising costs are not to exceed ... per year. Any additional expenses are to be borne by the GA himself.

f) The GA is not allowed to represent competing companies throughout the duration of this agreement.

g) This agreement is initially concluded for a period of five years. On expiry of this period, both parties may terminate it at six months' notice prior to the end of the calendar year.

h) Any amendments to the agreement are to be made in writing.

Any disputes arising will fall under the jurisdiction of ... (place, country)

Bekanntgabe des Vertreters

Sehr geehrte Damen und Herren,

wir erlauben uns, Ihnen mitzuteilen, dass wir ab … Herrn/Frau … mit der Vertretung unserer Interessen in … betraut haben. Wir bitten Sie, sich mit allen Fragen vertrauensvoll an ihn zu wenden. Er wird Sie in jedem Fall bestens beraten.

Mit freundlichen Grüßen

Introduction of agent

Dear Sir or Madam

We are pleased to inform you that Mr/Ms … will be representing our interests in … as from … He can be relied on to deal with any queries you may have and give you the best advice available.

Yours faithfully

Vertragskündigung durch den Vertreter

1 Sehr geehrte Damen und Herren,

aus gesundheitlichen Gründen bin ich leider gezwungen, Ihre Vertretung, die ich seit … innehabe, mit Wirkung vom … zu kündigen.

Ich bedaure dies außerordentlich, umso mehr, als aus der jahrelangen Verbindung ein Vertrauensverhältnis erwuchs, das zu schönen Erfolgen führte.

Ich bin sicher, dass Sie für meinen Entschluss Verständnis haben werden.

Mit freundlichen Grüßen

2 Sehr geehrter Herr …
(Sehr geehrte Frau …),

wie Sie wissen, vertrete ich seit … Jahren außer Ihrem Haus auch die Firma …

Diese hat mir nunmehr eine sehr attraktive Exklusivvertretung für den gesamten Raum … angeboten, die ich gern übernehmen möchte.

Ich bitte Sie daher, meine fristgemäße Kündigung zum … anzunehmen.

Ich danke Ihnen für das in mich bisher gesetzte Vertrauen und wünsche Ihrem Haus weiterhin alles Gute.

Mit freundlichen Grüßen

Agent terminates agency agreement

1 Dear Sir or Madam

As from … I will, for health reasons, unfortunately be obliged to terminate our agency, agreement, which has been in effect since … (date).

I most deeply regret having to take this step, all the more so since our long-standing co-operation of many years has brought about a bond of trust leading to a great deal of success.

I feel sure you will appreciate the reasons for my decision.

Yours faithfully

2 Dear Mr …
(Dear Ms …)

In addition to your company I have, as you know, also been representing … (company) for … years.

They have now made me an attractive offer of the sole agency for the entire … area, which I intend to accept.

I would therefore ask you to accept my resignation, tendered within the specified notice period, with effect from …

I would like to thank you for the trust you have placed in me and wish your company all the best in the future.

Yours faithfully

Vertragskündigung durch die Firma

Sehr geehrter Herr ...,

wir müssen Ihnen heute zu unserem Bedauern mitteilen, dass wir gezwungen sind, das mit Ihnen am ... geschlossene Vertretungsverhältnis zum ... zu kündigen. Wir haben alle Lieferungen nach ... eingestellt. Der Markt in Ihrem Land ist für uns in den letzten Jahren stetig rückläufig gewesen.

„Wir danken Ihnen für die gute Zusammenarbeit. Unser(e) Herr (Frau) ... wird Sie anlässlich seines (ihres) nächsten Aufenthalts in ... aufsuchen."

Mit freundlichen Grüßen

Company terminates agency agreement

Dear Mr ...

Much to our regret we are unfortunately obliged to inform you that, with effect from ..., we must terminate our agency agreement with you. We have stopped all deliveries to ... The market in your country has been shrinking steadily for us over the past years.

Thank you for the good work you have done for our company. Our Mr / Ms ... will be calling on you when he / she next visits ...

Yours sincerely

Kommissionsgeschäft

Sehr geehrte Damen und Herren,

wir bitten Sie um Mitteilung, ob Sie bereit sind, auf Kommissionsbasis die Produkte Ihres Verkaufsprogramms nach ... zu liefern.

Wir arbeiten in dieser Weise seit Jahren mit bedeutenden Herstellern zusammen. Lagerräume, Lieferfahrzeuge, Kundendienstmonteure usw. stehen ausreichend zur Verfügung.

Falls Sie im Prinzip an einer solchen Zusammenarbeit interessiert sind, lassen Sie uns dies bitte wissen.

Auf Wunsch sind wir auch bereit, die Kommissionsware gegen Feuer und Diebstahl versichern zu lassen und Ihnen für den Warenwert entsprechende Sicherheiten zur Verfügung zu stellen.

Mit freundlichen Grüßen

Business on consignment

Dear Sir or Madam

Please let us know whether you are willing to supply the goods in your sales programme on a consignment basis to ...

We have been doing business in this way with major manufacturers for many years now. We also have no shortage of storage space, delivery vehicles, maintenance personnel etc.

If you are basically interested in this form of co-operation please let us know.

If requested, we are also willing to have the consignment goods insured against fire and theft and provide appropriate security for their value.

Yours faithfully

Provisionsgeschäft

Sehr geehrte Damen und Herren,

ein langjähriger Kunde von uns benötigt im Augenblick einen größeren Posten von ... Da wir diese Ware nicht in unserem Programm führen, bitten wir Sie, dem Kunden unter Berufung auf uns ein entsprechendes Angebot zu unterbreiten, wovon wir eine Kopie erbitten.

Für unsere Bemühungen erwarten wir eine Provision in Höhe von ... %. Geben Sie uns bitte bekannt, ob Sie den angegebenen Warenposten umgehend liefern können und ob Sie mit unserem Vorschlag hinsichtlich der Provisionsvergütung einverstanden sind.

Wir werden Ihnen dann unverzüglich die Adresse des Kunden mitteilen.

Mit freundlichen Grüßen

Commission business

Dear Sir or Madam

A long-standing customer of ours currently requires a large amount of ... As this article is not included in our range we would request you to make our customer an appropriate offer, referring to our company, and send a copy of your offer to us.

For this service we suggest a commission of ... %. Please let us know whether you are able to supply the merchandise in question immediately and also whether your are in agreement with our suggestion as regards commission.

We will then forward the customer's address to you without delay.

Yours faithfully

Schreiben zu besonderen Gelegenheiten

Letters on special occasions

Dankschreiben

1 Sehr geehrte Damen und Herren,

wir möchten das heutige Schreiben zum Anlass nehmen, uns herzlich für die freundliche Aufnahme unseres Mitarbeiters/unserer Mitarbeiterin, Herrn (Frau) ..., in Ihrem Hause zu bedanken.

Wie wir erfuhren, waren die Gespräche und die dabei erzielten Vereinbarungen sehr erfolgreich. Wir sind überzeugt, dass sich dies positiv auf unsere Zusammenarbeit auswirken wird.

Wir haben vorgemerkt, dass Herr (Frau) ... Ende des Monats zu weiteren Besprechungen zu uns nach ... kommen wird. Selbstverständlich wird Herr (Frau) ... für die Dauer seines (ihres) Aufenthaltes unser Gast sein.

Mit freundlichen Grüßen

2 Sehr geehrte Damen und Herren,

wir haben gestern die Besprechungen mit Herrn (Frau) ... abgeschlossen und sind sicher, dass für beide Seiten gute Ergebnisse erzielt wurden.

Bei dieser Gelegenheit möchten wir uns für den Besuch von Herrn (Frau) ... herzlich bedanken, vor allen Dingen auch für die Aufgeschlossenheit, mit der er (sie) die Verhandlungen mit unserer Geschäftsleitung führte.

Mit freundlichen Grüßen

Letter of thanks

1 Dear Sir or Madam

We would like to use this letter as an opportunity to express our thanks to you for the friendly way in which our Mr. ... (our Ms ...) was received by your company.

We have learned that the discussions and agreements reached were highly successfull and are convinced that this will have a most positive effect on our co-operation.

We note that your Mr (Mrs) ... will be coming to us in ... for further talks. It goes without saying that Mr (Mrs) ... will be our guest for the duration of his (her) stay.

Yours faithfully

2 Dear Sir or Madam

Discussions with your Mr ... (Mrs ...) were concluded yesterday and we are sure that favourable results were achieved for both sides.

We would like to take this opportunity to thank you for your Mr ...'s (Mrs ...'s) visit, and above all, for the open-mindedness with which he (she) conducted negotiations with our managerial staff.

Yours faithfully

Glückwünsche

Firmenjubiläum

Sehr geehrte Damen und Herren,

zum 25-jährigen Bestehen Ihres Unternehmens erlauben wir uns, Ihnen unsere herzlichen Glückwünsche zu übermitteln.

Wir möchten diese Gelegenheit wahrnehmen, Ihnen zugleich für die jahrelange vertrauensvolle Zusammenarbeit unseren besten Dank auszusprechen.

Mit freundlichen Grüßen

Letters of congratulation

Company anniversary

Dear Sir or Madam

We wish to congratulate you on the 25th anniversary of your company.

At the same time, we would like to take this opportunity to express our thanks to you for the many years of close co-operation our companies have enjoyed.

Yours faithfully

Geburtstag

Sehr geehrte(r) Herr (Frau) ...,

zu Ihrem ... Geburtstag erlauben wir uns, Ihnen unsere besten Glückwünsche auszusprechen.

Wir wünschen Ihnen viele Jahre bei bester Gesundheit und hoffen, dass Ihre unermüdliche Schaffenskraft Ihrem Unternehmen noch lange erhalten bleibt.

Mit freundlichen Grüßen

Birthday

Dear Mr ... (Ms ...)

Please accept our very best wishes on your birthday.

We wish you many more years of good health and trust that your company will enjoy your indefatigable energies for a long time to come.

Yours sincerely

Filialeröffnung

Sehr geehrte Damen und Herren,

der Tagespresse haben wir entnommen, dass Sie in ... eine neue Zweigstelle eröffnet haben. Dazu möchten wir Ihnen viel Erfolg wünschen.

Wir verbinden damit die Hoffnung, dass sich unsere geschäftliche Zusammenarbeit auch in Zukunft in der gleichen vertrauensvollen Weise weiterentwickeln wird.

Mit freundlichen Grüßen

Opening of a new branch

Dear Sir or Madam

We note from the daily press reports that you have opened a new branch in ... May we wish you every success with this venture.

We also trust that our close business links will continue to flourish both now and in the future.

Yours faithfully

Berufsjubiläum

Sehr geehrter Herr (Frau) ...,

heute sind es 25 Jahre, dass Sie an der Spitze des von Ihnen gegründeten Unternehmens stehen.

In diesen langen Jahren haben Sie das Unternehmen durch persönliches Engagement und bedachtsame Leitung dank Ihrer großen Erfahrungen zu seiner heutigen Bedeutung geführt.

Wir möchten Ihnen hierzu unsere herzlichen Glückwünsche aussprechen, verbunden mit dem Wunsch für weitere Erfolge und Gesundheit.

Mit verbindlichen Empfehlungen

Celebrating years of service

Dear Mr ... (Ms ...)

You have now been at the helm of the company you yourself founded for 25 years.

In the course of these many years you have made the company what it is today by dint of personal commitment, circumspect management and thanks to your wide range of experience.

May we congratulate you warmly for your achievements and add our wish that you will enjoy further success and good health.

Yours most sincerely

Anzeige der Geschäftseröffnung

Sehr geehrte Damen und Herren,

wir freuen uns Ihnen mitzuteilen, dass wir hier in ... eine Verkaufsstelle für unsere Produkte eröffnet haben.

Dem Betrieb ist ein eigenes Callcenter angeschlossen. Ferner verfügen wir über fachlich geschulte Kundendienstmonteure, die alle bei uns gekauften Geräte turnusmäßig überprüfen.

Unser Callcenter erreichen Sie unter:
Tel.Nr.: ...
Fax-Nr.: ...
E-Mail-Adresse: ...

Wir würden uns freuen, wenn Sie von den Diensten und den günstigen Einkaufsmöglichkeiten regen Gebrauch machten. Für beste Qualität unserer Erzeugnisse übernehmen wir volle Gewähr.

Mit freundlichen Grüßen

Announcement of the opening of a business

Dear Sir or Madam

We are pleased to inform you that we have now opened a sales outlet for our products in ...

In addition to having our own call centre on the premises, we on the premises, we also have highly trained service personnel who routinely check all equipment purchased from us.

Our call centre can be contacted at:
Tel: ...
Fax: ...
E-mail: ...

We should be delighted if you would make liberal use of our services and favourable sales opportunities. We offer a full guarantee that our products are of the highest quality.

Yours faithfully

Änderung von Firmennamen und Anschrift

Sehr geehrte Damen und Herren,

bei unserer Gesellschafterversammlung am ... wurde die Änderung des Firmennamens in ... beschlossen. Gleichzeitig haben wir den Sitz unseres Unternehmens von ... nach ... verlegt.

Bitte unterrichten Sie hiervon Ihre entsprechenden Abteilungen. Besten Dank.

Mit freundlichen Grüßen

Change of company name and address

Dear Sir or Madam

At our shareholders' meeting on ... it was decided to change our company's name to ... and relocate the company in ...

We would be grateful if you would inform your company's departments as appropriate.

Yours faithfully

Übernahme einer Gesellschaft

Sehr geehrte Damen und Herren,

wie Sie sicher aus den Medien erfahren haben, sind alle Gesellschaftsanteile unserer Firma mit Wirkung vom ... von der ... übernommen worden.

Ab ... firmiert unser Unternehmen daher unter dem Namen ... Unser(e) bisheriger (bisherige) alleiniger (alleinige) Geschäftsführer(in), Herr (Frau) ..., wird mit sofortiger Wirkung von Herrn (Frau) ... unterstützt, der (die) gleichberechtigte(r) Geschäftsführer(in) ist.

Alle übrigen Geschäfte werden wie bisher weitergeführt. Wir sichern Ihnen auch in Zukunft unseren bewährten Kundendienst zu und hoffen auf weitere gute Zusammenarbeit.

Mit freundlichen Grüßen

Company Takeover

Dear Sir or Madam

As you will no doubt have heard from the media, all our company's shares have been taken over by ... with effect from ...

As from ... our company will be called ... Mr / Ms ..., who up to now has been sole Managing Director, will be joined by Mr / Ms ... as joint Managing Director with immediate effect.

In other other respects the company will continue to operate as before. You may rest assured that our after-sales department will continue to provide the same high-quality service. We look forward to doing further business with you in the future.

Yours faithfully

Austritt eines Gesellschafters

Sehr geehrte Damen und Herren,

wir möchten Ihnen mitteilen, dass mit Wirkung vom ... unser langjähriger Gesellschafter (unsere langjährige Gesellschafterin) ... aus gesundheitlichen Gründen aus der Gesellschaft ausgeschieden ist.

Seine (ihre) Anteile wurden von unseren anderen Gesellschaftern zu gleichen Teilen übernommen.

Auf die Geschäftsführung unserer Gesellschaft hat diese Maßnahme jedoch keinerlei Einfluss, und wir hoffen, dass unsere bestehenden Geschäftsverbindungen weiterhin erfolgreich und zum gegenseitigen Nutzen aufrechterhalten werden.

Mit freundlichen Grüßen

A partner withdraws from the firm

Dear Sir or Madam

We wish to inform you that our partner of many years standing, Mr (Ms) ..., is retiring from the firm for reasons of health.

His (her) shareholdings have been divided equally among the other partners.

The management of the firm is, however, in no way affected by this move and we trust that our existing business ties will continue to flourish to the mutual advantage of our two companies.

Yours faithfully

Ernennung zum Direktor

Sehr geehrte Damen und Herren,

wir freuen uns, Ihnen heute bekannt geben zu können, dass unser(e) langjährige(r) verdiente(r) Mitarbeiter(in), Herr (Frau) ..., mit Wirkung vom ... zum Direktor (zur Direktorin) unseres Unternehmens bestellt wurde. Er (sie) leitet verantwortlich die Abteilungen ... und ... (z.B. Einkauf, Verkauf, Personalwesen usw.).

Wir würden es sehr begrüßen, wenn sich das gute Einvernehmen zwischen unseren beiden Häusern durch diese Maßnahme noch vertiefte.

Mit freundlichen Grüßen

Appointment of a new director

Dear Sir or Madam

We are pleased to announce that, as from ..., our long-serving and able colleague, Mr ... (Ms ...) has been appointed as a director of our company. He (she) is now in charge of the ... and ... (e.g. Purchasing, Sales, Personnel etc.) Departments.

We very much hope that the good relationship our companies enjoy will be further strengthened by this move.

Yours faithfully

Anzeige eines Besuchstermins

Sehr geehrte Damen und Herren,

wir erlauben uns Ihnen mitzuteilen, dass unser Mitarbeiter, Herr (unsere Frau) ... Sie am ... im Laufe des Vormittags in Ihrem Hause aufsuchen wird.

Der Besuch soll dazu dienen, beiderseits interessierende Fragen zu besprechen und Möglichkeiten zu schaffen, unsere Geschäftsverbindung weiter auszubauen. Herr (Frau) ... ist von uns mit allen Vollmachten ausgestattet.

Wir wären Ihnen dankbar, wenn Sie uns den vorgeschlagenen Zeitpunkt kurz bestätigten. Sollte er nicht in Ihre Pläne passen, bitten wir um Mitteilung eines anderen Gesprächstermins.

Mit freundlichen Grüßen

Announcement of a visit

Dear Sir or Madam

We wish to inform you that our Mr (Ms) ... will be visiting you at your company on ... in the course of the morning.

His (her) visit is intended to enable matters of mutual interest to be discussed and to provide an opportunity to strengthen our business ties still further. Mr (Ms) ... has full authority to act on our company's behalf.

We would appreciate it if you would confirm this appointment at the time suggested. Should it prove inconvenient to you, we would ask you to suggest another date.

Yours faithfully

Bestätigung eines Besuchstermins

Sehr geehrte Damen und Herren,

wir danken Ihnen für die Mitteilung, dass Ihr Direktionsmitglied, Herr (Frau) ..., uns am ... besuchen wird. An diesem Tag stehen wir gern zu einem ausführlichen Gespräch zur Verfügung.

Mit freundlichen Grüßen

Confirmation of visit

Dear Sir or Madam

Thank you for your letter in which you inform us that an executive of your company, Mr (Ms) ..., will be visiting us on ... We will be pleased to receive him (her) on that day and discuss at length all matters arising.

Yours faithfully

Einladung zu einer Ausstellung

Sehr geehrte Damen und Herren,

in der Zeit vom ... bis zum ... findet in ... die ... Messe statt.

Wir möchten Ihnen mitteilen, dass wir an dieser Messe teilnehmen werden, und erlauben uns, Sie herzlich zu einem Besuch an Stand ... in Halle ... einzuladen.

In der Anlage finden Sie zwei Eintrittskarten, die Sie zum Besuch der Messe und unseres Standes berechtigen.

Wir freuen uns, Sie an unserem Stand begrüßen zu dürfen.

Mit freundlichen Grüßen

Anlagen
2 Eintrittskarten

Invitation to an exhibition

Dear Sir or Madam

The ... Fair is due to take place in ... from ... to ...

We are pleased to inform you that we are among the exhibitors and take pleasure in inviting you to visit our stand No. ... in hall ...

We enclose two complimentary tickets for your convenience.

We look forward to meeting you at our stand.

Yours faithfully

Enc
2 tickets

Annahme der Einladung zu einer Ausstellung

Sehr geehrte Damen und Herren,

über Ihre Einladung zum Besuch Ihres Stands ... in Halle ... auf der ... Messe habe ich mich sehr gefreut und werde die Gelegenheit nicht versäumen, bei Ihnen vorzusprechen.

Ich hoffe, Sie werden mir dann Ihre neue Maschine ... vorführen können, für die ich bereits ein Angebot erhalten habe. Besonders interessiert mich zu erfahren, wie das neue System ... in dieser Maschine arbeitet.

Ich sehe unserem Treffen mit Interesse entgegen.

Mit freundlichen Grüßen

Accepting an invitation to an exhibition

Dear Sir or Madam

I was very pleased to receive your invitation to visit you stand in Hall ... at the ... Trade Fair and will most certainly take this opportunity to call on you.

I hope you will then be able to demonstrate your new ... machine to me, an offer for which I have already received. I would be particularly interested to know how this machine's new ... system works.

I look forward with interest to meeting you.

Yours faithfully

Mitteilung über Umstellung auf neues Software-System

Sehr geehrte Damen und Herren,

unsere Direktionszentrale hat am ... die Einführung einer neuen Software verfügt, die in Zukunft unseren Geschäftsablauf wesentlich vereinfachen wird.

Aus diesem Grund werden alle Abteilungen unseres Hauses in den nächsten Wochen mit dieser neuen Software ausgestattet. Wir bitten Sie daher höflich, etwaige Verzögerungen in der Übersendung von Rechnungen und sonstigen Unterlagen zu entschuldigen.

Für alle Fragen, die Sie in diesem Zusammenhang haben, wenden Sie sich bitte an Herrn (Frau) ...

Im übrigen steht Ihnen wie immer unser Callcenter, das Sie unter der Tel.-Nr. ... erreichen, jederzeit zur Verfügung.

Wir sind sicher, dass diese Umstellung unsere gute Geschäftsbeziehung in keiner Weise beeinträchtigen wird. Wir werden alles tun, um die Störungen im normalen Geschäftsablauf auf ein Mindestmaß zu reduzieren.

Nach Abschluss der Umstellung werden wir Sie noch schneller und reibungsloser bedienen können als bisher.

Mit freundlichen Grüßen

Changeover to New Software

Dear Sir or Madam

On ... the decision was taken by the Management of this company to implement the introduction of new software which in future will considerably simplify our business procedures.

For this reason all company departments will be equipped with this software in the course of the next few weeks. We therefore respectfully ask you to accept our apologies for any delays in the sending of invoices and other documentation.

Should you have any queries in this respect, please contact Mr / Ms ...

In addition, our call centre can always be contacted on ... at any time.

We feel sure that the changeover will in no way affect our good business relations and will do everything in our power to reduce any interruptions to our normal business procedures to a minimum.

After the changeover has been completed we will be able to serve you faster and more smoothly than before.

Yours faithfully

Bitte um Auskunft an eine offizielle Stelle

Sehr geehrte Damen und Herren,

wir wenden uns an Sie als Deutsch-Niederländische Handelskammer mit der Bitte um Auskunft.

Wir überlegen, ob die ... Messe, die vom ... bis ... in ... stattfindet, für unsere Produkte geeignet ist.

Da wir den Veranstalter nicht kennen und auch keine Kontaktadresse für die Messe haben, wären wir Ihnen dankbar, wenn Sie uns mitteilen würden, an wen wir uns wenden können.

Anliegend überreichen wir Ihnen eine Broschüre unseres Produktionsprogramms.

Mit freundlichen Grüßen

Anl.

Request for information from an official body

Dear Sir or Madam

We would be grateful if, in your capacity as the Dutch-German Chamber of Commerce, you could provide us with some information.

The question has been raised here as to whether the ... Fair, due to take place in ... from ... to ..., is suitable for our products.

As the organizers are unknown to us and we have no contact addresses for the fair we would be most grateful if you would tell us whom we may approach.

Please find enclosed our brochure detailing our range of products.

Yours faithfully

Enc

Hotelkorrespondenz
Hotel correspondence

Anfrage

1 Sehr geehrte Damen und Herren,

wir beabsichtigen, Anfang ... eine Vertretertagung durchzuführen. Dafür benötigen wir vom ... bis ...
... Einzel- und ... Doppelzimmer, alle mit Bad oder Dusche, möglichst mit Fernseher und Minibar.

Wir möchten alle Teilnehmer bei Ihnen unterbringen.

Bitte lassen Sie uns Ihre Preise für Übernachtung, Frühstück, einschließlich aller Nebenkosten wissen.

Für ... haben wir ein Abendessen für ca. ... Personen in einem gesonderten Raum vorgesehen. Gern erwarten wir Ihre Menüvorschläge (Menüpreis zwischen ca. ... und ...).

Mit freundlichen Grüßen

2 Sehr geehrte Damen und Herren,

unser(e) Direktor(in), Herr ... (Frau ...), wird am ... die ... Messe in Ihrer Stadt besuchen.

Wir bitten Sie, vom ... bis ... ein ruhiges Einzelzimmer mit WC und Bad oder Dusche für ihn (sie) zu reservieren.

Könnten Sie uns auch bitte einen Lageplan Ihres Hotels beifügen mit der Angabe, wie man von dort am schnellsten mit öffentlichen Verkehrsmitteln das Messegelände erreichen kann.

Besten Dank im Voraus.

Mit freundlichen Grüßen

Enquiry

1 Dear Sir or Madam

At the beginning of ... we will be holding a congress for our sales representatives. From ... to ... we will thus require ... double and ... single rooms, all with bath or shower and preferably with TV and minibar.

We would like to accommodate all those taking part at your hotel.

Please let us have your rates for bed and breakfast together with any extra charges.

On ... we wish to give a dinner for approx. ... in a separate dining room and would be pleased to receive your suggestions as regards a suitable menu (prices from approx. ... to ... per person).

Yours faithfully

2 Dear Sir or Madam

Our Company Director, Mr ... (Ms ...) will be attending the ... Fair on ... in your city (town).

We would therefore request you to reserve him (her) a quiet single room with toilet, bath or shower from ... to ...

Would you also send us a map indicating both the location of your hotel and the fastest route to the fair using public transport.

Many thanks in advance.

Yours faithfully

Reservierung Einzelperson

Sehr geehrte Damen und Herren,

bitte reservieren Sie für unseren Kunden (unsere Kundin), Herrn (Frau) ..., aus ..., vom ... bis zum ... ein Einzelzimmer mit Bad, möglichst Seeseite.

Herr (Frau) ... wird mit dem Flugzeug (Flug Nr. ...) aus ... kommen und gegen ... Uhr im Hotel eintreffen.

Wir bitten Sie, uns die Rechnung (Zimmer und alle Extras) zur Begleichung zuzusenden. (Die Rechnung wird vom Gast bezahlt.)

Gern erwarten wir Ihre Bestätigung und grüßen Sie inzwischen freundlich

Individual reservation

Dear Sir or Madam

Kindly reserve a single room, preferably on the side of the hotel facing the sea (ocean, lake), for our customer Mr (Ms) ... coming from ... for the period ... to ...

Mr (Ms) ... will be on Flight No. ... from ... and will be arriving at the hotel at approx. ... o'clock.

Please forward the bill (accommodation and all extras) to us. (The guest will settle his (her) own bill.)

We look forward to receiving your confirmation.

Yours faithfully

Reservierung Tagung

Betr.: Unsere Tagung

Sehr geehrter Herr ...
(Sehr geehrte Frau ...),

wir danken Ihnen für Ihren freundlichen Empfang (das gestrige Telefongespräch). Nach Rücksprache mit der Direktion bestätigen wir Ihnen heute die Reservierung für obige Tagung wie folgt:

Zimmer:
... Einzelzimmer
... Doppelzimmer, alle mit Bad oder Dusche, Minibar und Fernseher,
vom ... bis zum ...

Konferenzräume:
Montag bis Samstag K III
Konferenzbestuhlung
Blocktisch

Dienstag, Mittwoch und Freitag K I
für ... Personen

Die Konferenzräume werden jeweils von 8.00 bis 18.00 Uhr benötigt.

Zusätzlich bitten wir, die Konferenzräume mit folgenden Geräten auszurüsten: Overheadprojektor, Flipchart, Videorekorder, Tonbandgerät.

Reservation for a congress

Dear Mr ...
(Dear Ms ...)

Our congress

After our recent pleasant meeting (yesterday's pleasant telephone conversation) and consultations with our management here, we are now able to confirm the following reservation for the abovementioned congress:

Rooms:
... single rooms
... double rooms, all with bath or shower, minibar and TV,
from ... to ...

Conference rooms:
From Monday to Saturday K III
conference chairs
conference table

On Tuesday, Wednesday and Friday K I
for ... persons

The conference rooms are required from 8 am to 6 pm.

In addition, we would request you to equip the rooms with the following facilities: overhead projector, flipchart, video recorder, tape recorder.

Wir wären Ihnen dankbar, wenn Sie auch eine Multivisionsanlage (Telefonanlage mit Konferenzschaltung, Kopfhörerkabine für Simultandolmetschen) zur Verfügung stellen könnten. Die Kosten hierfür bitten wir gesondert aufzuführen.

Gemeinsame Mahlzeiten:
Frühstück ab 7 Uhr am Büfett

Kaffeepausen täglich 10.00 und 16.00 Uhr

Arbeitsessen (Mittagessen) im Restaurant um 13.00 Uhr

Abendessen 20.00 im Hotelrestaurant

Bitte schicken Sie die Rechnung direkt an uns.

Wir haben die Gäste darauf hingewiesen, dass Telefongespräche, die vom Zimmer aus geführt werden, sowie Getränke aus der Minibar von ihnen selbst bezahlt werden müssen.

Wir werden Ihnen Ende ... eine Teilnehmerliste zukommen lassen.

Wir bitten um baldige Bestätigung.

Mit freundlichen Grüßen

We would also be grateful if you would make multi-vision facilities available (conference link telephone, simultaneous interpreter's booth) and list the expenses for this separately.

Group meal times:

Buffet breakfast as from 7 am

Coffee breaks at 10 am and 4 pm each day

Working lunch
at 1 pm in the restaurant

Dinner at 8 pm in the hotel restaurant

Pleased forward the bill directly to us.

The guests have been notified that they themselves must pay for all telephone calls made from their hotel rooms and drinks from the minibar.

A guest list will be sent to you at the end of ...

We would appreciate your early confirmation.

Yours faithfully

Reservierung Gruppe

Sehr geehrte Damen und Herren,

wir beziehen uns auf Ihre E-Mail-Anfrage und bestätigen Ihnen heute die Reservierung wie folgt:

... Einzel- und ... Doppelzimmer, alle mit Bad oder Dusche, für die Zeit vom ... bis zum ...

Unsere Gäste treffen im Laufe des ... – teilweise sehr spät – ein. Die Rechnungen begleichen sie selbst. Wir bitten Sie, die beigefügten Mappen in den Zimmern auszulegen.

Mit freundlichen Grüßen

Anlagen
Mappen

Group reservation

Dear Sir or Madam

We refer to your e-mail enquiry and are pleased to confirm your reservation as follows:

... single and ...double rooms, all with bath or shower, from ... to ...

Our guests will be arriving on ... in the course of the day, some of them at a late hour. They will settle their own bills. We would request you to put the folders enclosed in their rooms.

Yours sincerely

Encs
Folders

Antwort des Hotels

Absage

Sehr geehrte Damen und Herren,

für Ihre Anfrage vom ... danken wir Ihnen sehr. Leider tagt zu diesem Zeitpunkt eine größere Gruppe in unserem Haus. Wir verfügen deshalb nicht mehr über genügend Zimmer und Konferenzräume, um Ihre Tagung bei uns durchführen zu können.

Wir können Ihnen jedoch ein Angebot für eine Woche später – vom ... bis ... – zum Preis von ... pro Person und Tag machen.

Ein Konferenzraum für maximal ... Personen ist in dieser Zeit ebenfalls frei. Preis pro Tag: ...

Es würde uns sehr freuen, Ihre Tagung in unserem Haus durchführen zu dürfen. Gern erwarten wir Ihre Stellungnahme.

Mit freundlichen Grüßen

Reply from hotel

Refusal

Dear Sir or Madam

Thank you very much for your enquiry of ... Unfortunately, at the time in question a large group will be holding a conference on our premises. We will therefore not have sufficient rooms and conference space available.

We are, however, able to make our facilities available a week later, – from ... to ..., at ... per person per day.

At this same time a conference room for up to ... persons will also be available, for which the price per day is ...

We would be most pleased to host your conference and look forward to receiving your reply to this letter.

Yours faithfully

Positive Antwort

Sehr geehrte Damen und Herren,

für Ihre Anfrage vom ... danken wir Ihnen bestens. Gern stellen wir Ihnen für Ihre Reisegruppe vom ..., den ... bis ..., den ... ... Doppel- und ... Einzelzimmer zum Preis von ... netto pro Person und Tag zur Verfügung. Frühstück, ... % Bedienungsgeld, Mehrwertsteuer und Taxen sind inbegriffen. Auf je 20 zahlende Gäste ist eine Person frei.

Alle unsere Zimmer sind mit Bad und Dusche, Toilette, Telefon, Rundfunk- und Fernsehempfänger, Safe-Schublade sowie Kühlschrank ausgerüstet. Das Hallenschwimmbad kann kostenlos benützt werden.

Wir freuen uns sehr auf Ihre baldige Bestätigung und versichern Ihnen schon heute, dass wir Ihnen den Aufenthalt so angenehm wie möglich gestalten werden.

Mit freundlichen Grüßen

Favourable response

Dear Sir or Madam

Many thanks for your enquiry of ... We will be pleased to accommodate your party of ..., in ... double and ... single rooms, net price ... per person per day, for the period ... to ... Breakfast, ... % service charge, VAT and taxes included. For every 20 paying guests one is free.

All our rooooms are fully equipped with bath, shower, toilet, telephone, radio and TV, a lockable drawer for valuables as well as a refrigerator. The indoor swimming pool can be used free of charge.

We look forward to receiving your confirmation in the near future and assure you that every effort will be made to make your and your guests' stay as pleasant as possible.

Yours faithfully

Bestätigung einer Konferenz

Sehr geehrte Damen und Herren,

gern bestätigen wir Ihnen heute unsere Unterredung vom ... (unser gestriges Telefongespräch) wie folgt:

Zimmerreservierung:
... Einzelzimmer
... Doppelzimmer, wie gewünscht,
zum Preis von ... pro Person und Tag.

Wir berechnen für die Bewirtung pauschal einen Preis von ... pro Tag und Person.

Konferenzräume:
K III wie gewünscht Preis pro Tag: ...
K I wie gewünscht Preis pro Tag: ...

Beide Konferenzräume sind mit den nötigen technischen Geräten ausgerüstet.

Für eine Multivisionsanlage (Telefonanlage mit Konferenzschaltung, Kopfhörerkabine für Simultandolmetschen) müssten wir ... pro Tag in Rechnung stellen.

Wir haben zur Kenntnis genommen, dass die Gäste ihre im Zimmer geführten Telefonate und die Minibar-Bedienung selbst zahlen müssen.

Wir freuen uns auf Ihren Besuch und hoffen, dass Sie mit unserem Service zufrieden sein werden.

Bitte teilen Sie uns rechtzeitig (bis spätestens ...) die genaue Teilnehmerzahl der Konferenz mit.

Mit freundlichen Grüßen

Anlagen

Confirmation of a conference

Dear Sir or Madam

We are pleased to confirm the details of our discussion on ... (our telephone conversation of yesterday) as follows:

Room reservations
... single rooms
... double rooms, as requested,
at ... per person per day.

Our standard catering charge per person per day is ...

Conference rooms:
K III as requested, daily rate: ...
K I as requested, daily rate: ...

Both conference rooms are equipped with the necessary technical facilities.

An extra charge of ... per day would be made for the provision of multi-vision facilities (conference link telephone, simultaneous interpreter's booth).

We note that your guests must pay for telephone calls made from their rooms and the use of the mini-bar.

We look forward to your visit and trust that the service we offer will meet with your satisfaction.

Please let us have the exact number of conference participants in good time (by ... at the latest).

Yours faithfully

Encs

Bankkorrespondenz
Correspondence with banks

Kontoeröffnung

Anfrage

Sehr geehrte Damen und Herren,

um unsere Geschäfte in Ihrem Land abwickeln zu können, haben wir die Absicht, bei Ihrer Bank ein Girokonto zu eröffnen. Aus diesem Grunde wären wir Ihnen sehr dankbar, wenn Sie uns Ihre Bedingungen hinsichtlich der Zahlung von Zinsen, Provisionen, die Kontoführungsgebühren usw. mitteilen würden.

Außerdem bitten wir Sie um Angabe der Formalitäten, die für eine solche Handlung erforderlich sind.

Wir hoffen, bald von Ihnen zu hören.

Mit freundlichen Grüßen

Opening an account

Enquiry

Dear Sir or Madam

In order to handle our business in your country, we wish to open a current account at your bank. We would therefore be most grateful if you would let us know your conditions as regards interest payment, commission, account charges etc.

In addition, we would also like to know what formalities must be fulfilled to open such an account.

We hope to hear from you soon.

Yours faithfully

Anfrage auf Durchführung von Inkassoaufträgen

Sehr geehrte Damen und Herren,

wir tätigen seit einiger Zeit laufend Geschäfte mit Firmen in Ihrem Land auf Akkreditivbasis, und Sie waren dabei mehrmals als Emissionsbank für uns tätig.

Wären Sie bereit, in Zukunft auch Inkassoaufträge für uns zu bearbeiten?

In der Anlage erhalten Sie einen Jahresbericht unseres Hauses, der Ihnen Aufschluss über den Umfang unserer Geschäfte geben wird.

Mit freundlichen Grüßen

Request regarding the handling of collection orders

Dear Sir or Madam

We have been doing regular business on a letter-of-credit basis with companies in your country for some time now and note that you have acted as the issuing bank on several occasions.

Would you also be interested in handling collection orders for us in future?

The enclosed copy of our company's annual report will enable you to gain an impression of the volume of our business.

Yours faithfully

Auftrag

Sehr geehrte Damen und Herren,

in Beantwortung Ihres Schreibens vom … bitten wir Sie, ein Girokonto auf den Namen unserer Firma mit der Bezeichnung … zu eröffnen.

Zur Eröffnung dieses Kontos übersenden wir Ihnen als Anfangssumme einen Scheck in Höhe von …

Zeichnungsberechtigt für dieses Konto ist Herr/Frau … allein oder sind die Herren/Damen … und … gemeinschaftlich. Wir bitten Sie, die Unterschriften dieser Herren/Damen, die wir am Schluss dieses Briefes angeben, zur Kenntnis zu nehmen.

Mit freundlichen Grüßen

Herr/Frau … unterschreibt: …
Herr/Frau … unterschreibt: …
Herr/Frau … unterschreibt: …

Anlage
1 Scheck

Instruction to bank

Dear Sir or Madam

We have received your letter dated … and would now request you to open a current account in our company's name, entitled …

We enclose a cheque for … as the initial sum to be credited.

Those entitled to sign for this account are Mr / Ms … alone or Mr / Ms … and … jointly. We would request you to record the signatures of these gentlemen / ladies as shown at the end of this letter.

Yours faithfully

Signature of Mr / Ms …: …
Signature of Mr / Ms …: …
Signature of Mr / Ms …: …

Enclosure
1 Cheque

Kontoschließung

Sehr geehrte Damen und Herren,

seit der Einführung des Euro in unseren Ländern halten wir es nicht mehr für erforderlich, das Konto, das wir bei Ihrem Geldinstitut hatten, weiterzuführen.

Bitte überweisen Sie den Saldo, den dieses Konto aufweist, zu unseren Gunsten an die Bank, Konto Nr. …, Bankleitzahl: …

Wir danken für Ihre Bemühungen.

Mit freundlichen Grüßen

Closing an account

Dear Sir or Madam

Now that the euro has been introduced in our countries we no longer find it necessary to have an account at your bank.

Please transfer the balance to our account at … Bank, a/c no. …, sort code …

Thank you for your attention to this matter.

Yours faithfully

Kreditanträge

Kontokorrentkredit

1 Sehr geehrte Damen und Herren,

die globale Tätigkeit unseres Unternehmens macht es für uns erforderlich, an mehreren Plätzen der Welt gleichzeitig präsent zu sein. Aus diesem Grunde möchten wir bei Ihrem Geldinstitut anfragen, ob Sie bereit wären, uns einen ständigen Kredit in Höhe von ... zu gewähren.

Wie Sie wissen, unterhalten wir bei Ihnen mehrere Konten in ... und ... Zusätzliche Referenzen erhalten Sie jederzeit von ...

Wir bitten um Mitteilung, in welcher Höhe und zu welchen Bedingungen Sie bereit wären, uns einen solchen Kontokorrentkredit zu gewähren.

Herr .../Frau ... steht Ihnen jederzeit unter der Tel./Fax-Nr. .../E-Mail-Adresse ... zur Verfügung, um weitere Auskünfte zu erteilen.

Mit freundlichen Grüßen

2 Sehr geehrte Damen und Herren,

um günstige Notierungen des Marktes ausnützen zu können, wären wir gelegentlich daran interessiert, größere Käufe zu tätigen, die wir zum gegebenen Zeitpunkt aus Mangel an Barmitteln nicht durchführen können.

Wir bitten Sie uns mitzuteilen, unter welchen Bedingungen Sie bereit wären, uns einen Kredit bis zur Höhe von ... im Rahmen unseres Girokontos zu gewähren.

Als Garantie bieten wir Ihnen die Wertpapiere an, die wir bei Ihrem Bankinstitut im Depot aufbewahren.

Wir erwarten gern Ihre Nachricht.

Mit freundlichen Grüßen

Application for credit

Current Account Credit Facility

1 Dear Sir or Madam

The global nature of our company's business activities has made it necessary for us to be represented at a number of places in the world at the same time. For this reason we would like to ask whether your bank would be prepared to grant us a permanent current account credit facility of ...

As you will know, we have several accounts with your bank in ... (place) and ... (place). ... (name of company) and ... (name of company) will also be pleased to provide you with further references.

Please let us know for what amount and on what conditions you would be prepared to grant us such a credit facility.

Further information can be obtained from Mr / Ms ... at tel. ..., fax ... or e-mail ... at any time.

Yours faithfully

2 Dear Sir or Madam

To enable us to take advantage of favourable market rates, we would, on occasion, like to purchase substantial amounts, which, when the situation arises, we would not normally be able to finance owing to a lack of liquidity.

We would therefore request you to let us know under what circumstances you would be prepared to grant us an overdraft facility of ... on our current account.

We are able to offer you the securities deposited at your bank by way of collateral.

We await your response with interest.

Yours faithfully

Kontoüberziehung

Sehr geehrte Damen und Herren,

durch die besonderen Eigenschaften unseres Geschäfts ist der Stand unseres Kontos großen Schwankungen unterworfen, wodurch sich gelegentlich Sollsalden ergeben.

Unter Berücksichtigung unserer guten Geschäftsbeziehungen erlauben wir uns Sie zu fragen, ob Sie bereit wären, uns einen Überziehungskredit zu gewähren. Sollte dies der Fall sein, bitten wir Sie um Mitteilung der Provision, die Sie für eine Überziehung des Kontos berechnen würden.

Wir erwarten gern Ihre baldige Nachricht.

Mit freundlichen Grüßen

Overdrawn account

Dear Sir or Madam

The particular nature of the business we conduct makes the balance of our account subject to substantial fluctuations, occasionally giving rise to debit balances.

In the light of our good business relationship we have taken it upon ourselves to ask whether you might be prepared to grant us an overdraft facility. Should this be the case, we would request you to let us know the rates charged for this.

We look forward to your early reply.

Yours faithfully

Blankokredit

Sehr geehrte Damen und Herren,

da wir in Kürze große Mengen Lebensmittel aus Ihrem Land importieren möchten, wären wir Ihnen sehr dankbar, wenn Sie uns mitteilen könnten, ob Sie bereit wären, uns bis Ende des laufenden Jahres einen Blankokredit bis zu einem Höchstbetrag von … zu gewähren.

Wie Sie sich erinnern werden, hat unser Unternehmen vor einigen Jahren bereits die Dienste Ihrer Bank für Importgeschäfte von … in Anspruch genommen. Wenn Sie jedoch noch zusätzliche Referenzen benötigen, bitten wir Sie, sich mit der Handelskammer in … in Verbindung zu setzen.

Wir hoffen, dass Sie unserer Bitte entsprechen und uns in diesem Falle Ihre Bedingungen mitteilen werden.

Mit freundlichen Grüßen

Unsecured credit facility

Dear Sirs

As we are planning to import substantial quantities of foodstuffs from your country we would be most grateful if you would let us know whether you might be prepared to grant us an unsecured credit facility of up to … until the end of the current year.

You will no doubt recall that our company availed itself of your bank's services for import business (to the value) of … some years ago. Should you, however, require additional references, we would request you to contact the Chamber of Commerce and Industry in …

We hope that you will be able to comply with our request and, if so, let us have details of your terms.

Yours faithfully

Übersendung von Dokumenten

Eröffnung eines Dokumentenakkreditivs

Sehr geehrte Damen und Herren,

der zwischen unserem Lieferanten, der Firma ..., und unserem Unternehmen geschlossene Kaufvertrag für die Lieferung von ... CIF ... im Werte von ... sieht die Zahlung gegen unwiderrufliches Dokumentenakkreditiv, zahlbar bei Sicht, vor.

Wir wären Ihnen sehr dankbar, wenn Sie zulasten unseres Kontos ein unwiderrufliches Akkreditiv zugunsten unseres Lieferanten für den Gegenwert in Landeswährung eröffnen würden. Es soll gegen Vorlage der folgenden Dokumente zahlbar gestellt werden:

- Handelsfaktura im Original mit drei Kopien,
- vollständiger Satz reiner Bordkonnossemente,
- Versicherungspolice oder -zertifikat, das die gewöhnlichen Transportrisiken abdeckt,
- Ursprungszeugnis.

Der Kredit ist gültig bis ... Teilverschiffungen sind nicht zugelassen.

Als avisierende Bank für das zu eröffnende Akkreditiv wird auf Wunsch unseres Lieferanten die ... Bank in ... fungieren.

Wir hoffen, dass Sie uns bald Ihre Antwort zukommen lassen.

Mit freundlichen Grüßen

Forwarding documents

Opening a documentary credit

Dear Sirs

The sales agreement concluded between our supplier, ... (firm) and our company for the delivery of ... CIF ... to the value of ... provides for payment by irrevocable documentary credit, payable at sight.

We would be most grateful if you would debit our account with the opening of an irrevocable letter of credit in favour of our supplier for the amount in question in local currency. It is to be payable subject to presentation of the following documents:

- original commercial invoice and three copies thereof
- complete set of clean, on-board bills of lading
- insurance policy or certificate covering the usual transport risks
- certificate of origin.

The credit to be valid until ... Part-shipments not permitted.

At our suppliers' request, (the) ... Bank in ... will act as the advising bank.

We trust we will be receiving your reply in the near future.

Yours faithfully

Vorlage von Dokumenten zum Inkasso

Sehr geehrte Damen und Herren,

im Zusammenhang mit einer Lieferung von ... mit dem Motorschiff ..., CIF ..., übersenden wir Ihnen anbei die folgenden Dokumente:

- Konnossement,
- Versicherungspolice,
- Rechnungsdoppel,
- Ursprungszeugnis,
- Ladeschein,
- Analysezertifikat.

Wir bitten Sie, die genannten Dokumente dem Empfänger ... gegen Barzahlung unserer Rechnung Nr. ... im Gesamtbetrag von ... zu übergeben.

Bitte schreiben Sie diesen Betrag unserem Konto bei Ihnen nach Abzug Ihrer Gebühren gut.

Wir danken Ihnen im Voraus für Ihre Unterstützung.

Mit freundlichen Grüßen

Anlagen

Presentation of documents for collection

Dear Sirs

In connection with a consignment of ..., CIF ..., on board m.v. ..., we are forwarding the enclosed documents:

- bill of lading,
- insurance policy,
- duplicate invoice,
- certificate of origin,
- certificate of loading,
- certificate of analysis.

We would request you to release the documents listed to the consignee on payment in cash of our Invoice No. ... for a total amount of ...

Please credit this sum to our account with yourselves after deducting your charges.

We thank you in advance for your assistance.

Yours faithfully

Encs

Vorlage von Dokumenten gegen Akzept

Sehr geehrte Damen und Herren,

zur Begleichung unserer Handelsrechnung Nr. ... vom ... fügen wir einen 30-Tage-Sichtwechsel zulasten von ... über den Betrag von ... zum Akzept bei. Ebenso erhalten Sie anliegend den sich auf die erfolgte Lieferung beziehenden Frachtbrief.

Wir wären Ihnen dankbar, wenn Sie den Bezogenen den Frachtbrief und die Rechnung nach Akzeptierung unseres Wechsels mit 30 Tagen Sicht aushändigen und diesen bis zum Datum der Vorlage zum Inkasso im Portefeuille halten würden.

Bitte schreiben Sie zu gegebener Zeit den infrage stehenden Betrag unter Avis dem Konto gut, das wir bei Ihnen führen.

Wir danken Ihnen im Voraus für Ihre Mitarbeit.

Mit freundlichen Grüßen

Anlagen
1 Wechsel
1 Handelsrechnung
1 Frachtbrief

Presentation of documents against acceptance

Dear Sirs

In order to obtain settlement of our Commercial Invoice No. ... of ... we enclose a 30-day sight draft drawn on ... for the sum of ... for acceptance. We likewise enclose the consignment note relating to the goods delivered.

We would be grateful if you would surrender the consignment note and the invoice to the drawees after acceptance of our 30-day sight draft and retain this latter in our portfolio until the date of presentation for collection.

Please credit our account with yourselves with the sum in question at the appropriate time and notify us to this effect.

Thank you in advance for your co-operation in this matter.

Yours faithfully

Enc
1 Draft
commercial Invoice
consignment note

Einziehung eines Wechsels

Sehr geehrte Damen und Herren,

wir wären Ihnen dankbar, wenn Sie unseren Wechsel zulasten von ... über ... aus dem Verkehr ziehen würden, den Ihre Bank mit Datum von ... diskontiert hat, da wir heute vom Bezogenen die Mittel zur Deckung dieses Wechsels erhalten haben.

Wir danken Ihnen für Ihre Bemühungen.

Mit freundlichen Grüßen

Withdrawal of a bill of exchange

Dear Sirs

We would be grateful if you would withdraw from circulation our bill of exchange for ... drawn upon ..., which your bank discounted on ..., since we have now received funds to cover this bill from the drawee.

Thank you for giving this matter your attention.

Yours faithfully

Zahlungsauftrag

Sehr geehrte Damen und Herren,

wir wären Ihnen dankbar, wenn Sie Ihre Filiale in … baldmöglichst anweisen würden, den Betrag von … dem Konto Nr.… ., das die Firma … bei Ihnen unterhält, gutzuschreiben und im Rubrum anzugeben: „Zahlung der Rechnung Nr. … vom …“.

Wir bitten Sie, uns mit dem genannten Betrag zuzüglich der Überweisungskosten zu belasten.

Wir hoffen auf eine baldige Ausführung dieses Auftrags.

Mit freundlichen Grüßen

Payment order

Dear Sirs

We would be grateful if you would instruct your branch in … as soon as possible to credit the sum of … to a/c No. which … (firm) have with yourselves, with the rubrik “In payment of Invoice No. … of …”

Please debit us with this sum plus transfer charges.

We trust our instructions will be followed at your earliest convenience and remain,

Yours faithfully

Kontoauszug

Bitte um Zusendung

Sehr geehrte Damen und Herren,

anlässlich einer bevorstehenden Revision unserer Bücher bitten wir Sie, uns so bald wie möglich einen Kontoauszug mit Gut- und Lastschriften für den Zeitraum vom 1. Januar bis 30. Juni zu übersenden.

Wir danken Ihnen im Voraus für Ihre Bemühungen.

Mit freundlichen Grüßen

Statement of account

Request for a statement to be sent

Dear Sirs

As our accounts are shortly to be audited we would request you to send us as soon as possible a statement of account itemising debits and credits for the period 1st January – 30th June.

Thank you in advance for giving this matter your attention.

Yours faithfully

Übereinstimmung mit Auszug

Sehr geehrte Damen und Herren,

wir danken Ihnen für die Zusendung Ihres Kontoauszugs zum 31. Dezember …, der einen Saldo zu unseren Gunsten in Höhe von … ausweist.

Nach Prüfung desselben stellten wir fest, dass er in Ordnung ist.

Mit freundlichen Grüßen

Statement of account is correct

Dear Sirs

Thank you for sending us the statement of account for the period to 31st December …, showing a balance in our favour of …

Having examined it we have found it to be correct.

Yours faithfully

Nichtübereinstimmung mit dem Kontoauszug

Sehr geehrte Damen und Herren,

in Ihrem Kontoauszug Nr. ... vom ... belasten Sie uns unter anderem mit dem Betrag von ...

Da wir in unseren Büchern keinen Zahlungsauftrag über diese Summe haben, bitten wir Sie, diese Lastschrift zu überprüfen. Falls die Eintragung unrichtig ist, bitten wir um entsprechende Stornierung.

Wir erwarten Ihre diesbezügliche Stellungnahme.

Mit freundlichen Grüßen

State of account is incorrect

Dear Sirs

According to your statement of account No. ... of ... you have debited us, among other things, with the sum of ...

As we have no record of this payment order in our books, we would request you to check this debit. Should this entry prove to be incorrect we would ask you to cancel it.

We await your comments on this matter.

Yours faithfully

Geschäfte mit Schecks

Vorlage eines Schecks

Sehr geehrte Damen und Herren,

wir fügen einen Scheck, der auf die ... Bank ausgestellt ist, über den Betrag von ... bei und bitten Sie, den infrage stehenden Betrag unserem Girokonto Nr. ... gutzuschreiben.

Mit freundlichen Grüßen

Dealing with cheques

Presentation of a cheque

Dear Sirs

We enclose a cheque, drawn upon (the) ... Bank, for the sum of ... and would request you to credit our current account No. with the amount in question.

Yours faithfully

Rücksendung eines Schecks

Sehr geehrte Damen und Herren,

zu unserem großen Erstaunen wurde uns der beiliegende Scheck Nr. ... über den Betrag von ... mit dem Vermerk „ohne Deckung“ zurückgesandt.

Da wir überzeugt sind, dass es sich um einen Irrtum handelt, bitten wir Sie, die Angelegenheit zu prüfen und uns Ihre diesbezügliche Stellungnahme umgehend mitzuteilen.

Mit freundlichen Grüßen

Returning a cheque

Dear Sirs

To our great surprise the enclosed cheque No. ... for the sum of ... was returned to us marked “Refer to Drawer”.

As we feel sure this is the result of an error we would request you to look into this matter and let us have your comments by return.

Yours faithfully

Annullierung eines Schecks

Sehr geehrte Damen und Herren,

da der Scheck Nr. ... vom ... zugunsten von ... offensichtlich auf dem Postweg verloren gegangen ist, bitten wir Sie um Sperrung der Zahlung.

Wir erwarten Ihre Bestätigung, bevor wir einen neuen Scheck ausstellen, damit er nicht doppelt ausgefertigt wird.

Mit freundlichen Grüßen

Stopping a cheque

Dear Sirs

As cheque No. ... dated ... payable to ... has obviously got lost in the post we would request you to stop payment of it.

We await your confirmation before issuing a replacement to avoid duplication.

Yours faithfully

Verlust der Kreditkarte

Sehr geehrte Damen und Herren,

hiermit bestätige ich das Telefongespräch von heute mit Herrn ..., in welchem ich Sie über den Verlust meiner Kreditkarte Nr. ... in Kenntnis setzte und Sie bat, diese sofort zu annullieren.

Ich hoffe, dass Sie mir, wie versprochen, bald eine neue Karte zusenden.

Mit freundlichen Grüßen

Loss of credit card

Dear Sirs

This is to confirm my telephone call of today with Mr ..., in which I informed you of the loss of my credit card No. and requested you to cancel it immediately.

I trust you will, as promised, soon send me a replacement.

Yours faithfully

Anschluss an elektronisches Bankensystem

Sehr geehrte Damen und Herren,

wir freuen uns Ihnen mitzuteilen, dass ab 1. Januar ... alle Kunden an unser elektronisches Bankensystem angeschlossen sind.

In der Anlage erhalten Sie unsere Broschüre, die Sie über alle wichtigen Einzelheiten informiert. Ebenso erhalten Sie ein entsprechendes Anmeldeformular.

Electronic Banking

Dear Sir or Madam

We are pleased to inform you that as from 01 January ... all account-holders will have access to our electronic banking system.

Our brochure with information on all the important features of this service is enclosed together with a registration form.

Falls Sie unserem E-Banking-System beitreten wollen, senden Sie uns dieses Formular bitte ausgefüllt zurück. Sie erhalten dann unsere TAN (Transaction number) sowie Ihre geheime PIN (personal identification number). Aus Sicherheitsgründen wird diese Ihnen getrennt zugesandt.

Wir stehen Ihnen jederzeit für weitere Auskünfte zur Verfügung.

Mit freundlichen Grüßen

If you wish to make use of this service please fillin the form and return it. You will then receive our TAN code and your secret PIN (personal identification number). These will be sent to you separately for security reasons.

Please do not hesitate to contact us for further information.

Yours faithfully

Anlage von Kapital

1 Sehr geehrte Damen und Herren,

die Entwicklung der Zinssätze in Ihrem Land scheint uns zurzeit recht günstig zu sein, um eine kurzfristige Kapitalanlage zu tätigen.

Da wir schon bei anderen Gelegenheiten mit Ihrer sachgerechten Beratung in Fragen der Kapitalanlage sehr zufrieden waren, wären wir Ihnen dankbar, wenn Sie uns mitteilen würden, wie wir zurzeit einen Betrag von ungefähr ... günstig anlegen könnten.

Wir erwarten mit Interesse Ihre Stellungnahme.

Mit freundlichen Grüßen

2 Sehr geehrte Damen und Herren,

die Öffnung des Geldmarktes innerhalb der EU und die Globalisierung der Weltmärkte machen es m.E. attraktiv, eine andere Kapitalanlage zu suchen als ein Festgeldkonto oder die Investition in Schuldverschreibungen.

In Ihrer Broschüre habe ich gelesen, dass Sie als Bankinstitut eine Möglichkeit des Portfolio-Sparers in Verbindung mit dem Kauf von Wertpapieren anbieten.

Ich wäre Ihnen dankbar, wenn Sie mich näher darüber informieren würden. Sie erreichen mich auch telefonisch unter der Nr. ... oder der Handy-Nr. ...

Mit freundlichen Grüßen

Investing capital

1 Dear Sirs

In view of the favourable trend in interest rates in your country we feel that this is the right time for short-term capital investment.

As we have been most satisfied with your well substantiated advice regarding capital investment on previous occasions, we would be grateful if you would let us know how we can favourably invest the sum of approx. ... at the present time.

We await your comments with interest.

Yours faithfully

2 Dear Sir or Madam

The opening up of the EU money market and the globalisation of world markets have, in my opinion, now made it attractive to seek an alternative to deposit accounts or investing in debentures.

I see from your brochure that your bank offers a securities-based savings portfolio and would therefore be grateful if you would let me have further information on this. Please phone me on ... or mobile: ...

Yours faithfully

Börsengeschäfte

Ankauf von Effekten

Sehr geehrte Damen und Herren,

wir wären Ihnen dankbar, wenn Sie zulasten unseres Kontos an der Börse von … folgende Effekten zur bestmöglichen Notierung („billigst") kaufen würden.

Aktien: …

Staatsschuldpapiere: …

Investmentfonds: …

Obligationen: …

Wir bitten Sie, diese Wertpapiere auf unsere Rechnung im Depot aufzubewahren.

Wir erwarten Ihre Mitteilung, dass der Auftrag ausgeführt worden ist.

Mit freundlichen Grüßen

Stock exchange business

Purchase of securities

Dear Sirs

We would be grateful if you would purchase the following securities at the best rates available (cheapest price) on the … Stock Exchange, debiting our account accordingly.

Shares: …

Government bonds: …

Investment trusts: …

Debentures: …

Please keep these securities in our portfolio with you at our expense.

We await your confirmation that our instructions have been carried out.

Yours faithfully

Verkauf von Effekten

Sehr geehrte Damen und Herren,

wir bitten Sie, zum besten Kurs („bestens") folgende Aktien zu verkaufen, die Sie auf unseren Namen in Ihrem Depot haben:

…

Da der Markt für diese Effekten in den letzten Tagen zur Hausse tendiert, hoffen wir, dass Sie einen guten Preis bekommen können.

Bitte schreiben Sie den Verkaufserlös unserem Konto gut.

Wir erwarten Ihre Mitteilung, dass der Auftrag ausgeführt worden ist.

Mit freundlichen Grüßen

Selling securities

Dear Sirs

Please sell the following shares, kept in our name in our portfolio with you, at the most favourable rate (best rate) available.

…

As the market for these securities has been bullish for the last few days we trust you will obtain a good rate.

Please credit our account with the proceeds of the sale.

We await your confirmation that our instructions have been carried out.

Yours faithfully

Korrespondenz in Marketing und Werbung

Correspondence in marketing and advertising

Anfrage auf Erstellung einer Marktstudie

Sehr geehrte Damen und Herren,

wir verdanken Ihre Adresse unseren Geschäftsfreunden ... aus ..., die letztes Jahr eine Marktstudie durch Sie erstellen ließen und mit dem Ergebnis sehr zufrieden waren.

Anbei erhalten Sie eine genaue Beschreibung unseres Hauses und der von uns hergestellten Produkte.

Wir haben vor, diese im Zuge des Zusammenwachsens der EU-Länder zu einem einheitlichen Markt verstärkt EU-weit zu vertreiben, und möchten Sie bitten uns mitzuteilen, ob Sie grundsätzlich bereit wären, eine komplette Marktstudie für uns zu erstellen. Wie sind Ihre Konditionen?

Bei Interesse würden wir einen Besuchstermin bei uns durch eine Fachperson Ihres Hauses begrüßen.

Wir freuen uns, bald von Ihnen zu hören.

Mit freundlichen Grüßen

Anlage

Market survey enquiry

Dear Sirs

We owe your address to our business associates, ..., in ..., who commissioned you to conduct a market survey last year and were most satisfied with the results.

We enclose a detailed description of our company and the products we manufacture.

In view of the process of integration that the countries of the European Union are currently undergoing, we intend to intensify our efforts to market our products throughout the EU and would ask you to let us know whether you would, in principle, be prepared to carry out a complete market survey for us. What would your terms be for this?

Should you be interested we would welcome a visit here by a market research specialist from your company.

We look forward to hearing from you soon.

Yours faithfully

Enc

Antwort auf Anfrage zur Erstellung einer Marktstudie

Sehr geehrte Damen und Herren,

vielen Dank für Ihre Anfrage vom ... Es hat uns sehr gefreut zu erfahren, dass wir von der Firma ... empfohlen worden sind.

Wir sind gern bereit, mit Ihnen näher ins Gespräch zu kommen, um die von Ihnen gewünschte Marktstudie zu erstellen.

Da dies jedoch umfangreiche Vorgespräche erfordert, schlagen wir vor, dass der Unterzeichner Sie im Laufe der nächsten Woche anruft, um einen Besuchstermin zu vereinbaren.

Sie könnten uns dann auch ausführlich mitteilen, welche Vertriebsvorstellungen Sie haben.

Wir werden uns nächste Woche telefonisch bei Ihnen melden.

Mit freundlichen Grüßen

Reply to a request for a market survey

Dear Sirs

Many thanks for your enquiry of ... We were very pleased to learn that we have been recommended by ...

We would be most interested in entering into discussions with you about the market survey you wish to have conducted.

As this will entail a great deal of preliminary discussion, we suggest that we call you in the course of next week to arrange an appointment.

You will then be able to tell us in detail what sort of products you wish to market.

We will be telephoning you next week.

Yours faithfully

Einschaltung einer Werbeagentur

Sehr geehrte Damen und Herren,

gemäß Ihrem Wunsch haben wir für das neue Vertretungsgebiet die Werbeagentur ... mit der Werbung für Ihre Produkte beauftragt.

Die Werbung soll alle Werbeträger, die sich an die Öffentlichkeit wenden, einschließen, also sowohl Rundfunk, Fernsehen, Presse als auch alle Werbemöglichkeiten des Internet.

Sobald wir nähere Einzelheiten von der Werbeagentur erhalten haben, werden wir diese unverzüglich an Sie weiterleiten.

Mit freundlichen Grüßen

Enlisting the services of an advertising agency

Dear Sirs

As requested, we have commissioned the ... advertising agency to advertise your products in the new territory.

There is to be advertising on all the media to which the public are exposed, i.e. both radio, television and the press as well as all the opportunities offered by the Internet.

As soon as we have received further details from the adverting agency we will forward them to you immediately.

Yours faithfully

Werbung und Publicrelations

Bitte um Ausarbeitung einer Anzeigenkampagne

Sehr geehrte Damen und Herren,

zur Imagepflege unseres Unternehmens wollen wir zum Jahresende eine groß angelegte Anzeigenkampagne in der lokalen Presse starten.

Wir wären Ihnen sehr verbunden, wenn Sie uns ein detailliertes Angebot ausarbeiten könnten, das alle Aspekte einer solchen Kampagne bestmöglich berücksichtigt.

Sie haben freie Wahl bezüglich der Ideen. Wir verlassen uns hier auf Ihren werbefachlichen Rat. Der Kostenrahmen dürfte jedoch den Betrag von ... nicht übersteigen.

Wir freuen uns, bald Ihr Angebot zu erhalten.

Mit freundlichen Grüßen

Advertising and public relations

Request for an advertising campaign to be devised

Dear Sirs

To cultivate our company's image we wish to launch a large-scale advertising campaign in the local press at the end of the year.

We would be most grateful if you would draw up a detailed offer containing as much information as possible on all the aspects of such a campaign.

You have complete freedom of choice as far as ideas are concerned. We will be relying on your specialist knowledge in advertising matters. Overall expenditure must, however, not exceed ...

We look forward to receiving your offer soon.

Yours faithfully

Übersendung von Werbematerial

Mitteilung der Werbeagentur

Sehr geehrte Damen und Herren,

in der Anlage erhalten Sie das von uns inzwischen fertig gestellte Verkaufsförderungsprogramm (die neue Werbebroschüre) für die Produkte ... Ihres Hauses.

Sollten Sie noch Fragen oder Änderungswünsche haben, bitten wir um umgehende Mitteilung.

Wir danken Ihnen für das in uns gesetzte Vertrauen und stehen Ihnen jederzeit gern wieder zur Verfügung.

Mit freundlichen Grüßen

Anlage

Sending advertising material

Letter from advertising agency

Dear Sirs

We enclose the programme (new advertising brochure) we have now devised to promote sales of your company's products ...

Should you still have any queries or wish to change anything please let us know immediately.

We thank you for the confidence you have placed in our company and will be pleased to assist you again in the future.

Yours faithfully

Enc

Werbung im Internet

Bitte um Ausarbeitung einer Homepage

Sehr geehrte Damen und Herren,

wir haben Ihre Anschrift aus dem Internet, wo Sie sich als Spezialisten für die Gestaltung von Firmen-Homepages darstellen.

Da wir uns in Zukunft für Absatz- und Werbezwecke dieses Mediums bedienen möchten, bitten wir um Ihre detaillierten Vorschläge. In der Anlage erhalten Sie nähere Informationen über unser Unternehmen, unsere Produkte und unsere Hauptabsatzmärkte.

Bitte senden Sie Ihr Angebot an unsere Abteilung Werbung und Öffentlichkeitsarbeit.

Mit freundlichen Grüßen

Anlagen

Advertising on the Internet

Request for Website Design

Dear Sir or Madam

We have obtained your address from the Internet and note that you specialise in designing company websites.

Since we intend to use this medium for sales and advertising purposes in future, we would like you to work out some suggestions for us in detail. Enclosed you will find a profile of our company, its products and its main markets.

Please send your offer to our Advertising and Public Relations Department.

Yours faithfully

Encs

Beantwortung einer Homepage-Anfrage

Sehr geehrte Damen und Herren,

in der Anlage erhalten Sie unseren allgemeinen Werbeprospekt über Homepages mit unserer neuesten Preisliste.

Unser(e) Spezialist(in) für Homepages, Herr (Frau) … wird sich in den nächsten Tagen mit Ihrer Abteilung Werbe- und Öffentlichkeitsarbeit in Verbindung setzen, um einen Gesprächstermin zur Ausarbeitung eines detaillierten Vorschlags für Ihre Homepage zu vereinbaren.

Wir danken für Ihr Interesse.

Mit freundlichen Grüßen

Anlage

Answer to Request for Website Design

Dear Sir or Madam

Please find enclosed our general website advertising brochure together with our latest price list.

Our website specialist, Mr / Ms … will be contacting your Advertising and Public Relations Department in the next few days to arrange an appointment to discuss a detailed design suggestion for a company website.

Thank you for your interest in our services.

Yours faithfully

Encs

Empfehlungsbriefe, Einführungsbriefe, Bewerbungen

Letters of recommendation, letters of introduction, applications

Ankündigung eines Besuchers

Sehr geehrte Damen und Herren,

wie ich Ihnen schon telefonisch mitteilte, wird mein Kollege (Freund), Herr ..., (meine Kollegin, Partnerin, Frau ...) vom ... bis ... in Ihrer Stadt sein.

Ich wäre Ihnen sehr dankbar, wenn er (sie) sich im Falle von Problemen oder Fragen an Sie wenden könnte, und habe mir erlaubt, ihm (ihr) Ihre Anschrift und Telefonnummer zu geben.

Ich danke im Voraus für Ihre freundliche Unterstützung.

Mit freundlichen Grüßen

Notification of a visit

Dear Sirs

As already mentioned in our telephone conversation, my colleague (friend) Mr (Ms) ... will be in your area from ... to ...

I would be most grateful if he (she) could turn to you for assistance in the event of problems or queries, and have thus taken the liberty of giving him (her) your address and telephone number.

Many thanks in advance for your kind help.

Yours faithfully

Beantwortung eines Einführungsbriefes

Sehr geehrter Herr ...
(Sehr geehrte Frau ...),

vielen Dank für Ihr Schreiben vom ... Ihr(e) Kollege(in), Herr (Frau) ..., hat sich am ... an mich gewandt.

Es freut mich Ihnen mitzuteilen, dass ich Herrn (Frau) ... bei einer mir bekannten Firma als Praktikant(in) einführen konnte.

Herr (Frau) ... kann sich auch weiterhin stets an mich wenden.

Mit freundlichen Grüßen

Reply to a letter of introduction

Dear Mr ...
(Dear Ms ...)

Many thanks for your letter of ... Your colleague, Mr ... (Ms ...) contacted me on ...

I am pleased to inform you that I have been able to obtain a placement for Mr ... (Ms ...) at a company with which I am well acquainted.

Mr ... (Ms ...) should also not hesitate to contact me, should he (she) feel that this is necessary.

Yours sincerely

Positive Referenz

Sehr geehrte Damen und Herren,

Herr … (Frau …), dessen (deren) Lebenslauf ich beifüge, hat mich gebeten, für Sie eine Referenz zu verfassen.

Herr … (Frau …) hat vom … bis … in meinem Unternehmen als … gearbeitet. Während dieser Zeit konnte ich mich von seinen (ihren) hervorragenden Fähigkeiten überzeugen. Herr … (Frau …) war stets pünktlich, fleißig und zuverlässig, und ich habe keine Bedenken, ihn (sie) für eine entsprechende Position zu empfehlen.

Mit freundlichen Grüßen

Anl.

Favourable reference

Dear Sirs

Mr … (Ms …), whose CV is enclosed, has requested me to provide you with a reference for him (her).

Mr … (Ms …) worked for my company from … to … During this time I had ample proof of his (her) outstanding qualities. Mr … 's (Ms …'s) time-keeping was excellent and he (she) was conscientious and reliable. I have no hesitation in recommending him (her) for the post in question.

Yours faithfully

Enc

Vage Referenz

Sehr geehrte Damen und Herren,

Sie baten mich mit Schreiben vom ... um Abgabe einer Referenz über Herrn … (Frau …).

Leider kann ich nur bestätigen, dass Herr … (Frau …) ca. … Monate für uns tätig war. Diese Zeit war zu kurz, um mir einen wirklich gründlichen Eindruck von Herrn … (Frau …) zu vermitteln.

Ich bedaure, Ihnen die gewünschte Auskunft in diesem Fall nicht geben zu können.

Mit freundlichen Grüßen

Non-committal reference

Dear Sirs

I refer to your letter of … in which you ask me to provide a reference for Mr … (Ms …).

I am unfortunately only able to confirm that Mr … (Ms …) worked for us for approx. … months. This period of time was too short to enable me to gain any real impression of him (her).

I regret not being able to provide you with the information you request in this case.

Yours faithfully

Bewerbungsschreiben

Sehr geehrte Damen und Herren,

Ihrer Anzeige vom ... in ... habe ich entnommen, dass Sie einen ... (eine ...) suchen.

In der Anlage füge ich einen Lebenslauf sowie Zeugnisse und Bescheinigungen meiner schulischen und beruflichen Laufbahn bei.

Wie Sie diesen Unterlagen entnehmen können, habe ich bereits eine mehrjährige Berufserfahrung auf dem Gebiet des ... (der ...).

Ich wäre Ihnen dankbar, wenn Sie mir Gelegenheit zu einem persönlichen Vorstellungsgespräch geben würden, und stehe jederzeit zu Ihrer Verfügung.

Mit freundlichen Grüßen

Anl.

Letter of application

Dear Sirs

I note from your advertisement of ... in ... that you are looking for a ...

I enclose my CV together with certificates detailing the qualifications and experience I have gained at school and at work.

As you will gather from these documents, I already have several years' experience working in the field of ...

I would be grateful if you could offer me the opportunity of attending an interview, for which I would be available at any time.

Yours faithfully

Enc

Einladung zum Vorstellungsgespräch

Sehr geehrter Herr ...
(Sehr geehrte Frau ...),

vielen Dank für Ihre Bewerbung vom ...

Wir sind interessiert, Sie persönlich kennen zu lernen, und laden Sie ein, am ... um ... Uhr zu uns zu kommen.

Bitte melden Sie sich am genannten Tag bei Herrn ... (Frau ...) in der Abteilung ...

Sollte Ihnen der Termin nicht zusagen, bitten wir Sie, mit Herrn ... (Frau ...) einen anderen Termin zu vereinbaren.

Wir freuen uns auf Ihren Besuch.

Mit freundlichen Grüßen

Invitation to attend an interview

Dear Mr ...
(Dear Ms...)

Thank you for your application dated ...

We are interested in getting to know you personally and would like you to come and see us on ... at ...

Please report on the appointed day to Mr ... (Ms ...) in the ... Department.

Should this date prove inappropriate, we would ask you to arrange another one with Mr ... (Ms ...).

We look forward to your visit.

Yours sincerely

Einstellung

Sehr geehrter Herr ...
(Sehr geehrte Frau ...),

wir freuen uns Ihnen mitzuteilen, dass wir Ihnen die Stelle als ... ab ... anbieten.

In der Anlage erhalten Sie unseren Arbeitsvertrag in 2facher Ausfertigung. Bitte unterschreiben Sie diesen und schicken Sie ein Exemplar an uns zurück.

Sollten Sie noch Fragen haben, stehen wir Ihnen gern zur Verfügung.

Ihr 1. Arbeitstag ist der ... Wir wünschen Ihnen und uns eine gute Zusammenarbeit.

Mit freundlichen Grüßen

Anl.

Taking on an employee

Dear Mr ...
(Dear Ms ...)

We are pleased to be able to offer you the post of ... as from ...

We enclose our contract of employment in duplicate. Please sign one copy and return it to us.

Please do not hesitate to contact us should you have any queries.

You are due to commence work on ... We wish you every success and trust that both you and we will benefit from your new position.

Yours sincerely

Enc

Absage auf Bewerbung

Sehr geehrte Herr ...
(Sehr geehrte Frau ...),

zu unserem Bedauern müssen wir Ihnen mitteilen, dass wir Ihre Bewerbung leider nicht berücksichtigen konnten.

In der Anlage erhalten Sie Ihre Bewerbungsunterlagen zurück.

Wir danken für das von Ihnen gezeigte Interesse.

Mit freundlichen Grüßen

Anl.

Rejection of application

Dear Mr ...
(Dear Ms ...)

We regret to inform you that we have been unable to consider your application for the post in question.

We are returning your application papers with this letter.

Thank you for responding to our advertisement.

Yours sincerely

Enc

Kündigung

Sehr geehrter Herr ...
(Sehr geehrte Frau ...),

wir müssen Ihnen leider mitteilen, dass wir den zwischen Ihnen und uns am ... geschlossenen Arbeitsvertrag aus ... Gründen nicht verlängern können.

Die gegenwärtige Lage auf dem Arbeitsmarkt lässt uns im Augenblick keine andere Wahl.

Ihre Anstellung endet mit dem ... nach der gesetzlichen Kündigungsfrist von ... Wochen (... Monaten).

Wir danken für Ihre geleistete Mitarbeit und wünschen Ihnen für die Zukunft alles Gute.

Mit freundlichen Grüßen

Dismissal

Dear Mr ...
(Dear Ms ...)

We regret to inform you that, for ... reasons, we are unable to renew the contract of employment concluded between yourself and our company on ...

In view of the current situation in the employment market, we have no alternative at the present time.

You will cease to be in our employ upon expiry of the statutory notice period of ... weeks (... months).

We thank you for the work you have done and wish you all the best for the future.

Yours sincerely

Korrespondenz im Transportwesen

Correspondence in freight forwarding

Luftfracht

Anfrage an Spediteur (Ausfuhr)

Sehr geehrte Damen und Herren,

gemäß Kaufvertrag vom ... sollen wir am ... eine Sendung ... nach ... per Luftfracht versenden.

Wir bitten Sie, uns für den entsprechenden Lufttransport ein Angebot zu machen und gleichzeitig für die Zollabfertigung in unserem Land Sorge zu tragen.

Wir erwarten bis zum ... Ihr Angebot für den Lufttransport sowie für die deutsche und ausländische Zollabfertigung.

Mit freundlichen Grüßen

Air freight

Enquiry to freight forwarder (Export)

Dear Sirs

The contract of sale concluded by our company on ... for a consignment of ... to ... stipulates that the goods be sent by air freight on ...

We would request you to make us an appropriate offer for air transport and also to take care of customs clearance formalities in our country.

We look forward to receiving your offer by ... (date) for both air transport and German and foreign customs clearance.

Yours faithfully

Anfrage an Spediteur (Inland)

Sehr geehrte Damen und Herren,

wir werden in Zukunft eilige Luftfrachtsendungen von Pharmazeutika haben, die innerhalb von 12–24 Stunden ihren Empfänger erreichen müssen.

Sind Sie in der Lage, die nötigen Vorkehrungen zu treffen, damit eine schnelle Beförderung per Kurier gewährleistet ist?

Wir würden Sie jeweils per Fax, E-Mail oder telefonisch so früh wie möglich vorab informieren.

Gern erwarten wir Ihre Antwort mit einem entsprechenden Angebot.

Mit freundlichen Grüßen

Enquiry to freight forwarder (Inland)

Dear Sirs

In future we will be handling urgent air freight consignments of pharmaceuticals which will have to reach their consignees within 12–24 hours.

Are you able to make the necessary arrangements to guarantee rapid delivery by special messenger?

You would be informed in advance by fax, e-mail or telephone as early as possible.

We look forward to receiving your company's offer.

Yours faithfully

Auftrag an Spediteur (Einfuhr)

Sehr geehrte Damen und Herren,

wir erwarten am ... mit Luftfrachtbrief Nr. ... die Ankunft einer Sendung von ... aus ... Die Flug-Nr. ist ... der ... Luftfahrtgesellschaft.

Da dies eine Wareneinfuhr aus Drittländern darstellt, überreichen wir Ihnen in der Anlage die Kopie der Einfuhrgenehmigung gemäß § 30 Abs. 1 der Außenwirtschaftsverordnung.

Der Wert der Sendung beträgt ... Die Originalrechnungen liegen der Sendung bei.

Bitte erledigen Sie für uns alle Zollformalitäten und veranlassen Sie den sofortigen Weitertransport an unsere Anschrift.

Mit freundlichen Grüßen

Anlage

Freight forwarding order (Import)

Dear Sirs

We are expecting a consignment of ... from ... to arrive on ..., on Airway Bill No. ... It will be on ... (airline) Flight No. ...

As goods are being imported from a third country in this case, we enclose a copy of the Import Licence in compliance with Article 30, Paragraph 1 of the Foreign Trade Regulations.

The value of the consignment is ... The original invoices are included with the consignment.

Please deal with all customs formalities and arrange for the goods to be forwarded on to us immediately.

Yours faithfully

Enc

Antwort des Spediteurs

Sehr geehrte Damen und Herren,

wir danken für Ihre Anfrage vom ... und sind gern bereit, alle Zollformalitäten für die Luftfrachtsendung Nr. ... zu übernehmen.

Sobald dies geschehen ist, werden wir Sie per Fax oder E-Mail benachrichtigen und den genauen Lieferzeitpunkt mitteilen.

Mit freundlichen Grüßen

Freight forwarder's reply

Dear Sirs

Thank you for your enquiry of ... We will be pleased to deal with all customs formalities for Air Freight Consignment No. ...

As soon as this has been done we will notify you by fax or e-mail and let you know the exact time of delivery.

Yours faithfully

Seefracht und Binnenschifffahrtsfracht

Anfrage an Reederei

Sehr geehrte Damen und Herren,

wir sind im Begriff, eine Sendung von ca. 10 Tonnen gebrauchter Maschinenteile nach Beirut zu verschiffen. Die Ware wird in insgesamt 15 Kisten mit den Abmessungen ... und ... und einem Bruttogewicht von je ... kg verpackt.

Bitte teilen Sie uns mit, zu welchen Sätzen (von FOB bis CFR) Sie eine solche Verschiffung durchführen können.

Ferner bitten wir Sie, uns die Abfahrtszeiten Ihrer Schiffe, die den Hafen Beirut in den nächsten 6 Monaten anlaufen, mitzuteilen.

Unser Schiffsagent, die Fa. ..., ist mit der Wahrung unserer Interessen beauftragt worden und wird sich um die Beibringung der erforderlichen Papiere kümmern.

Wir erwarten umgehend Ihr Angebot.

Mit freundlichen Grüßen

Sea freight and inland waterway transport

Enquiry to shipping company

Dear Sirs

We are in the process of shipping a consignment of approx. 10 tonnes of used machine parts to Beirut. The goods will be packed in a total of 15 crates measuring ... by ...with a gross weight of ... kg.

Please let us know your rates (from FOB to CFR) for taking on this load.

In addition, please let us know the sailing times of ships due to dock in the port of Beirut over the next 6 months.

Our interests will be represented by our shipping agent, ..., who will procure the necessary documents.

We await your offer by return.

Yours faithfully

Anfrage an Reederei auf Übernahme einer Voyage-Charter

Sehr geehrte Damen und Herren,

da wir regelmäßig größere Mengen von Waren nach Lateinamerika verschiffen, fragen wir an, ob Sie ggf. daran interessiert sind, uns für die Dauer von jeweils 6 Monaten eine günstige Voyage-Charter zu besorgen.

Das Schiff müsste zwischen Rotterdam und einem mittelamerikanischen Hafen verkehren.

Bitte teilen Sie uns mit, zu welchen Bedingungen und Preisen und wann Sie eine solche Voyage-Charter übernehmen würden.

Wir sind an einer baldigen Antwort interessiert.

Mit freundlichen Grüßen

Request to shipping line to arrange a voyage charter

Dear Sir or Madam

As we regularly ship substantial quantities of goods to Latin America, we wish to enquire whether you might be interested in arranging favourably priced voyage charters for us for six-monthly periods.

The vessel would have to ply between Rotterdam and a Central American port.

Please let us have details of your conditions and prices and indicate when you could arrange such a voyage charter.

We look forward to your early reply with interest.

Yours faithfully

Antwort der Reederei

Sehr geehrte Damen und Herren,

wir danken für Ihre Anfrage vom ... und fügen unsere Seefrachttabelle sowie die Schiffabfahrtslisten für das nächste Jahr bei.

Bei der vorgesehenen Sendung lohnt sich die Verschiffung in einem 10 ft-Container.

Wir fügen einen Fragebogen unserer Reederei mit der Bitte bei, diesen ausgefüllt an uns zurückzusenden. Wir können dann eine genaue Berechnung der Seefracht vornehmen.

Da wir ständig sowohl eigene als auch gecharterte Schiffe nach Beirut einsetzen, wird es kein Problem sein, innerhalb von 4 Wochen eine geeignete Seetransportmöglichkeit für Ihre Ware nach Beirut zu finden.

Mit freundlichen Grüßen

Shipping company's reply

Dear Sirs

We thank you for your enquiry and enclose our sea freight table together with a list of our ships' sailing times for the next year.

It would be worth using a 10 ft container for the consignment in question.

We enclose our shipping company's question sheet and would ask you to fill it in and return it to us. We will then be able to calculate the sea freight charges exactly.

As we constantly use both our own ships and chartered ones for consignments to Beirut, there should be no difficulty in finding an appropriate vessel to ship your goods there.

Yours faithfully

Auftragserteilung an Binnenschifffahrtsunternehmen

Sehr geehrte Damen und Herren,

wir beauftragen Sie hiermit, die Partie, die per Tanker ... im Binnenhafen von ... eingetroffen ist und dort zwischenlagert, nach ... weiterzutransportieren.

Wie Sie uns telefonisch mitteilten, können Sie ein Tankschiff von ca. 1000 BRT für diesen Transport zur Verfügung stellen und uns die Ankunft der Ware in ... zusagen.

Der Charterpreis von ..., den Sie uns per Fax am ... durchgegeben haben, entspricht unseren Vorstellungen und wird hiermit bestätigt.

Bitte teilen Sie uns rechtzeitig mit, wann mit der Ankunft der Sendung genau gerechnet werden kann.

Mit freundlichen Grüßen

Placing an order with an inland waterway carrier

Dear Sirs

Please collect the consignment which has arrived by tanker ... in the inland port of ... and is being temporarily stored there and transport it to ...

We note from your telephone call that you will be able to make a tanker of approx. 1000 GRT available for this shipment and ensure that the merchandise will arrive in ...

The charter price of ... faxed to us on ... is acceptable and hereby confirmed.

Please let us know in good time exactly when we can expect the consignment to arrive.

Yours faithfully

Straßentransport und Bahnfracht

Anfrage an Spediteur

Sehr geehrte Damen und Herren,

die Erweiterung unseres Transportnetzes in der Europäischen Union hat es mit sich gebracht, dass wir einen versierten Spediteur benötigen, der unsere Waren sorgfältig behandelt und per Lkw (per Bahn) pünktlich in alle Teile der EU transportiert.

Hierzu gehört selbstverständlich die Beschaffung bzw. Zusammenstellung der noch erforderlichen Dokumente, soweit sie nicht vom Absender mitgeliefert werden.

Bitte teilen Sie uns mit, für welche Gebiete Sie einen entsprechenden Dienst anbieten und zu welchen Konditionen Sie bereit sind, für uns regelmäßig Straßen-(Bahn-)Transporte durchzuführen.

Eine spätere Erweiterung auf Transporte in weitere europäische Länder, mit denen Interimsabkommen bestehen, ist möglich.

Wir fügen in der Anlage einen Prospekt bei, der Ihnen einen Überblick über die Produktpalette unseres Unternehmens gibt.

Alle weiteren Einzelheiten könnten in einem persönlichen Gespräch erörtert werden.

Wir hören gern wieder von Ihnen.

Mit freundlichen Grüßen

Anlage

Road transport and rail freight

Enquiry to freight forwarder

Dear Sirs

The expansion of our transport network in the European Union has made it necessary for us to find an experienced freight forwarder to transport our goods by lorry (rail) carefully and punctually to all parts of the EU.

Included in this service is, of course, the procurement or assembling of the necessary documents in so far as they have not already been supplied by the consignor.

Please let us know what areas you are able to offer such a service for and on what terms you would be prepared to transport goods regularly for us by road (rail).

It may also later prove necessary to expand into other European countries with which interim agreements have been reached.

We enclose a brochure to provide you with an overall picture of our company's range of products.

All further details could be discussed in a personal meeting.

We would be pleased to hear from you.

Yours faithfully

Enc

Angebot des Spediteurs

Sehr geehrter Herr ...
(Sehr geehrte Frau ...),

wir danken für Ihre Anfrage vom ..., mit der Sie uns fragen, ob wir für Sie Lkw-(Bahn-)Transporte in die EU und ggf. in weitere europäische Länder durchführen können.

Seit der Erweiterung der EU haben wir in allen größeren Städten des Binnenmarktes Agenturen oder Kontaktstellen eingerichtet, so dass wir im gesamten EU-Raum sofort erreichbar sind.

Unsere Lkw-Transporte (Bahntransporte) werden von uns persönlich überwacht, die Lieferung wird von Haus-zu-Haus (von Bahnanschlussgleis zu Bahnanschlussgleis) durchgeführt. Wir kümmern uns in Ihrem Auftrag um alle Formalitäten.

Wir fügen einen Prospekt unseres Hauses bei, aus dem Sie a) die Leistungen unserer Spedition und b) die zz. gültigen Tarife für Frachtsendungen per Lkw (per Bahn) ersehen können.

Für ein detailliertes Gespräch zur Klärung aller weiteren Fragen, die insbesondere mit dem Transport Ihrer Produkte zu tun haben (wie z. B. die Handhabung der Güter, Verpackung, Umladung usw.), stehen wir jederzeit gern zur Verfügung.

Wir werden Sie in den nächsten Tagen anrufen, um einen Termin zu vereinbaren. Da wir uns auf dieses Gespräch gut vorbereiten wollen, bitten wir Sie, uns den beiliegenden Fragebogen ausgefüllt zurückzuschicken.

Mit freundlichen Grüßen

Anlage

Offer from freight forwarder

Dear Mr ...
(Dear Ms ...)

Thank you for your enquiry of ... in which you ask whether we are able to transport goods by lorry (rail) to EU countries and, if need be, to other European destinations.

As the EU has expanded we have established agencies or liaison offices in all the major cities of the Single Market in order to be contactable immediately throughout the EU.

Transport by lorry (rail) is personally supervised by us and delivery is house-to-house (from railway link to railway link). We attend to all formalities on your behalf.

We enclose our company's brochure outlining a) our company's freight forwarding services and b) the currently valid lorry (rail) freight tariffs.

We would be pleased to discuss with you any further details concerning the transport of your goods in particular (e.g. handling, packing, reloading etc.), should you so wish.

We will be telephoning you in the next few days to arrange an appointment. As we wish to be well prepared for our discussion, we would ask you to fill in the enclosed question sheet and return it to us.

Yours sincerely

Enc

Auftrag an Lkw-Spediteur

Sehr geehrte Damen und Herren,

wir beziehen uns auf Ihr fernmündliches Angebot vom ... und übertragen Ihnen hiermit die Durchführung des Transportes von ... bis ... für ...

Wie Sie uns zusicherten, werden Sie uns einen Sattelauflieger von ... m Ladefläche zur Verfügung stellen.

Sie übernehmen neben dem Transport die Abwicklung sämtlicher Formalitäten, soweit diese in der EU noch erforderlich sind.

Nach Durchführung des Transports bitten wir um Übersendung der Rechnung in 4facher Ausfertigung an obige Anschrift.

Mit freundlichen Grüßen

Freight contract for haulage company

Dear Sirs

We refer to your offer of ... made by telephone and hereby request you to take charge of transporting the consignment from ... to ... for ...

We note that you will be placing an articulated lorry of ... m loading length at our disposal.

In addition to transportation, you will also be responsible for dealing with all formalities, in so far as as they are still necessary in the EU.

After you have transported the goods, please send us the invoice in quadruplicate to the address above.

Yours faithfully

Auftrag an Bahn-Spediteur

Sehr geehrte Damen und Herren,

hiermit möchten wir Sie bitten, für uns eine Schüttgutladung per Containerwaggon von ... nach ... zu übernehmen.

Wir bitten Sie, die Ladung am ... ab ... Uhr in unserem Werk, Tor 3, zu übernehmen. Unser Lagerleiter, Herr ..., ist bereits unterrichtet.

Der Container wird am Bestimmungsbahnhof ... von unserem Kunden, der Firma ..., übernommen. Sie sorgt auch für die Umladung der Ware und die Rückgabe des geleerten und gesäuberten Containers an den Containerbahnhof ...

Bitte teilen Sie uns per Fax mit, wann Sie diesen Transport genau durchführen, damit wir unserem Kunden den genauen Ankunftstermin durchgeben können.

Die Rechnung erbitten wir an unsere Anschrift.

Mit freundlichen Grüßen

Freight contract for rail carrier

Dear Sirs

We hereby request you to take charge of a bulk load on a container wagon from ... to ...

Please take over the load at Gate 3 of our plant as from ... on ... Our Warehouse Manager, Mr ..., has already been informed.

The container is to be handed over to our customer, ... (name of firm) at the station of destination. They will also be responsible for reloading the goods, emptying and cleaning out the container and returning it to the container terminal.

Please let us know by fax when you will be transporting the goods so we can tell our customer exactly when to expect them.

Please send the invoice to our address.

Yours faithfully

Austauschsätze

Interchangeable sentences

Die Anfrage
Enquiries

Allgemeine Nachfrage

1 Bitte senden Sie uns ein Angebot Ihrer Erzeugnisse.
2 Wir sind regelmäßige Abnehmer von ... und würden gerne wissen, welches Angebot Sie uns unterbreiten können.
3 Wir sind hier in ... der größte Verteiler von ... und würden gern mit Ihrer Firma in Geschäftsverbindung treten.
4 Bitte lassen Sie uns wissen, welche Produkte Sie uns hier in ... anbieten können.
5 Zurzeit disponieren wir unser kommendes Wintersortiment und benötigen daher schon jetzt Ihr Angebot.
6 Bitte teilen Sie uns mit, ob Sie Ihre Produkte nach ... exportieren.
7 Wir haben soeben eine Einfuhrlizenz für ... erhalten. Bitte unterbreiten Sie uns Ihr günstigstes Angebot.
8 Bitte lassen Sie uns wissen, welche Produkte Sie herstellen.
9 Teilen Sie uns bitte mit, ob Sie in der Lage sind, uns ... zu liefern.
10 Eine Ihrer Konkurrenzfirmen hat uns ein ausführliches Angebot zugehen lassen.
11 Wir sind daran interessiert, unsere lange und gute Geschäftsverbindung mit Ihnen aufrechtzuerhalten, und sehen Ihrem Angebot entgegen.

General enquiry

1 Please send us an offer for your products.
2 We place regular orders for ... and would like you to submit us a quotation for these goods.
3 We are the largest distributors of ... here in ... and would like to do business with your company.
4 Please let us know what products you can offer us here in ...
5 We are currently putting together our product range for the coming winter season and thus need your offer straight away.
6 Please let us know whether you export your products to ...
7 We have just received an import licence for ... Please send us your most favourable quotation.
8 Please let us know what products you manufacture.
9 Please let us know whether you can supply us with ...
10 One of your competitors has sent us a comprehensive offer.
11 We would very much like to prolong our good business relationship of long standing and look forward to receiving your offer.

Prospektanforderung

1 Wir sind sehr an Ihren Produkten interessiert. Bitte lassen Sie uns umgehend Ihr Prospektmaterial zugehen.
2 Können Sie uns einen Prospekt zusenden?
3 Senden Sie uns bitte ... Prospekte. Wir benötigen sie für mehrere Abteilungen unserer Firma.
4 Ihr Informationsmaterial erreichte uns in beschädigtem Zustand. Bitte lassen Sie uns neue Prospekte zukommen.

Request for a brochure

1 We are interested in your products and would be pleased to receive your brochure by return.
2 Could you please send us a brochure?
3 Please send us ... brochures. We need them for several departments of our company.
4 The literature on your products arrived damaged. Please send us some new brochures.

5 Können Sie uns einen Prospekt in ... (Sprache) senden?
6 Ihre Prospekte sollten alle wichtigen Einzelheiten und die Konditionen enthalten.

5 Could you please send us a brochure in ... (language)?
6 Your brochures should contain all the important details and the terms.

Preis- und Preislistenanforderung

1 Bitte senden Sie uns eine ausführliche Preisliste.
2 Teilen Sie uns bitte Ihren Preis mit.
3 Bitte faxen Sie uns Ihren äußersten Preis.
4 Geben Sie uns bitte Ihren niedrigsten Preis an.
5 Bitte berechnen Sie Ihren Preis auf der Basis einer Mindestabnahme von jährlich ...
6 Bitte geben Sie Ihre Preise in ... (Währung) an.
7 Bitte berechnen Sie Ihre Preise CIF ...
8 Bitte kalkulieren Sie Ihren äußersten Preis, da es hier in ... eine starke Konkurrenz gibt.
9 Geben Sie uns bitte Ihre Preise netto (brutto, FOB, CIF) an.
10 Berücksichtigen Sie bitte bei Ihren Preisen den hohen Zoll, den wir zu entrichten haben.
11 Bitte teilen Sie uns mit, wie lange Ihre Preise gültig sind.

Request for prices and price lists

1 Please send us a comprehensive price list.
2 Please let us know your price.
3 Please fax us your lowest price.
4 Please state your lowest price.
5 Please quote us assuming a minimum order of ... per annum.
6 Please quote your prices in ... (currency).
7 Please quote prices CIF ...
8 Please quote us your lowest price because there is strong competition here in ...
9 Please state your net (gross, FOB, CIF) prices.
10 When quoting us please take the heavy customs duty which we have to pay into account.
11 Please let us know how long your prices are valid for.

Anforderung von Qualitäts- und Garantieangaben

1 Bitte geben Sie uns genaue Qualitätsangaben Ihrer Produkte.
2 Teilen Sie uns bitte mit, ob Sie noch immer die gleiche Qualität auf Lager haben.
3 Für uns kommen nur Waren bester Qualität infrage.
4 Teilen Sie uns bitte mit, ob Sie langfristig in der Lage sind, die gleiche Qualität zu liefern.
5 Bitte lassen Sie uns wissen, ob Ihre Erzeugnisse Qualitätsschwankungen unterliegen.
6 Unsere Kunden legen größten Wert auf erstklassige Qualität.
7 Für uns ist die Qualität wichtiger als der Preis.
8 Teilen Sie uns bitte mit, ob Sie Garantie auf Ihre Produkte geben.

Requesting information on quality and guarantees

1 Please let us have precise information on the quality of your products.
2 Please let us know if you still have the same quality in stock.
3 We are only interested in goods of the best quality.
4 Please let us know if you will be able to supply the same quality on a long-term basis.
5 Please let us know whether your goods are liable to fluctuations in quality.
6 Our customers set great store by first-class quality.
7 Quality is more important than price for us.
8 Please tell us if you give a guarantee on your products.

9 Lassen Sie uns bitte wissen, ob Sie Ihre Garantieleistungen erhöhen können.
10 Ihre Produkte finden auf dem EU-Binnenmarkt nur Absatz, wenn Sie entsprechende Garantieleistungen geben.
11 Wir führen nur Waren von erstklassiger Qualität und mit langfristigen Garantiezusagen.

9 Please let us know whether you can improve the terms of your guarantee.
10 Your products will only sell on the internal EU market if the terms of your guarantee are appropriate.
11 We only stock first-rate goods with long-term guarantees.

Anforderung von Mengen- und Größenangaben

1 Teilen Sie uns bitte mit, welche Mengen Sie auf Lager haben.
2 Von diesem Artikel setzen wir große Mengen ab. Können Sie unseren Bedarf in Höhe von ... monatlich decken?
3 Nennen Sie uns bitte die Mindestabnahmemenge pro Order.
4 Welche Mengen des besorgten Artikels können Sie uns ständig kurzfristig liefern?
5 Wir benötigen in nächster Zeit eine große Menge von ... Können Sie liefern?
6 Machen Sie uns bitte genaue Angaben über Abmessungen und Gewicht der Artikel.
7 Lassen Sie uns bitte wissen, ob Sie in der Lage sind, Ihre Maße und Gewichte zu ändern.

Requesting information on quantity and size

1 Please let us know what quantities you have in stock.
2 We sell large amounts of this article. Will you be able to supply us with our monthly requirement of ...?
3 Please state the minimum quantity per order.
4 What quantities of the article supplied can you regularly deliver at short notice?
5 We will soon be needing a large quantity of ... Are you able to deliver this?
6 Please give us exact details of the dimensions and weight of the articles.
7 Please let us know if you are able to change your dimensions and weights.

Musteranforderung

1 Führen Sie Muster Ihrer Artikel?
2 Senden Sie uns bitte einige Muster Ihrer Erzeugnisse.
3 Grundsätzlich erfolgen unsere Bestellungen anhand von Mustern.
4 Ihre Muster sollten uns einen Begriff von Farbe und Qualität Ihrer Produkte vermitteln.
5 Bitte senden Sie uns ohne Berechnung einige Muster Ihrer Produktion.
6 Bitte achten Sie darauf, dass Ihre Muster korrekt gekennzeichnet sind.
7 Teilen Sie uns bitte mit, ob die uns vor ... gesandten Muster heute noch Gültigkeit haben.
8 Wir lehnen jede Lieferung ab, die nicht genau Ihrem Muster entspricht.

Request for samples

1 Do you stock samples of your articles?
2 Please send us some samples of your products.
3 It is our policy not to order until we have seen samples.
4 Your samples should give us an impression of the colour and quality of your products.
5 Please send us some samples of your products, free of charge.
6 Please make sure that the samples are correctly marked.
7 Please tell us whether the samples sent to us ... ago are still valid today.
8 We will refuse delivery of any goods that do no correspond exactly to your sample.

Probelieferung

1 Wir sind an einer Probelieferung Ihres Artikels interessiert.
2 Teilen Sie uns bitte mit, ob Sie uns eine Probelieferung von ... senden können.
3 Geben Sie uns bitte Ihren Preisnachlass für Probelieferungen bekannt.
4 Lassen Sie uns bitte wissen, ab welcher Menge Sie zu einer Probelieferung bereit sind.
5 Sollte Ihre Probelieferung zu unserer Zufriedenheit ausfallen, können Sie mit größeren Bestellungen rechnen.
6 Ihre Probelieferung sollte uns Aufschluss über die Qualität Ihrer Artikel und die exakte Ausführung des Auftrags geben.

Trial shipment

1 We are interested in receiving a trial shipment of your goods.
2 Please let us know whether you can send us a trial shipment of ...
3 Please let us know your discount rates for trial shipments.
4 Please let us know the minimum quantity for a trial shipment.
5 If your trial shipment is to our satisfaction, you may expect substantial orders.
6 Your trial shipment should give us an indication of the quality of your articles and also show us exactly how you process orders.

Kauf auf Probe

1 Teilen Sie uns bitte mit, ob Sie mit einem Kauf auf Probe einverstanden sind.
2 Können Sie uns zum Kauf auf Probe Ihre ... senden?
3 Lassen Sie uns bitte Ihre Bedingungen zum Kauf auf Probe wissen.
4 Wie lange können Sie uns Ihre ... zur Probe überlassen?
5 Grundsätzlich bestellen wir Maschinen nur, nachdem wir sie einem gründlichen Test unterworfen haben.

Sale on approval

1 Please tell us whether you are prepared to sell your goods on approval.
2 Could you send us your ... for sale on approval?
3 Please let us know your terms for sale on approval.
4 How long can we keep your ... on approval?
5 We make a point of only ordering machines after we have subjected them to rigorous testing.

Nachfrage nach Sonderangebot

1 Wir benötigen für unsere Geschäftseröffnung ein zugkräftiges Sonderangebot.
2 Bitte teilen Sie uns mit, welches Sonderangebot Sie uns unterbreiten können.
3 Wir benötigen einen Restposten von ... Sind Sie in der Lage, uns einen solchen zu liefern?
4 Können Sie uns auf der Basis einer Abnahmemenge von ... ein Sonderangebot zukommen lassen?
5 Teilen Sie uns bitte mit, ob Sie daran interessiert sind, uns ständig mit Sonderangeboten zu beliefern.
6 Können Sie uns zur Einführung Ihrer Artikel auf unserem Markt Sonderangebote machen?
7 Können Sie uns hier in ... ein entsprechendes Sonderangebot machen wie in ...?

Enquiry about a special offer

1 We need an attractive special offer to open our new business.
2 Please let us know what special offer you can make us.
3 We need some surplus ... Are you in a position to supply us with some?
4 Are you able to make us a special offer, assuming we purchase ... (quantity)?
5 Please let us know if you are interested in supplying us with special offers on a regular basis.
6 Are you able to make us special offers to help us introduce your articles to our market?
7 Can you make us a special offer here in ... just like you did in ...?

Nachfrage nach Lieferungs- und Zahlungsbedingungen

1 Bitte teilen Sie uns Ihre Lieferungsbedingungen mit.
2 Geben Sie uns bitte Ihre kürzeste Lieferfrist an.
3 Können Sie uns ... per sofort ab Lager liefern?
4 Wir bitten Sie um genaue Angabe Ihrer Lieferfristen.
5 Um größeren Schaden zu vermeiden, ist die Einhaltung der Lieferfrist unerlässlich.
6 Für sofortige Lieferung sind wir bereit, einen Zuschlag von ... zu bezahlen.
7 Sollte die Lieferung nicht pünktlich erfolgen, behalten wir uns vor, die Annahme zu verweigern.
8 Können Sie uns die Lieferung bis ... garantieren?
9 Wir können nur eine Lieferfrist von ... Monaten akzeptieren.
10 Sollten Sie nicht innerhalb von ... liefern können, ist Ihr Angebot für uns ohne Interesse.
11 Nennen Sie uns bitte Ihre möglichen Lieferorte.
12 Nennen Sie uns bitte Ihre Zahlungsbedingungen.
13 Teilen Sie uns bitte mit, ob Sie Aufträge nur auf der Basis von Barzahlungen annehmen.
14 Falls Sie uns ein Zahlungsziel bis zu neun Monaten gewähren können, sind wir bereit, Ihnen umfangreiche Aufträge zu erteilen.
15 Können Sie uns einen Kredit von ... gewähren?
16 Wären Sie bereit, gegen Dokumenteninkasso zu liefern?
17 Können Sie uns, wie Ihre Konkurrenz, ein Zahlungsziel bis zu ... einräumen?
18 Sollen Zahlungen durch unwiderrufliches Akkreditiv getätigt werden?
19 Können auch Lieferungen gegen bankbestätigten Auftrag erfolgen?

Enquiry about terms of delivery and payment

1 Please let us have your terms of delivery.
2 Please state your shortest delivery period.
3 Are you able to deliver ... immediately from stock?
4 Please state your exact delivery periods.
5 In order to avoid serious repercussions, it is essential that the delivery period be kept to.
6 We are prepared to pay an additional charge of ... for immediate delivery.
7 We reserve the right to refuse delivery if the goods do not arrive on time.
8 Are you able to guarantee delivery by ...?
9 We are only able to accept a delivery period of ... months
10 If you are not able to deliver within ... your offer is of no value to us.
11 Please state the locations you can deliver to.
12 Please state your terms of payment.
13 Please let us know whether you only accept orders on a cash basis.
14 If you are able to grant us up to nine months' credit, we will be prepared to place substantial orders with you.
15 Are you able to grant us ... credit?
16 Would you be to prepared to deliver on a documentary collection basis?
17 Are you able to offer us credit terms of up to ... in the way your competitors do?
18 Are payments to be made by irrevocable letter of credit?
19 Can delivery also be made against orders guaranteed by the bank?

Das Angebot
Offers

Antwort auf Angebotsanforderung

1 Vielen Dank für Ihre Anfrage vom ...
2 Wir danken Ihnen für Ihre Anfrage vom ... und teilen Ihnen mit, dass wir sehr daran interessiert sind, mit Ihnen in Geschäftsverbindung zu treten.
3 Ihre Anfrage vom ... haben wir mit Dank erhalten und gestatten uns, Ihnen folgendes Angebot zu unterbreiten: ...
4 In Beantwortung Ihrer Anfrage vom ... teilen wir Ihnen mit, dass wir uns schon lange bemühen, auf dem dortigen Markt Fuß zu fassen.

Reply to request for offer

1 Many thanks for your enquiry of ...
2 We thank you for your enquiry of ... and are pleased to tell you that we are very interested in doing business with you.
3 We have received your enquiry of ..., for which we thank you, and are pleased to make you the following offer:
4 In reply to your enquiry of ..., we wish to point out that we have been trying to gain a foothold on the market there for a long time now.

Keine Angebotsabgabe

1 Leider müssen wir Ihnen mitteilen, dass wir den genannten Artikel nicht führen.
2 Aus markttechnischen Gründen haben wir die Produktion besagter Erzeugnisse eingestellt.
3 Unsere Produktion des angegebenen Artikels ist ausgelaufen.
4 Wir müssen Ihnen leider mitteilen, dass technische Schwierigkeiten uns veranlassten, die Produktion des verlangten Artikels einzustellen.
5 Da unsere gesamte Produktion bereits auf ... Monate verkauft ist, können wir Ihnen leider kein Angebot unterbreiten.
6 Unser Zulieferbetrieb ist zurzeit nicht in der Lage, uns zu beliefern. Deshalb können wir Ihnen heute leider kein Angebot unterbreiten.
7 Wir werden auf Ihre Anfrage zurückkommen, sobald wir Ihnen ein günstiges Angebot unterbreiten können.
8 Wir sind leider nicht in der Lage, Ihnen ein Angebot zu unterbreiten, da wir keine Auslandsgeschäfte tätigen.

Offer impossible

1 We regret to inform you that we do not stock the article in question.
2 As a result of market conditions, we have discontinued production of the articles in question.
3 We no longer manufacture the article in question.
4 We are unfortunately obliged to tell you that technical problems have made us discontinue production of the article requested.
5 As this article is entirely sold out for ... in advance we are unfortunately unable to make you an offer.
6 Our suppliers are currently unable to provide us with the materials we need, so we unfortunately cannot make you an offer at present.
7 We will come back to your enquiry as soon as we are able to make you a favourable offer.
8 We are unfortunately not in a position to make you an offer because we do not transact foreign business.

9 Unsere gesamte Produktion wird durch die Firma ... exportiert.
10 Gebietsabsprachen mit der Firma ... erlauben es uns nicht, Ihnen ein Angebot vorzulegen.
11 Leider können wir Ihnen kein direktes Angebot unterbreiten, da die Firma ... die Generalvertretung unserer Produkte für Ihr Land hat.
12 Der Artikel ist augenblicklich vergriffen. Deshalb können wir Ihnen leider kein Angebot zugehen lassen.
13 Bitte haben Sie Verständnis dafür, dass wir nicht in der Lage sind, Ihnen ein Angebot zu unterbreiten.
14 Wegen geringer Lagerbestände können wir Ihnen leider kein Angebot für sofortige Lieferung unterbreiten. Bitte fragen Sie in ... Wochen erneut bei uns an. Wir hoffen, dass wir zu diesem Zeitpunkt wieder voll lieferfähig sein werden.
15 Wir werden in ... Wochen auf die Angelegenheit zurückkommen.

9 Our entire production is exported by ... (firm)
10 Our sales territory agreement with ... (firm) does not permit us to make you an offer.
11 We are unfortunately unable to make you a direct offer because ... (firm) are the General Agents for our products in your country.
12 We are at present out of stock of this article and thus cannot make you an offer.
13 We would ask you to understand that we are not in a position to make you an offer.
14 As our stocks are low we are unfortunately unable to make you an offer for immediate delivery. Please enquire again in ... weeks ...
15 We will come back to this matter in ... weeks' time.

Angebot entsprechend der Nachfrage

Einführungssätze

1 Wir erlauben uns, Ihnen folgendes Angebot zu unterbreiten: ...
2 Wir danken Ihnen für Ihre Anfrage und gestatten uns, Ihnen anzubieten: ...
3 Wir bedanken uns für Ihre Anfrage und senden Ihnen das gewünschte Angebot.
4 Wir hoffen auf eine baldige und gute Geschäftsverbindung und senden Ihnen heute unser günstigstes Angebot.
5 Gestatten Sie uns, Ihre besondere Aufmerksamkeit auf Punkt ... unseres Angebots zu lenken.
6 Dies ist das beste Angebot, das wir Ihnen machen können.
7 Um Ihnen entgegenzukommen, sind wir bereit, Ihnen ein Sonderangebot zu unterbreiten.

Offer as requested in enquiry

Introductory sentences

1 May we make you the following offer:
2 We thank you for your enquiry and take pleasure in making you the following offer: ...
3 We thank you for your enquiry and are pleased to send you the offer requested.
4 We look forward to good business relations with you in the near future and are sending you our most favourable offer.
5 May we draw your particular attention to point ... of our offer.
6 This is the best offer we can make you.
7 We are prepared to make you a special offer to accommodate you.

Preisangabe

1 Bitte ersehen Sie unsere Preise aus der beigefügten Preisliste.
2 Mit gleicher Post erhalten sie unsere neueste Preisliste.
3 In Beantwortung Ihrer Anfrage vom ... teilen wir Ihnen folgende Preise mit: ...

Price quotations

1 Our prices are as per the enclosed list.
2 We are sending you our latest price list under separate cover.
3 In reply to your enquiry of ... we are pleased to quote you the following prices:

4 Unser Preis würde ... (ohne Abzüge) betragen.
5 Unsere Preise sind Festpreise.
6 Die Preise sind augenblicklich sehr niedrig.
7 Dies sind Einführungspreise.
8 Unsere Preise sind nach Abnahmemengen gestaffelt.
9 Wir können den Posten zu stark ermäßigten Preisen an Sie abgeben.
10 Unsere Preise sind auf den Mustern angegeben.
11 Unsere Preise verstehen sich ohne (mit) Verpackung.
12 Unsere Preise beinhalten keine (die) Versicherung.
13 Unsere Preise verstehen sich inklusive Verpackung, Versicherung und Fracht.
14 Aufgrund unserer ausgezeichneten Qualität liegen unsere Preise höher als die der Konkurrenz.
15 Unsere Preise liegen erheblich unter denen der Konkurrenz.
16 Trotz Verbesserung der Qualität berechnen wir nach wie vor dieselben Preise.
17 Unsere Preise sind äußerst scharf kalkuliert.
18 Unsere Preise sind deshalb so niedrig, weil wir mit der kleinsten Gewinnspanne der Branche arbeiten.
19 Wir berechnen Ihnen die niedrigsten Exportpreise.
20 Trotz der ständig steigenden Herstellungskosten sind unsere Preise stabil geblieben.
21 Die Preise werden in nächster Zukunft steigen (fallen).
22 Trotz der hervorragenden Qualität sind unsere Preise niedriger als die anderer Fabrikanten.
23 Sie müssen sich verpflichten, zu den oben genannten Preisen zu verkaufen.
24 Sollten Sie sich an unsere gebundenen Preise nicht halten, wären wir gezwungen, jegliche Lieferung an Sie einzustellen.
25 Ihre Preispolitik unterliegt keinerlei Beschränkungen.
26 Unsere Preise verstehen sich:
27 EXW ab Werk
28 EXW ab Werk einschließlich Verpackung (Container, seetüchtig usw.)
29 FAS frei Längsseite Seeschiff (benannter Verschiffungshafen)

4 Our price would be ... (without deductions)
5 The prices are quoted firm.
6 The prices are very low at the moment.
7 These are introductory prices.
8 Our prices are staggered according to quantity.
9 We are able to sell this article to you at a greatly reduced price.
10 Our prices are marked on the samples.
11 The prices quoted include (exclude) packing.
12 Our prices do not include (include) insurance.
13 The prices quoted include packing, insurance and freight.
14 Owing to our excellent quality our prices are higher than those of our competitors.
15 Our prices are considerably lower than those of our competitors.
16 Despite the fact that we have improved the quality, our prices have remained unchanged.
17 Our prices are rock-bottom.
18 Our prices are so low because we have the lowest profit margin in the business.
19 We are charging you the lowest export prices.
20 Despite constantly rising production costs our prices have remained stable.
21 The prices will rise (fall) in the near future.
22 Despite our outstanding quality, our prices are lower than those of other manufacturers.
23 You must commit yourself (yourselves) to selling at the prices stated above.
24 Should you not keep to our fixed prices we would be compelled to stop all deliveries to you.
25 There are no restrictions as regards the prices you choose to charge.
26 Our prices are quoted:
27 EXW ex works
28 EXW ex works including packing (container, seaworthy etc.)
29 FAS free alongside ship (named port of shipment)

30 FOB frei an Bord (benannter Verschiffungshafen)
31 CFR Kosten und Fracht (benannter Bestimmungshafen)
32 CIF Kosten, Versicherung, Fracht (benannter Bestimmungshafen)
33 frei Grenze
34 frei Haus
35 frei Bahnstation ...
36 frei Hafen ...
37 verpackt
38 unverpackt
39 frei Lager

30 FOB free on board (named port of shipment)
31 CFR cost and freight (named port of destination)
32 CIF cost, insurance, freight (named port of destination)
33 free border
34 franco domicile/franco to your premises
35 free ... railway station
36 free port ...
37 packed
38 unpacked
39 free warehouse

Preisnachlässe und -zuschläge

1 Wir gewähren Ihnen ... % Skonto (Rabatt, Nachlass).
2 Wir können Ihnen einen Sonderrabatt von ... % einräumen.
3 Die Preise verstehen sich ohne Abzug.
4 Bei Barzahlung gewähren wir ... % Skonto.
5 Wir sind bereit, Ihnen einen Einführungsrabatt von ... % einzuräumen.
6 Unsere Exportpreise sind um ... % niedriger als die Inlandspreise.
7 Sie erhalten eine Exportvergütung von ... %.
8 Bei einer Abnahmemenge von ... reduziert sich der Preis um ... %.
9 Bei Inanspruchnahme eines Ziels von mehr als ... Monaten erhöhen sich unsere Preise um ... %.

Discounts and additional charges

1 We will grant you a ... % cash discount (reduction).
2 We can allow you a special discount of ... %
3 Our prices are quoted without deductions.
4 We allow ... % discount for cash payment.
5 We are prepared to grant you an introductory discount of ... %
6 Our export prices are ... % lower than our domestic prices.
7 You will receive an export refund of ... %
8 If ... (quantity) is (are) purchased the price is reduced by ... %
9 If a credit period of over ... is required, there is a price increase of ... %.

Gültigkeit des Angebots

1 Unsere Preise sind verbindlich bis zum ...
2 Unser Angebot zum gegenwärtigen Preis ist verbindlich (unverbindlich).
3 Unsere Preise gelten nur für den Fall postwendender Bestellung (Antwort).
4 Die Preise sind nur unter der Voraussetzung gültig, dass die gegenwärtigen Rohstoffpreise unverändert bleiben.
5 Wir halten uns an dieses Angebot ... Wochen gebunden.
6 Wir fakturieren zu dem am Versandtag gültigen Marktpreis.

Validity of the offer

1 Our prices are quoted firm until ...
2 Our offer at the current price is firm (without engagement).
3 Our prices are only valid on condition that orders be placed by return of post (that we receive your answer by return).
4 The prices are only valid providing the current raw material prices remain the same.
5 We can quote you firm for ... weeks.
6 We invoice for the market price valid on the day of despatch.

Qualität und Garantie

1 Wir liefern nur Ware von bester Qualität.
2 Wir sind in der Lage, Ihnen eine absolute Qualitätsgarantie zu geben.
3 Wir sind bemüht, die Qualität unserer Produkte ständig zu verbessern.
4 Alle unsere Artikel werden vor Verlassen der Fabrik einer sorgfältigen Qualitätskontrolle unterzogen.
5 Bitte überzeugen Sie sich von der Qualität unserer Produkte anhand der beigefügten Muster.
6 Unsere modernen Maschinen erlauben uns, bei niedrigem Preis beste Qualität zu liefern.
7 Die Verwendung neuer Rohstoffe und Fertigungsverfahren ermöglicht es uns, Waren von so ausgezeichneter Qualität zu liefern.
8 Wir versichern Ihnen, dass wir unser Bestes tun werden, um Sie hinsichtlich der Qualität zufrieden zu stellen.
9 Wir sind davon überzeugt, dass die Qualität unserer Erzeugnisse höchsten Ansprüchen gerecht wird.
10 Unsere Erzeugnisse sind im In- und Ausland stark gefragt.
11 Dank der Qualität erfreuen sich unsere Erzeugnisse im Ausland reger Nachfrage.
12 Wir sind die einzige Firma, die Ihnen diesen Artikel liefern kann.
13 Unsere Maschine ist technisch perfekt und überraschend einfach zu bedienen.
14 Die Benutzung unserer Maschine spart sowohl Zeit als auch Geld.
15 Wir gewähren . . . Jahre Garantie auf unsere Maschinen.
16 Alle unsere Erzeugnisse werden mit schriftlicher Garantie geliefert.
17 Die Garantie erstreckt sich nicht auf . . .
18 Wir garantieren die Beständigkeit der Farben gegen Licht- und Feuchtigkeitseinflüsse.
19 Wir garantieren den kostenlosen Ersatz defekter Teile für die Dauer von . . . Monaten ab Liefertermin.
20 Unsere Garantieleistung erstreckt sich auch auf Temperaturwechsel zwischen – . . .° und + . . .° Celsius.
21 Bei falscher Bedienung der Maschinen kann keine Garantie geleistet werden.

Quality and guarantee

1 We only supply goods of the best quality.
2 We are able to give you an absolute guarantee of quality.
3 We always take great pains to improve the quality of our goods.
4 All the goods leaving our factory have undergone careful quality control testing.
5 The samples enclosed will convince you of the quality of our goods.
6 Our modern machines enable us to supply the best quality at the lowest prices.
7 The use of new raw materials and production techniques enables us to supply goods of such excellent quality.
8 We assure you that we will do our best to satisfy you as regards quality.
9 We are convinced that the quality of our products will meet the highest demands.
10 There is great demand for our products both at home and abroad.
11 Thanks to their quality our products are in great demand abroad.
12 We are the only firm able to supply you with this article.
13 Our machine is technically perfect and surprisingly easy to operate.
14 Using our machine will save you time and money.
15 Our machines come with a 5-year warranty.
16 All our products come with a written guarantee.
17 The guarantee does not cover . . .
18 We guarantee that the colours are not affected by light or moisture.
19 We guarantee to replace defective parts free of charge for a period of . . . months after the date of delivery.
20 Our guarantee covers temperature changes between – . . .° and + . . .° Celsius.
21 No guarantee claim will be considered in the event of improper use of the machine.

22 Die genaue Einhaltung unserer Bedienungsanleitungen garantiert Ihnen eine lange Nutzungsdauer der Maschine.
23 Dank der Qualität unserer Artikel sind wir in der Lage, eine Garantie von ... zu gewähren.
24 Wir garantieren, dass die Artikel in bestem Zustand versandt werden.

22 Strict observation of our instructions for use will ensure that the machine has a long working life.
23 Thanks to the quality of our articles we are in a position to give a guarantee of ...
24 We guarantee that the articles will be sent in perfect condition.

Mengen- und Größenangaben

1 Wir haben ... auf Lager.
2 Die Mindestabnahmemenge beträgt ...
3 Ihr Bestellvolumen ist keinen Beschränkungen unterworfen.
4 Wir haben stets ein großes Lager in allen Größen.
5 Wir könnten Ihren Auftrag sofort ausführen.
6 Nachbestellungen können regelmäßig ausgeführt werden.
7 Augenblicklich ist unsere Produktion keinerlei Beschränkungen unterworfen.
8 Wir haben große Schwierigkeiten, die lebhafte Nachfrage nach diesem Artikel zu befriedigen.
9 Wir raten Ihnen, Ihren Bedarf zu decken, ehe das Lager ausverkauft ist.
10 Wir nehmen nur Bestellungen in Höhe von ... an.
11 Bitte ersehen Sie Gewichte und Maße unserer Artikel aus beigefügtem Prospekt.
12 Unsere Maße sind in ... Einheiten angegeben.

Quantities and sizes

1 We have ... in stock.
2 The minimum order is ...
3 There is no limit to the amount that can be ordered.
4 We always keep a large stock of all sizes.
5 We could execute your order immediately.
6 Repeat orders can be executed regularly.
7 At the moment there is no limitation on the amounts we can produce.
8 We are having great difficulty keeping up with the lively demand for this article.
9 We advise you to stock up before stocks are sold out.
10 We only accept orders for at least ...
11 Please refer to the brochure enclosed for weights and dimensions.
12 The dimensions stated are in ... units.

Verpackung

1 Die Verpackung unserer Artikel erfolgt
2 in Kisten.
3 in Containern.
4 in Fässern.
5 in Pappschachteln.
6 in Körben.
7 in Ballen.
8 in Kisten auf Paletten.
9 Die Verpackung ist im Preis inbegriffen.
10 Die Verpackung geht zu Ihren Lasten.
11 Die Verpackung berechnen wir zum halben Preis.
12 Die Waren sind in Kisten mit Wachstucheinlage verpackt.
13 Die Pakete sind gekennzeichnet und fortlaufend nummeriert.
14 Die Verpackung – Kisten mit Blecheinsatz – ist seetüchtig.

Packing

1 Our articles are packed
2 in crates
3 in containers
4 in barrels
5 in cardboard boxes
6 in baskets
7 in bales
8 in crates on pallets.
9 Packing is included in the price.
10 Packing will be charged to you.
11 Packing is charged at half price.
12 The goods are packed in crates with a waxed cloth lining.
13 The packages are marked and numbered consecutively.
14 The packing – metal-lined crates – is seaworthy.

15 Wir achten auf sorgfältige Verpackung der Waren.
16 Unsere Artikel sind in Geschenkschachteln verpackt.
17 Die Ware wird bruchsicher in Holzwolle verpackt.
18 Die Verpackung wird nicht berechnet, wenn sie innerhalb von ... Tagen unbeschädigt zurückgesandt wird.
19 Kisten können nicht zurückgenommen werden.
20 Die Verpackung wird zur Hälfte des berechneten Preises zurückgenommen.
21 Bezüglich der Verpackung halten wir uns streng an Ihre Anweisungen.
22 Wir verpacken den gesamten Posten in einer Kiste.
23 Unsere Verpackung ist für den langen Transport bestens geeignet.
24 Unsere Verpackung hat sich im Exportgeschäft seit langer Zeit bewährt.

15 We make sure the goods are packed carefully.
16 Our articles are packed in presentation boxes.
17 The goods are packed in wood wool to prevent damage.
18 No charge is made for packaging materials if it is returned undamaged within ... days.
19 Crates are non-returnable.
20 A refund of half the amount charged is made on returned packaging material.
21 Your packing instructions will be strictly adhered to.
22 We pack all the merchandise in one crate.
23 Our packing is well suited for sending goods over long distances.
24 Our packing has stood the test of many years' use in the export trade.

Lieferfrist

1 Die Waren können sofort geliefert werden.
2 Die Lieferung kann Ende nächster Woche erfolgen.
3 Wir können frühestens in einem Monat liefern.
4 Mit der von Ihnen gewünschten Lieferzeit erklären wir uns einverstanden.
5 Die Waren werden sofort nach Eingang Ihrer Bestellung versandt.
6 Wir können kein bestimmtes Lieferdatum zusagen.
7 Für die Anfertigung der Artikel benötigen wir ... Tage.
8 Wir sichern Ihnen schnellstmögliche Lieferung zu.
9 Zur Abwicklung größerer Aufträge benötigen wir ... Tage.
10 Die Lieferung kann zu jedem von Ihnen gewünschten Zeitpunkt erfolgen.

Delivery time

1 The goods can be delivered immediately.
2 Delivery can be made at the end of next week.
3 Please allow at least one month for delivery.
4 We confirm the delivery period requested.
5 The goods will be despatched immediately upon receipt of your order.
6 We are unable to promise delivery on a specific date.
7 Production of the articles will take ... days.
8 We assure you delivery will be made as quickly as possible.
9 We require ... days to process larger orders.
10 Delivery can be made at any time desired.

Versandanzeige von Prospekten

1 Mit gleicher Post senden wir Ihnen unsere neuesten Prospekte.
2 Sie erhalten als Anlage den gewünschten Katalog.
3 Als Anlage erhalten Sie unseren erheblich erweiterten Prospekt.
4 Wir weisen Sie darauf hin, dass der Artikel Nr. ... unseres Prospekts zurzeit nicht lieferbar ist.

Advice of despatch of brochures

1 We are sending you our latest brochures.
2 We enclose the catalogue requested.
3 We enclose our brochure, which now contains a large amount of new information.
4 We wish to point out that article No. ... in our brochure is currently not available.

5 Die Prospekte für die kommende Saison sind zz. im Druck. Wir werden Ihnen in ... Wochen die neuesten Unterlagen zugehen lassen.
6 Leider können wir Ihrem Wunsch nach Prospekten nicht nachkommen, da wir über Unterlagen dieser Art nicht verfügen.
7 Als Anlage erhalten Sie unser Prospektmaterial, das Sie ausführlich über unser gesamtes Fertigungsprogramm informiert.

5 The brochures for the coming season are at present being printed. We will be sending you the latest information in ... weeks.
6 We are unfortunately unable to provide you with the brochures you request, as we do not have any literature of this sort.
7 We enclose our sales literature with detailed information on our entire range of products.

Versandanzeige von Preislisten

1 Sie erhalten mit gleicher Post unsere neuesten Preislisten.
2 Unsere Preislisten sind gültig bis zum ...
3 Mit gleicher Post senden wir Ihnen unsere neuesten Exportpreislisten.
4 Wir gewähren auf die in unserer Preisliste angegebenen Preise eine Exportvergütung von ... %.

Advice of despatch of price lists

1 You will be receiving our latest price lists under separate cover.
2 Our price lists are valid until ...
3 We are sending you our latest export price lists by the same post.
4 We will grant an export refund of ... % on the prices listed.

Versandanzeige von Mustern

1 Sie erhalten mit getrennter Post die angeforderte Musterkollektion.
2 Die diesem Schreiben beigefügten Muster geben Ihnen eine Vorstellung von der ausgezeichneten Qualität unserer Waren.
3 Unsere beigefügten Muster sind korrekt gekennzeichnet und mit Exportpreisen versehen.
4 Wir werden morgen die gewünschten Muster an Sie absenden.
5 Sie erhalten mit getrennter Post unsere Musterkollektion für die kommende Saison.
6 Leider können wir Ihren Wunsch nach einer Musterkollektion nicht erfüllen.
7 Wir möchten Sie darauf hinweisen, dass wir Ihnen die Muster berechnen müssen, wenn sie uns nicht innerhalb von ... Tagen zurückgeschickt werden.
8 Bei einer Bestellung von ... werden die Muster nicht berechnet.
9 Bitte haben Sie dafür Verständnis, dass wir nur einige typische Muster unseres Sortiments an Sie geschickt haben.
10 Bitte senden Sie uns die Muster wieder zurück.
11 Wir haben Ihnen die Muster per Kurier geschickt, damit Sie diese sofort zur Verfügung haben.

Advice of despatch of samples

1 You will be receiving the collection of samples requested by separate post.
2 The samples enclosed with this letter will give you an impression of the exceptional quality of our goods.
3 The samples enclosed are marked correctly and our export prices are included.
4 We will be sending you the samples requested tomorrow.
5 You will be receiving our collection of samples for the coming season by separate post.
6 We are unfortunately unable to supply the collection of samples requested.
7 We wish to point out that a charge will be made for the samples if they are not returned within ... days.
8 If an order for ... is placed, no charge will be made for the samples.
9 We trust you will appreciate that we have only sent you several samples typifying our range.
10 Please return the samples.
11 We have sent the samples to you by special messenger to enable you to have them immediately.

Antwort auf Anfrage nach Probelieferung

1 Wir teilen Ihnen mit, dass wir gern zu einer Probelieferung bereit sind.
2 Wir möchten Sie darauf hinweisen, dass unsere allgemeinen Geschäftsbedingungen auch (nicht) für Probelieferungen gelten.
3 Eine eventuelle Probelieferung wird Sie von der Qualität unserer Artikel überzeugen.
4 Zum Zweck der Einführung unserer Produkte auf dem dortigen Markt sind wir bereit, Ihnen eine Probelieferung zu besonders günstigen Bedingungen zu schicken.
5 Leider sind wir nicht in der Lage, Probelieferungen durchzuführen.

Reply to an enquiry for a trial shipment

1 Please note that we are quite willing to make a trial shipment.
2 We would like to point out that our General Conditions of Sale also (do not) apply for trial shipments.
3 A trial shipment will convince you of the quality of our articles.
4 In order to introduce our products to the market there, we are prepared to make a trial shipment on particularly favourable terms.
5 We are unfortunately not able to make trial shipments.

Abweichendes Angebot

Qualitätsabweichungen

1 Wir müssen Ihnen leider mitteilen, dass wir Waren in der von Ihnen verlangten billigen (teuren) Qualität nicht herstellen.
2 Wir übersenden Ihnen als Anlage ein Qualitätsmuster und bitten Sie um Nachricht, ob Ihnen diese Ausführung zusagt.
3 Die von Ihnen geforderte Qualität können wir nur in Sonderanfertigung herstellen.
4 Das von Ihnen übersandte Muster haben wir erhalten. Leider stellen wir diesen Artikel in der gewünschten Qualität nicht her. Bitte wenden Sie sich an die Firma ... Uns ist bekannt, dass dieses Unternehmen die von Ihnen verlangten Qualitäten produziert.
5 Zu unserem Bedauern müssen wir Ihnen mitteilen, dass wir Artikel der gewünschten Qualität nicht auf Lager haben.
6 Wir sind in der Lage, Ihnen sofort die gewünschten Artikel in qualitativ besserer Ausführung zu liefern.
7 Die Qualitätsabweichung ist geringfügig.
8 Der Artikel Nr. ... aus der Produktion des Jahres ... wurde qualitativ wesentlich verbessert.
9 Leider sind wir nur in der Lage, Ihnen Waren einer mittleren Qualität zu liefern.

Goods offered not as requested

Differences in quality

1 We must inform you that we unfortunately do not produce goods of the low (expensive) quality you require.
2 We enclose a sample of the quality and would ask you to let us know whether this version is to your liking.
3 The quality you have requested can only be produced as a special order to your specifications.
4 We have received the sample you sent us but unfortunately do not produce this article in the quality requested. We suggest you get in touch with ... (firm) as they produce the qualities you are looking for.
5 We regret to inform you that we have no stocks of this article in the quality you require.
6 We are able to supply you with the articles desired in a better quality immediately.
7 The difference in quality is marginal.
8 The quality of article No. ..., first produced in ..., has been considerably improved.
9 We are unfortunately only able to supply goods of average quality.

Mengen- und Größenabweichungen

1 Leider müssen wir Ihnen auf Ihre Anfrage vom ... mitteilen, dass wir in den von Ihnen verlangten Mengen nicht lieferfähig sind.
2 Wir können die von Ihnen verlangten Mengen auch in absehbarer Zeit nicht fertigen, weil wir auf Monate hinaus ausverkauft sind.
3 Die von Ihnen verlangten Liefermengen sind zu gering.
4 Wir sind aufgrund der bei uns verwendeten Verpackungseinheiten leider nicht in der Lage, Ihren Auftrag anzunehmen, da er zu geringe Stückzahlen aufweist.
5 Ihren Auftrag können wir nur ausführen, wenn Sie jeweils mindestens ... Stück gleicher Art und Qualität bestellen.
6 Wie wir Ihrem Muster entnehmen, stimmen die von Ihnen verlangten Größen mit unseren in Serie hergestellten Artikeln nicht überein.
7 Wir müssen Sie darauf aufmerksam machen, dass zwischen Ihrem Muster und dem von uns hergestellten Artikel beträchtliche Abweichungen hinsichtlich der Abmessungen (genormten Größen) bestehen.
8 Bitte teilen Sie uns mit, ob die Größenabweichungen der einzelnen Stücke von Bedeutung für Sie sind.
9 Falls Sie die von uns hergestellten Waren trotz veränderter Größen verwenden können, sind wir bereit, den Auftrag anzunehmen und fristgerecht zu erledigen.
10 Bei einer Auftragserteilung von mindestens ... Stück sind wir gern bereit, die von Ihnen verlangten Waren in der angegebenen Größe als Sonderanfertigung herzustellen.
11 Wir danken Ihnen für die Übersendung des Warenmusters, müssen aber leider feststellen, dass die Größe Ihres Musters nicht mehr den EU-Normen entspricht, die seit ... Gültigkeit haben.
12 Vom Artikel Nr. ... können wir Ihnen leider nur ... Stück liefern.
13 Da es sich bei der gewünschten Ware um einen Restposten handelt, bieten wir Ihnen statt der bestellten ... Stück die Menge von ... zum Sonderpreis von ... (Betrag, Währung) pro Stück an.

Differences in quantity and size

1 In reply to your enquiry of ..., we regret to inform you that we are unable to supply you with the quantities you request.
2 We are also unable to produce the quantities you require for the time being as we are sold out for months ahead.
3 The quantities requested are too small.
4 As a result of our standardised packaging we are unfortunately not able to accept your order because it is for too few items.
5 Your order can only be executed if it is for at least ... units of the same type and quality.
6 We note from your sample that the sizes you require are not those of our mass-produced articles.
7 We must point out that there is a significant difference between the dimensions (standardised sizes) of your sample and our article.
8 Please let us know whether the differences in size between the individual units are important to you.
9 If you are still able to make use of the goods manufactured by us despite the changes in size, we are willing to accept the order and execute it by the time agreed.
10 If you place an order for at least ... units, we will be pleased to manufacture the goods required in the quantity stated as a special order to your specifications.
11 Thank you for the sample you sent us. We note, however, that the size of your sample unfortunately no longer conforms to EU norms, which have been in effect since ...
12 We are unfortunately only able to supply you with ... units of article No. ...
13 As the goods you require are now surplus stock we can offer you ... (quantity) instead of the ... units ordered at a special price of (currency, amount) ... each.

14 Leider stellen wir den Artikel Nr. ... in der von Ihnen gewünschten Größe nicht her. Bitte entnehmen Sie unsere Größenangaben beiliegender Liste.

Preisabweichungen

1 Unsere Preise liegen über (unter) Ihren Angaben.
2 Ihre Preisvorstellungen basieren auf unserer nicht mehr gültigen Preisliste Nr. ... Bitte entnehmen Sie unsere neuen Preise der beigefügten Preisliste Nr. ...
3 Unsere Preise liegen geringfügig über Ihren Angaben; die Waren sind jedoch von erheblich besserer Qualität.
4 Bei einer Abnahmemenge von ... Stück sind wir in der Lage, den genannten Artikel zum Sonderpreis von ... (Betrag, Währung) zu liefern.
5 Sollten Sie auf Ihren Preisangaben bestehen, wären wir leider nicht in der Lage, Ihnen ein entsprechendes Angebot zu unterbreiten.
6 Wir bieten Ihnen zu einem geringeren Preis Waren von besserer Qualität.
7 Die Preisabweichung beträgt pro Stück ... (Betrag, Währung).
8 Wir waren leider gezwungen, unsere Preise zu erhöhen. Der Preis für Artikel Nr. ... ist seit dem ... (Betrag, Währung).

Abweichungen in der Verpackung

1 Unsere Waren sind nicht, wie von Ihnen gefordert, in Kartons, sondern in Kunststoffbehältern verpackt.
2 Abweichend von Ihrer Bestellung sind die Artikel in Faltkartons (Containern, Ballen, Kisten) verpackt.
3 Ihrem Wunsch nach Spezialverpackung können wir leider nicht entsprechen. Gestatten Sie uns jedoch den Hinweis darauf, dass unsere Waren bruchfest verpackt sind.
4 Bezüglich der Verpackung bestehen nur geringfügige Unterschiede.
5 Als Anlage übersenden wir Ihnen ein Muster unserer neuen, verbesserten Verpackung, die außerdem den neuen, umweltfreundlichen EU-Normen entspricht.
6 Leider können wir Ihre Sonderwünsche hinsichtlich der Verpackung unserer Waren nur gegen einen entsprechenden Aufpreis erfüllen.

14 We unfortunately do not make article No. ... in the size requested. Please refer to the list enclosed for the sizes we can supply.

Differences in price

1 Our prices are higher (lower) than the ones you quote.
2 The prices you quote are based on price list No. ... which is no longer valid. Please refer to price list No. ... enclosed.
3 Our prices are slightly higher than the ones you quote but our goods are of significantly better quality.
4 If you place an order for ... units we will be able to supply the article in question at a special price of (currency, amount) ...
5 Should you insist on the prices you quote we will unfortunately not be able to make you an appropriate offer.
6 We are offering you better quality goods at a lower price.
7 The difference in price is (currency, amount) ... per unit.
8 We have unfortunately been compelled to raise our prices. Since ... the price for article No. ... is now ... (currency, amount).

Differences in packing

1 Our goods are not packed in cardboard boxes as requested but in plastic containers.
2 Contrary to your order our good are packed in collapsible cardboard boxes (containers, bales, crates).
3 We are unfortunately unable to meet your request for special packing. We would, however, like to point out that our goods come in sturdy packaging material.
4 There are only slight differences as regards packing.
5 We enclose a sample of our new, improved packaging material, which, furthermore, conforms to the new, environmentally-friendly EU norms.
6 We are unfortunately only able to comply with your special requests as regards the packing of our goods on payment of a corresponding additional charge.

entsprechen = to conform to sth.

7 Ihre Verpackungswünsche entsprechen nicht den neuesten Umweltschutzbedingungen und können daher von uns nicht erfüllt werden.

7 The packing requested does not conform to the latest environmental protection regulations and therefore cannot be supplied by us.

Kein Musterversand

1 Wir sind leider nicht in der Lage, Ihnen ein bemustertes Angebot unserer Waren vorzulegen.
2 Ein Musterversand kann von uns leider nicht vorgenommen werden. Wenn Sie sich einen Überblick über Fertigung, Programm, Qualität und Verpackung unserer Waren verschaffen wollen, so empfehlen wir Ihnen, sich mit unserem Mitarbeiter, Herrn ... in ..., in Verbindung zu setzen, der ein komplettes Musterlager unterhält.
3 Aus Kostengründen (produktionstechnischen Gründen) sind wir leider nicht in der Lage, Muster herzustellen.
4 Zu unserem Bedauern müssen wir Ihnen mitteilen, dass wir keine Muster führen.
5 Leider können wir Ihnen keine Muster unserer Artikel zusenden. Als Anlage erhalten Sie jedoch einige Ausschnitte aus Fachzeitschriften mit Berichten über Qualität und solide Verpackung unserer Waren.
6 Es ist uns leider nicht möglich, Ihnen Muster zukommen zu lassen. Wir dürfen Ihnen jedoch versichern, dass wir bisher noch alle Sonderwünsche unserer Kunden erfüllen konnten.
7 Unsere Musterkollektion ist für den Versand nicht geeignet (zu umfangreich). Sie können jedoch jederzeit das Musterlager in unserem Zweigwerk in ... besichtigen.

Samples cannot be despatched

1 We are unfortunately unable to make you an offer including samples of our goods.
2 We unfortunately do not despatch samples. If you wish to gain an overall impression of the production, range, quality and packing of our goods, we recommend you get in touch with Mr ... in ..., who stocks samples of all our goods.
3 For reasons of cost-effectiveness (technical reasons) we are unfortunately not able to produce samples.
4 We regret to inform you that we do not stock samples.
5 We are unfortunately unable to let you have samples. However, we enclose several cuttings from trade journals with reports on the quality and sturdy packaging of our goods.
6 It is unfortunately impossible for us to let you have samples. You may, however, rest assured that we have been able to comply with all our customers' special requests up to now.
7 Our collection of samples unfortunately cannot be easily despatched (too large). You are, however, at liberty to view our stock of samples at our branch in ...

Keine Probelieferungen

1 Wie wir Ihrer Anfrage entnehmen, wünschen Sie eine Probelieferung. Wir dürfen Sie um Verständnis dafür bitten, dass wir aus innerbetrieblichen Gründen keine Probelieferungen vornehmen können.
2 Es ist uns leider nicht möglich, Ihnen eine Probelieferung zukommen zu lassen. Wir übersenden Ihnen als Anlage eine Referenzliste, die über die Qualität unserer Erzeugnisse Aufschluss gibt.
3 Probelieferungen würden die Abwicklung unserer Geschäfte verzögern. Wir können Ihnen versichern, dass wir nur Waren bester Qualität liefern.

No trial shipments

1 We note from your enquiry that you would like us to make a trial shipment. We would ask you to understand that for internal company reasons we are unable to make such deliveries.
2 It is unfortunately impossible for us to supply you with a trial shipment. We enclose a list of references to provide you with information on the quality of our products.
3 Trial shipments would slow down business for us, but we nevertheless assure you that we only supply goods of the best quality.

Kein Kauf auf Probe

1 Eine probeweise Überlassung unserer Geräte können wir leider nicht vornehmen. Wir bieten für die Funktionstüchtigkeit der von uns gelieferten Maschinen entsprechende Garantien, so dass sich eine Probe vor dem Kauf erübrigt.
2 Aus verschiedenen Gründen können wir einem Kauf nach Probe leider nicht zustimmen. Bitte erkundigen Sie sich beim einschlägigen Fachhandel nach der Qualität unserer Erzeugnisse.
3 Aus bestimmten Gründen können wir Ihnen unsere hochwertigen Erzeugnisse nicht zur probeweisen Benutzung überlassen. Bitte überzeugen Sie sich von der Einsatzmöglichkeit unserer Artikel anhand der beiliegenden Referenzen und Ausschnitte aus Fachzeitschriften.

Sale on approval not possible

1 We are unfortunately not able to let you have our equipment on approval. Our equipment comes with guarantees to show it is in perfect working order, thus obviating the need for a trial period.
2 We are unfortunately unable to agree to letting you have goods on approval for a number of reasons. Please refer to a dealer specialising in these articles for information on the quality of our products.
3 We have particular reasons for not consenting to the use of our high-quality goods on a trial basis. We feel sure the enclosed references and cuttings from trade journals will convince you of their field of application.

Abweichungen von den Lieferbedingungen

1 Unsere Lieferbedingungen weichen in einigen Punkten von den von Ihnen gewünschten Bedingungen ab.
2 Gewiss haben Sie Verständnis dafür, dass allen Verkäufen grundsätzlich unsere beigefügten Lieferungsbedingungen zugrunde liegen. Bitte bestätigen Sie uns, dass Sie diese anerkennen.
3 Leider sind wir nicht in der Lage, Ihre Lieferungsbedingungen zu erfüllen.
4 Aus produktionstechnischen Gründen sind wir außerstande, die von Ihnen geforderte Lieferzeit einzuhalten.
5 Abweichend von Ihrer Nachfrage dürfen wir Sie darum bitten, unsere Lieferungsbedingungen den beigefügten Unterlagen zu entnehmen.
6 Grundsätzlich liefern wir frei Haus.
7 Ihre Forderung nach Lieferung frei Haus können wir leider nicht erfüllen. Wir liefern grundsätzlich ab Werk.
8 Bezüglich der Lieferungsbedingungen sind wir flexibel. Bitte teilen Sie uns Ihre Wünsche mit.
9 In Abweichung von Ihrem Wunsch nach Lieferung per (Lkw, Schiff, Flugzeug usw.) erfolgen unsere Lieferungen grundsätzlich per (Lkw, Schiff, Flugzeug usw.).
10 Ihre Lieferungsbedingungen sind für uns nicht akzeptabel.

Differences in terms of delivery

1 Our terms of delivery are different from those requested by you in several respects.
2 You will, of course, appreciate that all sales are based on the terms of delivery enclosed. Please confirm that you accept them.
3 We are unfortunately not in a position to deliver on the terms requested.
4 For technical reasons to do with production, we are unable to supply the goods within the period stipulated.
5 Our terms of delivery differ from those requested in your enquiry. We would ask you to refer to the information enclosed for details of our terms.
6 We normally deliver franco domicile/franco to your premises.
7 We are unfortunately unable to comply with your request for delivery franco domicile/franco to your premises. Our deliveries are normally ex works.
8 We are flexible as regards the terms of delivery. Please let us know your preferences.
9 We note that you have requested delivery by (lorry, ship, plane etc.) but would point out that we normally deliver by (lorry, ship, plane etc.).
10 We cannot accept your terms of delivery.

Abweichungen von den Zahlungsbedingungen

1 Wir teilen Ihnen mit, dass wir uns mit Ihren Zahlungsbedingungen nicht einverstanden erklären können.
2 Wir schlagen Ihnen vor: Zahlung bar mit ... % Skonto oder ... Tage nach Erhalt der Ware netto ohne Abzug.
3 Bitte entnehmen Sie unsere neuen Zahlungsbedingungen den beigefügten Unterlagen.
4 Wir sind außerstande, Ihnen ein Zahlungsziel von ... einzuräumen.
5 Unsere äußerst niedrig kalkulierten Preise erlauben uns nicht, Ihnen einen Abzug zu gewähren.
6 Abweichend von Ihrer Anfrage vom ... schlagen wir Ihnen folgende Zahlungsbedingungen vor:
   - Barzahlung mit ... % Skonto
   - Zahlung innerhalb von ... Tagen ohne Abzug
   - Zahlung innerhalb von ... Monaten.
7 Sollten Sie auf Ihren Zahlungsbedingungen bestehen, wären wir leider außerstande, einen Auftrag von Ihnen anzunehmen.
8 Aufgrund Ihrer Anfrage vom ... übersenden wir Ihnen unsere Lieferungs- und Zahlungsbedingungen, aus denen ersichtlich wird, dass wir Ihrem Wunsch, ein Ziel von 3 (6, 9 usw.) Monaten zu gewähren, nicht entsprechen können.
9 Wir teilen Ihnen mit, dass wir nur gegen bestätigtes, unwiderrufliches Akkreditiv liefern.
10 Konditionen sind: $\frac{1}{3}$ Anzahlung bei Auftragserteilung, $\frac{1}{3}$ Zahlung bei Fertigstellung, $\frac{1}{3}$ bei Vorlage der Frachtbriefe.
11 Wir nehmen auch Aufträge an, die von der ... Bank garantiert wurden.

Differences in terms of payment

1 We wish to inform you that we cannot agree to your terms of payment.
2 We suggest either ...% discount for cash payment or net payment without deductions ... within days after receipt of goods.
3 Please refer to the information enclosed for our new terms of payment.
4 We are unable to grant you a credit period of ...
5 Our prices are rock-bottom and so it is impossible for us to grant you a discount.
6 Contrary to your enquiry of ..., we suggest the following terms of payment:
   - ... % discount for cash payment
   - payment within ... days without deduction
   - payment within ... months.
7 Should you insist on your terms of payment, we would unfortunately be unable to accept an order from you.
8 In reply to you enquiry of ... we are sending you our General Terms of Delivery and Payment, from which it will be apparent that we are unfortunately unable to comply with your request for 3 (6, 9 etc.) months' credit.
9 We wish to inform you that we only deliver against a confirmed, irrevocable letter of credit.
10 The terms are as follows: $\frac{1}{3}$ advance payment with order, $\frac{1}{3}$ on production of goods, $\frac{1}{3}$ on presentation of the consignment notes.
11 We also accept orders guaranteed by the ... Bank.

Angebot mit Einschränkungen

Zeitlich beschränktes Angebot

1 Dürfen wir Sie darauf aufmerksam machen, dass wir unser Angebot vom ... aus technischen Gründen nur noch bis zum ... aufrechterhalten können?
2 Das folgende Sonderangebot ist auf ... Wochen beschränkt. Bitte beachten Sie das bei Ihren Dispositionen.
3 Wir sind nur im ... (Monat, Jahreszeit) in der Lage, Ihnen ein derartig günstiges Angebot zu unterbreiten.
4 Das obige Angebot können wir leider nur für die Dauer eines Monats aufrechterhalten.
5 Dieses Angebot ist für uns nur für die Dauer eines Monats bindend.
6 Bestellungen, die aufgrund dieses Angebots nach dem ... bei uns eingehen, können wir leider nicht mehr berücksichtigen.
7 Da wir die Produktion des oben angebotenen Artikels in Kürze einstellen werden, können wir nach dem ... keine Bestellungen mehr annehmen.
8 Wie jedes Jahr müssen wir auch dieses Mal wieder unser Sonderangebot zeitlich beschränken. Bestellungen, die nach dem ... bei uns eingehen, können wir deshalb leider nicht mehr bearbeiten. Bitte beachten Sie diesen Termin.
9 Der oben angebotene Artikel läuft aus. Wir müssen deshalb dieses Angebot bis zum ... befristen.

Mengenmäßig begrenztes Angebot

1 Obiges Angebot ist auf eine maximale Liefermenge von ... Stück beschränkt.
2 Bitte beachten Sie, dass wir obiges Angebot auf eine maximale Abnahmemenge von ... (Stück, kg, t, Ballen) begrenzen müssen.
3 Um auch unsere Kunden (Geschäftspartner) ausreichend beliefern zu können, müssen wir dieses Angebot mengenmäßig einschränken.
4 Leider können wir aus verschiedenen Gründen nur Bestellungen bis zu einer Gesamtmenge von ... Stück berücksichtigen.
5 Dieses Angebot unterliegt einer mengenmäßigen Beschränkung. Die obere Bestellgrenze beträgt ... (Stück, kg, t, Ballen).

Qualified offer

Offer for a limited time

1 May we draw you attention to the fact that, for technical reasons, we are only able to keep our offer of ... open until ...
2 The following offer is for ... weeks only. Please bear this in mind when making your arrangements.
3 We are only able to make you such a favourable offer in ... (month, season).
4 We are unfortunately only able to keep the above-mentioned offer open for a period of one month.
5 Our offer is firm for one month only.
6 After ... (time), orders placed on the basis of this offer can unfortunately no longer be accepted.
7 As we shortly intend to discontinue production of the article offered above we will no longer be able to accept orders for them after ...
8 As in previous years, we are once again only able to keep this special offer open for a limited period of time. Orders received after ... can therefore no longer be accepted. For this reason we would ask you to bear this date in mind.
9 The above-mentioned product is being phased out. This offer is therefore only valid until ...

Offer of a limited quantity

1 The above offer is for a maximum of ... units only.
2 Please note that the above offer has had to be limited to a maximum quantity of ... (units, kg, tonnes, bales).
3 In order to maintain deliveries to our customers (business partners) at an adequate level, this offer is for a limited amount only.
4 For a variety of reasons we are only able to accept orders for a maximum of ... units.
5 This offer is subject to a limitation in quantity. The maximum amount orderable is ... (units, kg, tonnes, bales).

6 Bitte beschränken Sie Ihre Bestellung auf die maximale Menge von ... Stück, weil wir leider nicht in der Lage sind, größere Mengen zu liefern.

6 Please limit your order to a maximum of ... units as we are unfortunately not in a position to supply larger quantities.

Mindestabnahme

1 Aus wirtschaftlichen Gründen müssen wir für obiges Angebot auf einer Mindestbestellmenge von ... (Stück, kg, t, Ballen) bestehen.
2 Die Mindestabnahmemenge für obiges Sonderangebot liegt bei ... Stück. Bitte beachten Sie das bei Ihrer Bestellung.
3 Bitte haben Sie Verständnis dafür, dass wir Bestellungen, die unter der Mindestabnahmemenge liegen, nicht ausführen können.
4 Wir bitten Sie, bei etwaigen Bestellungen die Mindestabnahmemenge von ... Stück zu beachten.
5 Aus verpackungstechnischen Gründen müssen wir auf einer Mindestabnahmemenge bestehen. Sie liegt bei den angebotenen Artikeln jeweils bei ... Stück.

Minimum amount

1 We must, for economic reasons, insist that a minimum order of ... (units, kg, tonnes, bales) be placed in respect of the above offer.
2 The minimum order for the above special offer is ... units. Please take this into consideration when placing your order.
3 We trust you will appreciate that we are unable to execute orders for less than the minimum quantity.
4 We would request you, when placing your orders, to take into consideration that the minimum quantity is ... units.
5 The method we use to pack our goods means that we must insist on a minimum quantity. For each of the articles offered it is ... units.

Unverlangtes Angebot

1 Wir haben in Ihrem Gebiet eine Marktforschung durchgeführt. Mit deren Ergebnis waren wir sehr zufrieden. Wir beabsichtigen nun, unsere Waren über einen bekannten Großhandel zu vertreiben. Sollten Sie daran interessiert sein, würden wir Ihnen entsprechende Vorschläge unterbreiten.
2 Wir sind in Ihrem Land seit einigen Jahren durch eine eigene Agentur vertreten. Aus Altersgründen gibt deren Inhaber jetzt seine Tätigkeit auf. Sofern Sie daran interessiert sind, als Importeur unseren Kundenstamm weiter zu beliefern, lassen Sie uns das bitte wissen.
3 Wir erhalten in letzter Zeit aus Ihrem Land immer mehr Anfragen nach Lieferung unserer Produkte. Wären Sie bereit, für das dortige Gebiet unsere Waren in Ihr Sortiment mit aufzunehmen?

Unsolicited offer

1 We have conducted a market survey in your territory and are most pleased with the results. We now intend to market our goods using a well-known wholesaler. Should you be interested we will be pleased to let you have our suggestions.
2 We have had our our own agent in your country for several years now but he will soon be retiring. Should you be interested in importing our goods and maintaining supplies to our regular customers, please let us know.
3 We have been receiving more and more enquiries requesting us to deliver our products to your country. Would you be prepared to include them in your range there?

4 Unsere neuartigen Produkte entwickeln sich mehr und mehr zu Verkaufsschlagern. Da wir in Ihrem Land noch durch keinen Agenten vertreten sind, möchten wir bei Ihnen anfragen, ob Sie bereit sind, unsere Waren exklusiv in Ihrem Land zu vertreiben.

5 Unsere Waren würden Ihr Handelssortiment beträchtlich vergrößern. Bitte teilen Sie uns umgehend mit, ob Sie uns in ... vertreten wollen.

6 Falls Sie bereit wären, unser Erzeugnis in Ihr Verkaufsprogramm aufzunehmen, würden wir Ihnen das Alleinverkaufsrecht für ... (Land bzw. Gebiet) zusichern.

7 Unsere Maschinen sind auf dem Gebiet der ...verarbeitung führend. Könnten Sie unser Angebot in Ihr Sortiment aufnehmen?

8 Damit unsere Waren in ... (Land) bekannt werden, brauchen wir die Unterstützung eines tüchtigen Importeurs.

9 Bitte lassen Sie uns wissen, ob wir mit Ihrer Hilfe rechnen können.

10 Um Ihnen Ihre Aufgabe zu erleichtern, würden wir zur Einführung unsere Listenpreise um 10 % reduzieren.

11 Können Sie die Waren auf Ihre Rechnung kaufen? Wir würden von Ihnen einen Mindestauftrag von ... erwarten.

12 Welchen Umsatz können Sie uns garantieren, damit wir Ihnen den Alleinverkauf überlassen?

13 Unsere Waren müssen durch eine größere, unabhängige Vertriebsgesellschaft verkauft werden, die in der Branche eingeführt ist. Können Sie uns eine Firma nennen, mit der wir uns in Verbindung setzen können (die sich mit uns in Verbindung setzen könnte)?

14 Eine uns vertretende Vertriebsfirma muss auf eigene Rechnung kaufen. Mindestmengen können mit uns vereinbart werden.

15 Wir stellen Waren des täglichen Bedarfs her. Sie sind problemlos und eignen sich deshalb besonders gut für Sonderangebote und für Selbstbedienungsläden.

16 Ihre Aufgabe als unser Vertreter in ... (Land, Gebiet) wäre es, diese Waren in den einschlägigen Geschäften und Großhandlungen einzuführen.

17 Als Provision zahlen wir Ihnen ... % vom getätigten Umsatz; die Abrechnung erfolgt jeweils zum Quartalsende.

4 Our new products are rapidly achieving record sales figures. As we as yet have no agent in your country, we wish to ask you whether you might be interested in acquiring the exclusive right of sale for our goods there.

5 Our goods would enlarge your sales programme considerably. Please let us know by return whether you would like to represent us in ...

6 Should you be willing to include our products in your range we would allow you the exclusive right of sale for ... (country or territory).

7 Our machines are state-of-the-art in the ...-processing industry. Could you include our range of products in your sales programme?

8 For our goods to become well-known in ... (country) we need the assistance of a capable importer.

9 Please let us know if we can count on your help.

10 To make it easier for you to introduce our products we would reduce our list prices by 10%.

11 Are you able to purchase the goods for your own account? We would expect you to place a minimum order of ...

12 What sales figures can you guarantee to enable us to grant you the exclusive right of sale?

13 Our goods must be sold through a major, independent distributor who is well established in his field. Are you able to recommend us a firm that we can get in touch with (that could get in touch with us)?

14 Any firm representing us would have to make purchases for its own account. Minimum quantities could be agreed.

15 We manufacture goods for everyday use. They are unproblematical and thus particularly suited as special offers and for self-service shops.

16 As our agent in ... (country, territory), your job would be to introduce our goods to suitable retailers and wholesalers.

17 We pay ... % commission on your sales. Settlement is at the end of each quarter.

18 Wir beziehen uns auf unser Angebot vom ... und konkretisieren es wie folgt:
19 Sie sind unser Alleinvertreter im angegebenen Gebiet.
20 Aufgrund Ihrer Bestellungen werden die Kunden von uns direkt beliefert.
21 Ihre Provision in Höhe von ... % der getätigten Umsätze wird Ihnen monatlich überwiesen.
22 Es ist Ihnen nicht gestattet, Sondervereinbarungen mit den Kunden zu treffen.
23 Die Kunden sollten mindestens einmal pro Monat aufgesucht werden.
24 Bitte teilen Sie uns mit, ob Sie dieses Angebot akzeptieren. Etwaige Änderungsvorschläge von Ihrer Seite wollen wir gern prüfen.
25 Wie wir erfahren haben, führen Sie in Ihrem Sortiment auch ... (Warenangabe). Wir stellen diese Artikel serienmäßig her. Bitte teilen Sie uns mit, ob Sie auch unsere Waren in Ihr Programm aufnehmen können.
26 Als ...-Großhandlung haben Sie einen laufenden Bedarf an ... (Warenbezeichnung). Wir bieten diesen Artikel zurzeit zu einem Sonderpreis in Höhe von ... (Betrag, Währung) an. Bitte teilen Sie uns umgehend mit, ob Sie an einer Lieferung interessiert sind.
27 Wir führen zurzeit eine Werbewoche für unsere Produkte durch. Dabei haben wir den Preis dieser Waren um ... % gesenkt. Bitte übermitteln Sie uns Ihre Bestellung per Fax/E-Mail.
28 Wir haben einen größeren Posten ... (Warenbezeichnung) auf Lager. Bei einer Abnahmemenge von über ... Stück gewähren wir Ihnen einen Preisnachlass von ... %. Bitte teilen Sie uns umgehend mit, ob Sie von diesem Angebot Gebrauch machen wollen.
29 Wir bieten wöchentlich Sonderposten im Internet an und empfehlen Ihnen, sich unter www... unsere Homepage regelmäßig anzusehen.
30 Sie finden uns im Internet unter www... Unsere Homepage informiert Sie ständig über unser neuestes Warenangebot.

18 We refer to our offer of ..., the details of which are as follows:
19 You are our sole agent in the territory stated.
20 We will deliver to customers directly on the basis of your orders.
21 ... % commission on your sales will be transferred to you per month.
22 You are not allowed to come to special agreements with customers.
23 Customers should be visited at least once a month.
24 Please let us know whether you accept this offer. We will be pleased to consider any amendments you might suggest.
25 We have learned that you also have ... (name of product) in your range. We mass-produce this article. Please let us know whether you are also able to include our goods in your sales programme.
26 As wholesalers of ... you will regularly require ... (name of product). We are currently offering this article at the special price of ... (currency, amount). Please let us know by return whether you are interested placing an order with us.
27 We are running a special advertising campaign for our goods this week. We have therefore reduced the price by ... %. Please fax / e-mail us your order.
28 We have a considerable amount of ... (name of goods) in stock. For an order of more than ... units we will grant you a discount of ...% Please let us know by return whether you wish to make use of this offer.
29 We make special offers every week on the Internet und recommend that you visit our website regularly at www...
30 You will find us on the Internet at www... Our website will always provide you with the latest information on our current offers.

31 Falls Sie daran interessiert sind, regelmäßig über unsere Sonderlieferungen informiert zu werden, wenden Sie sich bitte unter der Tel.-Nr. ... an unser Callcenter.

31 If you are interested in receiving regular information about our special deliveries, please phone our call centre at ...

Antwort auf Angebot

Reply to offer

Empfangsbestätigung

1 Wir bestätigen den Empfang Ihres Sonderangebots vom ...
2 Ihr Angebot vom ... ist am ... bei uns eingegangen.
3 Wir danken Ihnen dafür, dass Sie uns auch dieses Mal über Ihr preisgünstiges Sonderangebot unterrichtet haben.
4 Wir möchten Sie bitten, uns auch in Zukunft über Ihre Sonderangebote zu unterrichten.

Acknowledgement of receipt

1 We acknowledge receipt of your special offer dated ...
2 We received your offer dated ... on ...
3 Thank you for letting us know about another favourably priced special offer of yours.
4 Please also let us know about your special offers in future.

Negative Antwort

1 Von Ihrem Angebot vom ... können wir leider keinen Gebrauch machen, da wir zurzeit keine der angebotenen Waren benötigen.
2 Da Ihre Preise über denen unseres bisherigen Zulieferers liegen, können wir Ihr Angebot vom ... leider nicht akzeptieren.
3 Da die von Ihnen gewünschte Mindestabnahmemenge über unserem derzeitigen Bedarf liegt, ist Ihr Angebot leider nicht akzeptabel für uns.
4 Leider können wir von Ihrem Sonderangebot vom ... keinen Gebrauch machen. Wir sind bis Ende dieses Jahres an eine andere Zulieferfirma gebunden.
5 Zu unserem Bedauern übersandten Sie uns Ihr Angebot zu spät. In der Zwischenzeit haben wir uns bereits anderweitig eingedeckt.

Negative response

1 We are unfortunately unable to make use of your offer dated ... as we do not require these goods at present.
2 As your prices are higher than those of the company that has supplied us so far, we are unfortunately unable to accept your offer dated ...
3 As your minimum order quantity exceeds our current requirements your offer is unfortunately not acceptable to us.
4 We are unfortunately unable to make use of your special offer of ... We are committed to another supplier until the end of this year.
5 We regret to inform you that your offer was sent to us too late. We have now stocked up elsewhere.

Positive Antwort

1 Wir beziehen uns auf Ihr Angebot vom ... Bitte übersenden Sie uns umgehend je ... Stück der angebotenen Artikel.
2 Wir nehmen Ihr Angebot vom ... dankend an.
3 Bitte liefern Sie uns umgehend die von Ihnen angegebene maximale Bestellmenge.

Positive response

1 We refer to your offer of ... Please forward us ... (number) of each of the articles offered immediately.
2 We accept your offer of ... with thanks.
3 Please supply us immediately with the maximum quantity orderable.

4 Die von Ihnen angebotenen Artikel fügen sich gut in unser Verkaufsprogramm ein. Bitte senden Sie uns per Express je ... Stück.
5 Ihr Angebot vom ... sagt uns zu. Als Anlage überreichen wir Ihnen unsere Bestellung.

4 The articles you are offering can easily be integrated in our sales programme. Please send us ... (number) of each by express.
5 Your offer of ... meets our requirements and our order is enclosed.

Bitte um Änderung des Angebots

Qualität

1 Bitte machen Sie uns auch ein Angebot über Ihre Waren besserer Qualität sowie von Produkten zweiter Wahl.
2 Können Sie uns auch ein gleichwertiges Angebot in Waren bester Qualität machen?
3 Könnten Sie Ihr Angebot mit einer genauen Angabe der jeweiligen Qualität erneuern?
4 In Ihrem Angebot vom ... vermissen wir Qualitätsangaben. Bitte informieren Sie uns auch darüber.
5 Sie boten uns am ... Waren bester Qualität an. Können Sie die gleichen Artikel auch in einer mittleren Qualität liefern?
6 Ihre erste Qualität ist für uns preislich uninteressant. Bitte teilen Sie uns die Preise Ihrer mittleren Qualität mit.
7 Ihr Angebot ist für uns interessant. Können Sie die angebotenen Waren auch in einer mittleren Qualität liefern?
8 Die Qualität der von Ihnen am ... angebotenen Waren entspricht nicht unseren Erwartungen. Sind Sie in der Lage, qualitativ bessere Artikel zu liefern?

Request for amendment of offer

Quality

1 Please also make us an offer for products of both higher and lower quality.
2 Can you also make us a similar offer for top-quality goods?
3 Could you please make us a new offer stating the exact quality of each article?
4 No indication of quality is included in your offer of ... Please let us have details of this as well.
5 You offered us top-quality goods on ... Are you also able to supply the same articles in average quality?
6 The price you ask for your top quality is out of our range. Please let us have your prices for average quality.
7 We find your offer attractive. Are you also able to supply the goods offered in average quality?
8 The quality of the goods offered on ... does not meet our expectations. Are you able to suppply articles of better quality?

Menge und Größe

1 Ihr Angebot vom ... ist sehr attraktiv. Leider ist die von Ihnen angebotene Menge für unseren Bedarf zu gering. Wären Sie in der Lage, einen Großauftrag in Höhe von ... Stück des Artikels Nr. ... zu liefern?
2 Wir würden Ihr Angebot vom ... gern annehmen, die von Ihnen verlangte Mindestabnahmemenge ist uns jedoch zu hoch. Könnten Sie uns zunächst nur ... Stück liefern?
3 Wir benötigen laufend große Mengen des von Ihnen am ... angebotenen Artikels, jedoch in anderer Größe. Bitte teilen Sie uns umgehend sämtliche von Ihnen lieferbaren Formate mit.

Quantity and size

1 Your offer of ... is very attractive. Unfortunately, the quantity you offer is too low for our requirements. Would you be able to process a large order for ... units of article No. ...?
2 We would very much like to accept your offer of ..., however, the minimum quantity you stipulate is too high. Would you initially be prepared to supply us with only ... units?
3 We regularly require large quantities of the article in your offer of ... but in a different size. Please let us have details of all the sizes you supply by return.

4 Bei Ihrem Angebot vom ... haben Sie die Maße der angebotenen Artikel nicht angegeben. Bitte informieren Sie uns schnellstmöglich über Ihre lieferbaren Größen.
5 Die von Ihnen vorgeschlagene Mindestabnahmemenge können wir in unserem Lager nicht unterbringen. Bitte teilen Sie uns mit, ob es Ihnen möglich ist, Partien von ... Stück des angebotenen Artikels in zeitlichen Abständen von ... zu liefern.
6 Für uns kommen nur Großeinkäufe infrage. Bitte teilen Sie uns die maximale Menge mit, die Sie sofort liefern können.
7 Wegen ihrer aufwendigen Verpackung nehmen die von Ihnen am ... angebotenen Artikel zu viel Platz ein. Ist es Ihnen möglich, uns ein Angebot mit einer Platz sparenden Verpackung zu unterbreiten?
8 Führen Sie die von Ihnen am ... angebotenen Artikel auch in einer kleineren Ausführung?

4 Your offer of ... contains no information on the dimensions of the articles offered. Please let us know as soon as possible what sizes you can supply.
5 The minimum quantity you suggest is unfortunately too large for us to store. Please let us know whether it would be possible to supply us with smaller quantities of ... units of the articles offered every ... (number, days/weeks/months etc.)
6 We only purchase large quantities. Please let us know the largest quantity you are able to supply immediately.
7 Owing to their bulky packing the articles you offered us on ... take up too much space. Would it be possible for you to make us an offer with less bulky packing?
8 Do you stock the articles quoted in your offer of ... in a smaller size?

Preise

1 Die von Ihnen verlangten Preise sind für uns indiskutabel. Bitte teilen Sie uns Ihre äußersten Preise mit.
2 Die Preise der von Ihnen am ... angebotenen Waren sind zu hoch für uns. Wären Sie bereit, uns bei einem Großauftrag einen ... %igen Nachlass zu gewähren?
3 Bitte teilen Sie uns auch die Preise für eine Ausführung mittlerer Qualität mit.
4 Wenn Sie in der Lage wären, die Preise der von Ihnen am ... angebotenen Artikel um ... (Betrag, Währung) zu senken, würden wir gern von Ihrem Angebot Gebrauch machen.
5 Im Hinblick auf die allgemeine Marktsituation liegen die Preise Ihres Angebots vom ... zu hoch. Bitte teilen Sie uns umgehend Ihre äußerste Preisgrenze mit.
6 Für eine qualitativ mittlere Ausführung sind Ihre Preise zu hoch. Wenn Sie bereit wären, zu diesen Preisen eine bessere Qualität zu liefern, würden wir Ihr Sonderangebot vom ... gern akzeptieren.
7 Bitte teilen Sie uns so schnell wie möglich mit, ob in den Preisen Ihres Angebots vom ... bereits die Kosten für Verpackung und Fracht enthalten sind.
8 Wir haben ständig einen großen Bedarf an den von Ihnen angebotenen Artikeln. Bitte informieren Sie uns über Ihre Preise für Großaufträge.

Prices

1 The prices you quote are out of the question. Please let us know the lowest prices possible.
2 The prices quoted in your offer of ... are too high for us. Would you be prepared to grant a ... % discount for a large order?
3 Please also let us know the prices for articles of average quality.
4 Should you be able to reduce the prices of the articles in your offer of ... by (currency, amount) ... we would be pleased to make use of your offer.
5 In view of the general market situation, the prices quoted in your offer of ... are too high. Please quote the lowest prices possible by return.
6 Your prices are too high for goods of average quality. Should you be prepared to supply better quality goods at these prices we would be pleased to accept your special offer dated ...
7 Please let us know as soon as possible whether the prices in your offer of ... already include packing and freight costs.
8 We regularly require a large amount of the articles you offer. Please let us have your prices for large orders.

Verpackung

1 Die Verpackung der von Ihnen angebotenen Waren genügt unseren Ansprüchen nicht. Können Sie in bruchfester Verpackung liefern?
2 Bitte unterbreiten Sie uns ein neues Angebot über in Styropor verpackte Waren.
3 In Abweichung von Ihrem Angebot vom ... müssen wir auf in Kisten verpackten Waren bestehen.
4 Um Transportschäden auf ein Minimum zu reduzieren, müssen wir eine bessere Verpackung von Ihnen fordern.
5 Um die Transportkosten zu verringern, bestehen wir bei einer derart großen Bestellung auf einer Verpackung in Collis.
6 Wir verstehen die Preise Ihres Angebots vom ... ausschließlich Verpackung. Bei einer etwaigen Bestellung würden wir jedoch Verpackung in Kisten – zum gleichen Preis! – von Ihnen fordern müssen.
7 Die Qualität Ihrer angebotenen Verpackung entspricht nicht den heute gültigen EU-Umweltschutzbestimmungen. Bitte informieren Sie uns umgehend, ob Sie diesen entsprechen können.
8 Wir können von Ihrem Sonderangebot nur dann Gebrauch machen, wenn Sie uns eine bessere Verpackung Ihrer Waren zusichern.
9 Die Verpackung Ihrer Artikel in Faltkartons lässt viel zu wünschen übrig. Bei einer Bestellung müssten wir auf einer Kunststoffverpackung bestehen, die den EU-Normen Rechnung trägt.

Packing

1 The packing of the goods you offer is not up to our requirements. Can you supply the goods in break-proof packing?
2 Please make us a new offer for goods packed in polystyrene.
3 Contrary to your offer of ... we must insist that the goods be packed in crates.
4 To reduce damage in transit to a minimum, we must ask you to provide better packing.
5 To reduce transport costs we must insist that packages be used for such a large order.
6 We take it that your offer of ... excludes packing charges. If we were to place an order with you we would require the goods to be packed in crates – at no extra charge.
7 The quality of the packing offered does not conform to currently valid EU environmental protection regulations. Please let us know by return whether you can comply with them.
8 We will only be able to make use of your special offer if you can promise us better packing.
9 The packing of your articles in collapsible cardboard boxes leaves a lot to be desired. Should we place an order we would have to insist on plastic packing in conformity with EU norms.

Lieferung

1 Ihr Angebot vom ... sagt uns zu. Wir müssen jedoch auf sofortiger Lieferung bestehen.
2 Der in Ihrem Angebot vom ... angegebene Liefertermin ist für uns zu spät. Können Sie nicht schon früher liefern?
3 Zurzeit haben wir keinen Bedarf an den angebotenen Waren. Bitte teilen Sie uns mit, ob Sie zu den gleichen Konditionen auch in ... Monaten liefern können.
4 Als Großabnehmer der von Ihnen am ... angebotenen Artikel ist eine einmalige Lieferung für uns nicht diskutabel. Bitte teilen Sie uns schnellstmöglich mit, ob Sie in der Lage sind, entsprechend unserem Bedarf wöchentlich (monatlich) ... Stück des Artikels Nr. ... zu liefern.

Delivery

1 Your offer of ... meets our requirements but we must insist on immediate delivery.
2 The delivery date stated in your offer of ... is too late for us. Can you not deliver earlier?
3 We have no need of the goods you offer at present. Please let us know whether you can supply them in ... months' time on the same terms.
4 As we are bulk buyers of the article quoted in your offer of ..., a one-off delivery is out of the question. Please let us know as soon as possible whether you are in a position to supply us with our weekly (monthly) requirement of ... units of article No. ...

5 Die in Ihrem Angebot vom ... genannten Lieferbedingungen können wir nicht akzeptieren.
6 Da wir nur einen begrenzten Lagerraum zur Verfügung haben, müssen wir auf einer Lieferung in drei Teilmengen bestehen. Halten Sie auch unter diesen Umständen Ihr Angebot aufrecht?
7 Wir können Ihr Angebot vom ... nur dann annehmen, wenn Sie auf unsere Sonderwünsche hinsichtlich der Lieferung eingehen.
8 Wir müssen auf Lieferung per Express bestehen.
9 Warum bieten Sie Ihre Waren nicht zu den üblichen Lieferungsbedingungen an?

5 We are unable to accept the terms of delivery stated in your offer of ...
6 As we only have limited storage space we must insist on delivery in three instalments. Does your offer still apply on these terms?
7 We can only accept your offer of ... if you agree to our special requests as regards delivery.
8 We must insist on express delivery.
9 Why are your goods not being offered on the usual terms of delivery?

Zahlungsbedingungen

1 Wir können nur dann von Ihrem Sonderangebot vom ... Gebrauch machen, wenn Sie uns einen Mengenrabatt in Höhe von ... % einräumen.
2 Preislich ist Ihr Angebot vom ... sehr verlockend. Mit Ihren Zahlungsbedingungen sind wir jedoch nicht einverstanden.
3 Die Zahlungsbedingungen, die Sie in Ihrem Angebot vom ... vorschlagen, können wir nicht akzeptieren.
4 Würden Sie uns bei einer Bestellung von ... Stück ein Zahlungsziel von ... Tagen einräumen?
5 Die Zahlungsbedingungen Ihres Angebots vom ... müssen wir ablehnen. Bei einer etwaigen Bestellung würden wir auf einem Rabatt in Höhe von ... % der Rechnungssumme bestehen. Bitte teilen Sie uns mit, ob Sie unseren Vorschlag akzeptieren.
6 Ihr Angebot vom ... sagt uns zu. Die von Ihnen geforderten Zahlungsbedingungen sind jedoch nicht handelsüblich.
7 Wir würden Ihr Angebot vom ... gern akzeptieren, müssten Sie aber um Zahlungserleichterungen bitten.
8 In Beantwortung Ihres Angebots vom ... müssen wir Ihnen leider mitteilen, dass Ihre Zahlungsbedingungen nicht handelsüblich sind.
9 Nachdem wir nun schon mehrere Monate regelmäßig Waren von Ihnen beziehen, bitten wir Sie um bessere Zahlungsbedingungen.

Terms of payment

1 We can only take you up on your special offer dated ... if you grant us a quantity discount of ... %
2 As far as the price is concerned your offer of ... is extremely attractive. However, we cannot agree to your terms of payment.
3 We are unable to accept the terms of payment suggested in your offer of ...
4 Would you grant us a credit period of ... days for an order of ... units?
5 We cannot accept the terms of payment stated in your offer of ... We would insist on discount of ... % of the invoice amount being granted if we placed an order. Please let us know whether you accept this suggestion.
6 Your offer of ... is to our liking. The terms of payment stated are, however, not customary in the trade.
7 We would very much like to accept your offer of ... but must ask you for more generous terms of payment.
8 In reply to your offer of ... we regret to inform you that your terms of payment are not customary in the trade.
9 Now that we have been ordering goods from you regularly for several months, we would request you to grant us better terms of payment.

Garantien

1 Wir können von Ihrem Sonderangebot vom ... nur dann Gebrauch machen, wenn Sie sich bereit erklären, die üblichen Garantieverpflichtungen zu übernehmen. Bitte nehmen Sie hierzu baldmöglichst Stellung.
2 In Ihrem Sonderangebot vom ... vermissen wir Angaben über Ihre Garantieleistungen.
3 Mit den Garantieleistungen Ihres Angebots vom ... können wir uns nicht zufrieden geben. Wir bitten Sie deshalb um deren Überprüfung.
4 Ihr Angebot vom ... enthält keinen Passus über die von Ihnen gewährten Garantien.
5 Bitte teilen Sie uns umgehend die Gewährleistungsbedingungen mit, die mit Ihrem Angebot vom ... verbunden sind.
6 Laut Angebot vom ... gewähren Sie Garantieleistungen bis zu ... Monaten nach Inbetriebnahme Ihrer Maschinen.
7 Wir wären bereit, Ihr Angebot zu akzeptieren, wenn Sie Ihre Gewährleistungszeit auf ein Jahr ausdehnten.
8 Ihr letztes Angebot ist hinsichtlich der Gewährleistung nicht klar genug formuliert. Bitte teilen Sie uns umgehend Ihre Garantieleistungen mit.
9 In Ihrem Angebot vom ... sind keinerlei Garantieleistungen enthalten. Bitte geben Sie uns auch darüber Auskunft.
10 Bitte teilen Sie uns umgehend mit, welche Garantieleistungen mit Ihrem Angebot vom ... verbunden sind.

Guarantees

1 We will only be able to make use of your special offer of ..., if you are prepared to offer the usual guarantees. We welcome your comments on this matter as soon as possible.
2 Your special offer of ... contains no details of the guarantees offered.
3 The guarantees in your offer of ... are unsatisfactory. We would therefore request you to review them.
4 Your offer of ... contains no guarantee clause.
5 Please let us have the terms of your guarantee for your offer of ... by return.
6 According to your offer of ..., your guarantee is valid for up to ... months after your machines have been commissioned.
7 We would be prepared to accept your offer if you extended your guarantee to one year.
8 The terms of your guarantee were not clearly formulated in your last offer. Please send us details by return.
9 Your offer of ... contains nothing about the terms of your guarantee. Please also let us have this information.
10 Please let us know by return what guarantees your offer of ... includes.

Versandart

1 Wir können Ihr Sonderangebot nur dann akzeptieren, wenn Sie uns einen Transport per Express zu Ihren Lasten zusichern.
2 Können Sie Ihr Angebot vom ... hinsichtlich der Versandart abändern?
3 Für uns käme nur ein Versand per Lkw-Sammeltransport infrage.
4 Können Sie uns in Abänderung Ihres Angebots vom ... Versand per Luftfracht zusichern?
5 Da wir die von Ihnen angebotenen Waren dringend benötigen, müssen wir auf Versand per Express bestehen.

Mode of despatch

1 We can only accept your special offer if you guarantee express delivery at your expense.
2 Can you amend your offer of ... as regards the mode of despatch?
3 The goods would have to be despatched as a lorry groupage consignment.
4 Could you amend your offer of ... to guarantee despatch by air freight?
5 As we are in urgent need of the goods you offer we must insist on express delivery.

6 Unseres Erachtens kommt für Ihre leicht verderbliche Ware nur ein Transport in Kühlwagen infrage. Bitte teilen Sie uns umgehend mit, ob das möglich ist.
7 Der von Ihnen mit Angebot vom ... vorgeschlagene Transportweg ist uns zu zeitraubend. Wir können von Ihrer Offerte nur dann Gebrauch machen, wenn Sie unsere Wünsche hinsichtlich des Transportwegs und der Transportart erfüllen.
8 In Abweichung von Ihrem Angebot vom ... müssen wir auf einem Versand per Express bestehen.
9 Das Transportproblem haben Sie in Ihrem Angebot vom ... nicht erwähnt. Bitte informieren Sie uns über die bei Ihnen übliche Versandart.
10 In Ihrem Angebot fehlt die Angabe der Versandart. Wir erwarten dazu Ihre Stellungnahme.

6 In our opinion, the perishable goods you offer can only be transported in a refrigerated lorry. Please let us know if this is possible.
7 The route suggested in your letter of ... is too time-consuming. We can only make use of your offer if you are able to agree to our requests as regards the route and mode of transport.
8 Contrary to your offer of ..., we must insist on express delivery.
9 Your offer of ... does not mention the problem of transport. Please let us know what your usual mode of despatch is.
10 Your offer does not state the mode of despatch. Please supply us with the necessary information.

Ablehnung des Wunsches auf Angebotsänderung

1 Bei den äußerst niedrigen Preisen unseres Sonderangebots ist es uns leider nicht möglich, auf Ihre Sonderwünsche einzugehen.
2 Wir sehen leider keine Möglichkeit, Ihre Sonderwünsche im Hinblick auf die Verpackung der Waren aus unserem Angebot vom ... zu erfüllen.
3 Die von Ihnen vorgeschlagene Versandart können wir leider nicht akzeptieren, da sie unser Angebot zu sehr verteuern würde.
4 Die Preise unseres Angebots vom ... sind auf das Äußerste kalkuliert. Wir sehen uns daher nicht in der Lage, Ihre Wünsche hinsichtlich der Zahlungsbedingungen und der Versandart zu erfüllen.
5 Ihre Bitte um Änderung unseres Angebots vom ... müssen wir leider abschlägig beantworten.
6 Leider sehen wir uns nicht imstande, Ihre Sonderwünsche hinsichtlich unseres Angebots vom ... zu erfüllen.
7 In Beantwortung Ihrer Anfrage wegen der Konditionen unseres Angebots vom ... müssen wir Ihnen leider mitteilen, dass wir nicht in der Lage sind, in Ihrem Fall eine Ausnahme zu machen.

Refusal of request to change offer

1 In view of our rock-bottom prices for this special offer we unfortunately cannot agree to your special requests.
2 It is unfortunately not possible for us to comply with your special requests as regards the packing of the goods mentioned in our offer of ...
3 We unfortunately cannot agree to the mode of despatch you suggest, since it would greatly increase the price of our offer.
4 The prices quoted in our offer of ... are rock-bottom. We are therefore not in a position to agree to your requests as regards terms of payment and mode of despatch.
5 We unfortunately cannot comply with your request for us to amend our offer of ...
6 We are unfortunately not in a position to comply with your special requests as regards our offer of ...
7 In reply to your enquiry as regards the terms of our offer of ..., we regret to inform you that we are not in a position to make an exception in your case.

8 Den von Ihnen geforderten Versand per Express zu unseren Lasten sind wir nicht in der Lage zu akzeptieren. Wir können unser Angebot vom ... nur zu den angegebenen Konditionen aufrechterhalten.
9 Ihren Wunsch nach Änderung unseres Angebots vom ... können wir leider nicht erfüllen.
10 Bei der heutigen Preissituation auf den Rohstoffmärkten können wir die Konditionen unseres Angebots bedauerlicherweise nicht ändern.

8 We are unable to agree to your request for express delivery at our expense. We are only able to uphold our offer of ... on the terms stated.
9 We unfortunately cannot agree to your request for us to amend our offer of ...
10 In view of the current situation on the raw materials market we are unfortunately not able to amend the terms of our offer.

Dem Wunsch kann entsprochen werden

1 Ihren Vorschlag zur Abänderung unseres Angebots vom ... akzeptieren wir.
2 Wir sind bereit, Ihre Sonderwünsche hinsichtlich der Verpackung zu akzeptieren. Bitte leiten Sie uns Ihre Bestellung zu.
3 Wir sind bereit, unser Angebot vom ... nach Ihren Wünschen abzuändern.
4 Wir beziehen uns auf Ihr Schreiben vom ... und teilen Ihnen dazu mit, dass wir Ihrer Bitte um eine Änderung unseres letzten Angebots gern nachkommen.
5 In Anbetracht der von Ihnen in Aussicht gestellten großen Bestellmenge sind wir bereit, Ihnen – in Abänderung unseres letzten Angebots – einen Preisnachlass zu gewähren.
6 Es ist uns möglich, unser Angebot vom ... Ihren Wünschen gemäß abzuändern. Wir erwarten nunmehr Ihre Bestellung.
7 Wir teilen Ihnen mit, dass unsere Versandabteilung in der Lage ist, Ihre Sonderwünsche hinsichtlich des Transportwegs zu erfüllen.
8 Ihrem Sonderwunsch bezüglich der Qualität entsprechen wir gern.

Request can be complied with

1 We accept your suggestion for the amendment of our offer of ...
2 We are prepared to comply with your special requests as regards packing and now await your order.
3 We are prepared to amend our offer of ... in accordance with your wishes.
4 We refer to your letter of ... and are pleased to inform you that we agree to amending our latest offer as requested.
5 In view of the substantial order you have in mind we are prepared – thereby modifying our most recent offer – to grant a reduction in price.
6 We are prepared to amend our offer of ... in accordance with your wishes and now await your order.
7 This is to inform you that our Despatch Section is able to meet your special requests as regards the route taken to transport the goods.
8 We are pleased to comply with your special request as regards quality.

Ablehnung des Änderungswunsches und neues Angebot

1 Ihren Sonderwunsch in Sachen Verpackung müssen wir leider ablehnen, da das von uns verwendete Verpackungsmaterial durch EU-Richtlinien vorgeschrieben ist.
2 Wir sind gern bereit, Ihnen einen Preisnachlass zu gewähren, wenn Sie mindestens ... Stück des angebotenen Artikels abnehmen.
3 Ihre Sonderwünsche können wir leider nicht berücksichtigen. Als Anlage übersenden wir Ihnen jedoch ein neues, noch günstigeres Angebot.
4 Unsere Geschäftsführung hat es ablehnen müssen, Ihre Sonderwünsche hinsichtlich der Zahlungsbedingungen zu erfüllen. Wir erlauben uns jedoch, Ihnen heute ein weiteres günstiges Angebot zu unterbreiten.
5 Leider können wir Ihrer Bitte um Änderung unseres letzten Angebots nicht nachkommen. Wir sind jedoch in der Lage, Ihnen ein weiteres Sonderangebot zu unterbreiten.
6 Hinsichtlich der Verpackung können wir Ihrer Bitte um Änderung leider nicht nachkommen, da die zz. gültigen Umweltschutzbestimmungen dies nicht erlauben.
7 Da wir auf Sonderwünsche bedauerlicherweise nicht eingehen können, übersenden wir Ihnen ein weiteres Angebot.
8 Da wir nicht in der Lage sind, unser Angebot vom ... zu ändern, möchten wir Ihnen heute ein neues Angebot unterbreiten.
9 Ihren Wunsch hinsichtlich einer Änderung unseres Angebots vom ... können wir leider nicht erfüllen, dürfen Sie jedoch auf unser neuestes Sonderangebot hinweisen.

Refusal to comply with request for amendment and new offer

1 We are unfortunately unable to comply with your request as regards packing, since the packaging material we use is prescribed by EU regulations.
2 We will be pleased to grant you a reduction in price, if you are prepared to order at least ... units of the article offered.
3 We are unfortunately unable to comply with your special requests. We enclose, however, a new, more favourable offer.
4 Our management has had to decline your request for special terms of payment. Please nevertheless accept our new, more favourable offer.
5 We are unfortunately unable to agree to your request for the amendment of our most recent offer. We are, however, able to make you another special offer.
6 We are unfortunately not able to agree to your request for different packing, as this is not permitted by currently valid environmental protection regulations.
7 As we are unfortunately not able to comply with special requests we are making you a new offer.
8 As we are not in a position to amend our offer of ..., we wish to make you a new offer.
9 We are unfortunately not able to comply with your request for our offer of ... to be amended but would, nevertheless, like to draw your attention to our latest special offer.

Referenzen
References

Referenzanforderung

1 Wir haben erfahren, dass Sie Lieferant der Firma ... sind.
2 Wie wir erfahren, sind Sie Kunde der Firma ...
3 Wir nehmen an, dass Sie mit der Firma ... in Geschäftsbeziehung stehen.
4 Sie arbeiten schon lange mit der Firma ... zusammen. Können Sie uns dieses Unternehmen empfehlen?
5 Uns würde interessieren, welche Erfahrungen Sie mit der Firma ... gemacht haben.
6 Hat sich die Firma ... Ihnen gegenüber Unregelmäßigkeiten zuschulden kommen lassen?
7 Ihnen dürfte die Firma ... schon länger bekannt sein.
8 Wie beurteilen Sie die Kapitalsituation/Bonität/Solvenz der Firma ...?
9 Die Firma ... (Herr ...) hat Sie als Referenz genannt.
10 Wir ersehen aus einem Verzeichnis von Referenzadressen, dass Sie bei der Firma ... gekauft haben.
11 Wir beabsichtigen, Maschinen der Firma ... zu kaufen, und bitten Sie um Auskunft, ob Sie mit den bei Ihnen installierten Anlagen zufrieden sind.
12 Wir bitten Sie uns mitzuteilen, ob Sie mit den von der Firma ... bezogenen Waren zufrieden sind.
13 Würden Sie uns bitte folgende Auskünfte geben: ...
14 Wir bitten Sie, uns einen Termin zu nennen, an dem wir die bei Ihnen installierten ... besichtigen können.
15 Wann und wo dürfen wir die Maschinen der Firma ... im Einsatz besichtigen?

Request for references

1 We have learned that you are suppliers of ... (firm).
2 We have learned that you are customers of ... (firm)
3 We assume you have business dealings with ... (firm).
4 You have been doing business with ... (firm) for quite some time now. Can you recommend this company to us?
5 We would be interested to know what your experience with ... (firm) has been.
6 Have ... (firm) acted irregularly in any way towards your company?
7 ... (firm) is/are no doubt well known to you by now.
8 What is your considered opinion of ... (firm) as regards capital/creditworthiness/solvency?
9 ... (firm) (Mr ...) have (has) named you as a reference.
10 We note from a list of references that you have made purchases from ... (firm).
11 We plan to purchase machines from ... (firm) and would ask you to let us know whether you are satisfied with the equipment they have installed for you.
12 We would ask you to let us know whether you are satisfied with the goods you have obtained from ... (firm).
13 Would you please give us the following information:
14 We would be pleased if you could give us a date for us to inspect the ... installed at your company.
15 When and where might we be able to see the machines supplied by ... (firm) in operation?

Geschäftspartner

1 Bitte nennen Sie uns Ihre Bank- und Geschäftsreferenzen.
2 Bitte teilen Sie uns die üblichen Referenzen mit.
3 Vor unserem ersten Abschluss bitten wir Sie um die üblichen Bank- und Geschäftsreferenzen.
4 Da wir Ihr Unternehmen noch nicht kennen, bitten wir Sie um Angabe von Referenzen.
5 Bitte informieren Sie uns über Ihren Kundenkreis.

Business partners

1 Please give us your bank and trade references.
2 Please let us have the usual references.
3 Before our first transaction we would ask you to provide the customary bank and trade references.
4 As your company is as yet unknown to us, we would request you to give us references.
5 Please let us have details of your clientele.

Zusicherung der Diskretion und Schlusssätze

1 Wir sichern Ihnen ausdrücklich zu, dass Ihre Auskünfte mit Diskretion behandelt werden.
2 Seien Sie versichert, dass diese Informationen für uns streng vertraulich sind.
3 Wir würden uns freuen, Ihnen entsprechende Gegendienste leisten zu können.

Assurance of discretion and closing sentences

1 We assure you that the information you give will be treated with discretion.
2 Rest assured that this information will be treated as highly confidential.
3 We would be pleased to be able to reciprocate the favour.

Referenzanforderung bei Banken

1 Die Firma ... (Herr ...) hat Sie als Referenz genannt.
2 Ihr Haus wurde uns als Referenz genannt.
3 Die Firma ... hat erklärt, schon seit längerer Zeit ein Konto bei Ihnen zu unterhalten.
4 Als möglicher Geschäftspartner der Firma ... wenden wir uns mit der Bitte um folgende Auskünfte an Sie: ...
5 Wir bitten Sie hiermit, uns die entsprechenden Auskünfte zu erteilen.
6 Der Geschäftsführer der Firma ... erwähnte, Sie hätten einen größeren Kredit gewährt.
7 Wir bitten Sie um eine Bestätigung der Kreditzusage, die Sie der Firma ... gegeben haben.
8 Wir bitten Sie um die Bestätigung dieser Kreditzusage, da wir die Lieferung eines großen Warenpostens von der Zahlungsfähigkeit der Firma ... abhängig machen müssen.
9 Unser besonderes Interesse gilt Auskünften über Zahlungsfähigkeit und Kreditwürdigkeit der Firma ...

Request for bank references

1 ... (firm) (Mr ...) have (has) named you as a reference.
2 Your bank has been named as a reference.
3 ... (firm) tell us that they have had an account with you for some time now.
4 As potential business partners of ... (firm) we are turning to you for the following information:
5 We hereby request you to provide us with appropriate information.
6 The Manager of ... (firm) mentioned that you had granted them a substantial credit facility.
7 We would request you for confirmation of the credit facility you have granted to ... (firm).
8 We would request you to confirm that this credit facility has been granted since we must make supplying a substantial quantity of goods to the ... company dependent on its solvency.
9 We are particularly interested in the firm's solvency and creditworthiness.

10 Wir bitten Sie uns mitzuteilen, wie zuverlässig die Firma ... ihren Zahlungsverpflichtungen nachkommt.
11 Wir glauben, dass Ihnen eine Beurteilung der Firma ... am ehesten möglich ist, und legen daher großen Wert auf Ihre Meinung.
12 Da uns selbst Informationen zur Beurteilung der Firma ... nicht in ausreichendem Maße vorliegen, bitten wir Sie, uns Folgendes mitzuteilen:
- Welchen Ruf genießt sie?
- Wie sind ihre Vermögensverhältnisse?
- Ist ihre Zahlungsfähigkeit gewährleistet?

13 Wir glauben, dass die von Ihnen gewünschten Informationen den Interessen beider Parteien dienen.
14 Wir hoffen, dass Ihre Auskünfte den Abschluss mit der Firma ... ermöglichen, und bedanken uns für Ihre Bemühungen.

10 Please let us know how reliably ... (firm) meet their financial obligations.
11 We believe that you are in the best position to judge ... (firm) and therefore set great store by your opinion.
12 As we ourselves lack sufficient information to enable us to judge ... (firm), we would ask you to supply us with the following information:
- What reputation does the firm enjoy?
- What assets does it have?
- Is its solvency assured?

13 We believe the information we request from you will be of benefit to both parties.
14 We hope that the information you provide will make it possible for us to do business with ... (firm) and thank you for the trouble you have taken.

Referenzanforderung bei Auskunfteien

1 Wir wenden uns an Sie, um Informationen über die Firma ... zu erhalten.
2 Wir bitten Sie um Informationen über die Firma ...
3 Wir beabsichtigen, geschäftliche Beziehungen zur Firma ... aufzunehmen, halten jedoch noch folgende Auskünfte für erforderlich: ...
4 Da wir die Firma ... noch nicht näher kennen, möchten wir Sie beauftragen, Auskünfte einzuholen.
5 Wir bitten Sie, uns die für die Aufnahme geschäftlicher Kontakte erforderlichen Informationen über die Firma ... zu geben.
6 Die von der Firma ... benannten Referenzen konnten unsere Vorbehalte nicht völlig zerstreuen, so dass wir Sie mit der Beschaffung weiter gehender Informationen beauftragen möchten.
7 Wir benötigen dringend folgende Informationen: ...

Request for reference from a credit reference agency

1 We would like your help in obtaining information about ... (firm)
2 We wish to ask you for information on ... (firm)
3 We intend to enter into business relations with ... (firm) but feel it is first necessary to have the following information:
4 Since we do not yet know ... (firm) well we would like you to obtain some information on them.
5 We would like you to provide us with the information we need to start doing business with ... (firm)
6 The references given us by ... (firm) are not enough to dispel our doubts completely and so we wish to commission you to obtain more detailed information.
7 We are in urgent need of the following information: ...

8 Unser besonderes Interesse gilt Auskünften über die Zahlungsfähigkeit (Zahlungsgewohnheiten, Kreditwürdigkeit, Kreditbeanspruchung, Kundenkreis, Zufriedenheit der Kunden, Kulanz, Konkurrenzsituation, Marktanteil, Wettbewerbsfähigkeit, Zukunftschancen, Eigentumsverhältnisse, Kapitalbasis, Verschuldungsgrad, Zufriedenheit des Personals, Personalsituation, Umsatz, Umsatzentwicklung, Haftung der Gesellschafter) der Firma . . .

9 Wichtig wäre für uns auch zu wissen, wie die Eigentumsverhältnisse bei der Firma . . . beschaffen sind.

10 Wir halten Informationen über die Zahlungsfähigkeit für dringend erforderlich.

11 Wir bitten Sie in Erfahrung zu bringen, wie groß ihr Marktanteil ist.

12 Bitte verschaffen Sie uns Klarheit über ihren Kundenkreis.

13 Bitte stellen Sie fest, mit welchen unserer Konkurrenten die Firma . . . früher zusammengearbeitet hat.

14 Wir bitten um Angaben zur Person des Inhabers.

15 Stimmt es, dass Herr . . ., der Inhaber der Firma . . ., schon verschiedentlich in anderen Branchen tätig war und dass dabei häufig Schwierigkeiten aufgetreten sind?

16 Wie wir hörten, soll Herr . . . schon einmal Konkurs angemeldet haben.

17 Es müsste geklärt werden, ob Herr . . . tatsächlich wiederholt mit geschäftlichen Schwierigkeiten zu kämpfen hatte.

18 Können Sie die Hintergründe der angeblichen Schwierigkeiten der Firma . . . aufklären?

19 Wir halten diese Angaben für erforderlich, um das für uns entstehende Risiko möglichst gering zu halten.

20 Wir brauchen diese Auskünfte, um uns ein umfassendes Bild von dieser Firma machen zu können.

8 We are particularly interested in information on the solvency (payment practices, creditworthiness, borrowing, clientele, customer satisfaction, readiness to reach fair settlements, competitive situation, market share, competitiveness, future prospects, ownership structure, capital base, indebtedness, sense of job satisfaction amongst the staff, staffing situation, turnover, sales trends, partners' liability) of . . . (firm).

9 It would also be important for us to know the ownership structure of . . . (firm).

10 We urgently require information on its solvency.

11 We would ask you to find out how big its market share is.

12 Please ascertain the exact nature of its clientele.

13 Please find out which of our competitors . . . (firm) used to do business with.

14 Please let us have some information on the proprietor.

15 Is it true that the porprietor of the firm, Mr . . ., has engaged in other fields of business and frequently experienced difficulties?

16 It would seem that Mr . . . has already gone bankrupt once.

17 It would have to be established whether Mr . . . really has repeatedly had to struggle with business difficutlies in the past.

18 Could you cast some light on . . .s' (firm) alleged difficulties

19 We consider this information necessary to enable us to keep any risk we might incur to a minimum.

20 We need this information to obtain an overall impression of this firm.

Antwort auf Referenzersuchen

Positive Auskunft

1 Wir freuen uns, Ihnen über die Firma . . . Folgendes sagen zu können: . . .

Reply to request for reference

Favourable reference

1 We are pleased to let you have the following information on . . . (firm):

2 Gern geben wir Ihnen folgende Auskunft: ...
3 Im Einzelnen können wir Ihnen mit folgenden Informationen dienen: ...
4 Wir können Ihnen nur die besten Auskünfte über diese Firma geben.
5 Die Firma ... war uns stets ein zuverlässiger und angenehmer Geschäftspartner.
6 Die Firma ... gilt in weiten Kreisen als kreditwürdig (krisenfest, kulant, zahlungsfähig, zuverlässig, flexibel geführt, zukunftssicher, guter Vertragspartner).
7 Wir halten die Firma ... für einen guten Geschäftspartner; sie ist absolut kreditwürdig.
8 Diese Firma genießt allgemein hohes Ansehen.

2 We are pleased to provide you with the following information:
3 We are able to provide you with the following details:
4 We have only received entirely positive reports on this company.
5 ... (firm) were always reliable and pleasant business partners for us.
6 ... (firm) are widely known to be creditworthy (stabel, fair, solvent, reliable, fexibly run, assured of a good future, good business partners).
7 We consider ... (firm) to be good business partners. They are absolutely creditworthy.
8 This firm is generally held in high esteem.

Vage Auskunft

1 Wir kennen zwar das von Ihnen erwähnte Unternehmen, doch ist es zwischen uns nie zu einem Geschäftsabschluss gekommen.
2 Die zwischen der Firma ... und uns getätigten Abschlüsse haben die Summe von ... (Betrag, Währung) nie überschritten, so dass wir über die Höhe eines zu gewährenden Kredits von ... (Betrag, Währung) nichts aussagen können.
3 Über die Bonität (Solvenz, Kreditwürdigkeit, finanzielle Lage) des Herrn ... können wir Ihnen leider keine Auskunft geben, da er uns persönlich nicht bekannt ist. Wir haben nur Verbindung mit seinem Geschäftspartner.
4 Wir haben mit dieser Firma lediglich einmal kurz verhandelt, so dass unsere Informationen für eine Referenzabgabe bedauerlicherweise nicht ausreichen.
5 Da wir nur gelegentlich mit der Firma ... Geschäfte tätigen, können wir Ihnen leider keine näheren (genaueren) Auskünfte erteilen.

Non-committal reference

1 The company you mention is known to us but we have had no business dealings with them.
2 The business transactions we have had with ... (firm) have never exceeded (currency, amount) ..., so we are unable to make any comment on granting a credit facility of (currency, amount) ...
3 We are unfortunately unable to provide information on the credit status (solvency, creditworthiness, financial situation) of Mr ..., as he is not known to us personally. We have only dealt with his business partner.
4 We have only once briefly negotiated with this firm and thus regret that the information available to us is not sufficient for a reference.
5 As we only have infrequent dealings with ... (firm), we are unfortunately unable to give you more detailed (precise) information.

Negative Auskunft

1 Leider müssen wir Ihnen folgende Auskunft erteilen: ...
2 Zu unserem Bedauern müssen wir Ihnen Folgendes mitteilen: ...
3 Im Einzelnen ist Folgendes zu berichten: ...
4 Unsere Geschäfte mit der Firma ... haben die Erwartungen nicht erfüllt.

Unfavourable reference

1 We are unfortunately obliged to give you the following information:
2 We regret having to inform you as follows:
3 We are able to report the following in particular:
4 Our business dealings with ... (firm) have not come up to our expectations.

5 Wir waren von unseren Geschäften mit der Firma ... enttäuscht.
6 Wir mussten zur Kenntnis nehmen, dass diese Firma mehr verspricht, als sie halten kann.
7 Das Verhalten der Firma ... hat zum Abbruch der Geschäftsbeziehungen geführt.
8 Wir werden in Zukunft nicht mehr mit dieser Firma zusammenarbeiten.
9 Wir mussten uns nach anderen Geschäftspartnern umsehen.
10 In letzter Zeit häufen sich die Beschwerden über diese Firma.
11 Es hat sich erwiesen, dass die Firma ... nicht kreditwürdig (krisenfest, solvent, zahlungsfähig, zuverlässig usw.) ist.
12 Wir glauben, dass größte Vorsicht angebracht ist.
13 Ein Abschluss mit der Firma ... ist nach unseren Erfahrungen zu riskant.
14 Wir halten den geplanten Abschluss für riskant.
15 Wir hatten mehrfach Beanstandungen, die entweder erst nach mehrfacher Mahnung oder überhaupt nicht beseitigt wurden.
16 Die aufgetretenen Mängel an den Geräten der Firma ... wurden nur unwillig behoben.
17 Die Firma ... hat offensichtlich kein Interesse daran, ihre Kunden zufrieden zu stellen.
18 Der Kundendienst der Firma ... ist so schlecht, dass wir in Zukunft unsere Computerprogramme von anderen Providern beziehen werden.

5 The business we did with ... (firm) was disappointing.
6 We were forced to conclude that this firm made more promises than it could keep.
7 ...'s conduct led us to break off business relations.
8 We will not be doing any more business with this firm in future.
9 We were obliged to look for new business partners.
10 Complaints about this firm have been building up recently.
11 It has become apparent that ... (firm) are not creditworthy (stable, solvent, able to pay, reliable etc.).
12 We believe that you should proceed with extreme caution.
13 Any business with ... (firm) is too risky, judging by our own experience.
14 We consider the business you have in mind to be risky.
15 We had to make a number of complaints, which were only dealt with after repeated reminders, or not at all.
16 The defects in the equipment supplied by ... (firm) were only attended to with great reluctance.
17 ... (firm) are obviously not interested in satisfying their customers.
18 ...'s (firm) after-sales service is so bad that we will be purchasing our computer programs from other suppliers in future.

Ablehnung des Referenzgesuchs

Die Firma ist nicht bekannt

1 Entgegen Ihrer Annahme ist uns die Firma ... nicht bekannt.
2 Wir kennen die Firma ..., nach der Sie sich erkundigen, nicht.
3 Es trifft nicht zu, dass wir mit der Firma ... zusammenarbeiten.
4 Leider können wir Ihnen mit den gewünschten Auskünften nicht dienen, denn die Firma ... zählt nicht zu unserem Kundenkreis (ist nicht unser Lieferant).

Firm declines to give reference

Firm unknown

1 Contrary to your assumption ..., (firm) are unknown to us.
2 We are not acquainted with ... (firm), about which you enquire.
3 We do not, in fact, have any dealings with ... (firm).
4 We are unfortunately not able to assist you with the information you request as ... (firm) are not customers (suppliers) of ours.

Erteilung von Referenzen nicht üblich

1 Wir können Ihnen mit Auskünften über die Firma ... leider nicht dienen, weil dies den Gepflogenheiten unserer Branche widersprechen würde.
2 In unserer Branche werden Auskünfte der gewünschten Art nicht erteilt.
3 Wir sind zur Erteilung von Auskünften nur in Ausnahmefällen befugt.
4 Wir können Ihnen die gewünschten Auskünfte leider nicht geben.
5 Um Ihnen die gewünschten Auskünfte geben zu können, müssten wir gegen das Bankgeheimnis verstoßen.
6 Die von Ihnen gewünschten Auskünfte unterliegen der Geheimhaltung.
7 Wir nehmen an, dass die Firma ... mit der Weitergabe dieser Information nicht einverstanden sein würde.
8 Eine Weitergabe dieser Informationen ist uns nicht möglich, da sie geheim sind.

Not customary to provide references

1 We are unfortunately unable to assist you with information on ... (firm), since it would be contrary to established practices in our field of business to do so.
2 The information you request is not disclosed in our field of business.
3 We are only authorised to give references under exceptional circumstances.
4 We are unfortunately unable to give you the information you desire.
5 It would be a breach of the banker's duty of secrecy to provide you with the information you request.
6 The information you request is confidential.
7 We assume that ... (firm) would not agree to this information being disclosed.
8 This information is confidential and we are thus not in a position to disclose it.

Konditionen

Terms

Lagerung

Allgemeines

1 Ihre Anschrift haben wir einem Adressbuch entnommen. Sind Sie in der Lage, für uns ein Auslieferungslager zu unterhalten? Sobald uns Ihre Stellungnahme vorliegt, werden wir Ihnen Details bekannt geben.
2 Ihre hiesige Interessenvertretung gab uns bekannt, dass Sie ein weiteres Auslieferungslager aufnehmen können.
3 Haben Sie an der Errichtung eines Auslieferungslagers Interesse?
4 Haben Sie alle Voraussetzungen für die ordnungsgemäße Führung eines Auslieferungslagers?
5 Könnten Sie die Grundlagen für ein Auslieferungslager schaffen?

Spezielles

1 Wir benötigen ein Freilager von ca. ... m^3.
2 Das Freilager müsste (nicht) überdacht sein.
3 Das Freilager wäre von Ihnen nach dem normalen Arbeitsschluss zu bewachen.
4 Da es sich bei der einzulagernden Ware um explosionsgefährdete Güter handelt, müsste das Freilager mindestens ... m von Gebäuden jeder Art entfernt sein.
5 Da das einzulagernde Gut in Eisenfässern verpackt ist, kann die Ware im Freien gelagert werden. Jedoch sollte das Gut dort nicht längerer direkter Sonnenbestrahlung ausgesetzt sein.
6 Unsere Ware kann während der Sommerzeit im Freien gelagert werden. Im Winter ist die Lagerhaltung in geschlossenen Räumen vorzunehmen.
7 Wir suchen einen Lagerraum in einer Größenordnung von ... m^2.

Storage

General

1 We have obtained your address from a directory. Are you in a position to provide us with distribution and storage facilities? As soon as we have received your response we will supply you with further details.
2 Your representative here has told as that you would be able to make further distribution and storage facilities available.
3 Would you be interested in setting up a distribution and storage depot?
4 Do you have the prerequisites for the proper running of a distribution and storage depot?
5 Would you be able to establish the basis for a distribution and storage depot?

Particulars

1 We require approx. ... m^3 of open air storage space.
2 The open air storage space would (not) have to be covered.
3 The open air storage space would need to be guarded after normal working hours.
4 As the goods to be stored are explosive materials, the open air storage space would need to be at least ... m away from buildings of any sort.
5 As the material to be stored is packed in iron drums, it can be kept outside. It should, however, not be exposed to direct sunlight for any length of time.
6 Our goods can be stored in the open during the summer. They must be stored indoors in winter.
7 We are looking for approx. ... m^2 of storage space.

8 Die Bodenbelastbarkeit muss ... kg/m^2 betragen.
9 Der Lagerraum sollte gegen andere Einlagerer abgegrenzt sein.
10 Das Lager muss feuersicher sein.
11 Das Lager muss den feuerpolizeilichen Vorschriften voll entsprechen.
12 Das Lager muss trocken sein.
13 Das Lager sollte möglichst einen Gleisanschluss haben.
14 Für die Lagerhaltung wird eine (keine) Rampe benötigt.
15 Wegen Kälteempfindlichkeit der Ware wird ein beheizbarer Lagerraum benötigt.
16 Die Ware kann über einen längeren Zeitraum nur in Kühlhäusern eingelagert werden.
17 Der Lagerraum muss eine Mindesthöhe von ... m aufweisen.
18 Da unsere Ware auf Paletten geliefert wird, wäre es empfehlenswert, Palettenregale – falls nicht schon vorhanden – zu installieren.
19 Unsere Erzeugnisse werden auf Paletten verladen. Demnach ist erforderlich, dass entsprechende Entladegeräte wie etwa Gabelstapler zur Verfügung stehen.
20 Eingelagert wurden folgende Erzeugnisse:
... mit einem durchschnittlichen Monatsumschlag von ... t.
Davon
... t in Kartonware
... t in Kisten
... t in Behältern/Fässern
... t in Trommeln
... t in Kunststoffsäcken.

8 The floor must be able to withstand a weight of ... kg/m^2.
9 The storage area should be clearly delimited as regards other warehouse users.
10 The storage area must be fire-proof.
11 The storage area must conform entirely to the fire regulations.
12 The storage area must be dry.
13 The storage area should, if possible, have a railhead.
14 A (no) loading platform is required for storage.
15 It will be necessary for the storage area to be heated, owing to the sensitivity of the goods to the cold.
16 The goods can only be stored for a longer period if refrigerated.
17 The storage area must be at least ... m high.
18 As our goods are delivered on pallets, we recommend that pallet racks be installed, if not already available.
19 Our products are palletised. It will therefore be necessary for suitable unloading equipment, such as fork-lift trucks, to be available.
20 The following goods are to be stored, the monthly turnover being ... tonnes.
Break-down of goods:
... tonnes in cardboard boxes
... tonnes in crates
... tonnes in containers / barrels
... tonnes in drums
... tonnes in plastic sacks.

Transport zum Lager

1 Die Transporte von unserem Werk ... zu Ihnen sollen per Bahn (Lkw/Schiff) vorgenommen werden.
2 Die Verfrachtung von unserem Herstellungswerk ... zu Ihrem Lager könnten Sie mit Ihren eigenen Lkws vornehmen.
3 Berücksichtigen Sie bitte, dass die Lagerbevorratung per Waggon (Lkw, Container) vorgenommen werden kann.
4 Die Lagerhaltung würde mit Hilfe werkseigener Fahrzeuge erfolgen.
5 Da unser Betrieb in ... auf bahneigenem Gelände liegt, muss die gesamte Verfrachtung per Bahn erfolgen.

Transport to the warehouse

1 The goods are to be transported from our plant in ... to yourselves by rail (lorry/ship).
2 You could transport the goods between our manufacturing plant in ... and your warehouse in your own lorries.
3 Please ensure that stock can be taken to the warehouse by railway wagon (lorry, container).
4 The warehouse would be supplied using company vehicles.
5 As our ... (location) plant is on railway property, all goods must be transported by rail.

6 Wir haben mit unserem Hausspediteur Vereinbarungen getroffen, nach denen die Transporte an Ihr Lager ausschließlich durch ihn erfolgen.

6 We have an exclusive arrangement with our own forwarders whereby they will be responsible for all freight to your warehouse.

Allgemeine Angebote

1 Selbstverständlich sind wir in der Lage, Ihren Wünschen hinsichtlich ordnungsgemäßer Lagerhaltung gerecht zu werden.
2 Sobald Sie uns Einzelheiten bekannt geben, werden wir Ihnen ein günstiges Angebot übermitteln.
3 Sollte unsere derzeitige Lagerausstattung Ihren Vorstellungen nicht entsprechen, wären wir bereit, Umstellungen vorzunehmen.
4 Seien Sie versichert, dass wir Ihre Wünsche hinsichtlich der weiteren technischen Ausstattung des Lagers gern berücksichtigen.

General offers

1 We are, of course, able to comply with your request for the provision of properly run storage facilities.
2 As soon as you have supplied us with details, we will send you a favourable offer.
3 Should our current storage facilities not meet your needs we would be willing to alter them.
4 Rest assured that we will be only too pleased to accommodate your requests regarding the provision of additional warehousing technology.

Absagen

1 Auf Ihre Anfrage müssen wir Ihnen mitteilen, dass wir den von Ihnen gewünschten Lagerraum leider nicht zur Verfügung stellen können.
2 Unsere Lagerabteilung ist derzeit voll ausgelastet, so dass wir Ihnen – so sehr wir es bedauern – einen abschlägigen Bescheid geben müssen.
3 Wir haben unsere Sparte Lagerhaltung aufgelöst.
4 Da unsere Lagerhaltung ausschließlich auf Massengut ausgerichtet ist, können wir Stückgut-Auslieferungslager nicht übernehmen.

Refusals

1 In reply to your enquiry we regret to inform you that we are unable to provide the storage space requested.
2 Our Warehouse Section is currently working to capacity, therefore, much to our regret, we cannot accommodate you.
3 We no longer provide storage facilities.
4 As we only handle bulk loads we cannot provide facilities for the storage and distribution of package freight.

Angebot Freilager

1 In sofortiger Beantwortung Ihres Schreibens vom ... teilen wir Ihnen mit, dass wir Ihnen kurzfristig ein Freilager vermieten können.
2 Ihrem Wunsch gemäß sind wir bereit, die Freifläche mit Maschendraht einzuzäunen.
3 Sollte eine (teilweise) Überdachung gewünscht werden, erklären wir uns – allerdings gegen Kostenerstattung – bereit, diese errichten zu lassen.

Offer of open air storage space

1 Our immediate reply to your letter of ... is that we are able to rent you open air storage space at short notice.
2 As requested, we are willing to enclose the area with a wire fence.
3 Should you require us to cover (part of) the area, we are willing to do so, provided the expenses thus incurred are refunded.

4 Das Freilager ist ca. . . . m von festen Gebäuden entfernt.
5 Da wir im Freilager schon artgleiche Güter untergebracht haben, gibt es bei der Einlagerung Ihrer Güter keine Schwierigkeiten.

4 The open air storage space is approx. . . . m from any buildings.
5 As we already have experience of storing similar goods in the open, there will be no difficulty in storing yours.

Angebot Lagerraum mit Sonderausstattung

1 Wir nehmen Bezug auf Ihr Schreiben vom . . . und dürfen Ihnen mitteilen, dass wir in der Lage sind, Ihnen einen Ihren Wünschen voll gerecht werdenden Lagerraum zur Verfügung zu stellen.
2 Der vorgesehene Lagerraum umfasst . . . m^2. Er ist feuerpolizeilich abgenommen.
3 Die Bodenbelastbarkeit beträgt . . . kg/m^2. Das Lager ist (nicht) abgegrenzt.
4 Der Lagerraum ist vollkommen trocken.
5 Es ist ein (kein) Gleisanschluss vorhanden.
6 Das Lager hat eine (keine) Rampe.
7 Der vorgesehene Lagerraum ist (nicht) beheizbar.
8 Der Lagerraum weist eine Höhe von . . . m auf.
9 Zur Lagereinrichtung gehören Palettenregale.
10 Selbstverständlich sind die für die Be- und Entladung benötigten technischen Geräte (Stapler, Krananlagen usw.) vorhanden.
11 Wir gehen von den uns vorliegenden Daten des derzeitigen Lohn-/Preisniveaus aus und bieten Ihnen als Basis folgende Konditionen an:
12 Meterpreis pro Monat . . .
13 Einlagerungsgebühren pro 100 kg . . .
14 Auslagerungsgebühren pro 100 kg . . .
15 Folgelagergeld für den jeweils am Monatsende zu ermittelnden Bestand pro 100 kg . . .
16 Bei Behandlung von Schwergut mit Einzelkolligewichten von über . . . kg wird ein Zuschlag von . . . pro 100 kg berechnet.
17 Ausstellung von Lieferscheinen (Frachtbriefen usw.) pro Stück . . .
18 Lagerversicherung wird auf Wunsch von uns übernommen.
19 Sollten die angebotenen Sätze Ihre Zustimmung finden, bitten wir Sie, uns zu unterrichten.
20 Sofern Ihnen unser Angebot zusagt, erwarten wir gern Ihre baldige Auftragserteilung.

Offer of storage space with special equipment

1 We refer to your letter of . . . and are pleased to inform you that we are able to make storage space available which wholly corresponds to your requirements.
2 The storage are we can provide measures . . . m^2. It has been approved by the the fire authorities.
3 The floor can withstand a weight of . . . kg/m^2. The storage area is (not) delimited.
4 The storage area is completely dry.
5 It has (does not have) a railhead.
6 The storage area has a (no) loading platform.
7 The storage space we can provide can (cannot) be heated.
8 The storage area is . . . m high.
9 The storage area is equipped, among other things, with pallet racks.
10 The equipment required for handling the goods (fork-lifts, lifting gear etc.) is, of course, available.
11 Using the information at our disposal on current wage/price levels, we are making our quotation to you on the basis of the following conditions:
12 Metre price per month . . .
13 Charge for placing in storage per 100 kg . . .
14 Charge for releasing from storage per 100 kg . . .
15 Subsequent storage charge per 100 kg . . . for stock levels as balanced at the end of the month
16 For the handling of heavy loads comprising individual package weights of more than . . . kg an additional charge of . . . per 100 kg is made.
17 Issuing of delivery notes (consignment notes etc.) per document . . .
18 Storage insurance can be taken out by us on request.
19 If the rates quoted meet your approval, please let us know.
20 Assuming our offer meets your approval we look forward to receiving your order soon.

21 Mit Interesse sehen wir den Abschlussverhandlungen entgegen.
22 Wir erwarten Ihre baldige Antwort, weil wir die Lagerräume sonst anderweitig vermieten müssten.
23 Bitte geben Sie uns bis zum ... Nachricht. Von diesem Tag an betrachten wir unsere Offerte als gegenstandslos.
24 Da es noch weitere Interessenten gibt, bitten wir um Ihren Bescheid bis zum ...
25 Sollten Sie von unserem Angebot keinen Gebrauch machen, bitten wir trotzdem um Ihre Nachricht.
26 Sofern Ihnen das vorliegende Angebot nicht entspricht, bitten wir Sie, uns dies unter Angabe der Gründe kurz mitzuteilen.
27 Sollten Sie sich anders entschieden haben, erbitten wir einen kurzen Bescheid.

21 We look forward with interest to our negotiations on the final points of this contract.
22 If we do not receive your reply in the near future, we shall be obliged to rent the storage space to another interested party.
23 Please let us know by ..., after which date our offer ceases to be valid.
24 As other parties are also interested, we would request you to reply by ...
25 Should you not wish to make use of our offer, we would nevertheless welcome your reply.
26 Should this offer not meet your approval, we would request you to let us know, stating your reasons briefly.
27 If you have changed your mind please let us know.

Verweis an Geschäftspartner

1 Da wir selbst keine Lagerhaltung betreiben, bitten wir Sie, sich an unsere Schwesterfirma ... zu wenden.
2 Wir haben heute per Fax unserer Zentrale in ... mitgeteilt, dass Sie in ... einen Lagerraum suchen.
3 Unsere Lagerhaltung wird zentral in ... geführt, wenden Sie sich wegen preislicher Absprachen daher bitte dorthin.

Referral to a business associate

1 As we ourselves have no storage facilities, we would ask you to approach our affiliated company ...
2 We have faxed our headquarters in ... today to tell them that you require storage space in ...
3 Our warehousing facilities are centrally administrated in ..., so please contact our office there as regards prices.

Auftragserteilung

1 Wir danken für Ihr Angebot vom ... und bitten Sie, uns einen vorgefertigten Vertrag zukommen zu lassen. Als Vertragsbeginn wünschen wir den ...
2 Ihr Angebot entspricht unseren Erwartungen; wir wollen einen Lagervertrag mit Ihnen abschließen.
3 Wir erhielten Ihr Angebot und teilen Ihnen mit, dass wir vor endgültiger Vertragsschließung eine Besichtigung der Lagerräume vornehmen wollen.
4 Gemäß Ihrem Angebot vom ... erklären wir uns mit Ihren Konditionen einverstanden.
5 Unter Bezugnahme auf Ihre Offerte vom ... teilen wir Ihnen mit, dass wir die besichtigten Lagerräume zu den angegebenen Sätzen übernehmen werden.
6 Wir sind mit Ihrem Angebot generell einverstanden.

Placing an order

1 We thank you for your offer of ... and would ask you to let us have a pre-prepared contract. We wish the contract to start on ...
2 As your offer meets our expectations, we now wish to conclude a storage contract with you.
3 We have received your offer and would inform you that before finally concluding a contract, we wish to inspect the storage facilities.
4 We refer to your offer of ... and are pleased to inform you that we agree to your conditions.
5 With reference to your offer of ..., we are pleased to inform you that we wish to make use of the storage facilities inspected at the rates quoted.
6 We basically agree to your offer.

Absagen

1 Leider müssen wir Ihnen mitteilen, dass wir von Ihrem Angebot keinen Gebrauch machen können, weil: ...
2 die angegebenen Sätze zu hoch sind,
3 die vorgesehenen Lagerräume nicht unseren Vorstellungen entsprechen,
4 ein Anschlussgleis fehlt,
5 die Lagerräume keine Rampe aufweisen,
6 das Lager ebenerdig ist,
7 der Lagerplatz verkehrsungünstig liegt,
8 keine Zufahrtsmöglichkeit für Schwerlastzüge besteht,
9 sich unsere Planungsabteilung anders entschieden hat,
10 wir ein günstigeres Angebot vorliegen haben,
11 unsere Verkaufsabteilung das Objekt für nicht zweckmäßig hält.

Refusals

1 We regret to inform you that we are unable to make use of your offer because:
2 the rates quoted are too high,
3 the storage space offered does not correspond to our requirements,
4 there is no rail link,
5 the storage area has no loading platform,
6 the storage area is at ground level,
7 the storage site is inconvenient for road transport,
8 there is no access for heavy lorries,
9 our Planning Department has revised its decision,
10 we have received a more favourable offer,
11 our Sales Department considers the site to be inappropriate.

Bestätigung

1 Ein von uns bereits unterzeichneter Lagervertrag geht Ihnen als Anlage in dreifacher Ausfertigung zu.
2 Den Ihnen als Anlage überreichten Lagervertrag bitten wir Sie genau zu prüfen.
3 Sofern Sie mit den vertraglichen Formulierungen einverstanden sind, bitten wir, eine Vertragsausfertigung unterzeichnet zurückzureichen.
4 Nach Prüfung erwarten wir die Rücksendung einer Vertragsausfertigung, die mit Ihrer Unterschrift versehen ist.
5 Die mit Ihrer rechtsverbindlichen Unterschrift gezeichneten Verträge reichen Sie uns bitte baldigst zurück.
6 Sie dürfen versichert sein, dass wir Ihr Vertrauen zu schätzen wissen.
7 Wir werden das in unsere Firma gesetzte Vertrauen zu rechtfertigen wissen.
8 Wir hoffen zuversichtlich auf eine vertrauensvolle Zusammenarbeit.
9 Wir wünschen uns eine erfolgreiche Partnerschaft.

Confirmation

1 We enclose a ready-signed storage contract in triplicate.
2 We would ask you to check the storage contract enclosed carefully.
3 If you agree with the wording of the contract, we would ask you to sign one copy and return it.
4 We look forward to your returning one copy of the contract, duly checked and signed.
5 Please return the contracts to us as soon as possible once they are signed and thereby legally binding.
6 You may rest assured that we appreciate the trust you have placed in us.
7 You will most certainly be rewarded for the trust you have placed in our firm.
8 We are confident that our two companies will co-operate on a basis of mutual trust.
9 We feel sure that our co-operation will be of benefit to both our companies.

Lieferung

Anfragen

1 Bitte kalkulieren Sie Ihren Preis unter Berücksichtigung der Incoterms
a) EXW (ab Werk)
b) FCA ...
c) FOB ...
d) CIF ...

2 Da wir unter den gegebenen Umständen keinerlei Möglichkeit haben, die Waren bei Ihnen abnehmen zu lassen, bitten wir um eine Lieferbedingung FOB ... (Verschiffungshafen).

3 Die letzte Sendung erhielten wir CIF ... Wäre es möglich, für die neue Sendung einen Ab-Werk-Preis zu berechnen?

4 Wir bitten um Mitteilung, wann die Ware EXW abgeholt werden kann.

5 Handelt es sich bei Ihrer Preisangabe FOB ... um die Incoterms 1990 oder 2000?

Angebot

1 Ihrem Wunsche gemäß haben wir den Preis unter Berücksichtigung der Incoterms ... berechnet.

2 Der von uns kalkulierte Preis enthält die Lieferung
a) CFR ...
b) CIP ...
c) DES ...
d) DDP ...

3 Wie Sie uns mitteilten, haben Sie die Möglichkeit, die Ware mit eigenem Lkw bei uns abholen zu lassen. Wir haben Ihnen daher den Ab-Werk-Preis berechnet.

4 Normalerweise werden unsere Waren ... geliefert. Sollten Sie hinsichtlich der Lieferung andere Wünsche haben, bitten wir Sie, uns dies umgehend mitzuteilen.

5 Sie wünschen eine Lieferung FOB ... Da wir die in diesem Hafen üblichen Usancen nicht kennen, möchten wir einen Hafenspediteur mit der Abwicklung beauftragen. Dies würde den Preis jedoch um ... (Betrag, Währung) erhöhen.

Delivery

Enquiries

1 Please calculate your prices on the basis of the Incoterms
a) EXW (ex works)
b) FCA ...
c) FOB ...
d) CIF ...

2 Under the present circumstances we are unable to have the goods collected from your premises, so we would ask for the delivery terms to be FOB ... (port of shipment).

3 We received the last consignment CIF ... Would it be possible to have the new consignment charged to us ex works?

4 Please let us know when the goods can be collected ex works.

5 Is the FOB ... price stated based on the 1990 or 2000 Incoterms?

Offer

1 As requested, our price has been calculated on the basis of the ... Incoterm.

2 The price we have calculated provides for delivery
a) CFR ...
b) CIP ...
c) DES ...
d) DDP ...

3 Since you have told us that you are able to collect the goods from our premises using your own lorry, we have charged the ex-works price.

4 Our goods are normally delivered ... Should you wish to have delivery made differently, we would ask you to let us know by return.

5 You have requested delivery FOB ... As we are unacquainted with the customary procedures at this port, we would like to entrust the handling of this load to a port agent. For this, however, an additional charge of (currency, amount) ... would be incurred.

Versand

1 Der Versand unserer Waren erfolgt durch Lkw (Bahn, Schiff, Flugzeug) als Frachtgut (Expressgut).
2 Wir versenden unsere Waren per Lkw (Bahn usw.).
3 Unsere Waren werden durch Kraftfahrzeug (Bahn usw.) geliefert.
4 Wir versenden unsere Waren als Frachtgut (Expressgut).
5 Falls der Kunde ein anderes Transportmittel als Lkw (Bahn usw.) wünscht, hat er die zusätzlichen Kosten selbst zu tragen.
6 In der Wahl der Versandform richten wir uns nach Ihren Wünschen.
7 Wegen der Beschaffenheit der Ware kann der Versand nur per ... (gewünschte Transportform) erfolgen.
8 Wir versenden unsere Waren nur durch Transportmittel mit Kühleinrichtung.
9 Da der Hafen ... nur über einen Containerterminal verfügt, müssen die Waren in Container-Sammelladungen transportiert werden.

Despatch

1 Our goods are despatched by lorry (rail, ship, plane) as normal freight (by express).
2 We despatch our goods by lorry (rail etc.).
3 Our goods are delivered by motor vehicle (rail etc.).
4 We despatch our goods as normal freight (by express).
5 Should the customer require transport by any means other than lorry (rail etc.), he must bear the additional costs himself.
6 We will be pleased to deliver using any mode of despatch you wish to choose.
7 The nature of the goods means it is only possible to transport them by ... (appropriate mode of transport).
8 We only despatch our goods by refrigerated means of transport.
9 Since the port of ... only has a container terminal the goods must be transported as container groupage consignments.

Zeitliche Bindung

1 An dieses Angebot betrachten wir uns ... Tage (Wochen, Monate) gebunden.
2 Nach Ablauf von ... Tagen halten wir uns nicht mehr an dieses Angebot gebunden.
3 Dieses Angebot gilt nur bis zum ...
4 Dieses Angebot gilt nur, solange der Vorrat reicht.
5 Dieses Angebot erfolgt ohne jede zeitliche Bindung frei bleibend.
6 Mit Bindung bis zum ... bieten wir Ihnen Folgendes an: ...
7 An dieses Angebot sind wir bis zum ... gebunden, wenn nicht vorher schriftlicher Widerruf erfolgt.
8 Dieses Angebot können wir jederzeit schriftlich oder mündlich widerrufen.
9 Dieser Auftrag ist binnen ... Tagen auszuführen.
10 Nach Ablauf von ... Tagen ist die Ausführung dieses Auftrags für uns nicht mehr von Interesse.
11 Wir können Ihnen diesen Auftrag nur erteilen, wenn Sie ihn bis zum ... abwickeln.

Time limit

1 We will consider this offer to be binding on us for ... days (weeks, months).
2 We will consider ourselves no longer bound by this offer after a period of ... days.
3 This offer only applies until ... (date)
4 This offer only applies as long as stocks last.
5 This offer is without engagement and is not subject to any time restriction.
6 We wish to make you the following offer, binding on us until ...: ...
7 We will be bound by this offer until ..., unless we revoke it in writing before this date.
8 This offer may be revoked by us at any time, either in writing or verbally.
9 This order is to be executed within ... days.
10 This order will cease to be of interest to us if executed after a period of ... days.
11 We can only place this order with you if it is dealt with by ... (date).

12 Wir sind an diesen Auftrag nur gebunden, wenn er bis zum ... ausgeführt wird.
13 Die Bindung an diesen Auftrag ist nur bis zum ... wirksam.

Menge

Mindestabnahmemengen

1 Die Mindestabnahme beträgt ... Stück (kg, t usw.).
2 Unser Preis ist so kalkuliert, dass mindestens ... Stück abgenommen werden müssen.
3 Aufträge unter ... Stück können leider nicht ausgeführt werden.
4 Es ist uns nicht möglich, weniger als ... Stück zu liefern.
5 Die von Ihnen bestellte Menge ist bei dem extrem eng kalkulierten Preis zu gering. Wir müssten von Ihnen eine Mindestbestellung von ... Stück (kg, t, Ballen) erhalten.

Ware kann nicht in ausreichender Menge geliefert werden

1 Sie fragen in Ihrem Schreiben an, ob wir von der ... Ware ... Stück (kg, t, Ballen usw.) liefern können. Derzeit haben wir aber nur ... Stück (usw.) auf Lager.
2 Wir bedauern Ihnen mitteilen zu müssen, dass wir von der angefragten Ware nur ... Stück (kg, t, Ballen usw.) sofort liefern können. Für den Rest müssten Sie mit einer Lieferzeit von ... rechnen.
3 Wir danken für Ihre Anfrage vom ... Leider haben wir von diesem Material überhaupt keine Lagerbestände, da es in letzter Zeit so gut wie nicht mehr verlangt wurde. Sollten Sie jedoch eine größere Bestellmenge in Betracht ziehen, sind wir gern bereit, diese in ... Tagen (Wochen, Monaten) zu liefern.
4 Vielen Dank für Ihre Anfrage nach ... Leider haben wir von dieser Ware nur noch eine geringfügige Menge auf Lager. Wir könnten Ihnen entweder sofort ein Ersatzprodukt zur Verfügung stellen oder Sie müssten mit einer Lieferzeit von ... rechnen.

12 We are only bound by this order if it is executed by ... (date).
13 This order will only remain binding for us until ... (date).

Quantity

Minimum order quantities

1 The minimum quantity orderable is ... units (kg, tonnes etc.).
2 Our price has been calculated on the assumption that at least ... units are purchased.
3 Orders for less than ... units unfortunately cannot be executed.
4 It is not possible for us to supply less than ... units.
5 The quantity you have ordered is too small in view of our rock-bottom prices. We would need to receive an order for at least ... units (kg, tonnes, bales).

Goods not available in sufficient quantity

1 You enquire in your letter whether we can supply you with ... units (kg, tonnes, bales etc.) of our ... goods. At present we only have ... units (etc.) in stock.
2 We regret to inform you that we are only able to supply ... units (kg, tonnes, bales etc.) of the goods requested immediately. Please allow a delivery period of ... for the balance.
3 Thank you for your enquiry of ... We unfortunately have no stocks of this material because there has been virtually no demand for it recently. Should you, however, have an order for a substantial quantity in mind we would be pleased to supply it in ... days (weeks, months).
4 Many thanks for your enquiry of ... We unfortunately only have a very small amount of these goods in stock. We could offer you a substitute immediately or ask you to allow a delivery period of ...

5 Das Produkt ... findet in letzter Zeit bei uns so reißenden Absatz, dass wir kaum mit der Lieferung nachkommen. Wir müssten Sie daher bitten, eine Lieferzeit von ... in Kauf zu nehmen.

5 Our ... product has been selling at such a rate recently that we are hardly able to keep pace with demand. We must therefore ask you to allow ... (time) for delivery.

Verpackung

Allgemeine Anfragen

1 Wie sollen die Güter verpackt werden?
2 Sind bei der Hochwertigkeit der von Ihnen angefragten Produkte besondere Verpackungsvorschriften zu beachten?
3 Nach den neuen EU-Richtlinien darf die Verpackung nicht umweltschädlich sein. Aus diesem Grunde bitten wir um Mitteilung, ob bei der Versendung besondere Vorschriften bezüglich der Verpackung zu beachten sind.
4 Verlangen Sie besondere Verpackungsmethoden?
5 Wird die Verpackung der Güter in Ihrem Betrieb vorgenommen?

Spezielle Anfragen

1 Von einem Geschäftsfreund erfuhren wir, dass Sie sich hauptsächlich mit der Verpackung von Überseesendungen befassen.
2 Wir haben regelmäßige Verpackungsaufträge zu vergeben und bitten Sie, sofern Sie an einer zusätzlichen Geschäftsverbindung interessiert sind, sich mit uns in Verbindung zu setzen.
3 Als Spezialfirma für das Verpackungswesen haben Sie sich einen weltweiten Namen gemacht.
4 Wir haben wegen der Aufstellung von Palettomaten mit unserer derzeitigen Kartonverpackung Schwierigkeiten und bitten Sie deshalb, nach vorheriger Abstimmung mit uns, unser Werk zu besichtigen.
5 Die laufenden Frachterhöhungen fordern von uns, dem Thema Verpackung mehr Augenmerk zu schenken. Können Sie uns für unsere Erzeugnisse vom Gewicht her günstigere Verpackungseinheiten empfehlen?

Packing

General enquiries

1 How should the goods be packed?
2 In view of the high quality of the products requested, should any particular packing instructions be adhered to?
3 According to the new EU legislation, packaging material must not be environmentally harmful. We would therefore ask you to let us know whether we must adhere to any special packing regulations when despatching the goods.
4 Do you require us to keep to particular packing procedures?
5 Will the goods be packed at your plant?

Specific enquiries

1 We have learned from a business associate that you mainly deal with packing for overseas shipments.
2 As we wish to place regular packing orders, we would like you to contact us if you are interested in doing some more business.
3 You have gained a worldwide reputation as a packing specialist.
4 As a result of the installation of automated palletizing equipment we are currently experiencing difficulties with our cardboard box packing process. We would therefore like you to arrange a date with us to view our plant.
5 Constant freight rate increases are now making us take a closer look at packing. Can you recommend more economical packaging for our products in terms of weight?

6 Wie wir erfuhren, haben Sie ein neues Verpackungsmittelverfahren entwickelt, das bruchempfindliche Waren durch chemisches Einschäumen in der Verpackungseinheit gegen äußerliche Gefahren schützt. Können Sie uns hierzu nähere Erläuterungen geben?
7 Bekanntlich gibt es für die Verwendung von Holzverpackung im Überseeverkehr nach bestimmten Ländern besondere Vorschriften. Können Sie uns hierüber informieren?
8 Wir möchten uns von der Karton- auf Folienverpackung umstellen. Bitte unterbreiten Sie uns ein entsprechendes Angebot.
9 Unsere im Umlauf befindlichen Verpackungsmittel bedürfen der Aufstockung. Sind Sie in der Lage, kurzfristig folgende Verpackungseinheiten herzustellen und zu welchen Preisen: ... Kisten, ... Trommeln, ... Fässer, ... Behälter, ... Paletten? Die technischen Einzelheiten wie Maße, Gewichte usw. entnehmen Sie bitte den beigefügten Musterzeichnungen.
10 Wir möchten in Zukunft unsere Waren in Einwegverpackungen versenden. Können Sie uns hierzu Vorschläge unterbreiten?
11 Können Sie uns ein Verpackungsmaterial vorschlagen, das umweltfreundlich ist und den zurzeit geltenden EU-Normen entspricht?

6 We hear that you have developed a new packing process whereby fragile goods are protected against external hazards by a chemical foam inside the packaging. Can you provide us with more detailed information on this?
7 It would seem that there are special regulations for the use of wooden packing for overseas shipments to certain countries. Can you let us have any information on this?
8 We wish to change over from cardboard packaging to foil wrapping. Please make us an appropriate offer.
9 The packaging units we currently have in use now need to be replenished. Are you able to manufacture the following units at short notice and if so at what price? ... crates, ... drums, ... barrels, ... containers, ... pallets. Please refer to the enclosed drawings for technical details such as dimensions, weights etc.
10 We wish to despatch our goods in non-returnable packing in future. Could you let us have some suggestions for this?
11 Can you suggest a packaging material that is environmentally friendly and also complies with currently valid EU norms?

Allgemeine Angebote

1 Wir bedanken uns für Ihre Anfrage und übermitteln Ihnen gern unser Informationsmaterial, damit Sie sich von der Leistungsfähigkeit unseres Unternehmens überzeugen können. Die beigefügte Preisliste hat Gültigkeit bis zum ...
2 Auf Ihre Anfrage hin dürfen wir Ihnen mitteilen, dass wir uns neben der Herstellung von Standardverpackungsmitteln auch mit Einzel- und Sonderverpackungen befassen.
3 Unsere besondere Stärke liegt in der Entwicklung von Kunststoffverpackungsmitteln.
4 In speziell gelagerten Fällen kann die Verpackung eines Guts in unserem Werk erfolgen.

General offers

1 We thank you for your enquiry and are pleased to send you some informative literature which, we trust, will convince you of our company's capabilities. The enclosed price list is valid until ...
2 In reply to your enquiry we are pleased to inform you that we not only manufacture standard packaging material but also provide individual and special packing units.
3 Our particular strength lies in the development of plastic packaging materials.
4 In special cases we will pack the product at our plant.

Spezielle Angebote

1 Wie Sie von Ihrem Geschäftsfreund zutreffend unterrichtet wurden, beschäftigen wir uns im Besonderen mit der Verpackung von Überseesendungen.
2 Als Anlage übermitteln wir Ihnen ein Verpackungsangebot, dem Sie sämtliche Einzelheiten entnehmen können. Unser Kostenvoranschlag beläuft sich auf insgesamt ...
3 Wir würden uns freuen, wenn Ihnen unser Angebot entspräche.
4 Ihrer Auftragserteilung sehen wir mit großem Interesse entgegen.
5 Wir sind gern bereit, Ihren Palettomaten zu besichtigen, und werden Ihnen dann nach eingehender Studie unsere Vorschläge unterbreiten.
6 Bevor wir Ihnen eine neue Verpackungseinheit empfehlen, möchten wir diese einem längeren Versuch unterziehen. Die Stückpreise könnten wir Ihnen erst nach erfolgreichem Ablauf des Versuchs nennen.
7 Das chemische Einschäumen stellt eine Neuheit auf dem Verpackungsmittelsektor dar. Als Anlage erlauben wir uns, Ihnen eine Broschüre zu überreichen, aus der Sie Einsatzmöglichkeiten ersehen können. Der Preis beträgt pro kg ... Bei Abnahme von ... kg erhalten Sie einen Mengenrabatt von ... %.
8 Besondere Vorschriften bei Verwendung von Holzverpackungen bestehen für folgende Länder: ...
9 Die Imprägnierungsmittel stellen wir Ihnen gern zum Preis von ... pro kg zur Verfügung.
10 Anhand der uns vorliegenden Musterzeichnungen ermittelten wir einen Einzelpreis von ... bei Abnahme von mindestens ... Stück.
11 Die in Ihrer Anfrage vom ... genannten Verpackungsmittel können wir zu folgenden Preisen produzieren: ...
12 Wir können jederzeit für Ihre Erzeugnisse Einwegverpackungen herstellen. Unsere Fabrikabgabepreise entnehmen Sie bitte der beigefügten neuesten Preisliste.

Specific offers

1 Your business associate informed you correctly that we specialize in packing overseas shipments.
2 We enclose a detailed packing offer containing all the necessary information. Our estimate comes to a total of ...
3 We would be pleased to learn that our offer meets your approval.
4 We look forward with great interest to receiving your order.
5 We will be pleased to view your palletizing equipment and having studied it thoroughly, we will let you have our suggestions.
6 Before we recommend a new packaging unit, we wish to test it for a prolonged period of time and will thus not be able to quote you a unit price until such tests have been successfully completed.
7 Chemical foam lining is a new development in the field of packaging. We are pleased to enclose a brochure detailing its applications. The price per kg is ... A quantity discount of ...% is granted for orders of ... kg.
8 The following countries have special regulations for the use of wooden packing:
9 We will be pleased to provide waterproofing at a charge of ... per kg.
10 On the basis of the drawings provided, we have calculated a unit price of ... assuming a minimum order of ... units.
11 We are able to manufacture the packaging material described in your enquiry of ... at the following prices:
12 We will be pleased to manufacture non-returnable packing for your products whenever required. Please refer to the price list enclosed for our latest ex-works prices.

Allgemeine Auftragserteilung

1 Die uns genannten Preise entsprechen unseren Vorstellungen. Wir geben daher folgende Verpackungseinheiten in Auftrag: ...
2 Ihre Stückpreise entsprechen nicht unseren Erwartungen, daher können wir Ihnen leider keinen Auftrag erteilen.
3 Ihre Konkurrenz bietet erheblich billigere Verpackungsmittel an.
4 Die vorliegenden Musterverpackungen werden unseren Anforderungen leider nicht gerecht.
5 Leider entspricht die von Ihnen angebotene Verpackung nicht den zurzeit geltenden EU-Normen. Wir müssen daher von einer Auftragserteilung Abstand nehmen.

Placing orders (general)

1 The prices quoted are acceptable. We therefore wish to order the following packaging units:
2 As the unit prices are higher than expected we are unfortunately unable to place an order with you.
3 A significantly cheaper packaging unit is being offered by your competitor.
4 The sample packaging units received unfortunately do not meet our demands.
5 The packaging you offer unfortunately does not conform to currently valid EU norms. We are therefore not in a position to place an order.

Spezielle Auftragserteilung

1 Hiermit erteilen wir Ihnen den Auftrag, gemäß Ihrem Angebot vom ... die Maschinenanlage zum Preis von ... ordnungsgemäß zu verpacken.
2 Wir beziehen uns auf Ihr Angebot vom ... und bestellen zur sofortigen Lieferung folgende Verpackungsmittel:
3 ... Stück Kisten (Zeichnung Nr. ...)
... Stück Einwegpaletten (Zeichnung Nr. ...)
... Stück Eisenfässer (Zeichnung Nr. ...).
4 Sie haben uns von der vielseitigen Verwendungsmöglichkeit Ihres Einschäummittels überzeugt. Wir bestellen ... kg zum Preis von ... je kg.
5 Wir kommen auf Ihr Angebot vom ... zurück und bitten Sie, uns ... kg Holzimprägniermittel, Sorte ... zum Preis von ... je kg frachtfrei (Bahnstation: ...) zu liefern.
6 Gemäß Ihrem Angebot vom ... übertragen wir Ihnen die Herstellung nachstehender Spezialverpackungen: ...
7 Wir erteilen Ihnen den Auftrag, die bei uns im Einsatz befindlichen Verpackungseinheiten zu prüfen und uns Vorschläge für deren Neugestaltung zu machen. Kostenlimit: ...
8 Bitte verpacken Sie die Güter so, dass Umweltschäden ausgeschlossen sind.
9 Da wir als Lieferanten für die Entsorgung der Verpackung verantwortlich sind, bitten wir Sie, die Kosten hierfür so gering wie möglich zu halten.

Placing specific orders

1 As per your offer dated ..., we hereby commission you to pack the machinery in the appropriate manner at a charge of ...
2 We refer to your offer of ... and wish to order the following packaging units for immediate delivery:
3 ... crates (drawing No. ...)
... non-returnable pallets (drawing No. ...)
... iron drums (drawing No. ...)
4 You have convinced us of the versatility of your foam packing. We wish to order ... kg at ... (price) per kg.
5 We refer once more to your offer of ... and would ask you to supply us with ... kg of your ... waterproofing agent at ... per kg, carriage paid (... Railway Station).
6 As per your offer of ... we wish you to produce the following special packing for us:
7 We hereby commission you to examine the packaging units we are currently using and make suggestions as regards their improvement. Maximum expense: ...
8 Please pack the goods in such a way as to prevent environmental pollution.
9 As we, the suppliers, are responsible for the disposal of the packaging after use we would ask you to keep the costs for this as low as possible.

Auftragsbestätigung und Versandavis

1 Wir danken für die Auftragserteilung und bestätigen Ihnen, dass wir Ihre Verpackungsmittel termingerecht zum … liefern werden.
2 Die von Ihnen am … bestellten Verpackungseinheiten werden voraussichtlich am … ausgeliefert.
3 Wir bestätigen Ihnen mit bestem Dank den Erhalt Ihrer Bestellung und haben heute unsere Versandabteilung angewiesen, die für Sie bestimmte Ware umgehend per Frachtgut an Sie abzuschicken.
4 Das am … von Ihnen bestellte Verpackungsmaterial wird heute per Lkw-Sammelgutverkehr an Sie expediert.
5 Das mit Auftrag Nr. … vom … bestellte Verpackungsmaterial werden wir Ihnen am … mit werkseigenem Lastzug anliefern.
6 Wir werden am … per Express eine Vorauslieferung von … Stück vornehmen.
7 Für die Verpackung der Maschinenanlage gemäß Ihrem Auftrag vom … haben wir den Termin … eingeplant.
8 Das Personal für die Verpackung der Maschinenanlage in Ihrem Werksgelände wird rechtzeitig bereitgestellt.
9 Bezüglich Ihres Wunsches, die Ware möglichst umweltfreundlich zu verpacken, haben wir das Nötige bereits veranlasst.
10 Das Verpackungsmaterial kann problemlos und äußerst kostengünstig entsorgt werden.

Acknowledgement of order and advice of despatch

1 We thank you for placing your order with us and confirm that the packaging units ordered will be delivered punctually on …
2 The packaging units you ordered on … will most probably be delivered on …
3 We confirm with thanks the receipt of your order and have now instructed our Despatch Department to have your merchandise sent to you by goods train immediately.
4 The packaging material ordered on … will be sent to you today by lorry groupage service.
5 The packaging material as per your order No. … of … will be delivered to you by company lorry on …
6 We will be making an advance express delivery of … units to you on …
7 With reference to your order of …, the machinery is scheduled to be packed on …
8 Staff will be provided in good time to pack the machinery at your plant.
9 In accordance with your wishes, we have already taken appropriate steps to have the goods packed in as environmentally-friendly a way as possible.
10 The packaging material can be disposed of easily and extremely cheaply.

Allgemeine Verpackungsbedingungen

1 Wir verpacken die Waren in (auf) Kisten (Körben, Ballen, Fässern, Containern, Paletten).
2 Als Verpackung wählen wir Kisten.
3 Wir liefern diese Geräte in (auf) Paletten (Kisten usw.).
4 Wir liefern die fertig montierten Geräte in Kisten verpackt.
5 Sie können wählen zwischen montierten Geräten auf Paletten und demontierten Geräten in Kisten.
6 Wenn Ihre Bestellung einen entsprechenden Umfang hat, liefern wir auch in Containern.

General packing terms

1 We pack the goods in crates (baskets, bales, barrels, containers, on pallets).
2 Our chosen form of packing is crates.
3 We supply these machines on pallets (in crates etc.)
4 We supply the machines ready-assembled and packed in crates.
5 You have the choice of ready-assembled machines on pallets or dismantled machines in crates.
6 If you order an appropriate amount we also supply the goods in containers.

7 Wir liefern die Geräte in zerlegtem Zustand in Kisten verpackt.
8 Wir liefern diese Flüssigkeiten in Aluminiumfässern oder Tankfahrzeugen.
9 Unsere Paletten sind so konstruiert, dass sie ohne weiteres den Transport in Containern zulassen.
10 Es werden jeweils ... in Kartons verpackte Einheiten in Kisten zusammengefasst.
11 Gegen den Transport auf Paletten bestehen keine Bedenken, weil Traggitter mit Stahlrahmen zum Schutz der hochwertigen Geräte vorhanden sind.
12 Je nach Größe des Auftrags liefern wir die Waren in Pappkartons, Holzkisten oder Containern.
13 Sie können zwischen folgenden Verpackungen wählen: ...
14 Um Transportschäden zu vermeiden, liefern wir diese hochwertigen Geräte ausschließlich in maßgefertigten Holzrahmen.
15 Zum Schutz gegen Stöße und Erschütterungen sind unsere Kisten ganz mit Schaumstoff ausgekleidet.
16 Die Kosten der Verpackung sind im Preis enthalten.
17 Für die Verpackung entstehen keine weiteren Kosten.
18 Die Kosten für die Verpackung in Pappkartons sind im Preis inbegriffen.
19 Wird eine andere Verpackungsart gewählt, so gehen die Mehrkosten zulasten des Kunden.
20 Sonderwünsche bei der Verpackung stellen wir getrennt in Rechnung.

7 We supply the machines dismantled and packed in crates.
8 We supply the liquids in aluminium barrels or tanker lorries.
9 Our pallets are designed in such a way as to be easily transportable in containers.
10 Batches of ... units in cardboard boxes are crated.
11 Transport on pallets will present no difficulties as the pallets are placed on steel-framed grids for the protection of the valuable machinery.
12 Depending on the size of the order, we supply the goods in cardboard boxes, wooden crates or containers.
13 You may choose from the following forms of packing:
14 To avoid damage in transit, we only supply this valuable machinery in made-to-measure wooden crates.
15 To protect the goods against knocks and jolts our crates are lined with foam rubber throughout.
16 Packing costs are included in the price.
17 There will be no further charges for packing.
18 The price of packing in cardboard boxes is included in the price.
19 Any additional costs for a different form of packing will be charged to the customer.
20 Any special packing requested will be invoiced separately.

Versicherung

Anfrage

1 Wir möchten eine Versicherung gemäß den Institute Cargo Clauses A (B oder C) abschließen. Bitte unterbreiten Sie uns Ihr günstigstes Angebot.
2 Wir wären Ihnen für umgehende Mitteilung dankbar, zu welchen Bedingungen Sie uns den folgenden Versicherungsschutz anbieten können: ...
3 Teilen Sie uns bitte Ihre günstigste Prämie für alle Risiken für die Verschiffung von ... mit.

Insurance

Enquiry

1 We wish to take out insurance in accordance with Institute Cargo Clauses A (B or C). Please submit us your most favourable offer.
2 We would be grateful if you would let us know immediately on what terms you can offer us the following insurance cover:
3 Please quote us your most favourable premium to cover all risks for the shipment of ...

4 Nennen Sie uns bitte den niedrigsten Satz für eine Abschreibepolice für alle Risiken in Höhe von ... (Betrag) für ...
5 Da wir regelmäßige Verschiffungen nach ... haben, sind wir am Abschluss einer Abschreibepolice auf Zeit für die Dauer von ... interessiert. Bitte machen Sie uns Ihr günstigstes Angebot.

Bitte um Abschluss der Versicherung

1 Wir danken für Ihr Angebot vom ... und geben Ihnen nachstehend die Mengen bekannt, für die wir eine Versicherungsdeckung benötigen: ...
2 Bitte schließen Sie für uns eine Versicherung ab, die vollständigen Schutz nach den Institute Cargo Clauses A für die Ware bietet.
3 Bitte versichern Sie die Güter gegen alle Risiken, einschließlich besondere Havarie und höhere Gewalt.
4 Wir bitten um Ausstellung einer Versicherungspolice gegen alle Risiken von Lagerhaus zu Lagerhaus.
5 Die Ware soll folgendermaßen versichert werden:
a) von Haus zu Haus.
b) im Lagerhaus gelagert.
c) auf dem Transportweg.
d) gegen alle Risiken.
e) mit allgemeiner, aber ausschließlich besonderer Havarie.
f) gemäß den Institute Cargo Clauses C (B, A).
6 Bitte veranlassen Sie die notwendige Versicherung und senden Sie uns so bald wie möglich ein Versicherungszertifikat zu, das wir zwecks Auszahlung des Akkreditivs vorzulegen haben.
7 Bitte bestätigen Sie uns Ihre Deckungszusage für die Versicherung der Waren.
8 Die Versicherung wird benötigt:
a) ab ...
b) vom ... bis ...
c) für die Dauer von ... (Tagen, Wochen, Monaten).
9 Da unsere Abschreibepolice am ... ausläuft, bitten wir um die Ausstellung einer neuen zu denselben Bedingungen.
10 Bitte schicken Sie uns die Versicherungsformulare ausgefüllt zurück.

4 Please state your lowest rate for a floating policy for ... (amount) to cover all risks for ...
5 As we regularly ship goods to ..., we are interested in taking out a floating policy for ... (length of time). Please make us your most favourable offer.

Request for insurance to be taken out

1 Thank you for your offer of ... The quantities for which we require insurance cover are as follows:
2 Please take out insurance to provide us with full cover for the goods in accordance with Institute Cargo Clauses A.
3 Please insure the goods against all risks, including particular average and force majeure.
4 We wish you to issue an all-risk, warehouse-to-warehouse insurance policy.
5 The goods are to be insured as follows:
a) from house to house.
b) stored in the warehouse.
c) in transit.
d) against all risks.
e) with general but excluding particular average.
f) in accordance with Institute Clauses C (B, A).
6 Please arrange for the necessary insurance to be taken out and send us an insurance certificate as soon as possible, which can then be presented to enable the letter of credit to be paid.
7 Please send us your confirmation that you have undertaken to insure the goods.
8 Insurance cover is required:
a) as from ...
b) from ... to ...
c) for a period of ... (days, weeks, months).
9 As our floating policy expires on ..., we wish you to issue a new one on the same terms.
10 Please fill in the insurance forms and return them to us.

Zahlungsbedingungen

Barzahlung ohne Skonto bei Wareneingang

1 Unsere Preise verstehen sich netto ohne jeden Abzug, fällig bei Eingang der Ware.
2 Mit Eingang der Ware ist der Rechnungsbetrag in voller Höhe fällig.
3 In unseren Preisen sind Skonti bereits berücksichtigt.
4 Unser Angebotspreis ist so günstig, dass wir auf Barzahlung bei Lieferung bestehen müssen und keine Skonti gewähren können.
5 Zahlungen müssen in jedem Fall durch unwiderrufliches Bankakkreditiv erfolgen. Es hat mit Auftragsbestätigung in Kraft zu treten und wird bei Auslieferung fällig.
6 Zahlungen erfolgen durch unwiderrufliche Bankakkreditive, die uns nach Erhalt der Auftragsbestätigung zugesandt werden müssen.
7 Ein Drittel des Rechnungsbetrags ist bei Auftragserteilung zu zahlen, ein weiteres Drittel bei 50 %iger Fertigstellung und der Rest bei Lieferung der Ware.

Nach Erhalt der Rechnung

1 Nach Erhalt der Rechnung ist der Rechnungsbetrag ohne Abzug von Skonti fällig.
2 Unsere Preise sind Nettopreise; die Rechnung ist nach Erhalt durch Barzahlung (Scheck) zu begleichen.
3 Wir bitten um Barzahlung (Scheck) nach Erhalt der Rechnung; Skonti sind bereits im Preis berücksichtigt.

Skonto

1 Bei Barzahlung innerhalb von ... Tagen nach Eingang der Ware (Erhalt der Rechnung) können ... % Skonto vom Rechnungsbetrag abgezogen werden.
2 Es können ... % Skonto vom Rechnungsbetrag abgezogen werden, wenn innerhalb von ... Tagen nach Lieferung der Ware (Eingang der Rechnung) bezahlt wird.
3 Der Skonto beträgt ... % bei Bezahlung innerhalb von ... Tagen und ... % bei Bezahlung innerhalb von ... Tagen nach Eingang der Ware (Erhalt der Rechnung).

Terms of payment

Cash payment without discount on receipt of goods

1 Our prices are quoted net with no deductions and are payable on receipt of the goods.
2 The total invoice amount is due on receipt of the goods.
3 Our prices already contain cash discounts.
4 Our asking price is so low that we must insist on cash payment on delivery with no further discounts.
5 All payments must be made by irrevocable letter of credit, in place on confirmation of order and due on delivery.
6 Payments are to be made by irrevocable letters of credit, which must be sent to us on receipt of confirmation of order.
7 One third of the invoice amount to be payable with order, a further third when production is half completed and the balance on delivery of the goods.

On receipt of invoice

1 On receipt of invoice, the invoice amount is due without deduction of discounts.
2 Our prices are net prices. The invoice is to be paid in cash (by cheque) on receipt.
3 We require payment in cash (by cheque) on receipt of invoice. The price already includes discounts.

(Cash/early payment) Discount

1 For cash payment within ... days after receipt of goods (invoice), ...% discount is deductible from the invoice amount.
2 ...% discount can be deducted from the invoice amount, if payment is made within ... days after delivery of the goods (receipt of invoice).
3 ...% discount is granted for payment within ... days and ...% for payment within ... days after receipt of goods (invoice).

4 Wir bieten Ihnen einen gestaffelten Skontosatz von ... % bei Barzahlung innerhalb von ... Tagen bzw. von ... % bei Barzahlung innerhalb von ... Tagen nach Eingang der Ware (Erhalt der Rechnung).

4 We offer you staggered discount rates of ... % for cash payment within ... days or ... % for cash payment within ... days after receipt of goods (invoice).

Zahlungsziel

1 Zahlungsziel ist der ...
2 Diese Forderung ist innerhalb von ... Tagen zu begleichen.
3 Wir gewähren Ihnen ein Zahlungsziel von ... Tagen (Wochen, Monaten), möchten Sie jedoch auf unsere günstigen Skontosätze bei sofortiger Regulierung hinweisen.

Credit period

1 The credit period ends on ...
2 Settlement is to be made within ... days.
3 We will allow you ... days' (weeks', months') credit but wish to draw your attention to the favourable discount granted for immediate settlement.

Kreditgewährung

1 Bei der Finanzierung können wir Ihnen durch Gewährung eines mittel-(lang-)fristigen Kredits behilflich sein.
2 Wir können Ihnen einen Kredit mit einer Laufzeit von ... Monaten (Jahren) gewähren.
3 Auf Wunsch sind wir Ihnen bei der Finanzierung durch Gewährung eines mittel-(lang-)fristigen Kredites mit einer Laufzeit bis zu ... Monaten (Jahren) behilflich.
4 Unter bestimmten Voraussetzungen können wir auch die Finanzierung durch einen mittel-(lang-)fristigen Kredit mit einer Laufzeit von ... übernehmen.
5 Wir können Ihnen für ... Monate (Jahre) Kredit zu folgenden Konditionen gewähren: ...
6 Die Bedingungen, zu denen wir Ihnen Kredit gewähren können, bitten wir der Anlage zu entnehmen.
7 Wir übernehmen die Finanzierung durch einen mittel-(lang-)fristigen Kredit zu den banküblichen Konditionen.
8 Wenn Sie unseren Kredit beanspruchen, entstehen Ihnen lediglich die banküblichen Kosten.
9 Wir sind gern bereit, Ihnen Kredit zu gewähren, wenn Sie einen (selbstschuldnerischen) Bürgen stellen.
10 Wir gewähren Ihnen ein offenes Zahlungsziel mit monatlichem (vierteljährlichem) Ausgleich der Konten.

Granting credit

1 We are able to offer financial assistance by granting you medium-term (long-term) credit facilities.
2 We are able to grant you credit facilities for a period of ... months (years).
3 If requested, we are willing to assist you by granting medium-term (long-term) credit facilities for a period of up to ... months (years).
4 Under appropriate circumstances we will also able to provide financial assistance in the form of medium-term (long-term) credit facilities for a period of ...
5 We are able to grant you credit for ... months (years) on the following terms:
6 Please refer to the enclosure for details of the terms on which we are able to grant you credit.
7 Finance will be provided by us in the form of medium-term (long-term) credit facilities on the usual bank terms.
8 If you make use of our credit facilities you will only incur the usual bank charges.
9 We will be pleased to grant you credit if you provide a (an absolute) guarantor.
10 We will grant you open account terms with monthly (quarterly) settlement.

Barzahlung

1 Die Bezahlung hat in bar zu erfolgen.
2 Wir bitten um Barzahlung nach Erhalt der Rechnung.
3 Die Rechnung ist durch Barzahlung zu begleichen.
4 Gemäß unseren Vertragsbedingungen ist bar zu bezahlen.

Cash payment

1 Payment is to be made in cash.
2 Payment is requested on receipt of invoice.
3 The invoice is to be settled in cash.
4 According to the terms of our Sales Agreement, payment is to be made in cash.

Banküberweisung

1 Bitte überweisen Sie den Rechnungsbetrag auf unser Konto Nr. . . . bei der . . .-Bank.
2 Zur Rechnungsbegleichung bitten wir um Überweisung auf unser Bankkonto.
3 Bitte begleichen Sie die Rechnung bis zum . . . durch Banküberweisung.
4 Wir bitten um Rechnungsbegleichung bis zum . . . durch Überweisung auf unser Konto Nr. . . . bei der . . .-Bank.
5 Unser Konto bei der . . .-Bank hat die Nummer . . .
6 Bitte überweisen Sie den Rechnungsbetrag noch vor dem . . . auf dieses Konto.

Bank transfer

1 Please transfer the invoice amount to our account No. . . . at (the) . . . Bank.
2 We request settlement of our invoice by transfer to our bank account.
3 Please settle the invoice by bank transfer by . . .
4 We would ask you to settle our invoice by . . . by transfer to our account No. . . . at (the) . . . Bank.
5 Our account No. at (the) . . . Bank is . . .
6 Please transfer the invoice amount to this account before . . .

Scheck

1 Zur Begleichung der Rechnungen werden Schecks angenommen.
2 Bis zu Rechnungsbeträgen in Höhe von . . . (Betrag, Währung) nehmen wir Schecks an.
3 Bezahlung mit Scheck ist möglich.
4 Bei Bezahlung mit Scheck behalten wir uns das Eigentum an der Lieferung bis zur Gutschrift des geschuldeten Betrags auf unserem Konto vor.
5 Wir nehmen Schecks zahlungshalber an, behalten uns aber bis zu deren Einlösung das Eigentum an der Ware vor.
6 Schecks können nur unter Eigentumsvorbehalt bis zur Einlösung angenommen werden.

Cheque

1 Cheques are accepted in settlement of invoices.
2 We accept cheques for invoice amounts of up to . . . (currency, amount).
3 Payment can be made by cheque.
4 When payment is made by cheque we retain title to the goods until the sum owed has been credited to our account.
5 We accept cheques by way of payment but retain title to the merchandise until they have been cleared.
6 Cheques are accepted on condition that we retain title to the merchandise until they have been cleared.

Forderungsabtretung

1 Wir treten unsere Forderung gegen Sie an unsere Hausbank, die . . .-Bank, ab.

Assignment of accounts receivable

1 We hereby assign our claim against you to our bank, (the) . . . Bank.

2 Wir teilen Ihnen mit, dass wir unsere Forderung gegen Sie aus der Warenlieferung vom ... an die ...-Bank (Firma) abgetreten haben.
3 Wir geben Ihnen hiermit die Forderungsabtretung an die ...-Bank bekannt.
4 Wir sind damit einverstanden, wenn Sie uns zur Rechnungsbegleichung Forderungen an Ihre Kunden abtreten.
5 Ihr Konto bei uns ist ausgeglichen, da wir die Forderung an die Firma ... abgetreten haben.
6 Zum Ausgleich Ihres Kontos können Sie uns auch Forderungen gegen die Firmen ... und ... abtreten.
7 Zahlungshalber nehmen wir gern Ihre Forderungen gegen die Firma ... an.

2 This is to inform you that we have assigned our claim against you in respect of the consignment delivered on ... to (the) ... Bank (firm).
3 We hereby inform you that our claim against you has been assigned to (the) ... Bank.
4 We agree to your settling our invoices by assigning your claims against clients to us.
5 Your account with us is balanced, since we have now assigned our claim against you to ... (firm).
6 In settlement of your account you may also assign your claims against ... (firm) and ... (firm) to us.
7 We will be pleased to accept your claims against ... (firm) by way of payment.

Wechsel

1 Zum Ausgleich der Rechnung werden wir
a) mit 30 Tagen Sicht einen Wechsel über ... (Betrag) auf Sie ziehen.
b) mit 2 Monaten ab Datum der Verschiffung Ihres Auftrages einen Wechsel auf Sie ziehen.
c) einen Wechsel zum Umrechnungskurs von ... auf Sie ziehen, der am ... fällig wird.
2 Gemäß unseren Zahlungsbedingungen werden wir auf Sie einen Wechsel mit einer Laufzeit von ... ziehen, den Sie uns bitte nach Akzept zurückgeben.
3 Die Zahlung erfolgt per Wechsel mit einer Laufzeit von ...

Bill of exchange

1 In payment of our invoice we will
a) draw a bill of exchange on you for ... (amount) at 30 days' sight.
b) draw a bill of exchange on you at 2 months after the date of shipment of your order.
c) draw a bill of exchange on you, due on ..., at a rate of exchange of ...
2 In accordance with our terms of payment, we will draw a bill of exchange on you for the term of ..., which we request you to return to ourselves, duly accepted.
3 Payment to be made by bill of exchange with a term of ...

Lieferung gegen Akkreditiv

1 Wir liefern nur gegen unwiderrufliches Akkreditiv.
2 Wir können nur gegen Akkreditiv liefern.
3 Wir bitten Sie um Eröffnung eines unwiderruflichen (bestätigten) Akkreditivs.
4 Bitte stellen Sie uns bei Ihrer Bank ein Akkreditiv.
5 Auslandsgeschäfte können wir nur gegen Akkreditiv bei einer renommierten Bank ausführen.

Goods supplied against letter of credit

1 We only supply goods against an irrevocable letter of credit.
2 We can only supply goods against a letter of credit.
3 We would request you to open an irrevocable (confirmed) letter of credit.
4 Please have your bank open a letter of credit in our favour.
5 We are only able to do foreign business against a letter of credit issued by a well-known bank.

Lieferung mit Eigentumsvorbehalt

1 Wir bleiben bis zur vollständigen Bezahlung Eigentümer der Ware.
2 Der Übergang des Eigentums tritt erst mit der vollständigen Bezahlung ein.
3 Sie werden erst mit Bezahlung des Rechnungsbetrags Eigentümer der Waren.

Goods supplied with retention of title

1 We retain title to the goods pending payment in full.
2 Title is not transferred until payment has been made in full.
3 You will not acquire title to the goods until payment of the invoice amount has been made.

Erfüllungsort

1 Erfüllungsort ist der Sitz unseres Stammwerks in ...
2 Erfüllungsort ist ...
3 Als Erfüllungsort ist ... vereinbart worden.

Place of performance

1 The place of performance is the address of our parent plant in ...
2 The place of performance is ...
3 ... has been agreed upon as the place of performance.

Gerichtsstand

1 Gerichtsstand ist ...
2 Ausschließlicher Gerichtsstand für alle sich aus diesem Vertrag etwa ergebenden Rechtsstreitigkeiten ist ...
3 Gerichtsstand für alle Rechtsstreitigkeiten ist ...
4 Gerichtsstand ist der Sitz der für den jeweiligen Abschluss zuständigen Zweigniederlassung.

Place of jurisdiction

1 The place of jurisdiction is ...
2 The exclusive place of jurisdiction for all legal disputes arising out of this contract is ...
3 The place of jurisdiction for all legal disputes is ...
4 The place of jurisdiction is the address of the branch responsible for concluding the transaction.

Inkasso

1 Wir teilen Ihnen mit, dass Herr (Frau) ... (nicht) inkassoberechtigt ist.
2 Wir setzen Sie davon in Kenntnis, dass Herr (Frau) ... nur in Verbindung mit einer Vollmacht zum Inkasso berechtigt ist.
3 Grundsätzlich ist keiner unserer Angestellten inkassoberechtigt.
4 Herr (Frau) ... ist bis zur Höhe von ... zum Inkasso berechtigt.
5 Bitte teilen Sie uns mit, ob Ihr Vertreter, Herr ..., inkassoberechtigt ist.

Collection

1 This is to inform you that Mr (Ms) ... is (not) entitled to collect.
2 We wish to inform you that Mr (Ms) ... is only entitled to collect when duly authorised.
3 None of our employees is entitled to collect.
4 Mr (Ms) ... is entitled to collect for up to ... (amount).
5 Please let us know whether your agent/representative, Mr ..., is entitled to collect.

Auftrag
Order

Auftragserteilung

Einleitende Sätze

1 Wir beziehen uns auf die Übersendung Ihres Prospekts und erteilen Ihnen folgenden Auftrag: ...
2 Bei der folgenden Bestellung beziehen wir uns auf das auf Ihrer Homepage gemachte Angebot.
3 Die in Ihren Prospekten angebotenen Waren entsprechen unseren Anforderungen.
4 Wir wurden durch eine Anzeige in der Fachpresse auf Ihre Produkte aufmerksam.
5 Die auf Ihrer Homepage angebotenen Artikel könnten in unser Produktprogramm passen. Schicken Sie uns daher bitte folgende Probelieferung:
6 Wir danken Ihnen für die Übersendung Ihrer neuen Preisliste. Hiermit erteilen wir Ihnen folgenden Auftrag: ...
7 Ihre Preislisten haben uns von den günstigen Preisen Ihrer Produkte überzeugt.
8 Vielen Dank für die Übersendung Ihrer neuen Preislisten.
9 Zwar liegen Sie preislich etwas über dem Angebot Ihrer Konkurrenz; uns hat jedoch die Qualität Ihrer Erzeugnisse beeindruckt, so dass wir Ihnen folgenden Auftrag erteilen möchten: ...
10 Nach Ihren Preislisten zu schließen, sind Ihre Waren preisgünstiger als die unserer bisherigen Zulieferfirma. Wir möchten Ihnen, um die Qualität Ihrer Waren zu überprüfen, folgenden Probeauftrag erteilen: ...
11 Unser Vertreter (Delegierter) hat Ihren Stand auf der Ausstellung in ... besucht und sich von der Qualität Ihrer Waren sowie Ihres Kundendienstes überzeugen können. Wir möchten Ihnen daher folgenden Auftrag erteilen: ...

Placing an order

Introductory sentences

1 We refer to the brochure sent to us and wish to place the following order: ...
2 The following order is with reference to the offer published on your website.
3 The goods offered in your brochures meet our requirements.
4 Our attention was drawn to your products by an advertisement in a trade journal.
5 The articles offered on your homepage might well be suitable for our range. Please therefore let us have the following trial order:
6 Thank your for sending us your latest price list. We now wish to place the following order: ...
7 Your price lists have convinced us of the favourable prices of your products.
8 Many thanks for sending us your new price lists.
9 Although your prices are somewhat higher than those quoted by your competitors, the quality of your products has impressed us and we now wish to place the following order with you: ...
10 Judging by your price lists, your goods are cheaper than those of the company which has supplied us up to now. We wish to place the following trial order with you to test the quality of your goods: ...
11 Our representative (delegate) visited your stand at the exhibition in ... and was satisfied with the quality of both your goods and after-sales service. We would therefore now like to place the following order with you: ...

12 Wir danken Ihnen für das ausführliche Informationsgespräch, das Sie unserem Mitarbeiter/Vertreter, Herrn ..., während der Ausstellung in ... gewährten. Nun erteilen wir Ihnen folgenden Auftrag: ...
13 Der von uns beauftragte Makler, Herr ..., hat Ihren Stand auf der Ausstellung in ... besucht. Aufgrund seiner Informationen erteilen wir Ihnen den folgenden Auftrag: ...
14 Ein Informationsgespräch mit Ihrem Vertreter, Herrn ..., veranlasst uns, Ihnen folgende Bestellung aufzugeben: ...
15 Ihr Vertreter, Herr ..., hat uns von der Qualität Ihrer Artikel überzeugt.
16 Wir sind mit der Qualität Ihrer Probelieferung sehr zufrieden und erteilen Ihnen deshalb folgenden Auftrag: ...
17 Nachdem wir die einzelnen Artikel Ihrer Probelieferung genau überprüft haben, möchten wir Ihnen folgenden Auftrag erteilen: ...
18 Wir bedanken uns für die uns am ... zugesandte Probelieferung und hoffen, dass Sie den folgenden Auftrag in der gleichen Qualität abwickeln werden.
19 Die von Ihrem Vertreter, Herrn ..., vorgelegten Muster haben uns von der Qualität Ihrer Waren überzeugt.

12 We thank you for the detailed and informative discussion you found time to have with our Mr ... during the exhibition in ... We now wish to place the following order with you: ..
13 The agent acting on our behalf, Mr ..., has visited your stand at the exhibition in ... On the strength of his report we wish to place the following order with you: ...
14 An informative discussion with your agent/representative, Mr ..., has led us to place the following order with you: ...
15 Your agent/representative, Mr ..., has convinced us of the quality of your articles.
16 We are very pleased with the quality of your trial shipment and now therefore wish to place the following order: ...
17 Having carefully examined each of the articles in your trial shipment, we now wish to place the following order with you:
18 We thank you for the trial shipment sent to us on ... and trust you will be able to supply goods of the same quality for our order, which is as follows:
19 The samples submitted by your agent/representative, Mr ..., have convinced us of the quality of your goods.

Mengen

1 Wir geben Ihnen je ... Stück der folgenden Artikel in Auftrag: ...
2 Bitte senden Sie uns umgehend ... Stück von Ihrem Artikel Nr. ...
3 Wir benötigen dringend je ... Stück der folgenden Artikel: ...
4 Ihre Probelieferung hat uns zugesagt. Wir erteilen Ihnen deshalb einen Auftrag über ... Stück von dem Artikel Nr. ...
5 Wir möchten unsere Bestellung vom ... hiermit auf ... Stück erhöhen.
6 Hiermit erteilen wir Ihnen folgenden Auftrag: ...

Quantities

1 We wish to order ... units of each of the following articles: ...
2 Please send us ... units of your article No. ... by return:
3 We are in urgent need of ... units of each of the following articles:
4 Your trial shipment is to our liking. We therefore wish to place an order with you for ... units of article No. ...
5 We wish to increase the quantity ordered on ... (date) to ... units.
6 We wish to place the following order with you: ...

Qualität

1 Wir benötigen ausschließlich Waren bester Qualität.
2 Bitte senden Sie uns die bestellten Waren in Ihrer qualitativ besten Auswahl.
3 Der oben erteilte Auftrag bezieht sich auf Waren erster Qualität.

Quality

1 We require goods of nothing less than the finest quality.
2 Please send us the goods ordered in the best quality you have available.
3 The above order is for top-quality goods.

4 Wir sind gern bereit, eine geringfügige Preiserhöhung in Kauf zu nehmen, wenn Sie uns dafür Waren erster Qualität liefern.
5 Für unsere Erzeugnisse kommen nur Zwischenprodukte bester Qualität infrage.

4 We are prepared to accept a slight increase in price if this enables you to supply us with top-quality goods.
5 There can be no question of anything other than materials of the finest quality for our goods.

Verpackung

1 Um Schäden beim Versand zu vermeiden, müssen wir auf Verpackung in stabilen Holzkisten bestehen.
2 Die Verpackung Ihrer letzten Sendung ließ zu wünschen übrig.
3 Bitte versenden Sie die oben bestellten Waren in mit Schaumstoff ausgelegten Collis.
4 Um die Verlade- und Transportkosten so niedrig wie möglich zu halten, möchten wir Sie bitten, uns obige Artikel in Containern zu senden.
5 Wir legen größten Wert auf ordnungsgemäße Verpackung.
6 Bitte verpacken Sie die oben bestellten Waren so, dass eine Beschädigung während des Transports ausgeschlossen ist.
7 Bitte verpacken Sie die bestellten Waren in stabilen Kartons.
8 Hinsichtlich der Verpackung haben wir keine speziellen Wünsche.
9 Wir hoffen, dass Sie obigen Artikel ordnungsgemäß verpackt versenden werden.
10 Bitte senden Sie uns die bestellten ... in mit Styropor ausgelegten Holzkisten.

Packing

1 To prevent damage in transit we must insist on packing in sturdy wooden crates.
2 Your last consignment was poorly packed.
3 Please despatch the goods ordered above in foam-lined packages.
4 To keep the loading and transport costs as low as possible, we would ask you to send the above articles in containers.
5 We set great store by proper packing.
6 Please pack the goods ordered above in such a way as to eliminate any chance of damage in transit.
7 Please pack the goods ordered in sturdy cardboard boxes.
8 We have no special requests as regards packing.
9 We trust the above articles will be sent properly packed.
10 Please send us the ... ordered in wooden crates lined with polystyrene.

Preise

1 Wir müssen darauf bestehen, dass Sie unseren Ihnen am ... erteilten Auftrag noch zu den alten Preisen ausliefern.
2 Ihre uns am ... übersandten Preislisten betrachten wir als verbindlich.
3 Der obigen Bestellung legen wir Ihre letzte Preisliste zugrunde.
4 Wir möchten Sie bitten, bei der Festlegung des Preises für obigen Auftrag sowohl einen Mengen- als auch einen Barzahlungsrabatt zu berücksichtigen.
5 Bitte machen Sie uns genaue Angaben über die Staffelung Ihrer Preise.
6 Die Preise verstehen wir inklusive Verpackungs- und Versandkosten.

Prices

1 We must insist that the goods, as per our order of ..., still be supplied at the old prices.
2 We regard the price lists you sent to us on ... as binding.
3 The above order is based on your latest price list.
4 We would request you to take quantity and cash discounts into account when determining the price for the above order.
5 Please let us have precise details as regards the staggering of your prices.
6 We take it that the prices quoted include charges for packing and despatch.

7 Bitte berücksichtigen Sie bei Ihrer Preisfestlegung einen angemessenen Mengenrabatt.

7 We would ask you to allow an appropriate quantity discount when calculating the price.

Versandart

1 Bitte liefern Sie die oben bestellten Waren per Express.
2 Da wir die oben bestellten Waren dringend benötigen, müssen wir auf Versand per Express bestehen.
3 Obige Bestellung wollen Sie bitte per Express ausliefern.
4 Um schnellste Lieferung zu gewährleisten, bitten wir Sie, obigen Auftrag per Luftfracht auszuliefern.
5 Die von uns beauftragte Spedition ... wird in den nächsten Tagen die bestellte Ware bei Ihnen abholen.
6 Wir haben mit der Spedition ... die besten Erfahrungen gemacht.
7 Bitte beauftragen Sie obige Spedition mit dem Transport der von uns bestellten Maschinen.
8 Wir möchten Sie bitten, obigen Auftrag als Bahnfracht auszuliefern.
9 Als Versandart bevorzugen wir den Transport per Lastkraftwagen.
10 Bitte senden Sie uns die Waren per Schiff.

Mode of despatch

1 Please deliver the goods ordered above by express.
2 As we are in urgent need of the goods ordered above, we must insist on express delivery.
3 Please deliver the above order by express.
4 To ensure that delivery is as fast as possible, please send the above order by air freight.
5 ..., the freight forwarders we have entrusted with this order, will be collecting the goods from your premises in the next few days.
6 We have had excellent service from ..., our freight forwarders.
7 Please have the above-mentioned freight forwarders transport the machines we have ordered.
8 We would request you to have the above order sent by rail freight.
9 We prefer lorry transport.
10 Please send us the goods by ship.

Lieferfrist

1 Wir müssen auf Lieferung der oben bestellten Artikel bis spätestens ... bestehen.
2 Bitte liefern Sie obigen Auftrag sofort nach Fertigstellung der Waren aus.
3 Wir bitten um sofortige Lieferung.
4 Wir benötigen die oben bestellten Waren dringend. Deshalb müssen wir auf schnellstmöglicher Lieferung bestehen.
5 Ihre Lieferung erwarten wir binnen ... Monaten.
6 Wir können Ihnen eine Lieferfrist von ... Monaten einräumen.
7 Bitte stellen Sie uns die Ware nicht vor dem ... zu.
8 Bitte liefern Sie Pos. 1 der obigen Bestellung postwendend aus. Bei den übrigen Positionen können wir Ihnen eine Lieferfrist von ... Monaten einräumen.
9 Wir hoffen, dass Sie obigen Auftrag binnen ... (Tagen) abwickeln können.

Delivery time

1 We must insist on delivery of the articles as ordered above by ... at the latest.
2 Please despatch the goods ordered above immediately upon completion.
3 Please deliver the goods immediately.
4 We are in urgent need of the goods ordered above. We must therefore insist upon delivery as quickly as possible.
5 We expect delivery within ... months.
6 We can allow you ... months for delivery.
7 Please do not deliver the goods before ... (date).
8 Please despatch item 1 of the above order by return. We can allow you ... months for delivery of the other items.
9 We trust you will be able to complete the above order within ...

10 Wir benötigen die bestellten Waren dringend und möchten Sie daher um schnellste Lieferung bitten.
11 Um Verzögerungen in unserer Fertigung zu vermeiden, muss Ihre Lieferung bis zum ... bei uns eingetroffen sein.
12 Halten Sie bitte unsere Bestellung ab ... auf Abruf.
13 Wir erwarten Ihre Lieferung am ...

10 We are in urgent need of the goods ordered and would therefore ask you to deliver them as quickly as possible.
11 To avoid delays in our manufacturing process the goods must arrive here by ... (date).
12 Please have our order on call ready for despatch as from ...
13 We expect delivery on ...

Erfüllungsort

1 Bitte liefern Sie obige Bestellung an unser Hauptwerk in ... aus.
2 Den Bestimmungsort können Sie unserem Briefkopf entnehmen.
3 Ihre Lieferung wollen Sie bitte an unsere Zweigniederlassung in ... adressieren.
4 Bestimmungsbahnhof Ihrer Lieferung ist ...
5 Richten Sie Ihre Lieferung bitte direkt an obige Adresse.
6 Wir bitten Sie, den obigen Auftrag an unseren Zweigbetrieb auszuliefern. Die Anschrift lautet: ...
7 Die Versandadresse für obigen Auftrag ist: ...

Place of delivery

1 Please despatch the above order to our main plant in ...
2 Please refer to our letterhead for the destination of the goods.
3 Please send the goods to our branch in ...
4 The destination of the goods is ... Railway Station.
5 Please send the goods to the above address directly.
6 We would ask you to despatch the above order to our branch office. Its address is as follows:
7 The above order is to be despatched to the following address:

Zahlungsbedingungen

1 Wir zahlen bei Lieferung bar.
2 Als Zahlungsbedingungen für obigen Auftrag möchten wir Ihnen vorschlagen: 1/3 bei Auftragsbestätigung, 1/3 bei Fertigstellung und 1/3 bei Lieferung.
3 Wir müssen Sie bitten, uns ein Zahlungsziel von ... Monaten zu gewähren.
4 Bitte räumen Sie uns auch dieses Mal ein Zahlungsziel von ... Monaten ein.
5 Nach erfolgter Lieferung und Prüfung der Ware begleichen wir den Rechnungsbetrag innerhalb von 14 Tagen unter Abzug von 3 % Skonto.
6 Bitte senden Sie uns die Waren per Nachnahme.
7 Können Sie uns einen mittel-(lang-)fristigen Kredit von ... Monaten gewähren?
8 Nach Erhalt der Ware werden wir unsere Bank beauftragen, den Rechnungsbetrag an Sie zu überweisen.
9 Bitte ziehen Sie auf uns einen Warenwechsel auf ... Monate.
10 Die Zahlung des Rechnungsbetrags erfolgt per Verrechnungsscheck.

Terms of payment

1 We will pay cash on delivery.
2 We suggest the following terms of payment for the above order: 1/3 on confirmation of order, 1/3 on production of the goods and 1/3 on delivery.
3 We must request you to allow us ... months' credit.
4 Please also grant us ... months' credit this time.
5 After the goods have been delivered and examined, we will settle your invoice within 14 days, taking 3% early payment discount.
6 Please send us the goods C.O.D. (cash on delivery).
7 Can you grant us medium-term (long-term) credit facilities for ... months?
8 On receipt of the goods we will instruct our bank to transfer the invoice amount to you.
9 Please draw a trade bill for ... on us.
10 The invoice will be paid by crossed cheque.

11 Wir sind bereit, Ihnen ein unwiderrufliches Akkreditiv zu stellen.
12 Die Begleichung der Rechnungssumme erfolgt durch Aufrechnung gegen unsere Forderung an Sie.

11 We are prepared to open an irrevocable letter of credit for you.
12 Your invoice will be settled with due account taken of our claim against you.

Durchführung des Auftrags

1 Bitte lassen Sie die Abwicklung dieses Auftrags sorgfältig überwachen.
2 Wir müssen Sie bitten, bei der Durchführung des obigen Auftrags laufende Qualitätskontrollen durchzuführen.
3 Eine laufende Überwachung bei der Ausführung des obigen Auftrags erscheint uns unerlässlich.
4 Wir hoffen, dass Sie bei der Ausführung obigen Auftrags das von uns in Sie gesetzte Vertrauen rechtfertigen.
5 Wir hoffen, dass die Abwicklung unseres Auftrags reibungslos erfolgt.
6 Wir bitten um beschleunigte Abwicklung unseres Auftrags.
7 Wir hoffen, dass die Lieferung termingemäß erfolgt.

Execution of order

1 Please ensure that this order is executed carefully.
2 We must request you to carry out frequent quality checks whilst the above order is being executed.
3 We feel it is imperative that the execution of the above order be continually supervised.
4 We trust you will confirm the trust we have placed in you when executing the above order.
5 We trust that our order will be executed smoothly.
6 We would request you to process our order speedily.
7 We trust that delivery will be made on schedule.

Hinweis auf Folgeaufträge

1 Wir möchten Sie darauf hinweisen, dass es von der Ausführung obigen Auftrags abhängt, ob Ihre Firma auch in Zukunft mit Aufträgen von uns rechnen kann.
2 Sollten Sie obige Bestellung zu unserer Zufriedenheit ausführen, können Sie mit weiteren Aufträgen rechnen.
3 Sollten wir mit der Qualität Ihrer Produkte zufrieden sein, sind wir bereit, einen langfristigen Liefervertrag mit Ihnen abzuschließen.
4 Wir benötigen jährlich große Mengen der oben bestellten Waren.
5 Von der Durchführung obigen Auftrags hängt es ab, ob Sie uns weiterhin zu Ihrem Kundenkreis zählen können.
6 Entsprechen Ihre Produkte unseren Anforderungen, können Sie mit weiteren Aufträgen rechnen.
7 Einwandfreie Auftragsabwicklung ist Voraussetzung für größere Folgeaufträge.

Reference to future orders

1 We wish to point out that any future orders your company might expect from us will be dependent on the way in which the above order is executed.
2 Should you execute the above order to our satisfaction, you may expect further orders.
3 If we are satisfied with the quality of your products we are prepared to come to a long-term sales agreement with you.
4 Every year we require large quantities of the goods ordered above.
5 The way in which you execute the above order will determine whether we can still be included among your customers.
6 If your products meet our requirements you can expect further orders.
7 Substantial further orders may be expected if this one is executed without errors.

Bitte um Auftragsbestätigung

1 Bitte bestätigen Sie uns obigen Auftrag per Fax/E-Mail.
2 Nach Erhalt dieser Bestellung wollen Sie uns bitte eine Auftragsbestätigung übersenden.
3 Bitte bestätigen Sie uns den obigen Auftrag mit genauer Angabe des Liefertermins.
4 Eine schriftliche Auftragsbestätigung betrachten wir als selbstverständlich.
5 Wir bitten Sie um eine Auftragsbestätigung mit genauen Angaben im Hinblick auf Preisstaffelung und Liefertermin.
6 Würden Sie uns bitte obigen Auftrag per E-Mail bestätigen?
7 Bitte bestätigen Sie uns den Eingang obiger Bestellung.

Request for confirmation of order

1 Please confirm the above order by fax / e-mail.
2 On receipt of this order, please send us your confirmation.
3 Please confirm the above order, stating the precise delivery date.
4 We, of course, expect to receive written confirmation of our order.
5 Please send us your confirmation of order with precise details of how your prices are staggered and when delivery can be expected.
6 Please confirm the above order by e-mail.
7 Please confirm receipt of the above order.

Auftragsbestätigung

1 Wir bestätigen dankend den Erhalt Ihres Auftrags vom ...
2 Ihr Auftrag Nr. ... vom ... ist am ... bei uns eingetroffen. Wir haben sofort mit der Produktion begonnen.
3 Ihre Bestellung ist gestern bei uns eingegangen; besten Dank.
4 Wir sichern Ihnen sorgfältige Ausführung Ihres Auftrags zu.
5 Wir sind sicher, dass mit der exakten Durchführung Ihres Auftrags vom ... eine erfolgreiche Zusammenarbeit zwischen unseren Firmen beginnen wird.
6 Wir danken Ihnen für den Auftrag Nr. ... vom ... Wir werden am ... lieferbereit sein.

Confirmation of order

1 We confirm with thanks the receipt of your oder dated ...
2 Your order No. ... of ... arrived here on ... whereafter production of the goods was started immediately.
3 Thank you for your order, which we received yesterday.
4 We assure you that your order will be executed carefully.
5 We are sure that our precise execution of your order of ... will mark the beginning of a mutually beneficial business relationship between our companies.
6 We thank you for your order No. ... of ... It will be ready for delivery on ...

Auftragsannahme

Annahme mit dem Vermerk „Laut Bestellung“

1 Hiermit nehmen wir Ihren Auftrag laut Bestellung an.
2 Ihr Auftrag vom ... wird von uns laut Bestellung ausgeführt werden.
3 Gleichzeitig möchten wir Ihnen die Annahme Ihres Auftrags laut Bestellung mitteilen.

Acceptance of order

Acceptance with the annotation “As per your instructions”

1 We hereby accept your order as per your instructions.
2 Your order of ... will be executed by us as per your instructions.
3 At the same time, we wish to let you know that we accept your order as per your instructions.

Annahme mit Wiedergabe der Bestellung

1 Ihren Auftrag vom ... über ... Stück des Artikels Nr. ... nehmen wir dankend an.
2 Wir bestätigen Ihnen dankend Eingang und Annahme Ihres Auftrags vom ... über je ... Stück der Artikel Nr. ..., Nr. ... und Nr. ...
3 Wir werden Ihren Auftrag über ... Stück unseres Artikels Nr. ... schnellstens ausführen.
4 Wir danken Ihnen für Ihren Auftrag über ... (Anzahl und Bezeichnung) und sind sicher, dass wir Sie mit unseren Erzeugnissen zufrieden stellen werden.

Acceptance whereby order is repeated

1 We accept your order of ... for ... units of article No. ... with thanks.
2 We confirm with thanks your order of ... for ... units of each of articles Nos. ..., ... and ...
3 We will execute your order for ... units of our article No. ... as quickly as possible.
4 We thank you for your order for ... (quantity and description of goods) and are sure that you will be satisfied with our products.

Annahme mit Änderungen

1 Wir bedanken uns für Ihren Auftrag vom ..., den wir gern annehmen. Leider können wir Ihnen jedoch die Position ... Ihrer Bestellung nicht wie gewünscht bis zum ... liefern. Wir sind frühestens am ... in der Lage, diesen Artikel zu versenden. Bitte teilen Sie uns mit, ob Sie mit dieser Lieferverzögerung einverstanden sind.
2 Der von Ihnen unter anderem bestellte Artikel Nr. ... ist zurzeit nicht auf Lager. Wir sind bereit, Ihnen hierfür die qualitativ bessere Ausführung zum gleichen Preis zu liefern.
Wir hoffen, mit dieser Änderung in Ihrem Sinne gehandelt zu haben.
3 Leider können wir die in Ihrem Auftrag vom ... vorgeschlagenen Lieferungs- und Zahlungsbedingungen nicht akzeptieren. Wir sind jedoch gern bereit, Ihren Auftrag zu den für unsere Branche üblichen Konditionen zu übernehmen.
4 Wir nehmen Ihren Auftrag vom ... gern an, müssen jedoch die Position ... Ihrer Bestellung geringfügig abändern.

Acceptance of order with alterations

1 Thank you for your order of ..., which we are pleased to accept. We are, however, unfortunately unable to supply item ... of your order by ... (date) as requested. We will not be able to despatch this article until ... at the earliest. Please let us know whether you agree to this delay in delivery.
2 One of the articles ordered – No. ... – is currently out of stock. We are prepared to replace it by a better quality version at the same price.
We hope this alteration meets with your approval.
3 We are unfortunately unable to accept the terms of delivery and payment suggested in your order of ... We are, however, quite willing to accept your order on the usual trade terms.
4 We are pleased to accept your order of ... but are, however, obliged to make a slight alteration in the case of item ...

Auftragsablehnung

Ablehnung des Auftrags ohne Grund

1 Leider sind wir nicht in der Lage, Ihren Auftrag vom ... zu den gewünschten Bedingungen anzunehmen.
2 Den uns am ... zugegangenen Auftrag über ... können wir bedauerlicherweise nicht annehmen.
3 Die von Ihnen gewünschten Artikel können wir leider nicht herstellen. Als Anlage reichen wir Ihnen deshalb Ihre Bestellung zurück.

Ablehnung des Auftrags mit Angabe des Grundes

1 Da wir im Augenblick über keine freien Kapazitäten verfügen, müssen wir Ihren Auftrag leider ablehnen.
2 Infolge des Mangels an Fachkräften ist es uns nicht möglich, Ihren Auftrag vom ... zu übernehmen.
3 Da unsere Rohstoffvorräte auf Monate hinaus disponiert sind, können wir Ihren Auftrag bedauerlicherweise nicht übernehmen.
4 Ein Programmabsturz in unserem Computer hat uns in unserer Produktion zurückgeworfen.
5 Wirtschaftliche Umstände zwingen uns, die Produktion ins Ausland zu verlagern. Wir können Ihren Auftrag daher nicht termingemäß ausführen.
6 Der Mangel an Computerfachkräften zwingt uns, diesen Auftrag abzulehnen.
7 Da wir Schwierigkeiten mit unseren Zulieferfirmen haben, können wir Ihren Auftrag leider nicht annehmen.
8 Stockungen in der Materialzufuhr zwingen uns zu unserem Bedauern, Ihren Auftrag vom ... abzulehnen.
9 Ein Streik in einer unserer Zulieferfirmen macht es uns leider unmöglich, Ihren Auftrag vom ... anzunehmen.
10 Ihre Referenzen genügen uns nicht, wir sehen uns daher leider außerstande, Ihren Auftrag auszuführen.

Refusal of order

Refusal of order without reasons

1 We are unfortunately not in a position to accept your order of ... on the conditions requested.
2 We regret that we are unable to accept the order for ..., which we received from you on ...
3 We are unfortunately unable to manufacture the article you request and are therefore returning your order enclosed.

Refusal of order stating reasons

1 As we are currently operating at full capacity we are unfortunately unable to accept your order.
2 Owing to a shortage of qualified staff it is not possible for us to accept your order of ...
3 As our supplies of raw materials are allocated for months ahead we regret that we are unable to accept your order.
4 A computer breakdown has delayed production.
5 We are now obliged to manufacture abroad and are therfore unable to complete your order on schedule.
6 As a result of the lack of qualified IT staff we must decline your order.
7 As we are having difficulties with our suppliers, we are unfortunately unable to accept your order.
8 Hold-ups in our supplies of raw materials unfortunately make it impossible for us to accept your order of ...
9 A strike by one of our suppliers has unfortunately made it impossible for us to accept your order.
10 As your references are inadequate, we unfortunately cannot see our way clear to executing your order.

Ordnungsgemäße Auftragsabwicklung

Routine processing of order

Anzeige des Produktionsbeginns

1 Wir möchten Ihnen mitteilen, dass Ihr Auftrag vom ... bei uns in Produktion gegangen ist.
2 Nach Beendigung der Umrüstarbeiten unserer Maschinen werden wir noch im Laufe dieser Woche mit der Produktion Ihres Auftrags beginnen.
3 Die Produktion Ihres letzten Auftrags ist bereits voll angelaufen.
4 Wir haben mit der Produktion der von Ihnen am ... bestellten Güter begonnen und werden Sie rechtzeitig von Ihrer Fertigstellung unterrichten.

Advice that production has begun

1 We wish to inform you that production has now started of your order dated ...
2 Production of your order will begin before the end of this week after retooling has been completed.
3 Production of your latest order is now well under way.
4 Production of the goods ordered on ... has now started and we will notify you in good time as soon as they are ready.

Anzeige des Produktionsendes und Abholbereitschaft

1 Wir teilen Ihnen mit, dass Ihr Auftrag vom ... fertig gestellt ist.
2 Wir haben die Produktion Ihres Auftrags fristgerecht beendet und erwarten Ihre Instruktionen bezüglich des Versands (der Abholung).
3 Die Waren liegen zurzeit in unserer Prüfabteilung zur Durchsicht.
4 Sämtliche Arbeitsgänge an den Waren Ihres Auftrags vom ... sind abgeschlossen und wir teilen Ihnen mit, dass Sie abholbereit sind.
5 Die Waren aus Ihrem Auftrag vom ... befinden sich seit ... abholbereit in unserem Auslieferungslager.
6 Bitte veranlassen Sie, dass die in Auftrag gegebenen Waren in den nächsten Tagen in unserem Werk abgeholt werden.

Advice that production is completed with goods ready for despatch

1 This is to inform you that production of your order dated ... has now been completed.
2 Production of your order has been completed on schedule and we now await your instructions as regards despatch (collection).
3 The goods are currently undergoing checks in our Quality Control Department.
4 Work is now finished on your order of ... and we are pleased to inform you that the goods are ready for collection.
5 Your order of ... has now been ready for despatch in our depot since ...
6 Please arrange for the goods ordered to be collected at our plant in the next few days.

7 Die Waren Ihres letzten Auftrags sind vorschriftsmäßig verpackt und abholbereit.
8 Ihr Auftrag ist abgewickelt; wir erwarten gern Ihre diesbezüglichen Anweisungen.
9 Die Produktion Ihres Auftrags ist abgeschlossen. Die Waren lagern versandbereit in unserem Fertigungslager. Bitte teilen Sie uns umgehend die Versandadresse mit.
10 Die Waren aus Ihrem Auftrag vom ... sind versandbereit. Sie können sofort darüber verfügen.

7 The goods as per your last order have been packed in the prescribed way and are now ready for collection.
8 Your order is ready and we await your instructions.
9 Production of your order has been completed. The goods are now being stored, ready for despatch, in our production warehouse. Please let us know the address to which they are to be sent.
10 The goods, as per your order of ..., are ready for despatch and can be collected immediately.

Versandanzeige

1 Die von Ihnen am ... bestellten Waren haben heute (gestern, am ...) unser Werk per Express (per Lkw, als Frachtgut, als Eilgut) verlassen.
2 Die von Ihnen beauftragte Spedition ... hat die Waren heute bei uns abgeholt.
3 Ihre Waren haben heute Vormittag als Bahnfracht unser Werk verlassen.
4 Die von Ihnen am ... bestellten Waren werden heute verschifft.
5 Wir teilen Ihnen mit, dass die von Ihnen am ... bestellten Waren heute unser Werk mit der Spedition ... verlassen haben.
6 Unser Spediteur, die Fa. ..., hat uns von der ordnungsgemäßen Verschiffung der Güter an Bord der MS ... unterrichtet.
7 Die Spedition ... wurde von uns am ... mit der Verschiffung der Waren beauftragt und wird alle Zollformalitäten erledigen.
8 Sobald wir von der Spedition die Verschiffungsdokumente erhalten und diese unserer Bank vorgelegt haben, werden wir Sie per Fax (telefonisch, per E-Mail) benachrichtigen.
9 Wir haben unsere Spedition, die Fa. ... in ..., angewiesen, sich sofort mit Ihnen in Verbindung zu setzen, sobald die Zollformalitäten erledigt sind und sich die Ware sicher an Bord der MS ... befindet.

Advice of despatch

1 The goods ordered on ... left our plant for despatch by express (by lorry, by goods train, as fast freight) today (yesterday on ...).
2 Your freight forwarders , ..., collected the goods here today.
3 Your goods were despatched from our plant as rail freight today.
4 The goods ordered on ... are being shipped today.
5 This is to inform you that the goods ordered on ... were collected at our plant by (the) ... freight forwarding company today.
6 Our freight forwarders, ..., inform us that the goods have been duly shipped on board MS ...
7 (The) ... freight forwarders were commissioned on ... to ship the goods and will attend to all customs formalities.
8 As soon as we have received the shipping documents from the freight forwarding agency and presented them to our bank, we will inform you by fax (telephone, e-mail).
9 We have instructed our freight forwarders, ... (firm) in ..., to get in touch with you immediately as soon as the customs formalities have been attended to and the goods have been safely stowed on board MS ...

Rechnungsstellung

1 Als Anlage überreichen wir Ihnen unsere Rechnung für die am ... gelieferten Waren.
2 Wir sandten Ihnen am ... Stück unseres Artikels Nr. ... zu einem Einzelpreis von ... Der Gesamtbetrag beläuft sich – abzüglich eines Mengenrabatts in Höhe von ... % – auf ...
3 Der zu begleichende Rechnungsbetrag für unsere Lieferung vom ... beträgt ...
4 Der Rechnungsbetrag für unsere letzte Lieferung beläuft sich auf ... In dieser Summe ist der von Ihnen erbetene Sonderrabatt bereits berücksichtigt.
5 Die zu begleichende Rechnungssumme für unsere Lieferung vom ... beträgt ... Der branchenübliche Barzahlungsrabatt wurde bereits berücksichtigt.
6 Die von uns ausgestellte Rechnung bezieht sich auf das von Ihnen eröffnete unwiderrufliche Akkreditiv vom ...

Invoicing

1 We enclose our invoice for the goods supplied on ...
2 We despatched ... units of our article No. ..., unit price ... to you on ... The total amount – less ...% quantity discount – comes to ...
3 The amount due for our consignment dated ... is ...
4 The invoice amount for our last consignment is ... The special discount requested is included in this figure.
5 The amount due for our consignment dated ... is ... The usual discount for cash payment is already included.
6 The invoice issued refers to the irrevocable letter of credit opened by yourselves on ...

Begleitsätze für Rechnungsübersendung

1 Als Anlage überreichen wir Ihnen unsere Rechnung über die von Ihnen bestellten Waren.
2 Bei unserer Rechnungslegung haben wir bereits einen Mengenrabatt (Barzahlungsrabatt) berücksichtigt.
3 Die Versandkosten haben wir Ihnen nicht in Rechnung gestellt.
4 Die beigefügte Rechnung bezieht sich auf unsere Preise ab Werk.
5 Die Versandkosten rechnen wir direkt mit dem Spediteur ab.
6 Unserer Rechnungserstellung haben wir die Preise unserer Preisliste vom ... zugrunde gelegt.
7 Bei der Rechnungslegung sind Ihre Wünsche hinsichtlich der Zahlungsbedingungen weitgehend berücksichtigt worden.
8 Bitte überweisen Sie den Rechnungsbetrag auf unser Konto Nr. ... bei der ...-Bank in ...
9 Gestatten Sie uns, Sie nochmals auf unsere Zahlungsbedingungen hinzuweisen.
10 Übersenden Sie uns bitte einen Warenwechsel in Höhe des Rechnungsbetrags.

Expressions used when invoicing

1 We enclose our invoice for the goods ordered.
2 Our invoice has been made up to include a quantity discount (cash discount).
3 You have not been charged for despatch.
4 The enclosed invoice is for our ex-works price.
5 We will attend to the freight forwarders' delivery charges ourselves.
6 Our invoice is based on the prices in our price list of ...
7 Our invoice largely takes your requests concerning terms of payment into account.
8 Please transfer the invoice amount to our account No. ... at (the) ... Bank in ...
9 May we once again draw your attention to our terms of payment.
10 Please send us a trade bill for the invoice amount.

11 Das von Ihnen gestellte Akkreditiv vom ... dient zur Zahlung unserer Rechnung ... vom ...
12 Über den Betrag hinaus, der durch das von Ihnen gestellte Akkreditiv für die Begleichung der Rechnung zur Verfügung steht, fallen zusätzlich noch ... zur Zahlung an. Wir bitten um sofortigen Ausgleich.

11 The letter of credit opened by you on ... will be used for payment of our invoice dated ...
12 In addition to the sum made available to us in settlement of the invoice by the opening of your letter of credit, a further ... is due for payment. We would request you to settle this immediately.

Warenempfangsbestätigung

1 Wir bestätigen Ihnen dankend den Empfang Ihrer Lieferung vom ...
2 Ihre Lieferung vom ... ist gestern bei uns eingetroffen.
3 Wir bestätigen Ihnen mit Dank den Erhalt Ihrer Sendung vom ...
4 Die von uns am ... bei Ihnen bestellten Waren sind fristgerecht eingetroffen.
5 Dieses Schreiben ist gleichzeitig unsere Empfangsbestätigung der von Ihnen am ... versandten Waren.
6 Die Lieferung aus unserer letzten Bestellung haben wir fristgerecht und unbeschädigt erhalten.
7 Wir danken Ihnen für die termingerechte Lieferung der von uns bestellten Waren.
8 Ihre Sendung ist heute in einwandfreiem Zustand bei uns eingetroffen.

Confirmation of receipt of goods

1 We confirm with thanks that we have taken delivery of your consignment dated ...
2 Your consignment dated ... arrived here yesterday.
3 We confirm with thanks the receipt of your consignment of ...
4 The goods we ordered from you on ... have arrived here on schedule.
5 This letter also serves to confirm the receipt of the goods despatched by you on ...
6 The goods requested as per our last order have reached us here safely and on schedule.
7 Thank you for delivering the goods ordered on schedule.
8 The consignment reached us here today in perfect condition.

Bestätigung des Zahlungseingangs

1 Wir bestätigen Ihnen dankend den Eingang Ihrer Überweisung am ...
2 Am ... ist Ihr Rechnungsbetrag bei uns eingegangen.
3 Am ... bekamen wir von unserer Bank die Mitteilung, dass Ihre Überweisung eingetroffen ist.
4 Wir bedanken uns für die prompte Begleichung unserer Rechnung vom ...
5 Ihr Akzept vom ... ist heute bei uns eingetroffen.
6 Wir bestätigen Ihnen mit Dank den Eingang Ihrer Überweisung vom ...

Confirmation of receipt of payment

1 We confirm with thanks the receipt of your remittance of ...
2 We received the invoice amount on ...
3 We were advised by our bankers on ... that your remittance had arrived.
4 Thank you for settling our invoice of ... promptly.
5 Your acceptance dated ... arrived here today.
6 We confirm with thanks the receipt of your remittance of ...

7 Ihr Konto bei uns ist nun ausgeglichen.
8 Nach Ihrer Überweisung vom ... beträgt Ihr Kontostand bei uns ... (Betrag, Währung).
9 Mit der heutigen Überweisung ist Ihr Konto bei uns ausgeglichen.
10 Wir danken Ihnen für Ihren Scheck, den Sie uns zur Begleichung unserer Rechnung vom ... gesandt haben.
11 Ihr Scheck ist bei uns eingegangen.
12 Der Betrag von ... (Betrag, Währung) zur Begleichung unserer Rechnung vom ... wurde Ihrem Konto bei uns gutgeschrieben. Hiermit ergibt sich ein derzeitiger Habensaldo (Sollsaldo) in Höhe von ... (Betrag, Währung).

7 Your account with us is now balanced.
8 With your remittance dated ... the balance of your account is now (currency, amount) ...
9 After today's remittance your account with us is now balanced.
10 Thank you for the cheque you sent to us in settlement of our invoice of ...
11 We have received your cheque.
12 The sum of (currency, amount) ... in settlement of our invoice dated ... has been credited to your account with us. The resulting credit (debit) balance is (currency, amount) ...

Abweichungen und Störungen

Discrepancies and delays

Anzeige des Bestellungsverzugs

1 Leider können wir unser Angebot vom ... nur noch bis ... (Tag), den ... (Datum), aufrechterhalten.
2 Wir erwarten umgehend Ihre Bestellung.
3 Eine spätere Auftragsannahme ist uns leider nicht mehr möglich.
4 Wir bitten Sie, diesen Termin bei Ihren Dispositionen zu beachten.
5 Ihrer sofortigen Bestellung sehen wir gern entgegen.
6 Auf unser Angebot vom ... ist uns von Ihnen noch keine Bestellung zugegangen. Wir möchten Sie darauf hinweisen, dass wir uns nur noch bis zum ... an dieses Angebot gebunden fühlen.
7 Da Sie unser Angebot vom ... bisher nicht berücksichtigten, erlauben wir uns den Hinweis, dass es uns aus organisatorischen Gründen nur noch bis zum ... möglich ist, zu den angegebenen Bedingungen zu liefern.
8 Da unser Angebot vom ... am ... ausläuft, erbitten wir möglichst umgehend Ihre Bestellung.
9 Da unser Angebot vom ... auf den ... befristet ist, erbitten wir umgehend Ihre Bestellung.

Reminder that order is late

1 We are unfortunately only able to keep our offer of ... open until ... (day) ... (date).
2 We trust we will receive your order immediately.
3 It is unfortunately impossible for us to accept your order any later.
4 We would request you to bear this date in mind when making your arrangements.
5 We look forward to receiving your order immediately.
6 To date, we have received no orders from you in response to our offer of ... We wish to point out that we will only consider ourselves still bound by this offer until ... (date).
7 As, to date, you have not taken us up on our offer of ..., may we point out that, for organisational reasons, we will only be able to supply the goods on the terms stated until ... (date).
8 As our offer of ... expires on ... we would ask you to place your order, if possible, by return.
9 As our offer of ... is only valid until ..., we would ask you to let us have your order immediately.

Widerruf des Angebots

1 Zu unserem großen Bedauern ist uns auf unser Angebot vom ... noch keine Bestellung von Ihnen zugegangen.
2 Leider sind wir nicht mehr in der Lage, unser bisheriges Angebot aufrechtzuerhalten.
3 Wir betrachten uns an dieses Angebot nicht mehr gebunden.

Withdrawal of offer

1 We very much regret to note that we have not yet received an order from you in response to our offer of ...
2 We are unfortunately no longer in a position to uphold our current offer.
3 We no longer consider ourselves to be bound by this offer.

4 Wir müssen unser Angebot leider zurücknehmen.
5 Da die angebotene Ware ausläuft, können wir keine Bestellungen mehr entgegennehmen.
6 Es ist uns nicht mehr möglich, zu den angebotenen Preisen zu liefern. Als Anlage erhalten Sie unsere neuen Preislisten.
7 Da Sie bis heute auf unser Angebot vom ... nicht geantwortet haben, nehmen wir an, dass Sie kein Interesse an der Ware haben. Hiermit ziehen wir unser Angebot zurück.
8 Bis heute haben wir auf Ihre Bestellung gewartet. Da für die Ware bereits andere Interessenten vorhanden sind, können wir eine etwaige Bestellung von Ihnen nicht mehr berücksichtigen.
9 Wir möchten Sie darauf hinweisen, dass die mit unserem Angebot vom ... verbundene Frist mit dem heutigen Tag abgelaufen ist. Wir sehen uns außerstande, noch Bestellungen entgegenzunehmen.
10 Aus produktionstechnischen Gründen können wir unser Angebot vom ... nicht mehr aufrechterhalten.
11 Wir müssen unser Angebot vom ... bedauerlicherweise zurücknehmen, da die Ware inzwischen nicht mehr lieferbar ist.
12 Da wir Schwierigkeiten mit unseren Zulieferern haben, müssen wir unser Angebot leider zurückziehen.

4 We must unfortunately withdraw our offer.
5 As this product is being discontinued, we are no longer able to accept orders for it.
6 It is no longer possible for us to supply the goods at the prices quoted. We are sending you our new price list enclosed.
7 As, to date, we have received no reply from you in response to our offer of ..., we assume that you are not interested in the goods. We hereby withdraw our offer.
8 We have waited up to today to receive your order but without success. As other customers are now interested, we will no longer be able to accept any order you might still wish to place.
9 We wish to point out that the period of time for which our offer of ... was valid has expired as of today. We are no longer in a position to accept further orders.
10 For technical reasons to do with production, we are no longer able to maintain our offer of ...
11 We regret that we must withdraw our offer of ..., as the goods are now no longer available.
12 As we are having difficulties with our suppliers we must unfortunately withdraw our offer.

Lieferverzug

1 Die bei Ihnen bestellten Waren sind bis heute nicht bei uns eingetroffen.
2 Seit ... Tagen warten wir auf die am ... bestellte Ware.
3 Zu unserem großen Bedauern müssen wir feststellen, dass Sie unseren Auftrag vom ... noch nicht ausgeführt haben.
4 Auf unsere Bestellung vom ... haben wir weder die Waren noch irgendeine Mitteilung von Ihnen erhalten.
5 Da wir die am ... bestellten Waren dringend benötigen, bitten wir um schnellste Zusendung.
6 Wir möchten Sie darauf aufmerksam machen, dass Sie mit Ihrer Lieferung bereits ... Tage im Verzug sind.

Delay in delivery

1 The goods ordered from you have still not arrived here yet.
2 We have now been waiting for the goods ordered on ... for ... days.
3 Much to our regret, we note that you have not yet executed our order of ...
4 In response to our order of ... we have neither received the goods nor heard anything from you.
5 As we need the goods ordered on ... urgently we would ask you to despatch them to us as quickly as possible.
6 We wish to point out that you are already ... days in arrears with delivery.

7 Sollten Sie die bestellten Waren nicht fristgemäß liefern können, teilen Sie uns dies bitte unverzüglich mit, damit wir anders disponieren können.

7 Should you not be able to deliver the goods on time, please let us know immediately to enable us to make alternative arrangements.

Nachlieferfrist

1 Die am ... bei Ihnen bestellten Waren sind bis heute nicht eingetroffen.
2 Sollten Sie Ihren Lieferungsverpflichtungen nicht bis zum ... nachkommen, sehen wir uns gezwungen, unseren Auftrag zurückzuziehen.
3 Wir bitten Sie, unsere Bestellung schnellstens zu bearbeiten; eine Abnahme nach dem ... wäre uns nicht mehr möglich.
4 Da wir die Waren dringend benötigen, müssen wir auf Lieferung innerhalb von ... Tagen bestehen.
5 Wir bitten um Zusendung noch in dieser Woche.
6 Wir bestehen auf Lieferung bis zum ...
7 Da unsere Kunden ungeduldig werden, benötigen wir die Ware binnen ... Wochen.
8 Bis heute sind Sie Ihren Lieferungsverpflichtungen nicht nachgekommen. Wir gewähren Ihnen eine letzte Frist bis zum ...
9 Die Lieferfrist für unseren Auftrag vom ... ist seit ... Wochen abgelaufen. Wir müssen deshalb auf schnellster Zusendung (Express, per Kurier-Schnelldienst zu Ihren Lasten) bestehen.

Extension of delivery deadline

1 The goods ordered from you on ... have still not arrived.
2 Should you not fulfil your obligation to deliver by ..., we will be forced to cancel our order.
3 We ask you to attend to our order as quickly as possible. It will no longer be possible for us to accept delivery after ...
4 As we need the goods urgently, we must insist on delivery within ... days.
5 Please forward the goods before the end of this week.
6 We insist on delivery by ... (date).
7 As our customers are now losing patience, we need the goods within ... weeks.
8 You still have not fulfilled your obligation to deliver the goods. We are allowing you one more extension of the deadline until ... (date).
9 The delivery period for our order ... expired ... weeks ago. We must therefore insist that the goods be forwarded as quickly as possible (by express, by special messenger at your expense).

Regressandrohung

1 Wir möchten Sie darauf aufmerksam machen, dass Sie mit Ihrer Lieferung bereits ... Tage im Verzug sind.
2 Etwaige Schadenersatzansprüche behalten wir uns vor.
3 Sollten die Waren nicht innerhalb von ... Tagen geliefert werden, würden wir Sie für entgangenen Gewinn und zusätzliche Kosten verantwortlich machen müssen.
4 Wir werden die Ware nur unter Vorbehalt abnehmen.

Threat to claim damages

1 We wish to point out that you are already ... days in arrears with delivery.
2 We reserve the right to claim damages.
3 Should the goods not be delivered within ... days, we will hold you liable for loss of profit and additional expenses.
4 Our acceptance of the goods will only be provisional.

5 Durch Ihren langen Lieferverzug ist die Ware für uns nahezu wertlos geworden. Für etwaige Verluste werden wir Sie haftbar machen.
6 Sie sind mit Ihrer Lieferung in Verzug. Wir behalten uns das Recht vor, von Ihnen eine Entschädigung zu verlangen.
7 Sollte uns durch Ihre Lieferungsverzögerung Schaden entstehen, werden wir Sie dafür haftbar machen.
8 In Anbetracht Ihrer Lieferungsverspätung müssen wir Sie auf unser Recht hinweisen, Schadenersatzforderungen geltend zu machen.
9 Sollte Ihre Lieferung nicht innerhalb einer Woche bei uns eintreffen, werden wir uns weitere Schritte vorbehalten.

5 As a result of your long delay in delivery, the goods have lost almost all their value for us. We will hold you liable for any losses.
6 You are in arrears with delivery. We reserve the right to claim damages from you.
7 Should your delay in delivery prove detrimental to us in any way, we will hold you liable.
8 In view of the delay in delivery, we must point out that we are entitled to claim damages from you.
9 Should the goods not arrive here within a week we reserve the right to take proceedings against you.

Rücktritt vom Vertrag

1 In Anbetracht Ihres Lieferverzugs sehen wir uns außerstande, die Ware noch anzunehmen.
2 Wir machen unsere Bestellung hiermit rückgängig.
3 Leider sind wir gezwungen, vom Vertrag zurückzutreten.
4 Die Ware ist für uns wertlos geworden. Wir werden sie deshalb zurücksenden.
5 Infolge Ihres erheblichen Lieferverzugs erklären wir Ihnen hiermit unseren Rücktritt vom Vertrag.
6 Ihre Waren sind mit ...-wöchiger Verspätung bei uns eingetroffen. Die Rücksendung ist bereits veranlasst.
7 Wir fühlen uns nicht mehr an unsere Bestellung vom ... gebunden, weil Ihre Lieferung nunmehr bereits ... (Zeitraum) überfällig ist.
8 Aufgrund Ihrer nachlässigen Bearbeitung unseres Auftrags vom ... widerrufen wir unsere Bestellung.
9 Ihre lange Lieferverspätung hat es uns unmöglich gemacht, unsere Kunden fristgerecht zu bedienen. Wir ziehen hiermit unseren Auftrag vom ... zurück. Gleichzeitig teilen wir Ihnen mit, dass Sie in Zukunft nicht mehr mit Aufträgen von uns rechnen können.

Withdrawal from contract

1 In view of the long delay, we now no longer see ourselves in a position to accept delivery.
2 We hereby cancel our order.
3 We are unfortunately compelled to withdraw from the contract.
4 The goods are no longer of any value to us. We will therefore be returning them.
5 As a result of your considerable delay in delivery we hereby withdraw from the contract.
6 The goods arrived here ... weeks late. Arrangements have now been made to have them returned.
7 We no longer feel bound by our order dated ... since delivery of the goods is now already ... overdue.
8 You have dealt with our order of ... so negligently that we are cancelling it.
9 Your long delay in delivery has made it impossible for us to supply our customers on time. We hereby cancel our order of ... We also wish to inform you that we will no longer be placing orders with you in future.

Deckungskauf und Schadenersatz

1 ... Monat(e) haben wir auf Ihre Lieferung gewartet. Nun sind wir gezwungen, uns anderweitig einzudecken. Für den Preisunterschied machen wir Sie haftbar.
2 Ihr Lieferverzug hat uns veranlasst, die Waren bei der Firma ... zu beschaffen. Wir senden Ihre Lieferung zu Ihren Lasten zurück und werden Sie für den Mehrpreis regresspflichtig machen.
3 Ihr Lieferverzug hat uns großen Schaden zugefügt. Wir werden Sie wegen Nichterfüllung belangen.
4 Ihr Lieferverzug hat uns dazu gezwungen, die Waren anderweitig zu beschaffen. Sollte Ihre Lieferung doch noch eintreffen, werden wir sie zu Ihren Lasten zurücksenden.
5 Da Ihre Lieferung seit ... Wochen überfällig ist, mussten wir andere Waren beschaffen. Für unseren Gewinnverlust machen wir Sie haftbar.
6 Durch Ihre Nichtlieferung ist uns ein hoher Verlust entstanden. Wir werden Ihr Konto mit ... belasten.
7 Da Ihre Ware nicht rechtzeitig eingetroffen ist, mussten wir unsere Kunden zum ursprünglichen Preis mit teureren Waren beliefern. Für den entstandenen Schaden machen wir Sie regresspflichtig.
8 Aufgrund unserer vertraglichen Abmachungen (Konventionalstrafe bei Lieferverzug) werden wir einen Teil des Rechnungsbetrags einbehalten.

Covering purchases and claims for damages

1 We have been waiting for delivery for a month (for ... months) and must now stock up elsewhere. We will hold you liable for the difference in price.
2 Your delay in delivery has made us purchase the goods from ... (firm). We are returning the goods, carriage forward, and will hold you liable for the additional expense.
3 Your delay in delivery has been of great detriment to us. We will be taking legal action for non-fulfilment of contract.
4 Your delay in delivery has made it necessary for us to obtain the goods elsewhere. Should they nevertheless still be delivered, we will return them to you, carriage forward.
5 As delivery of the goods has now been overdue for ... weeks, we have had to obtain them elsewhere. We will hold you liable for loss of profit.
6 We have incurred a considerable loss as a result of your non-delivery. We will debit your account with the sum of ...
7 As your goods did not arrive in time, we have had to supply our customers with more expensive products at the original price. We will hold you liable for the loss incurred.
8 As specified in our contract (liquidated damages in the event of delay in delivery), part of the invoice amount will be deducted.

Zahlungsverzug

Erste Mahnung

1 Wir möchten Sie darauf hinweisen, dass auf Ihrem Konto noch ein Betrag von ... offen steht.
2 Vermutlich ist es Ihrer Aufmerksamkeit entgangen, dass unsere Rechnung vom ... noch nicht beglichen ist.
3 Leider mussten wir feststellen, dass Sie mit Ihren Zahlungen im Rückstand sind.
4 Wir warten nun bereits ... Monate auf die Regulierung unserer Rechnung vom ...

Delay in payment

First reminder

1 We wish to point out that your account still shows an outstanding balance of ...
2 It has no doubt escaped your notice that our invoice of ... has not yet been settled.
3 We are sorry to note that you are in arrears with payment.
4 We have now been waiting for ... months for settlement of our invoice dated ...

5 Leider müssen wir Sie darauf aufmerksam machen, dass Ihr Konto mit einem Betrag von ... belastet ist.
6 Ihr Konto weist einen Saldo von ... zu unseren Gunsten auf.
7 Leider mussten wir feststellen, dass Sie dieses Mal Ihren Zahlungsverpflichtungen nicht nachgekommen sind.
8 Wir bitten Sie um baldige Überweisung des noch ausstehenden Betrages von ...
9 Bei dieser Gelegenheit möchten wir Sie darauf hinweisen, dass Sie uns noch den Betrag von ... schulden.
10 Unsere Rechnung vom ... über ... (Betrag, Währung) ist noch nicht bezahlt. Wir glauben, dass es sich um ein Versehen Ihrerseits handelt, und fügen eine Kopie der Rechnung (des Kontoauszugs) bei.

5 Unfortunately, we must draw your attention to the fact that your account shows an overdue balance of ...
6 Your account shows a debit balance of ...
7 We are sorry to note that this time you have not met your financial obligations.
8 We would ask you to remit the outstanding amount of ... in the near future.
9 We wish to take this opportunity to point out that the sum of ... is still owing to us.
10 Our invoice of ... for (currency, amount) ... is still unpaid. We believe that this is due to an error on your part and include a copy of the invoice (statement of account).

Zweite Mahnung

1 Wir hoffen, dass Sie Ihre noch offen stehenden Rechnungen bis zum Ende dieses Monats begleichen werden.
2 Unsere Rechnung Nr. ... vom ... steht noch offen. Wir erwarten Ihre Zahlung binnen ... Wochen.
3 Wir hatten per Auftrag Nr. ... vom ... sofortige Bezahlung vereinbart. Ihr Zahlungsverzug veranlasst uns, Ihr Konto mit monatlich ... % des ausstehenden Betrags zu belasten.
4 Ihr ...-monatliches (vierteljährliches) Zahlungsziel haben Sie schon beträchtlich überschritten. Wir sehen uns deshalb gezwungen, in Zukunft auf sofortiger Bezahlung zu bestehen.
5 Unsere Rechnung vom ... über ... wurde bisher nicht bezahlt, und Sie haben auf unsere 1. Mahnung nicht geantwortet. Wir bitten nunmehr um sofortige Überweisung des offen stehenden Betrages.
6 Unsere Mahnung vom ... ist noch unbeantwortet. Sollten Sie irgendwelche Gründe haben, die Sie veranlassen, die Zahlung zurückzuhalten, bitten wir um umgehenden Bescheid.
7 Da Sie bisher stets pünktlich alle offen stehenden Beträge beglichen haben, können wir Ihren Zahlungsverzug nicht verstehen. Sollten Sie vorübergehend in Schwierigkeiten sein, wären wir zu einer Aussprache bereit.

Second reminder

1 We trust you will be settling the outstanding invoice amounts by the end of this month.
2 Our invoice No. ... of ... is still outstanding. We expect payment within ... weeks.
3 We refer to your order No. ... of ..., for which immediate cash payment was agreed. As a result of your delay in payment, an extra charge of ...% of the outstanding amount will be charged to your account monthly.
4 You have now considerably exceeded your credit period of ... month (your quarterly credit period). We therefore now have no choice but to insist on immediate payment in future.
5 Our invoice of ... for ... has not been paid to date and we have received no response to our first reminder. We now ask you to remit the outstanding amount immediately.
6 Our reminder of ... has still not been replied to. Should you have any particular reason for withholding payment, please let us know immediately.
7 As you have hitherto always settled all outstanding payments punctually, we are at a loss to understand your delay in payment. Should you be experiencing temporary financial difficulties we would be pleased to discuss the matter with you.

8 Da der Betrag von ... immer noch nicht unserem Konto gutgeschrieben wurde, gewähren wir Ihnen eine letzte Frist bis zum ...

8 As the sum of ... has still not been credited to our account we are allowing you a final extension of the deadline until ...

Dritte Mahnung und Fristsetzung

1 Ihr Zahlungsverzug steht im Widerspruch zu unseren Geschäftsbedingungen. Weitere Schritte behalten wir uns vor.
2 Ihr Zahlungsrückstand stellt einen Vertragsbruch dar. Wir erwägen den Abbruch unserer geschäftlichen Beziehungen.
3 Sollten Sie Ihren finanziellen Verpflichtungen nicht in Kürze nachkommen, werden wir uns nach anderen Geschäftspartnern umsehen müssen.
4 Wir möchten Sie auf mögliche Folgen Ihres Zahlungsverzugs hinweisen.
5 Zur Begleichung der noch offenen Rechnungen gewähren wir Ihnen eine letzte Frist von ... Tagen.
6 Ihr uns am ... telefonisch zugesagter Scheck ist bis heute nicht bei uns eingetroffen. Wir gewähren Ihnen eine letzte Frist von einer Woche.
7 Seit ... Monaten warten wir auf die Begleichung unserer Rechnungen Nr. ... und Nr. ... Bitte überweisen Sie den offen stehenden Betrag in Höhe von ... noch in dieser Woche an unsere Bank.
8 Wir möchten Sie bitten, binnen ... Wochen Ihren Zahlungsverpflichtungen nachzukommen.
9 Sie haben auf unsere beiden Mahnungen nicht geantwortet. Wir räumen Ihnen daher eine letzte Frist von ... Tagen ein.

Third reminder with deadline

1 Your delay in payment is contrary to our terms of business. We reserve the right to take proceedings against you.
2 Your arrears in payment constitute a breach of contract. We are considering breaking off business relations with you.
3 Should you not meet your financial obligations in the near future, we shall have to look for new business partners.
4 We wish to point out the possible consequences of your delay in payment.
5 We are allowing you a final extension of ... days to settle the outstanding invoices.
6 The cheque promised to us in our telephone conversation of ... still has not reached us. We are allowing you a final extension of one week.
7 We have been waiting for settlement of our invoices Nos. ... and ... for ... months now. Please remit the outstanding amount of ... to our bank before the end of this week.
8 We would ask you to meet your financial obligations within ... weeks.
9 You have not responded to either of our reminders. We are allowing you a final extension of the deadline of ... days.

Strenge Mahnung und Androhung von rechtlichen Maßnahmen

Übergabe an Rechtsanwalt

1 Sollte Ihre Zahlung nicht bis Ende dieser Woche bei uns eintreffen, werden wir unsere Rechtsabteilung (unseren Rechtsanwalt) mit der Erledigung der Angelegenheit beauftragen.
2 Sollten Sie mit Ihren Zahlungen weiter im Rückstand bleiben, sehen wir uns leider genötigt, die Angelegenheit unserer Rechtsabteilung (unseren Anwälten) zu übergeben.

Final demand and threat of legal action

Calling in solicitors

1 Should we not receive payment by the end of this week, we will instruct our legal department (our solicitors) to deal with the matter.
2 Should you remain in arrears with payment, we will unfortunately be obliged to pass this matter on to our legal department (solicitors).

3 Ihr Zahlungsverzug stellt eine schwer wiegende Verletzung unserer Geschäftsbedingungen dar. Sollten wir bis ... nichts von Ihnen gehört haben, werden wir gerichtliche Schritte gegen Sie einleiten.
4 Da wir auf unsere Mahnungen von Ihnen keine Antwort erhalten haben, haben wir keine andere Wahl, als nunmehr gerichtlich gegen Sie vorzugehen.
5 Wir teilen Ihnen mit, dass wir Ihre offen stehenden Rechnungen unserer Rechtsabteilung (unserem Rechtsanwalt) zur weiteren Bearbeitung übergeben haben.
6 Da Sie auf unsere beiden (drei) Mahnungen nicht reagiert haben, mussten wir leider unseren Rechtsanwalt einschalten.
7 Ihr Zahlungsrückstand veranlasst uns, unsere Forderungen auf gerichtlichem Wege einzutreiben.
8 Wir haben unseren Rechtsanwalt mit der Wahrnehmung unserer Interessen beauftragt. Anbei erhalten Sie eine Kopie unseres Schreibens an ihn.
9 Rückfragen bei Ihrer Bank haben ergeben, dass Ihr Scheck nicht gedeckt war. Trotz mehrmaligen Mahnens haben Sie darauf nicht reagiert. Falls Sie bis zum ... nicht gezahlt haben, werden wir die Sache gerichtlich weiterverfolgen.

3 Your delay in payment constitutes a serious breach of our terms of business. Should we have heard nothing from you by ... (date) we will institute legal proceedings against you.
4 As we have received no reply in response to our reminders, we have no alternative but to institute legal proceedings against you.
5 This is to inform you that your unpaid invoices have now been passed on to our legal department (solicitors).
6 As you have not responded to our two (three) reminders, we have unfortunately had to call in our solicitors.
7 Your arrears in payment leave us no alternative but to recover our claim by legal means.
8 We have now instructed our solicitors to represent our interests. We enclose a copy of our letter to this effect.
9 Our enquiries at your bank have revealed that your account has insufficient funds to cover your cheque. You have also not responded to several reminders. Should no payment have been made by ... (date), we will institute legal proceedings against you.

Mängelrüge

Mengenabweichung

1 Leider mussten wir bei der Überprüfung Ihrer Sendung vom ... feststellen, dass Sie sich nicht an unsere Mengenangaben gehalten haben. Nur gegen einen Preisnachlass von 25 % sind wir bereit, die nicht bestellten Stücke abzunehmen.
2 Anstatt der bestellten ... haben Sie uns ... Stück zugesandt und in Rechnung gestellt. Sollten Sie uns einen angemessenen Preisnachlass gewähren, wären wir bereit, auch die Mehrlieferung abzunehmen.
3 Mit Ihrer Lieferung vom ... haben Sie unseren Auftrag um mehr als ... % überschritten. Wir sind nicht bereit, diese Mehrlieferung zum ursprünglichen Preis abzunehmen.

Complaints

Difference in quantity

1 In connection with your consignment dated ..., we note that you have unfortunately not kept to the quantities we specified. We are only prepared to accept the unordered items if a 25% price reduction is granted on them.
2 Instead of the ... ordered you have supplied and charged us for ... units. We are only willing to accept the extra amount at a suitable discount.
3 The goods supplied to us on ... exceed the quantity ordered by more than ... % We are not prepared to accept the additional amount at the original price.

4 Für Ihre Mehrlieferung haben wir keine Verwendung. Die überzähligen Stücke werden wir Ihnen umgehend zurücksenden.
5 Wir haben keine Verwendung für die zu viel gelieferten ... Stücke und stellen sie Ihnen wieder zur Verfügung.
6 Zu unserem großen Bedauern liegt die von Ihnen gelieferte Stückzahl beträchtlich unter der von uns lt. Auftrag Nr. ... bestellten Warenmenge. Wir bitten daher um schnellste Zusendung der fehlenden ... Stück.
7 Wir müssen auf baldige Zusendung der fehlenden Ware bestehen.
8 Bitte senden Sie uns die fehlenden Stücke per Express (Eilgut, Kurier-Schnelldienst) zu.
9 Leider haben Sie unseren Auftrag vom ... nicht vollständig ausgeführt. Wir erwarten die fehlende Ware dringend.
10 Bei Ihrer Lieferung vom ... vermissten wir den Artikel ... Wir erwarten Ihre Nachricht über den Verbleib der Ware.
11 Bei Ihrer letzten Sendung ist Ihnen leider ein Fehler unterlaufen. Sie vergaßen, ... Kartons des Artikels Nr. ... mitzuliefern.
12 Wir hoffen, dass Sie uns die fehlenden Stücke sofort zusenden werden.
13 Unsere letzte Bestellung wurde nicht ordnungsgemäß ausgeführt. Leider fehlen ... Stück des Artikels ..., den wir dringend benötigen.
14 Bitte senden Sie uns umgehend die ... Kartons, die Sie bei Ihrer letzten Sendung vergessen haben.
15 Sie haben ... Stück des Artikels Nr. ... zwar in Rechnung gestellt, aber nicht mitgeliefert. Wir erwarten Ihre Stellungnahme.

4 The additional goods supplied are of no use to us. We are returning the unwanted products immediately.
5 The extra ... units supplied are of no use to us and we are now placing them at your disposal.
6 We very much regret that you have supplied considerably less than the quantity ordered, as per our order No. ... We would therefore ask you to forward the ... missing items as quickly as possible.
7 We must insist that the missing goods be sent to us as soon as possible.
8 Please send us the missing items by express (by fast freight, by special messenger).
9 Some items were omitted when our order dated ... was made up. We await delivery of these urgently needed missing goods.
10 Item No. ... was missing among the articles delivered on ... We look forward to hearing what has become of it.
11 You unfortunately made a mistake when putting together your last consignment to us. You forgot to supply ... cardboard boxes of article No. ...
12 We trust you will be forwarding the missing items to us immediately.
13 Our last order has not been properly executed. ... (quantity) urgently needed units of article No. ... are unfortunately missing.
14 Please send us the ... cardboard boxes left out of your last consignment immediately.
15 Although we have been invoiced for the ... units of article No. ..., they are not among those delivered. We await your comments on this.

Qualitätsabweichung vom Muster

1 Die Qualität Ihrer Lieferung vom ... weicht beträchtlich von den Mustern ab.
2 Die Muster, die uns Ihr Vertreter, Herr ..., am ... vorgelegt hat, waren von weitaus besserer Qualität als Ihre letzte Lieferung.
3 Die Artikel Nr. ... und ... Ihrer Lieferung vom ... sind qualitativ schlechter als die vorgelegten Muster.

Quality supplied different from sample

1 The quality of the goods delivered on ... is considerably different from that of the samples.
2 The samples shown to us on ... by your agent/representative, Mr ..., were of considerably better quality than the goods last delivered.
3 Articles Nos. ... and ... delivered on ... are of worse quality than the samples submitted.

4 Wir sind nicht gewillt, von Ihren Mustern abweichende Waren anzunehmen.
5 Wir müssen darauf bestehen, dass Sie uns die gleiche Qualität wie die der am ... vorgelegten Muster liefern.
6 Wir haben die Rücksendung Ihrer Lieferung vom ... veranlasst, da die Qualität beträchtlich von Ihren Mustern abweicht.
7 Wir werden Ihnen die Artikel Nr. ..., ... und ... zu Ihren Lasten zurücksenden, da deren Qualität vom Muster abweicht.

4 We are not willing to accept goods that differ from your samples.
5 We must insist that you supply us with the same quality as the samples submitted on ...
6 We have arranged to have the goods delivered on ... returned, since the quality is considerably below sample.
7 We are returning articles Nos ... and ..., carriage forward, as the quality is below sample.

Qualitätsabweichung von der Probelieferung

1 Ihre Probelieferung vom ... war von weitaus besserer Qualität als die Artikel Ihrer letzten Sendung.
2 Wir sehen uns nicht in der Lage, Ihre letzte Lieferung anzunehmen, da sie qualitativ von Ihrer Probelieferung abweicht.
3 Wir haben die Rücksendung Ihrer Lieferung vom ... in die Wege geleitet, da sie uns – im Gegensatz zu Ihrer Probelieferung – nicht überzeugte.
4 Die Rücksendung haben wir bereits veranlasst.

Quality different from trial shipment

1 The articles in your trial shipment of ... were of far better quality than those in your last consignment.
2 We do not see ourselves in a position to accept your last consignment as it is of poorer quality than your trial shipment.
3 We have arranged to have the goods supplied on ... returned, because – in contrast to your trial shipment – they are unsatisfactory.
4 We have already arranged to have the goods returned.

Qualitätsabweichung von der Bestellung

1 Leider müssen wir Sie darauf hinweisen, dass Ihre Lieferung vom ... nicht der von uns bestellten Qualität entspricht.
2 Wir haben Posten mittlerer Qualität bestellt, erhielten jedoch nur diese minderwertige Ware.
3 Wir hatten beste Qualität bestellt und sehen uns außerstande, Ihre schlechte Ware abzunehmen.
4 Ihre Lieferung vom ... entspricht nicht unseren Qualitätsvorstellungen.

Quality not as ordered

1 We must unfortunately point out that the goods delivered on ... are not of the quality ordered.
2 We ordered average-quality items but only received these third-rate goods.
3 We ordered top quality and are thus unable to accept your low-quality goods.
4 The goods supplied on ... fall short of the quality we expected.

Qualitätsabweichung von den Angaben

1 Die Waren entsprechen nicht der von Ihnen angebotenen Qualität.
2 In Ihrem Prospekt bieten Sie Waren einer weitaus besseren Qualität an.

Quality not as stated

1 The goods are not of the quality offered.
2 In your brochure you offer goods of far superior quality.

3 Bitte teilen Sie uns den Grund für die Qualitätsabweichung zwischen Angebot und Lieferung mit.
4 In Ihrem Prospekt kündigen Sie Waren bester Qualität an. Sollten Sie uns nicht einen beträchtlichen Preisnachlass gewähren, müssten wir die Posten minderer Qualität zurücksenden.
5 Bei der Überprüfung Ihrer Sendung vom ... mussten wir feststellen, dass Sie Ihre Qualitätszusage nicht gehalten haben.
6 Die von Ihnen übersandte Software entspricht nicht den gemachten Angaben. Wir können sie für unseren Bedarf leider nicht verwenden.
7 Die auf Ihrer Homepage abgebildeten Artikel erfüllen in keinem Punkt die versprochenen Bedingungen. Wir geben Sie daher wieder zurück.

3 Please explain why there is a difference in quality between your offer and the goods supplied.
4 Your brochure refers to top-quality goods. Unless you are able to grant us a considerable discount, we will have to return the poorer-quality items.
5 Having examined your consignment dated ..., we are forced to conclude that you have not kept your promise as regards quality.
6 The software supplied does not correspond to the specifications given. It is unfortunately unsuitable for our purposes.
7 The articles depicted on your website in no way meet the standards promised. We are returning them to you.

Mangelhafte Verpackung

1 Die Verpackung Ihrer letzten Sendung ließ viel zu wünschen übrig. Ein beträchtlicher Teil der Lieferung ist beschädigt.
2 Leider müssen wir die Beschädigung des Artikels Nr. ... Ihrer letzten Sendung reklamieren.
3 Die Waren Ihrer letzten Lieferungen waren nachlässig verpackt. Die beschädigten Waren erhalten Sie zurück.
4 Ein Teil der Ware ist beschädigt bei uns eingetroffen. Ihre nachlässige Verpackung ist uns bei dieser wertvollen Ware einfach unverständlich.
5 Infolge schlechter Verpackung kam ein Teil Ihrer Lieferung vom ... feucht an.
6 Die Verpackung war derart mangelhaft, dass der größte Teil Ihrer Lieferung vom ... beschädigt ist.
7 Für die beschädigten Stücke haben wir keine Verwendung. Wir hoffen, dass Sie bei unserer nächsten Bestellung die Waren sorgfältiger verpacken werden.
8 Eine derart schlechte Verpackung ist uns unverständlich. Die beschädigten Stücke senden wir Ihnen zu Ihren Lasten zurück.
9 Infolge mangelhafter Verpackung sind ... Artikel Ihrer Lieferung vom ... beschädigt und daher unverkäuflich. Wir bitten dies bei der Rechnungsstellung zu berücksichtigen.
10 Leider müssen wir auf Ersatzlieferung von ... Stück des Artikels ... bestehen, da sie infolge schlechter Verpackung beschädigt angekommen sind.

Poor packing

1 Your last consignment was poorly packed. A large number of the goods were damaged.
2 We unfortunately have to complain about damage to article No. ... of your last consignment.
3 The goods in your latest consignments were packed carelessly. We are returning the damaged goods.
4 Some of the goods arrived here damaged. Quite simply, we fail to understand how you can pack such valuable goods so carelessly.
5 As a result of poor packing part of your consignment dated ... arrived damp.
6 The packing was so inadequate that most of your consignment dated ... was damaged.
7 The damaged items are of no use to us. We trust that you will pack the goods more carefully for our next order.
8 We cannot understand how the goods can come to be so badly packed. We are sending the damaged items back to you at your expense.
9 As a result of inadequate packing ... articles of the consignment dated ... are damaged and thus unsaleable. Please take this into account when invoicing us.
10 We are unfortunately obliged to insist on replacements for ... units of article ..., as they arrived here damaged owing to poor packing.

11 Ihre Sendung vom ... kam in unbrauchbarem Zustand bei uns an. Bitte verpacken Sie die Waren in Zukunft sorgfältiger.

11 The goods sent to us on ... arrived here in an unusable condition. Please pack the goods more carefully in future.

Falschlieferung

1 Zu unserem Bedauern müssen wir Ihnen mitteilen, dass Ihre am ... gelieferte Ware nicht unserer Bestellung entspricht.
2 Leider haben Sie uns nicht die bestellten Waren geliefert.
3 Wir müssen Sie darauf hinweisen, dass Sie uns anstelle des bestellten Artikels Nr. ... den Artikel Nr. ... geliefert haben.
4 Sie erhalten in den nächsten Tagen die irrtümlich gelieferten Posten zurück. Bitte senden Sie uns umgehend die am ... bestellten Artikel.
5 Ihre Lieferung weicht beträchtlich von unserer Bestellung vom ... ab.
6 Ihrer Versandabteilung ist ein Fehler unterlaufen. Irrtümlich wurden uns Waren zugesandt, die laut Rechnung für eine andere Firma bestimmt waren.
7 Leider müssen wir Ihre Lieferung Nr. ... zurückweisen. Sie entspricht in keiner Weise unserer Bestellung vom ...
8 Für die am ... bei uns eingegangene falsch ausgeführte Lieferung haben wir keine Verwendung. Bitte überprüfen Sie nochmals unseren Auftrag.
9 Bitte teilen Sie uns die Höhe Ihrer Skonti auf die irrtümlich gelieferten Artikel ... und ... mit. Wir sind nur bei beträchtlichem Preisnachlass bereit, diese Ware anzunehmen.
10 Sie haben unsere letzte Bestellung nachlässig bearbeitet; die Posten ... und ... hatten wir nicht bestellt.

Delivery of wrong goods

1 We regret to inform you that the goods delivered on ... do not correspond to those ordered.
2 You have unfortunately not supplied us with the goods ordered.
3 We must point out that instead of article No. ... you have supplied article No. ...
4 In the course of the next few days you will be getting back the items supplied by mistake. Please send us the articles ordered on ... by return.
5 The goods delivered are significantly different from the ones we ordered on ...
6 Your despatch department has made a mistake. Goods which, according to the invoice, were intended for another firm have been sent to us by mistake.
7 We unfortunately cannot accept consignment No. ... The goods supplied bear no relation to those ordered on ...
8 The goods delivered here by mistake on ... are of no use to us. Please check our order again.
9 Please tell us how much discount you will allow on articles Nos ... and ..., delivered here by mistake. We will only be prepared to accept these goods if there is a considerable reduction in price.
10 Our last order was dealt with negligently. We did not order articles ... and ...

Falsche Rechnungsstellung

1 Bei der Berechnung Ihrer letzten Lieferung ist Ihnen ein Fehler von ... zu Ihren Gunsten unterlaufen.
2 Zu unserer Überraschung mussten wir feststellen, dass Sie in Ihrer Rechnung Nr. ... vom ... höhere Preise in Rechnung stellen als in Ihrem Angebot angekündigt.
3 In Ihrer letzten Rechnung ist Ihnen ein Fehler unterlaufen. Als Anlage erhalten Sie die Faktura zur Korrektur zurück.

Incorrect invoicing

1 When invoicing your last consignment you made an error of ...in your favour.
2 We note with surprise that your invoice No. ... of ... quotes higher prices than those stated in your offer.
3 You have made a mistake in your last invoice. We are sending it back enclosed for amendment.

4 Die Berechnung der Preise entspricht nicht den am ... vertraglich festgelegten Bedingungen.
5 Sie berechnen höhere Preise als in Ihrem Prospekt angekündigt.
6 Ihre Rechnung Nr. .... vom ... ist in US $ fakturiert. Bitte senden Sie uns eine in Euro fakturierte Zweitschrift.
7 Wir möchten Sie bitten, uns Ihre Rechnungen in Zukunft in ...facher Ausfertigung zu senden.
8 Aus Ihrer Rechnung vom ... geht der Preis des Artikels ... nicht klar hervor. Wir erwarten umgehend eine übersichtliche Fakturierung.
9 In Ihrer Rechnung Nr. ... vom ... haben Sie die Mehrwertsteuer nicht gesondert ausgewiesen. Wir bitten um Ausstellung einer neuen Rechnung.

4 The prices charged do not correspond to the terms agreed as per our contract of ...
5 You have charged higher prices than those quoted in your brochure.
6 Your invoice No. ... of ... is made out in US$. Please send us a copy in euros.
7 We would like you to send us ... copies of your invoices in future.
8 Your invoice of ... does not clearly show the price of article ... We wish you to send us a clearly itemised invoice by return.
9 VAT is not shown separately on your invoice No. ... of ... Please issue a new invoice.

Nichteinhaltung der versprochenen Abzüge

1 Ihr Vertreter versprach uns einen Mengenrabatt von ... %. Bitte senden Sie uns eine neue, korrigierte Rechnung.
2 In Ihrem Angebot versprachen Sie uns einen Preisnachlass von ... % pro Artikel.
3 Bei der Berechnung unserer Bestellung vom ... haben Sie leider den versprochenen Preisnachlass vergessen. Bitte senden Sie uns eine neue Rechnung.
4 In Ihrem Prospekt sind die Preise nach Mengen gestaffelt. Leider haben Sie dies bei der Fakturierung Ihrer letzten Rechnung übersehen.
5 Mit Schreiben vom ... versprachen Sie uns einen Treuebonus in Höhe von ... % des Rechnungsbetrags. Bitte senden Sie uns eine entsprechend korrigierte Faktura.
6 Bei der Fakturierung unseres Auftrags vom ... vergaßen Sie den versprochenen Einführungsrabatt auf die neuen Artikel Nr. ... und ... Wir erlauben uns, diesen Betrag bei der Überweisung abzuziehen.
7 Sie versprachen uns bei Barzahlung einen Skonto von ... %. Deshalb ist es uns unerklärlich, warum Sie jetzt diesen Skontoabzug reklamieren.
8 Leider haben Sie die in Ihrem Angebot vom ... zugesagten Preisnachlässe nicht berücksichtigt. Deshalb senden wir Ihnen Ihre Rechnung Nr. ... vom ... zur Korrektur zurück.

Omission of deductions promised

1 Your agent promised us a quantity discount of ...% Please send us a new amended invoice.
2 In your offer you promised us a price reduction of ...% per article.
3 When invoicing us for our order of ... you unfortunately forgot to include the price reduction promised. Please send us a new invoice.
4 In your brochure the prices are staggered according to quantity. This was unfortunately overlooked when your last invoice was made out.
5 In your letter of ... you promised us a customer loyalty discount of ... % of the invoice amount. Please send us an invoice amended to this effect.
6 When invoicing our order of ... you forgot to deduct the introductory discount on the new articles Nos. ... and ... We are taking the liberty of deducting this amount from our remittance.
7 We were promised a ...% discount for cash. We therefore cannot understand why you should take issue with us about this deduction.
8 You have unfortunately not included the price reductions quoted in your offer of ... We are therefore returning your invoice No. ... of ... to you for amendment.

9 Bei der Fakturierung unserer Bestellung vom ... vergaßen Sie den versprochenen Mengenrabatt. Wir bitten Sie, diesen Betrag bei unserer nächsten Bestellung zu berücksichtigen.

9 When invoicing our order of ... you forgot to include the quantity discount promised. We would ask you to take this into account when invoicing us for our next order.

Missverständnisse und Unklarheiten

1 Wir haben zwei Ausführungen des Artikels ... auf Lager. Bitte teilen Sie uns umgehend mit, welche Art/Sorte wir Ihnen liefern sollen.
2 Die Posten ... und ... Ihrer Bestellung sind unklar. Bitte geben Sie uns telefonisch die gewünschten Farben an.
3 In Ihrer letzten Bestellung haben Sie die gewünschten Größen nicht angegeben.
4 Bei unserer Bestellung vom ... ist uns leider ein Fehler unterlaufen. Bitte senden Sie uns anstelle des ursprünglich bestellten Artikels ... den Artikel ...
5 Teilen Sie uns bitte mit, ob Ihr Angebot vom ... noch gültig ist.
6 Bitte fakturieren Sie unsere Bestellung vom ... in ... (Währung). Wir haben vergessen, dies anzugeben.
7 Bei unserer letzten Bestellung ist uns ein Fehler unterlaufen. Bitte senden Sie die Waren nicht vor dem ... (Datum) nächsten Monats.
8 Die Adressenangabe Ihrer letzten Bestellung ist uns unklar. Bitte teilen Sie uns mit, wohin die Ware geschickt werden soll.
9 Aus Ihrer Bestellung vom ... ist die von Ihnen gewünschte Versandart nicht ersichtlich. Bitte geben Sie uns umgehend Bescheid.
10 Bitte teilen Sie uns den Grund für die Stornierung Ihrer letzten Bestellung mit.
11 Ihre per Fax/E-Mail aufgegebene Bestellung haben wir heute erhalten. Leider ist sie teilweise unleserlich, so dass wir um ein erneutes Fax/E-Mail bitten.
12 Leider müssen wir auf Rückerstattung des fälschlich abgezogenen Betrags in Höhe von ... bestehen.
13 Wir möchten Sie darauf hinweisen, dass wir beste Qualität bestellt hatten. Eine derartige Qualitätsabweichung können wir nicht akzeptieren.
14 Ihre Waren entsprechen nicht unserer Bestellung.

Misunderstandings and ambiguities

1 We have two types of article ... in stock. Please let us know immediately which type we should supply.
2 It is not clear what is meant in the case of items ... and ... of your order. Please let us know by telephone which colours you require.
3 In your last order you do not state the sizes you require.
4 We unfortunately made a mistake when placing our order of ... Please send us article ... instead of article ... originally ordered.
5 Please let us know if your offer of ... is still valid.
6 Please make out the invoice for our order of ... in ... (currency). We omitted to state this at the time.
7 We made a mistake when placing our last order. Please do not send the goods before ... of next month.
8 We are not sure what address to send the goods last ordered to. Please let us know where they are to go.
9 It is unclear what mode of despatch is required for your order of ... Please let us know by return.
10 Please let us know why you have cancelled your last order.
11 We have received the order you faxed / e-mailed to us. Unfortunately it is partly illegible (fax) / it is garbled (e-mail) so we would ask you to fax / e-mail it again.
12 We must unfortunately insist that the erroneously deducted sum of ... be refunded.
13 We wish to point out that we ordered the best quality. We cannot accept such a difference in quality.
14 The goods supplied do not correspond to those ordered.

15 Bitte senden Sie Waren der von uns bestellten Qualität.
16 Wir bitten Sie, bei der nächsten Lieferung die bestellte Qualität genau zu beachten.
17 Die Posten ... und ... entsprechen nicht der von uns bestellten Qualität.

15 Please send goods of the quality ordered.
16 We would ask you to keep strictly to the quality ordered when making up our next consignment.
17 Items ... and ... are not of the quality ordered.

Verlorene Sendungen

1 Wir teilen Ihnen mit, dass Ihre letzte Sendung anscheinend verloren gegangen ist.
2 Zu unserem Bedauern müssen wir Ihnen mitteilen, dass der Artikel Nr. ... Ihrer Lieferung vom ... auf dem Transport verloren ging.
3 Ihre Lieferung vom ... ist auf dem Transport von ... nach ... verloren gegangen. Bitte veranlassen Sie entsprechende Nachforschungen und geben Sie uns über den Verbleib der Sendung Bescheid.
4 Trotz umfangreicher Nachforschungen konnten wir bis heute den Verbleib Ihrer (unserer) Lieferung vom ... leider nicht ermitteln.
5 Bis heute ist Ihre Sendung vom ... nicht bei uns eingegangen. Wir nehmen an, dass sie auf dem Transport verloren ging. Bitte veranlassen Sie entsprechende Nachforschungen.

Missing consignments

1 This is to inform you that your last consignment would seem to have become lost.
2 We very much regret to inform you that article No. ... of the consignment dated ... was lost in transit.
3 Your consignment dated ... has been lost in transit between ... and ... Please have the matter investigated and let us know what has become of the goods.
4 Despite extensive investigations, we have still not been able to determine the whereabouts of your (our) consignment dated ...
5 Your consignment dated ... still has not reached us. We assume it has been lost in transit. Please have the matter investigated.

Antworten auf Störungsanzeigen

Angebotswiderruf

1 Mit großem Bedauern nehmen wir den Widerruf Ihres Angebots vom ... zur Kenntnis.
2 Wir bedauern den Widerruf Ihres letzten Angebots, bitten Sie jedoch, uns auch in Zukunft Ihre Sonderangebote zukommen zu lassen.
3 Die Zurückziehung Ihres Angebots nehmen wir mit Bedauern zur Kenntnis. Hoffentlich ist es Ihnen noch möglich, unsere gestrige Bestellung auszuführen.
4 Heute erfahren wir vom Widerruf Ihres Angebots. Wir müssen dennoch auf Ausführung unseres Ihnen vor zwei Tagen erteilten Auftrages bestehen.

Replies when transaction is no longer straightforward

Offer withdrawn

1 We very much regret that you have withdrawn your offer of ...
2 We note with regret that you have withdrawn your last offer but would ask you, nevertheless, to provide us with information on your special offers in the future.
3 We note with regret that you have withdrawn your offer. We hope it is still possible for you to execute the order we placed yesterday.
4 We only discovered today that your offer has been withdrawn. We must nevertheless insist that the order we placed with you two days ago still be executed.

Auftragswiderruf

1 Den Widerruf Ihres Auftrags vom ... können wir nicht akzeptieren; die Ware hat gestern unser Werk verlassen.
2 Eine Stornierung Ihrer Bestellung ist nicht mehr möglich, da wir bereits mit der Produktion Ihres Auftrags begonnen haben.
3 Unser Lieferverzug war durch produktionstechnische Schwierigkeiten bedingt. In Anbetracht dieser Tatsachen möchten wir Sie bitten, Ihren Auftrag aufrechtzuerhalten.
4 Da unsere Lieferung an keinen Termin gebunden war, können wir Ihren Auftragswiderruf nicht anerkennen.
5 Unser Lieferverzug ist die Folge einer Reihe nicht von uns verschuldeter unglücklicher Zwischenfälle. Wir sind sicher, dass wir Ihren nächsten Auftrag pünktlich ausführen können.
6 In Sachen Lieferverzug trifft uns keine Schuld. Wir haben Ihre Beschwerde an unseren Exporteur weitergeleitet. Eine Stornierung Ihrer Bestellung können wir leider nicht mehr veranlassen.
7 Wir bedauern den Rückruf Ihres Auftrags, hoffen jedoch für die Zukunft auf gute Geschäftsverbindung.

Cancellation of order

1 We cannot accept the cancellation of your order dated ... The goods left our plant yesterday.
2 Your order can now no longer be cancelled because production of the goods is already under way.
3 The delay in delivery was brought about by technical problems in production. In view of this, we would ask you to not to cancel your order.
4 As delivery was not scheduled for a particular date we are unable to accept your cancellation of order.
5 The delay in delivery on our part is the consequence of a series of unfortunate events beyond our control. We are sure that we will be able to execute your next order punctually.
6 The delay in delivery is through no fault of our own. Your complaint has been passed on to our transport firm. We are no longer able to have your order cancelled.
7 We are sorry that you have cancelled your order but nevertheless hope that our business relations will be good in the future.

Rechtfertigung des Verzugs

Lieferverzug

1 Unser Lieferverzug ist durch eine bedauerliche Fehlplanung unserer Auftragsabteilung entstanden. Wir versichern Ihnen, dass wir in Zukunft Ihre Aufträge bevorzugt bearbeiten werden.
2 Unsere Exportabteilung ist zurzeit derart überlastet, dass es uns leider nicht möglich war, Ihren Auftrag vom ... fristgerecht abzuwickeln.
3 Unsere Lieferungsverzögerung bitten wir zu entschuldigen. Wir wurden von einer Zulieferfirma im Stich gelassen.
4 Die Waren aus Ihrer Bestellung vom ... machten eine Sonderanfertigung erforderlich. Wir bitten deshalb, unseren Lieferverzug zu entschuldigen.
5 Der Artikel Nr. ... wird auf einer neuen Anlage produziert. Den durch technische Schwierigkeiten entstandenen Verzug bitten wir zu entschuldigen.

Justification of delay

Delay in delivery

1 The delay in delivery on our part has unfortunately come about as a result of a regrettable error in planning by our sales department. We assure you that we will be giving your orders preferential treatment in future.
2 Our export department is currently so overworked that it has unfortunately not been possible for us to deal with your order of ... on schedule.
3 We would ask you to excuse the delay in delivery. We were let down by one of our suppliers.
4 We have had to manufacture the goods ordered on ... separately to your specifications. We would therefore ask you to excuse the delay in delivery.
5 Article No. ... is being produced with new machinery. We would ask you to excuse the delay, which is a result of technical problems.

6 Wir möchten Sie darauf aufmerksam machen, dass unser Lieferverzug auf eine Unklarheit in Ihrer Bestellung zurückzuführen ist.
7 Ihr Auftrag war derart missverständlich, dass wir erst nach mehrmaligen Rückfragen mit der Bearbeitung beginnen konnten. Jegliche Schuld an der Lieferungsverzögerung müssen wir deshalb ablehnen.
8 Mit Schreiben vom ... haben wir Ihnen mitgeteilt, dass wir Ihre Bestellung vom ... erst nach Bezahlung Ihres vorhergehenden Auftrags ausführen können. Sie haben sich den Lieferverzug demnach selbst zuzuschreiben.
9 Der große Lieferverzug ist durch eine Nachlässigkeit unseres Spediteurs entstanden. Wir haben Ihr Schreiben vom ... an ihn weitergeleitet.
10 Durch eine Störung in unserem Computersystem wurde unser gesamter Betrieb mehrere Tage stillgelegt. Es war uns deshalb nicht möglich, Ihren Auftrag pünktlich auszuführen.

6 We wish to point out that our delay in delivery is due to an ambiguity in your order.
7 Your order was expressed so unclearly that we were not able to start work on it until we had sought clarification on several occasions. We are therefore in no way to blame for the delay in delivery.
8 In our letter of ... we state that we will not be able to execute your order of ... until the previous one has been paid for. The delay in delivery is, for this reason, of your own making.
9 The long delay in delivery is due to negligence on the part of our freight forwarders. We have passed your letter of ... on to them.
10 Owing to a problem with our computer system, our entire company was closed down for several days. It was therefore impossible for us to process your order punctually.

Zahlungsverzug

1 Da wir ein Zahlungsziel von ... vereinbart hatten, ist uns Ihre Mahnung vom ... unverständlich.
2 Ihre Mahnung kam für uns überraschend. Wir haben unsere Bank schon in der letzten Woche angewiesen, den angegebenen Betrag an Sie zu überweisen.
3 Unser Zahlungsverzug ist auf eine vorübergehende Liquiditätsschwierigkeit zurückzuführen. Wir werden den Betrag in Höhe von ... Anfang nächster Woche an Sie überweisen.
4 Da Ihr Konto in unseren Büchern ausgeglichen ist, ist uns Ihre letzte Mahnung unverständlich. Wir bitten Sie um Überprüfung der Angelegenheit.
5 Da wir hohe Außenstände haben, sind wir mit unseren Zahlungsverpflichtungen in Verzug geraten. Wir bitten, dies zu entschuldigen, und werden den Betrag unverzüglich an Sie überweisen.
6 Ihre Ware kam in schlechtem Zustand bei uns an. Es war uns deshalb bis jetzt noch nicht möglich, größere Mengen abzusetzen. Unseren Zahlungsverpflichtungen werden wir nachkommen, sobald wir einen größeren Posten abgesetzt haben.

Delay in payment

1 As a credit period of ... was agreed we cannot understand why you sent us a reminder on ...
2 Your reminder came as a surprise to us, since our bank was instructed last week to remit the sum in question to you.
3 Our delay in payment is the result of a temporary shortage of liquidity on our part. We will be remitting the sum of ... to you at the beginning of next week.
4 As, according to our records, our account with you is balanced, we cannot understand why we have received a reminder. Please look into this matter.
5 As we are still owed considerable sums of money, our own payments are also behind schedule. We would ask you to excuse this delay and undertake to remit the amount due to you immediately.
6 As the merchandise arrived here in poor condition, we have not been able to sell it in large quantities. We will meet our financial obligations towards you as soon as we have sold a larger quantity of it.

7 Sobald Sie uns den Preisnachlass für den beschädigten Artikel mitgeteilt haben, werden wir unsere Bank beauftragen, den entsprechenden Betrag an Sie zu überweisen.
8 Nachdem Sie die Ware mit ...-monatiger Verspätung geliefert haben, ohne uns dies zu avisieren, haben wir wenig Verständnis für Ihre in unfreundlichem Ton gehaltene Mahnung. Wir werden den Betrag wie vereinbart ... Tage nach Erhalt der Ware begleichen.
9 Da wir eine größere Forderung gegen Ihre Zweigniederlassung in ... haben, erlauben wir uns die beiden Beträge gegeneinander aufzurechnen.

7 As soon as you let us know how much discount you are allowing for the damaged article, we will instruct our bank to remit the appropriate amount.
8 Since the goods were delivered to us after a delay of ... months, with no prior notification on your part, we have great difficulty in understanding the very unfriendly reminder sent to us. We will be remitting the invoice amount, as arranged, ... days after receipt of the goods.
9 As we are owed a substantial sum by your branch in ..., we are taking the liberty of offsetting this against the sum we owe you.

Entschuldigung für Lieferverzug

1 Unser Lieferverzug resultiert aus einer falschen Disposition. Wir bitten Sie um Entschuldigung.
2 Unseren Lieferverzug bitten wir zu entschuldigen.
3 Ihre Bestellung vom ... wurde bei uns leider fehlgeleitet. Wir bitten Sie für die Lieferungsverzögerung um Verständnis und versprechen Ihnen für die Zukunft bevorzugte Bearbeitung Ihrer Bestellungen.
4 Unserem zuständigen Sachbearbeiter ist ein Fehler unterlaufen. Wir bitten, die verspätete Auslieferung zu entschuldigen.
5 Wegen einer Fehlplanung unserer Fertigungsabteilung konnten wir Ihren Auftrag leider nicht fristgerecht abwickeln.
6 Wegen der Einführung einer neuen Software sind wir mit der Bearbeitung unserer Aufträge in Rückstand geraten. Wir hoffen, Ihnen die Waren Ihrer Bestellung vom ... in ... Tagen zustellen zu können.
7 Wir bitten, unsere Lieferungsverzögerung zu entschuldigen. Schwierigkeiten in der Fertigung machten es uns unmöglich, Ihren Auftrag früher auszuführen.
8 Die Lieferungsverzögerung von ... Tagen bedauern wir außerordentlich. Wir sind deshalb bereit, Ihnen die Ware zu einem reduzierten Preis zu überlassen.
9 Unser neu eingerichtetes Bestell-Center im Internet ist so gut angelaufen, dass wir mit der Auftragsbearbeitung kaum nachkommen, Bitte haben Sie deshalb noch etwas Geduld. Wir werden Sie so bald wie möglich beliefern.

Apology for delay in delivery

1 The delay in delivery is due to a mistake in scheduling on our part. Please accept our apologies.
2 Please excuse our delay in delivery.
3 Your order of ... unfortunately went astray here. We apologise for the delay in delivery and assure you that your orders will be given preferential treatment in future.
4 The member of our staff dealing with your order made a mistake. We would ask you to excuse the delay in despatch.
5 As a result of a mistake in planning on the part of our production department, we have unfortunately been unable to process your order on schedule.
6 Due to the introduction of new software we are behind with our orders. We hope to be able to deliver the goods ordered on ... in ... days.
7 Please excuse the delay in delivery. Production problems have made it impossible for us to execute your order earlier.
8 We are extremely sorry that delivery has been delayed by ... Under the circumstances, we are willing to let you have the goods at a reduced price.
9 Our newly installed Internet ordering system has been so successful that we are hardly able to keep pace with demand. We apologise for the delay and will supply you with the goods as soon as possible.

Entschuldigung für Zahlungsverzug

1 Wegen Überlastung unserer Buchhaltung sind wir mit den Zahlungen in Verzug geraten. Wir werden den Betrag umgehend an Sie überweisen und bitten Sie, die Verzögerung zu entschuldigen.
2 Ihre Rechnung vom ... wurde bei uns falsch abgelegt und daher nicht beglichen. Wir bitten Sie, dies zu entschuldigen.
3 Ihre letzte Rechnung ist durch ein Versehen noch nicht beglichen worden.
4 Unserem zuständigen Sachbearbeiter ist ein Buchungsfehler unterlaufen. Die dadurch bedingte Zahlungsverspätung bitten wir Sie zu entschuldigen.
5 Wir haben unser Buchungsprogramm auf Computer umgestellt, was zu Anfangsschwierigkeiten führte. Wir bitten, etwaige Zahlungsverzögerungen zu entschuldigen.
6 Wie telefonisch mit Ihnen vereinbart, haben wir bei unserer Bank nachgefragt. Diese teilt uns mit, dass durch ein technisches Versehen im Computersystem Ihr SWIFT-Auftrag verzögert wurde. Die Überweisung ist inzwischen veranlasst worden.
7 Die Regulierung Ihrer Rechnung vom ... ist durch ein Versehen unterblieben.
8 Durch die Verlegung unserer Buchhaltung in das neue Bürogebäude sind wir mit unseren Zahlungen in Rückstand geraten. Bitte haben Sie für diesen Umstand Verständnis.
9 Leider wurde Ihre letzte Rechnung von uns übersehen.
10 Wir danken Ihnen dafür, dass Sie uns an die noch offene Rechnung erinnert haben. Sie wurde versehentlich in das falsche PC-System eingespeichert. Wir haben den Fehler korrigiert und den Betrag zur sofortigen Zahlung angewiesen.
11 Durch die Umstellung auf den Euro haben sich in unserer Buchhaltung Engpässe ergeben. Wir bitten deshalb, die Zahlungsverzögerung zu entschuldigen.

Apology for delay in payment

1 Due to the fact that our accounts department is overworked, we are behind schedule with payments. We will be remitting the sum in question to you immediately and would ask you to excuse the delay.
2 Your invoice dated ... was wrongly filed here and therefore not settled. We would ask you to accept our apologies.
3 As a result of an error, your last invoice has not yet been settled.
4 The member of staff dealing with your invoice made a book-keeping error. We would ask you to accept our apologies for the delay thus caused.
5 The computerisation of our accounting system has led to some initial difficulties. Please accept our apologies for any delays in payment.
6 As agreed in our telephone conversation, we have now made enquiries at our bank. They have told us that a technical fault in their computer network caused your SWIFT transaction to be delayed. Transfer has now been initiated.
7 As a result of an error, your invoice of ... has not been settled.
8 Due to the fact that our accounts section has now been transferred to a new office building, we are behind schedule with our payments. Please accept our apologies.
9 Your last invoice was unfortunately overlooked by us.
10 Thank you for drawing our attention to the as yet unsettled invoice. It was unfortunately read into the wrong computer. This error has been corrected and the sum in question will be remitted immediately.
11 The changeover to the euro has brought about delays in our accounting procedures. We would therefore ask you to accept our apologies for the delay in payment.

Ablehnende Antworten auf Mängelrügen

Nichtannahme einer Mehrlieferung

1 Der Artikel Nr. ... ist in Kartons zu je ... Stück verpackt. Da wir keine Verwendung für angebrochene Kartons haben, bitten wir Sie, die zu viel gelieferten Stücke abzunehmen.
2 Ihre Bestellung vom ... gab zu Missverständnissen Anlass. Eine Schuld bezüglich der Mehrlieferung des Postens ... können wir deshalb nicht anerkennen.
3 Ihre Bestellung Nr. ... wurde von uns ordnungsgemäß abgewickelt.
4 Aus unseren Unterlagen ist keine Mehrlieferung Ihrer letzten Bestellung um ... % ersichtlich. Bitte überprüfen Sie nochmals Ihren Auftrag.
5 Ihre Mängelanzeige wegen Mehrlieferung ist uns unverständlich. Während unseres letzten Telefongesprächs zeigten Sie sich mit einer Mehrlieferung von ... Stück einverstanden.
6 Ihre Beschwerde in Sachen Mehrlieferung Ihres letzten Auftrages ist unbegründet, da Sie uns in Ihrem Schreiben vom ... um zusätzliche Lieferung von ... Stück des Artikels ... baten.
7 Ihre Beschwerde wegen der Mehrlieferung von ... Stück des Artikels ... ist uns unbegreiflich. Dürfen wir Sie an den einschlägigen Briefwechsel erinnern?
8 Mit Fax/E-Mail vom ... baten Sie um eine Zusatzlieferung von ... Stück. Diese erfolgte termingerecht zu den vereinbarten Bedingungen. Wir müssen daher Ihre Beschwerde wegen Mehrlieferung als unbegründet zurückweisen.

Unvollständigkeit

1 Sie haben ... Stück bestellt; wir haben Ihnen diese geliefert. Ihre Beschwerde wegen unvollständiger Lieferung ist uns unbegreiflich.
2 Nach unseren Unterlagen ist Ihre Beschwerde wegen unvollständiger Lieferung unbegründet.
3 Die fehlenden Stücke könnten beim Transport verloren gegangen sein.

Negative response to complaints

Non-acceptance of unwanted goods

1 Article No. ... is packed in cardboard boxes in batches of ... (number). As we have no use for opened cardboard boxes we would ask you to keep the excess quantity delivered.
2 Your order of ... gave rise to several misunderstandings. We are therefore in no way to blame for the excess amount of article ...
3 Your order No. ... was properly dealt with by us.
4 We have no record of ... % more goods than ordered being supplied to you last time. Please re-examine your order.
5 We cannot understand your complaint about too many deliveries. In our last telephone conversation you agreed to our supplying you with an additional quantity of ... units.
6 Your complaint as regards the delivery of unwanted goods in respect of your last order is unfounded, since in your letter of ... you request us to supply you with ... additional units of article ...
7 We can see no reason for your complaint about our supplying you with ... unwanted units of article ... May we draw your attention to our correspondence on this matter?
8 In your fax / e-mail dated ... you requested us to supply you with an extra ... units. This was duly done, on schedule and on the terms agreed. For this reason we cannot accept your complaint that you have received unwanted goods.

Short delivery/shipment

1 Your order was for ... units, which were duly delivered to you. We are therefore unable to understand your complaint regarding short delivery.
2 According to our records there can be no grounds for a complaint about short delivery.
3 The missing units may have been lost in transit.

4 Da wir Ihren letzten Auftrag ordnungsgemäß ausgeliefert haben, möchten wir Sie bitten, unsere Lieferung nochmals genau zu überprüfen.
5 Zur Überprüfung Ihrer Beschwerde wegen unvollständiger Lieferung wird in den nächsten Tagen unser Mitarbeiter/Vertreter, Herr . . ., bei Ihnen vorbeikommen.
6 In unseren Büchern (PC-Unterlagen) haben wir keine Fehler entdecken können. Bitte überprüfen Sie nochmals unsere letzte Bestellung.
7 Mit der Überprüfung Ihrer Mängelanzeige haben wir unseren Vertreter, Herrn . . ., beauftragt.
8 Wir können Ihre Beschwerde wegen unvollständiger Lieferung erst nach genauer Prüfung anerkennen.
9 Mit Ihrem Schreiben vom . . . reduzierten Sie Ihre letzte Bestellung um . . . Stück. Ihre Beschwerde ist somit gegenstandslos.
10 Sie baten uns telefonisch (per Fax/ E-Mail), vom Posten . . . Ihres letzten Auftrags nur die Hälfte zu liefern.

4 As your last order was properly despatched we would ask you to re-examine the goods delivered carefully.
5 Our Mr . . . will be calling on you in the next few days to look into your complaint regarding short shipment.
6 We have been unable to find any error in our (computer) records. Please check our last order again.
7 Our agent, Mr . . ., has been entrusted with the task of looking into your complaint.
8 We will only be in a position to accept your complaint regarding short shipment after the matter has been looked into carefully.
9 In your letter of . . . you reduced the quantity ordered by . . . units. We therefore see no grounds for complaint.
10 You asked us in your phone call (fax / e-mail) to supply only half of item . . . in your last order.

Qualitätsrügen

1 Wir haben Ihnen die bestellte Qualität geliefert.
2 Die Waren entsprechen der von Ihnen bestellten Qualität.
3 Mit Schreiben vom . . . änderten Sie Ihre Bestellung bezüglich der Qualität des Artikels . . . ab.
4 Die Ihnen zugesandten Waren entsprechen qualitativ korrekt unserer Musterlieferung vom . . . dieses Jahres.
5 Ihre plötzliche Beschwerde hinsichtlich der „schlechten Qualität“ unserer Waren ist uns unverständlich, da wir Ihnen schon seit Jahren eben diese Qualität liefern, ohne dass es je zu einer Beschwerde gekommen wäre.
6 Die Waren verließen unser Werk in einwandfreiem Zustand.
7 Da wir nur Waren der gelieferten Qualität führen, ist uns Ihre Beschwerde unverständlich.
8 Sie haben es versäumt, in Ihrer Bestellung vom . . . Qualitätsangaben zu machen. Ihre Beschwerde ist deshalb unbegründet.

Quality complaints

1 We have supplied you with the quality ordered.
2 The goods correspond to the quality ordered.
3 In your letter of . . . you changed your order as regards the quality of article . . .
4 As far as quality is concerned, the goods sent to you correspond exactly to the samples supplied on . . . of this year.
5 Your sudden complaint as regards the “poor quality” of our goods is hard for us to understand, as we have been supplying you with this same quality for many years with no complaint on your part up to now.
6 The goods left our plant in perfect condition.
7 We cannot understand your complaint as we only stock goods of the quality supplied.
8 You omitted to specify the quality in your order dated . . . Your complaint is therefore unfounded.

9 Weil Sie keine konkreten Wünsche äußerten, sandten wir Ihnen Waren mittlerer Qualität.
10 Die von Ihnen gewünschte mittlere Qualität wird nicht mehr gefertigt. Bitte berücksichtigen Sie dies bei Ihren weiteren Bestellungen.

9 As you made no specific requests we sent you goods of average quality.
10 We no longer produce the average quality you request. Please bear this in mind when placing further orders.

Verpackungsmängel

1 Ihre Wünsche hinsichtlich besserer Verpackung können wir nur bei Erhöhung der Preise erfüllen. Die Verpackung unserer Waren hat sich seit Jahren bewährt. Wir sind deshalb über Ihre Beschwerde erstaunt.
2 Die für Sie bestimmte Lieferung wurde vorschriftsmäßig verpackt. Für Beschädigungen während des Versands können wir keine Haftung übernehmen.
3 Die Ware verließ unser Werk am ... in einwandfreier Verpackung.
4 Sie sind die erste Firma, die sich über unsere Verpackung beschwert.
5 Die Sperrigkeit der Güter ließ keine andere Verpackung zu.
6 Da Sie auf schnelle Lieferung drängten, konnten wir leider unsere Spezialverpackung nicht verwenden.
7 Ihre Schadenersatzansprüche müssen wir zurückweisen.
8 Die Verpackung unserer Waren hat sich weltweit bewährt und entspricht den neuesten EU-Richtlinien. Ihre Beschwerde ist uns daher völlig unverständlich.
9 Ihre Schadenersatzansprüche wegen mangelhafter Verpackung werden wir nicht anerkennen.
10 Die Waren wurden nicht von uns, sondern von einer Spezialfirma verpackt. Ihre Beschwerde haben wir an sie weitergeleitet.

Poor packing

1 We can only comply with your wishes as regards better packing if an extra charge is made. As the packing used for our goods has proven its worth over the years your complaint comes to us as a surprise.
2 The consignment sent to you was packed in the prescribed way. We cannot accept any liability for damage in transit.
3 When the goods left our plant on ... the packing was in perfect condition.
4 Yours is the first company to complain about our packing.
5 The goods are so bulky that no other form of packing was feasible.
6 As you put pressure on us to deliver quickly, we were unfortunately unable to use our special packing.
7 We must reject your claim for damages.
8 The packing for our goods has proved its worth all over the world and conforms to the latest EU regulations. We therefore cannot understand your complaint.
9 We cannot grant your claim for damages as a result of poor packing.
10 The goods were not packed by us but by a specialist firm. We have passed your complaint on to them.

Anerkennung der Mängel

Liefermenge

1 Da Ihre Bestellung die vorrätige Menge überschritt, konnten wir Ihren Auftrag leider nicht wunschgemäß ausführen.
2 Der Artikel ... wird bei uns nicht mehr gefertigt. Haben Sie deshalb bitte Verständnis, wenn wir Ihren letzten Auftrag nicht ordnungsgemäß ausführen konnten.

Acknowledging mistakes

Quantity supplied

1 As your order was for more than we had in stock, we were unfortunately unable to process it as requested.
2 We no longer produce article ... and thus trust you will understand why we were unable to execute your last order in the normal way.

3 Durch ein Versehen haben wir Ihnen ... Stück zu viel geliefert. Sollten Sie die überzähligen Artikel dennoch abnehmen, würden wir Ihnen einen Preisnachlass von ... gewähren.
4 Die unvollständige Lieferung Ihrer letzten Bestellung ist auf einen Fehler unserer Auftragsabteilung zurückzuführen.
5 Bitte entschuldigen Sie die zu geringe Belieferung bezüglich Ihrer letzten Bestellung.
6 Wir haben die fehlenden Artikel bereits zum Versand angewiesen. Bitte entschuldigen Sie unseren Irrtum.
7 Die fehlenden Waren werden Ihnen zu unseren Lasten per Express (per Lkw, Luftfracht) zugesandt.
8 Wir sind sicher, dass uns solche Fehler nicht mehr unterlaufen werden.
9 Sollten Sie für die zu viel gelieferten Waren keine Verwendung haben, schicken Sie sie bitte zu unseren Lasten zurück.
10 Durch ein Versehen wurde Ihnen eine veraltete Software zugesandt. Anbei erhalten Sie das überarbeitete Programm. Wir bitten, den Fehler zu entschuldigen.

3 As a result of an error we have oversupplied you by ... units. Should you nevertheless wish to purchase the surplus articles, we will grant you a reduction in price of ...
4 Your last order was shortshipped as a result of an error in our order section.
5 Please excuse the short delivery in the case of your last order.
6 We have now arranged to have the missing articles despatched. Please excuse this error.
7 The missing articles will be sent to you by express (by lorry, air freight) at our expense.
8 This sort of error will certainly not happen again.
9 Should you have no use for the surplus goods supplied, please send them back at our expense.
10 You were unfortunately supplied with an older version of the software by mistake. We apologise for this and enclose the updated version.

Qualität

1 Durch ein Versehen wurden Ihnen Waren minderer Qualität geliefert. Bitte senden Sie uns diese Artikel zurück.
2 Die von Ihnen gewünschte Qualität hatten wir nicht auf Lager. Wir schickten Ihnen deshalb – übrigens zum gleichen Preis – Waren einer höheren Güteklasse.
3 Bitte entschuldigen Sie die schlechte Ausführung des Artikels ... Wir werden dies bei der Rechnungserstellung berücksichtigen.
4 Die Stücke minderer Qualität tauschen wir auf unsere Kosten um.
5 Bei der Bearbeitung Ihrer Bestellung vom ... ist uns leider ein Fehler unterlaufen.
6 Wir erkennen Ihre Schadenersatzansprüche für die Stücke der minderen Qualität an und bitten für das Versehen um Nachsicht.
7 Bitte entschuldigen Sie unseren Irrtum hinsichtlich der Qualität des Postens Ihrer letzten Bestellung.
8 Wir sind bereit, Ihnen auf die qualitativ weniger guten Stücke einen Preisnachlass von ... % zu gewähren.

Quality

1 You have been mistakenly supplied with goods of inferior quality. Please return these articles to us.
2 We have no more stocks of the quality requested. We have therefore sent you better-quality goods – at no extra charge.
3 Please excuse the poor finish of article ... This will be taken into account when you are invoiced.
4 We will exchange the articles of inferior quality at our expense.
5 When dealing with your order of ... we unfortunately made a mistake.
6 We acknowledge your claim for compensation as regards the items of inferior quality and would ask you to excuse this error.
7 Please excuse our error as regards the quality of the goods supplied in respect of your last order.
8 We are prepared to grant a reduction in price of ... % on the low-quality items.

9 Bitte schicken Sie die beanstandeten Stücke zurück. Wir werden Ihnen umgehend die gewünschte Qualität zukommen lassen.

9 Please return the items you complain of to us. We will supply you with the quality desired by return.

Verpackung

1 Wir bitten um Nachsicht für die unsachgemäße Verpackung.
2 Da unser Spezialverpackungsmaterial ausgegangen ist, konnten wir Ihre Sendung leider nicht besser verpacken.
3 Wir erkennen Ihre Schadenersatzansprüche an und bitten für die Verpackung um Entschuldigung.
4 Ihre Beschwerde wegen unsachgemäßer Verpackung erkennen wir an. Bitte senden Sie die beschädigten Stücke zurück.
5 Die mangelhafte Verpackung des Artikels Nr. ... ist durch einen Fehler an unserer Verpackungsmaschine entstanden.
6 Wegen Personalmangels und Terminschwierigkeiten konnten wir die Waren leider nicht sorgfältiger verpacken lassen.
7 Sie sind die erste Firma, die mit unserer Spezialverpackung nicht zufrieden ist. Wir werden Ihre Beschwerde überprüfen lassen.
8 In Anbetracht der von Ihnen zu Recht gerügten schlechten Verpackung sind wir bereit, Ihnen einen Preisnachlass von ... % zu gewähren.
9 Wir bedauern sehr, dass die Ware infolge eines Verpackungsfehlers beschädigt bei Ihnen eingetroffen ist. Bitte teilen Sie uns die Höhe des Ihnen entstandenen Schadens mit.

Packing

1 Please excuse the improper packing.
2 As we had no further supplies of our special packaging material we were unfortunately unable to pack your order any better.
3 We acknowledge your claim for compensation and ask you to accept our apologies for the packing.
4 We acknowledge your complaint as regards improper packing. Please return the damaged items to us.
5 The poor packing of article No. ... is due to a fault with our packing machine.
6 As a result of staffing shortages and scheduling problems we were unfortunately unable to have the goods packed more carefully.
7 Yours is the first company to be dissatisfied with our special packing. We will have your complaint looked into.
8 In view of the poor packing, to which you justifiably took exception, we are prepared to grant you a discount of ... %.
9 We very much regret that the goods arrived damaged as a result of an error in packing. Please let us know the extent of the damage.

Falschlieferung

1 Durch ein Versehen wurden Ihnen falsche Waren zugesandt. Wir bitten, diesen Irrtum zu entschuldigen.
2 Sollten Sie für die irrtümlich gelieferten Artikel Verwendung haben, wären wir bereit, Ihnen einen Preisnachlass von ... % zu gewähren.
3 Bitte senden Sie die falsch gelieferten Posten an uns zurück. Ihr letzter Auftrag wird bereits bearbeitet.
4 Durch einen Fehler im Aufzeichnungsprogramm unseres Computers sind Ihnen irrtümlich statt der Serien Nrn ... die Artikel Nrn ... zugesandt worden.

Wrong goods supplied

1 You were mistakenly sent the wrong goods. We would ask you to excuse this error.
2 If you can make use of the articles mistakenly supplied to you, we are prepared to grant a reduction in price of ... %.
3 Please return the articles you have been mistakenly supplied with. Your last order is already being re-processed.
4 Due to a malfunction of our computer's recording program you were erroneously sent articles nos. ... instead of series nos. ...

Rechtfertigung der Rechnungsstellung

1 Da wir die vereinbarten Preise in Rechnung gestellt haben, ist uns Ihre Beschwerde über unsere Rechnung vom ... unverständlich.
2 Ihre Beschwerde bezüglich unserer Rechnung Nr. ... müssen wir zurückweisen.
3 Ihre Forderung auf Preisnachlass können wir nicht anerkennen, da unsere Preisstaffelung bei derart kleinen Mengen noch nicht in Kraft tritt.
4 Wir können in unserer letzten Rechnung keinen Additionsfehler entdecken.
5 Wir sind nicht verpflichtet, die Kosten des Versands zu übernehmen.
6 Der vereinbarte Preisnachlass wurde in unserer Rechnung vom ... bereits berücksichtigt. Die in Rechnung gestellten Preise entsprechen unserer derzeit gültigen Preisliste.
7 Unsere Preise sind äußerst kalkuliert. Ihrer nachträglichen Forderung auf Mengenrabatt können wir leider nicht nachkommen.
8 Wir können in unserer Rechnung vom ... keinen Fehler entdecken. Bitte überprüfen Sie die Angelegenheit nochmals.

Justification of particulars of invoice

1 As we have charged the prices agreed, we fail to understand your complaint as regards our invoice of ...
2 We cannot accept your complaint with reference to our invoice No. ...
3 We cannot grant your claim for a reduction in price, as our staggered price scale does not apply to such small quantities.
4 We are unable to find any arithmetical error in our last invoice.
5 We are not obliged to bear despatch costs.
6 The reduction in price agreed was already taken into account in our invoice of ... The prices charged are those in our currently valid price list.
7 Our prices are rock-bottom. We are thus unable to meet your additional request for a quantity discount.
8 We have not been able to find any error in our invoice of ... Please look into this matter again.

Antworten auf fehlerhafte Abzüge

1 Wir werden Ihnen umgehend eine berichtigte Rechnung zugehen lassen.
2 Bitte entschuldigen Sie den Additionsfehler in unserer letzten Rechnung.
3 Den zu viel berechneten Betrag in Höhe von ... haben wir Ihrem Konto gutgeschrieben.
4 Als Anlage erhalten Sie die berichtigte Rechnung in dreifacher Ausfertigung. Bitte entschuldigen Sie das Versehen.
5 Die beanstandete Rechnung wird von uns korrigiert und Ihnen umgehend zurückgesandt.
6 Ihrem Wunsch entsprechend haben wir die korrigierte Rechnung in ... (Währung) fakturiert.
7 Den Betrag in Höhe von ... für die irrtümlich berechneten Frachtkosten haben wir auf Ihr Konto Nr. ... bei Ihrer Bank überwiesen.

Response to incorrect deductions

1 We are sending you an amended invoice immediately.
2 Please excuse the arithmetical error in our last invoice.
3 The extra amount of ... charged by mistake has been credited to your account.
4 Please find enclosed three copies of the amended invoice. We would ask you to excuse this error.
5 The invoice you complain about will be rectified and returned to you immediately.
6 As requested, we have made out the amended invoice in ... (currency).
7 The sum of ... mistakenly charged for freight costs has been transferred to your bank account No. ...

8 Den irrtümlich in Rechnung gestellten Betrag von ... werden wir bei unserer nächsten Fakturierung berücksichtigen.
9 Bitte entschuldigen Sie, dass wir in unserer Rechnung vom ... nicht die versprochenen Mengenrabatte berücksichtigt haben.
10 Ihre Beschwerde wegen Nichtgewährung der versprochenen Preisnachlässe ist berechtigt. Bitte entschuldigen Sie dieses Versehen. Wir werden den zu viel berechneten Betrag Ihrem Konto gutschreiben.
11 Wie am ... telefonisch (per Fax/E-Mail) vereinbart, gehen die Versandkosten zu unseren Lasten. Bitte entschuldigen Sie unseren Irrtum.
12 Sie erhalten umgehend eine neue Rechnung, in der wir den versprochenen Mengenrabatt berücksichtigen werden.
13 Den vereinbarten Preisnachlass werden wir bei unserer nächsten Rechnung berücksichtigen.
14 Wir danken Ihnen, dass Sie uns auf unseren Irrtum aufmerksam gemacht haben. Der versehentlich nicht abgezogene Betrag wurde bereits auf Ihrem Konto gutgeschrieben.
15 Bitte entschuldigen Sie unsere Beschwerde. Durch ein Versehen wurde der Betrag falsch (ohne Berücksichtigung des Mengenrabatts) in das Computer-Programm eingegeben.
16 Den ungerechtfertigt abgezogenen Rabatt werden wir umgehend auf Ihr Konto Nr. ... bei der ...-Bank in ... überweisen.
17 Bitte stellen Sie uns den irrtümlich abgezogenen Mengenrabatt bei unserer nächsten Bestellung in Rechnung.
18 Wir werden den abgezogenen Betrag in Höhe von ... Ihrem Konto bei uns gutschreiben.
19 Als Anlage erhalten Sie eine Gutschrift für den irrtümlich abgezogenen Bonus in Höhe von ...
20 Ihre Mahnung bezüglich des von uns irrtümlich abgezogenen Betrags ist berechtigt.
21 Wir möchten Sie bitten, in Ihren Rechnungen in Zukunft den abgezogenen Mengenrabatt deutlich zu kennzeichnen.
22 Als Anlage übersenden wir Ihnen einen Verrechnungsscheck über den zu viel abgezogenen Betrag.
23 Bitte belasten Sie unser Konto mit dem irrtümlich abgezogenen Skonto.

8 The sum of ... mistakenly charged to you will be taken into account in our next invoice.
9 Please excuse us for not having taken into account the quantity discount promised in our order of ...
10 Your complaint that we omitted to grant the price reduction promised is justified. Please excuse this error. The extra sum charged will be credited to your account.
11 As agreed by telephone (fax / e-mail) on ..., the despatch costs will be borne by us. Please excuse this error.
12 You will be receiving a new invoice by return in which the quantity discount promised is included.
13 The price reduction agreed will be taken into account in our next invoice.
14 Thank you for drawing our attention to our error. The mistakenly deducted amount has already been credited to your account.
15 Please excuse our complaint. The amount in question was wrongly entered into our computer program (entered with no deduction for quantity discount).
16 The discount to which we were not entitled will be transferred immediately to your bank account No. ... at (the) ... Bank in ...
17 Please charge us for the mistakenly deducted quantity discount when making up our next invoice.
18 We will credit the amount of ... deducted to your account with us.
19 We enclose a credit note for the mistakenly deducted bonus of ...
20 Your complaint regarding the erroneously deducted amount is justified.
21 We would ask you to show quantity discount deductions clearly on your invoices in future.
22 We enclose a crossed cheque for the extra amount deducted.
23 Please debit the erroneously deducted discount to our account.

Gutschriftsanzeige

1 Wir haben am ... Ihrem Konto den Betrag von ... gutgeschrieben.
2 Wir haben heute unserer Buchhaltung Anweisung erteilt, Ihnen ... gutzuschreiben.
3 Auf die beanstandeten Artikel Nr. ... und Nr. ... gewähren wir Ihnen einen Nachlass in Höhe von ... %des Rechnungsbetrags. Entsprechende Gutschrift ist bereits erfolgt.

Advice that account has been credited

1 The sum of ... was credited by us to your account on ...
2 Our accounts department was instructed today to credit ... to your account.
3 We are granting you a discount of ... % of the invoice amount on the articles complained about – Nos. ... and ... Your account has now been credited accordingly.

Antworten auf Missverständnisse und Unklarheiten

1 Wir sind überrascht zu hören, dass Sie unsere Bestellformulare (Computerbögen) nicht übersichtlich genug finden.
2 Wir werden Ihre Anregung in Sachen unserer Mustermappe überprüfen.
3 Wir verstehen Ihre erneute Anfrage nicht. Bei sämtlichen Mustern ist doch die Qualität angegeben.
4 Es tut uns Leid, dass unsere Bestellung vom ... zu Missverständnissen Anlass gab und dadurch Verzögerungen entstanden.
5 Wir werden uns bemühen, Ihre Bestellformulare in Zukunft gut leserlich auszufüllen.
6 Bitte entschuldigen Sie unsere unklare Rechnungsstellung. Der Mengenrabatt wurde bereits bei der Preisstellung berücksichtigt.
7 Die Fehllieferung ist durch einen Übertragungsfehler entstanden. Bitte haben Sie dafür Verständnis.

Responses to misunderstandings and ambiguities

1 We are surprised to discover that you do not find our order forms (computer sheets) clear enough.
2 We will look into your suggestions as regards our folder of samples.
3 We are not quite sure why you have enquired again. The quality is indicated on all the samples.
4 We are sorry that our order of ... gave rise to misunderstandings leading to delays.
5 We will make sure your order forms are filled in legibly in future.
6 Please excuse our unclear invoice. The price stated already includes the quantity discount.
7 The wrong goods were supplied because of an error in transcription. Please accept our apologies.

Vorbeugende Maßnahmen

Lieferung

1 Vielleicht ist es Ihnen in Zukunft möglich, unsere Aufträge sofort nach Eingang zu bearbeiten.
2 Wir bitten Sie, die für uns bestimmten Lieferungen in Zukunft per Express (per Eilgut, per Luftfracht) zu versenden.

Preventative measures

Delivery

1 Perhaps in future you will be able to attend to our orders as soon as you have received them.
2 We would ask you to despatch our consignments by express (by fast freight, by air freight) in future.

3 Um solche Lieferungsverzögerungen zu vermeiden, wollen Sie die Waren in Zukunft per Lkw-Sammelverkehr expedieren.
4 Wir möchten Sie bitten, in Zukunft nur die Aufträge anzunehmen, die Sie auch ausliefern können.
5 Vermutlich ist die Ursache für Ihren fast schon chronischen Lieferverzug in der schlechten Organisation Ihrer Auftragsabteilung zu suchen.
6 Wir bitten Sie, die Fertigungstermine künftig genauer zu überwachen.
7 Wir sind sicher, dass Ihre Lieferungsverzögerungen bei besserer Terminplanung vermeidbar wären.

3 To avoid such delays please despatch the goods by lorry groupage transport in future.
4 We would ask you only to accept orders you are able to despatch in future.
5 The reason for what is now your almost chronic delay in delivery would seem to be poor organisation in your order department.
6 Please keep more closely to production dates in future.
7 We are sure that your delays in delivery could be avoided by better scheduling.

Zahlung

1 Um ähnliche Zahlungsverzögerungen zu vermeiden, bitten wir für die Zukunft um sofortige Barzahlung (Zahlung per Scheck) bei Wareneingang.
2 Vielleicht können Sie einen kurzfristigen Kredit aufnehmen?
3 Warum nehmen Sie nicht einen Bankkredit auf, wenn Sie in Liquiditätsschwierigkeiten geraten sind?
4 Sie hätten uns um ein ... Zahlungsziel bitten können.
5 Bitte weisen Sie Ihre Buchhaltung an, geschuldete Beträge in Zukunft rechtzeitig zu überweisen.

Payment

1 To avoid similar delays in payment in the future we must ask you for immediate cash payment (payment by cheque) on receipt of goods.
2 Have you considered applying for short-term credit?
3 Have you considered applying for an overdraft facility if you are having liquidity problems?
4 You could have requested a credit period of ...
5 Please instruct your accounts department to remit monies owing punctually in future.

Mengen

1 Um Fehllieferungen zu vermeiden, bitten wir Sie, künftig unsere Auftragsmengen bei Verpackung nochmals zu überprüfen.
2 Vielleicht können unvollständige Lieferungen vermieden werden, wenn Sie das Verpacken der Waren genauer kontrollieren lassen.
3 Sie könnten die bearbeiteten Bestellungen von einem zuverlässigen Mitarbeiter überprüfen lassen.
4 Mit Hilfe eines entsprechenden computergesteuerten Kontrollsystems könnten Sie sicher eine genauere Auftragsbearbeitung erreichen.

Quantities

1 To avoid mistakes in delivery we would ask you in future to double-check the quantities ordered when packing our goods.
2 Short deliveries could perhaps be avoided if the packing of the goods were more carefully supervised.
3 Once the orders have been processed you could have them checked by a reliable employee.
4 You could most certainly process your orders more precisely if you made use of a suitable computerised monitoring system.

Qualität

1 Durch ständige Kontrollen Ihrer Fertigung ließen sich derartige Qualitätsabweichungen sicherlich vermeiden.
2 Besitzen Sie keine Prüfabteilung, in der die Qualität Ihrer Waren kontrolliert wird?
3 Derartige Fehler ließen sich sicherlich vermeiden, wenn Ihr Warenlager nach Qualitätsgruppen gegliedert wäre.
4 Wenn Sie Ihre Artikelbezeichnungen neu festlegten, wären derartige Fehler sicherlich zu vermeiden.
5 Bitte lassen Sie die Qualität der Waren bei der Verpackung genau überprüfen.
6 Wäre es nicht möglich, an Ihren Maschinen automatische (computerüberwachte) Qualitätskontrollen anzubringen?
7 Durch Entnahme von Stichproben könnten Sie sich von der Qualität Ihrer Fertigung überzeugen.
8 Was Ihnen fehlt, ist offensichtlich eine klare Qualitätskontrolle.
9 Durch den Einsatz einer neuen Maschine könnten die Qualitätsschwankungen Ihrer Produktion vermieden werden.
10 Durch Lagerung in temperierten Hallen ließe sich der Qualitätsabfall gewiss vermeiden.

Quality

1 Regular production checks would most certainly prevent this sort of variation in quality.
2 Have you no quality control department to check your goods?
3 Such mistakes could be avoided if your warehouse had separate storage areas for different qualities.
4 Such mistakes could certainly be prevented if your goods were differently labelled.
5 Please have the quality of the goods checked carefully while they are being packed.
6 Is it not possible to attach automatic (computer-controlled) quality monitoring devices to your machines?
7 Spot-checks would convince you of the quality of your production.
8 What is obviously lacking is clear quality control.
9 Fluctuations in quality could be avoided by using a new machine.
10 Temperature-controlled warehousing would most certainly prevent the deterioration in quality.

Verpackung

1 Durch eine bessere Verpackung könnte ein Großteil der Transportschäden vermieden werden.
2 Warum liefern Sie Ihre Waren nicht in Kisten?
3 Bei derartig großen Bestellmengen wäre doch ein Transport in Containern gerechtfertigt.
4 Kisten wären eine weitaus bessere Verpackung als diese zu dünnen Faltkartons.
5 Durch Einsatz einer automatischen Verpackungsmaschine ließe sich Ihre teilweise sehr schlechte Verpackung sicherlich verbessern.
6 Wenn Sie Ihre empfindlichen Geräte in Styropor verpacken würden, könnten Sie einen Großteil der Reklamationen vermeiden.
7 Es gibt doch bestimmt besser zu faltendes Verpackungsmaterial, das weitaus widerstandsfähiger, aber trotzdem leicht ist.
8 Wäre nicht eine Schaumstoffverpackung für Ihre Artikel geeigneter?

Packing

1 Most of the damage in transit could be prevented by better packing.
2 Why are your goods not supplied in crates?
3 Container transport would certainly be appropriate for orders as large as these.
4 Crates would certainly be a far more suitable form of packing than these flimsy collapsible cardboard boxes.
5 Your sometimes very poor packing could certainly be improved by using an automatic packing machine.
6 If your sensitive equipment were packed in polystyrene most of the complaints could be avoided.
7 There must be a more easily foldable packaging material which is much more resilient and yet light at the same time.
8 Would foam rubber packing not be more suitable for your articles?

Verschiedenes

1 Mit übersichtlicherer Lagerung könnten Sie diese verhältnismäßig oft auftretenden Artikelverwechslungen sicher vermeiden.
2 Bitte lassen Sie in Zukunft eine abschließende Auftragskontrolle durchführen.
3 Bitte unterziehen Sie die bearbeiteten Bestellungen künftig einer gründlicheren Kontrolle.
4 Bitte lassen Sie an Ihren Kisten die alten Adressen entfernen. Vermutlich liegt hier die Ursache der Fehlzustellung.
5 Wir müssen auf einer genaueren Kontrolle Ihrer Auftragsabwicklung bestehen.

Miscellaneous

1 If your goods were more clearly stored, you would most certainly be able to avoid the relatively frequent mix-ups of articles.
2 Please arrange for the order to be given a final check in future.
3 Please check the orders more thoroughly after they have been processed in future.
4 Please have the old addresses removed from your crates. This is probably the reason for their being misdirected.
5 We must insist that you supervise the processing of orders more carefully.

Antwort wegen verlorener Sendungen

1 Nach Erhalt Ihrer Reklamation vom ... haben wir Nachforschungen über den Verbleib der verloren gegangenen Sendung angestellt, diese jedoch bisher nicht auffinden können.
2 Wir konnten den Verbleib besagter Sendung ermitteln. Versehentlich wurde sie von unserem Spediteur an einen falschen Bestimmungsort befördert.
3 Unser Spediteur hat die Sendung – trotz Versandanzeige an uns – bis heute noch nicht an Sie weitergeleitet.
4 Versehentlich wurden die Waren in einem Lagerhaus in ... eingelagert.
5 Besagte Sendung wurde infolge starker Beschädigung auf dem Transport an uns zurückgesandt. Wir haben Ihnen daher heute eine neue Lieferung zukommen lassen.
6 Wir versichern Ihnen, dass wir alles tun werden, um Ihnen die Sendung schnellstens zugehen zu lassen.
7 Bitte gedulden Sie sich noch ein paar Tage. Wir werden alles tun, um den Verbleib der Sendung festzustellen und diese umgehend an Sie weiterzuleiten.

Response to missing consignment

1 On receipt of your complaint dated ... we made investigations into the whereabouts of the missing consignment but without success.
2 We have been able to locate the missing consignment. It was mistakenly taken to the wrong destination by our freight forwarders.
3 Our freight forwarders have still not yet forwarded the goods to you – although we, ourselves, have been sent a notice of despatch.
4 The goods were mistakenly stored in a warehouse in ...
5 The consignment in question was returned owing to serious damage in transit. We have had a new consignment sent to you today.
6 We assure you that we will do our best to have a new consignment sent to you as quickly as possible.
7 Please let us have a few more days for this. We will be doing everything possible to locate the consignment and forward it on to you immediately.

8 Damit Sie die Waren noch rechtzeitig vor dem Weihnachtsgeschäft erhalten, haben wir Ihnen heute vorsorglich nochmals den gesamten Posten per Express (per Eilgut, per Luftfracht, per Sonderkurier) zugeleitet. Sollte die verlorengegangene Sendung inzwischen bei Ihnen eingetroffen sein, bitten wir Sie uns mitzuteilen, ob Sie die zweite Lieferung behalten oder an uns zurücksenden wollen.

9 Es ist uns unverständlich, wie Ihre Internet-Bestellung verlorengehen konnte. Wir werden die entsprechenden Nachforschungen anstellen. Inzwischen ist eine Ersatzlieferung an Sie unterwegs.

8 To ensure that you receive the goods in good time for the Christmas season, we have taken the precautionary measure of sending you all the items again by express (by fast freight, by air freight, by special messenger). Should the missing consignment have arrived in the meantime, we would ask you to let us know whether you wish to keep or return it.

9 We are unable to explain how your Internet order could get lost. We will be investigating the matter and have, in the meantime sent you replacements.

Rechtsfragen
Legal matters

Anfragen

1 Wir benötigen die Dienste eines Anwalts, der sich auf EU-Recht (internationales Recht) spezialisiert hat. Können Sie uns eine Kanzlei empfehlen?
2 Wir haben die Adresse von ... erhalten und würden es begrüßen, wenn Sie uns in (Angelegenheit) ... vertreten könnten.
3 Es handelt sich um einen Anspruch, den wir gegen die Firma ... haben. Wir bitten Sie, unsere Forderungen einzutreiben. Welche Maßnahmen empfehlen Sie?
4 Leider müssen wir in (Angelegenheit) ... gegen ... Klage erheben. Wir bitten Sie, unsere Vertretung zu übernehmen und uns mitzuteilen, wie hoch sich die Kosten dafür belaufen.
5 Können Sie uns eine Inkasso-Agentur in ... empfehlen?
6 Wie hoch sind Ihre Kosten?
7 Sollten Sie nicht in der Lage sein, diesen Fall zu übernehmen, bitten wir Sie, uns freundlicherweise eine andere Anwaltskanzlei zu nennen, mit der wir uns in Verbindung setzen können.
8 In Sachen unserer Forderung gegen ... überlassen wir es ganz Ihnen, wie Sie vorgehen. Was empfehlen Sie?
9 Wir verfügen über das Eigentumsrecht an den noch nicht voll bezahlten Waren, die die Firma ... bei uns gekauft hat. Wie können wir dieses Recht geltend machen?

Enquiries

1 We require the services of a solicitor specialising in EU law (international law). Can you recommend us one?
2 We have obtained your address from ... and would be grateful if you would represent us in ...
3 The case in question is our claim against ... (firm). We wish you to collect our claim. What measures do you recommend?
4 We are unfortunately obliged to take legal action against ... in ... We wish you to represent us in this matter and let us know how high the costs will be.
5 Can you recommend us a collection agency in ...?
6 What are your charges?
7 Should you not be able to take on this case we would ask you to be kind enough to recommend another firm of solicitors that we could contact.
8 In the matter of our claim against ... we are leaving it entirely up to you how to proceed. What do you recommend?
9 We still have title to the goods, which were purchased from us by ...(firm), and are still not completely paid for. How can we assert our rights?

Antworten

1 Wir möchten Ihnen die Anwaltskanzlei ... in ... empfehlen. Gewiss werden Sie mit ihr zufrieden sein.
2 Ich wäre gern bereit, Sie in ... zu vertreten. Bitte teilen Sie mir mit, was ich für Sie tun kann.

Replies

1 We wish to recommend the firm of solicitors .... in ... You will most certainly be satisfied with their services.
2 I would be most pleased to represent you in ... Please let me know what I can do for you.

3 Gemäß beigefügter Kopie habe ich heute die Firma ... angeschrieben und sie zur Zahlung Ihrer Rechnung aufgefordert. Sofern die Angelegenheit keine zufrieden stellende Regelung erfährt, erhebe ich in Ihrem Namen Klage. Ich werde Sie über die Entwicklung auf dem Laufenden halten.

4 Ich übernehme Ihre Vertretung in der Sache gegen ... Die Kosten belaufen sich auf ca. ... Nach Abschluss erhalten Sie eine Rechnung.

5 Ob Sie oder der Beklagte die Kosten tragen, hängt vom Ausgang des Verfahrens ab. Auf alle Fälle muss ich zunächst Sie für die Kosten meiner Tätigkeit haftbar machen.

6 Die Ihnen entstehenden Kosten kann ich zum gegenwärtigen Zeitpunkt noch nicht präzisieren. Sie werden weitgehend davon abhängig sein, wie intensiv ich mich mit dieser Angelegenheit befassen muss.

7 Es tut mir Leid, diese Sache nicht übernehmen zu können. Ich möchte Ihnen jedoch die Sozietät ... nennen, die bereit sein dürfte, sich der Sache anzunehmen.

8 Ich danke Ihnen für Ihr Vertrauen und werde Ihre Interessen gern wahrnehmen.

9 Der Bundesgerichtshof (Europäische Gerichtshof) hat in dieser Sache in einem ähnlichen Fall zugunsten des Klägers entschieden. Ich rate Ihnen daher, gegen die Fa. ... eine Klage anzustrengen.

10 Nach geltendem EU-Recht sieht es nach unserem Ermessen nicht so aus, als wenn Sie mit einer Klage Erfolg haben würden. Wir müssen im vorliegenden Fall von gerichtlichen Schritten abraten.

11 Die für diesen Fall zuständige EU-Direktive ist noch nicht verabschiedet worden. Wir raten deshalb, die Sache vorerst nicht gerichtlich zu verfolgen.

12 Da in den Staaten der Europäischen Union in dieser Angelegenheit juristisch noch unterschiedliche Standpunkte vertreten werden, würden wir Ihnen raten, von einem Rechtsstreit abzusehen, bis eine einheitliche Regelung erfolgt ist.

3 I have written to ... (firm) today (see copy of letter enclosed) requesting them to pay your invoice. Should the matter not be brought to a satisfactory conclusion I will institute proceedings on your behalf. I will keep you advised of all developments.

4 I will be pleased to represent you in your claim against ... The costs will amount to approx. ... You will receive a bill on completion.

5 Whether the costs are borne by yourself or the defendant is dependent upon the result of the action. In any event, I must initially hold you liable for the costs for my services.

6 I am, at present, unable to specify the costs you will incur. To a great extent, this will depend upon the amount of work involved.

7 I regret not being able to take on this case. I would, however, like to recommend a firm of solicitors by the name of ..., who will most probably be able to represent you.

8 I thank you for your trust and am pleased to represent your interests.

9 The Federal Court of Justice (European Court of Justice) found in favour of the plaintiff in a similar case. I therefore advise you to bring an action against ... (firm).

10 Our judgement is that under current EU law, legal action would probably be unsuccessful. We must advise you not to institute proceedings in the case in question.

11 The EU directive relating to this case has not yet gone through. We therefore advise you not to take legal action.

12 As the legal attitude to this matter still differs throughout the countries of the European Union, we would advise you not to become involved in litigation until there is a standard ruling.

Die Firmen und ihre Vertreter
Companies and their agents

Vertretungsangebot

Zeitungsannoncen

1 Vertreter für ausgewähltes Programm bei hoher Provision gesucht.
2 Wir haben eine Generalvertretung anzubieten.
Sind sie daran interessiert?
3 Als Außendienstmitarbeiter für den Raum ... können Sie monatlich bis zu ... verdienen.
4 Die Firma ... sucht einen zuverlässigen Vertreter für den Raum ...
5 Diese Vertretung umfasst den Raum ... und könnte ggf. auf exklusiver Basis vergeben werden.
6 Wir suchen zum ... eine(n) erfahrene(n) Vertreter(in) für unsere Produkte.
7 Für unsere Filiale in ... suchen wir eine(n) Außendienstmitarbeiter(in).
8 Unsere Produkte haben sehr gute Absatzchancen. Wir suchen noch Vertreter für den Raum ...
9 Wir suchen junge, unabhängige Damen und Herren, die sofort einsatzbereit sind. Als Vertreter garantieren wir Ihnen einen Monatsverdienst von ...
10 Wir sind ein Markenartikelhersteller der Konsumgüterindustrie und suchen junge, redegewandte Vertreter.
11 Junge Damen und Herren mit eigenem Personenkraftwagen zur Übernahme einer Vertretung gesucht.

Persönliche Briefe

1 Wir wenden uns an Sie, da wir gehört haben, dass Sie im Raum ... Vertretungen übernehmen würden.
2 Wir möchten Ihnen mitteilen, dass wir in ... eine Vertretung zu vergeben haben.

Offer of agency

Newspaper advertisements

1 Agent sought for select sales items. Generous commission.
2 We are offering a general agency.
Are you interested?
3 As our field worker for the ... area you could earn up to ... per month.
4 The ... company is looking for a reliable agent for the ... area.
5 This agency covers the ... area and could, if necessary, be granted on an exclusive basis.
6 We are looking for an experienced agent for our products as from ...
7 We are looking for a field worker for our branch in ...
8 Our products have every chance of selling well. We are still looking for agents for the ... area.
9 We are looking for young, independent men and women able to start immediately. As our representative/agent we can guarantee you a monthly income of ...
10 We are manufacturers of branded consumer goods and are looking for young, representatives/agents with communication skills.
11 We are looking for young men and women with their own car to act as our representatives/agents.

Personal letters

1 We are writing to you because we have heard that you would be willing to represent us in the ... area.
2 We wish to inform you that we are looking for someone to take over our agency in ...

3 Wir möchten bei Ihnen anfragen, ob Sie bereit wären, den Verkauf unserer Waren in Ihrem Land zu übernehmen.
4 Die Industrie- und Handelskammer in ... hat uns Ihren Namen als mögliche(n) Interessenten(in) für die Übernahme einer Vertretung in ... genannt.
5 Wir haben Ihre Anschrift der neuen EU-Broschüre ... über den Vertrieb von ... entnommen.
6 Die Firma ... hat uns Ihren Namen und Ihre Anschrift gegeben und uns mitgeteilt, dass Sie an einer Vertretung für das Produkt ... im Raum ... interessiert sind.

3 We wish to enquire whether you would be prepared to take responsibility for selling our goods in your country.
4 The Chamber of Commerce and Industry in ... has given us your name as a potential agent for our products in ....
5 We obtained your address from the new EU brochure ... on the sale and distribution of ...
6 ... (firm) gave us your name and address and indicated that you are interested in acting as an agent for ... (product) in the ... area.

Beschreibung der Tätigkeit

1 Sie haben die Aufgabe, die Restaurants in ... zu besuchen.
2 Ihre Tätigkeit würde sich auf den Raum ... beschränken.
3 Ihre Aufgabe bestünde lediglich darin, den Kunden unsere Kataloge und Muster vorzulegen.
4 Als unser Generalvertreter hätten Sie die Aufgabe, sich persönlich um unsere Kunden zu kümmern.
5 Die Tätigkeit, die Ihnen übertragen wird, erfordert gewandtes Auftreten und Verhandlungsgeschick.
6 Durch die Erweiterung des Binnenmarktes sind für Ihre Tätigkeit englische und französische Sprachkenntnisse unerlässlich.
7 Die Exklusivvertretung macht es erforderlich, alle Kunden wöchentlich (monatlich) einmal aufzusuchen.
8 Ihre Aufgabe bestünde darin, ein Callcenter zu unterhalten, von dem aus ein Großteil der Vertretertätigkeit erledigt werden kann.
9 Einen Pkw stellen wir Ihnen zur Verfügung. Für Ihre spätere Tätigkeit erhalten Sie bei voller Gehaltszahlung eine intensive Schulung.
10 Für Ihre Vertretertätigkeit ist ein Pkw unerlässlich. Wir erstatten Ihnen eine (Kilometer-)Pauschale von ... pro ...

Work specification

1 You will be responsible for visiting the restaurants in ...
2 Your activities would be limited to the ... area.
3 You would merely be responsible for giving the customers our catalogues and samples.
4 As our General Agent you would be responsible for looking after our customers personally.
5 The responsibility you will be entrusted with requires a polished manner and negotiating skills.
6 As a result of the expansion of the Internal Market, a good command of English and French is essential for your work.
7 A sole agency agreement would make it necessary for you to call on all customers once a week (month).
8 Your job would be to run a call centre which would deal with a large amount of the agency work.
9 You will be provided with a car. You will be given intensive training on full pay for the duties you will be undertaking.
10 As our agent/representative you will most certainly require a car. Your mileage allowance (allowance per kilometre) is ...

Beschreibung der Produkte

1 Unsere Produkte sind von bester Qualität und finden einen ausgezeichneten Absatz.
2 Wir vertreiben Waren des täglichen Bedarfs, die einen hohen Umsatz garantieren.

Description of products

1 We have top-quality products and excellent sales figures.
2 We market articles for everday use, which guarantee high sales figures.

3 Damit Sie sich ein besseres Bild von Ihrer Tätigkeit machen können, führen wir hier einige unserer Artikel auf: ...
4 Unsere Maschinen haben einen ausgezeichneten Ruf.
5 Da Sie schon auf dem Gebiet des ...-handels tätig waren, werden Sie schnell mit unseren Produkten vertraut sein.
6 Das Produkt, das Sie zu vertreiben hätten, ist ein Schlager auf dem ...markt.
7 Unsere Firma vertreibt ... (Nahrungsmittel, Textilien, Werkzeuge, Motoren, Haushaltswaren, Möbel, CD's, Computerprogramme, Computerspiele usw.).
8 Wir produzieren ... (Bezeichnung).
9 Wir sind eine ...-Firma.
10 Die von Ihnen vertretenen Waren des täglichen Bedarfs sind problemlos und lassen sich gut absetzen.

3 To give you a better idea of your work, here are some of our products: ...
4 Our machines have an excellent reputation.
5 As you already have experience in selling ... you will soon get to know our products.
6 The product you would be selling is a great success on the ... market.
7 Our company markets ... (foodstuffs, textiles, tools, engines, household goods, furniture, CDs, computer programs, computer games etc.).
8 We produce ... (name of product).
9 We are a ... company.
10 You would be marketing goods for everyday use, which are uncomplicated and easy to sell.

Marktbeschreibung

1 Der Markt ist für unser Produkt aufnahmefähig.
2 Der Absatz unserer Bedarfsartikel ist keinen Marktschwankungen unterworfen.
3 Der Artikel, den Sie vertreten werden, hat gute Absatzchancen.
4 Unsere Produkte sind in Ihrem Raum noch nicht genügend bekannt. Ihre Aufgabe wäre es, den Markt zu erschließen.
5 Unser Bestreben ist es, durch Qualität den Markt zu erobern.
6 Der Artikel ist auf dem dortigen Markt bereits hinreichend bekannt. Sie hätten lediglich die Aufgabe, unsere Kunden ständig mit Ware zu versorgen.
7 Die Marktverhältnisse sind sehr zufriedenstellend.
8 Da es für diesen Artikel nahezu keine Konkurrenz gibt, sind die Verkaufschancen besonders gut.
9 Unser Produkt ist neu auf dem Markt. Es sind gute Verkaufschancen vorhanden.
10 Mit unseren neuartigen Produkten rechnen wir uns vor allem auf großstädtischen Märkten beste Absatzchancen aus.
11 Auf dem Markt unserer Produkte herrscht ein starker Konkurrenzkampf. Da unsere Waren jedoch ein ausgezeichnetes Image besitzen, sind die Absatzchancen gut.
12 Das Ergebnis einer langfristigen Marktforschung hat uns von den guten Absatzchancen unserer Waren überzeugt.

Description of market

1 The market will be able to absorb our product.
2 The sales of our articles for everyday use are not subject to market fluctuations.
3 The article you will be marketing has every chance of selling well.
4 Our products are not yet well enough known in your area. Your job would be to open up the market for them.
5 Our goal is to conquer the market through quality.
6 The article is already sufficiently known in the market there. You would simply be responsible for keeping our customers supplied with goods.
7 Market conditions are most satisfactory.
8 As there is hardly any competition for this article, it is likely to sell especially well.
9 Our product is new on the market. The sales chances are good.
10 We anticipate excellent sales figures for our new products, above all in the big cities.
11 There is fierce competition in the market for our products. However, since they have an excellent image, they have every chance of selling well.
12 The results of long-term market research have convinced us that our goods have every chance of selling well.

Beschreibung der Werbemaßnahmen

1 Für den Artikel, den Sie vertreten werden, haben wir eine große Werbekampagne gestartet.
2 Unsere Produkte sind durch Werbung in Film, Funk und Fernsehen und im Internet gut bekannt.
3 Sie können voraussetzen, dass der von Ihnen vertretene Artikel durch Werbung bestens bekannt ist.
4 Ihre Tätigkeit beschränkt sich nicht nur auf den Vertrieb unserer Artikel, sondern sie beinhaltet auch eine intensive eigene Werbetätigkeit.
5 Sie hätten lediglich die Aufgabe, bei unseren Kunden für unsere Produkte zu werben.
6 Vor allem müssten Sie die ausgezeichnete Qualität unserer Ware anpreisen.
7 Als unser Generalvertreter müssten Sie auch die Werbung in Ihrem Gebiet überwachen.
8 In dem Ihnen anvertrauten Gebiet wäre in erster Linie der Schwerpunkt auf die Werbung zu legen.
9 Die Werbung für die von Ihnen vertretenen Artikel hat eine bekannte Werbeagentur übernommen.
10 Wir geben im Jahr durchschnittlich ... für Werbung aus.
11 Wir verfügen über ausgezeichnetes Werbematerial. Eine kleine Auswahl haben wir diesem Schreiben beigefügt.

Description of advertising campaign

1 We have launched a large-scale advertising campaign for the article you will be marketing.
2 Our products are well known through cinema, radio and TV and Internet advertising.
3 You may assume that the article you will be marketing is well known to everybody through advertising.
4 You will not only be distributing our products. Your activities will also include your own intensive advertising.
5 You would only have the job of advertising our products to our customers.
6 Above all, you would have to praise the excellent quality of our goods.
7 As our General Agent, you would also have to supervise advertising in your area.
8 In the area you would take responsibility for, you would, above all, have to concentrate on advertising.
9 A well-known advertising agency has been given the job of advertising the products you would be selling.
10 We spend an average of ... a year on advertising.
11 We have excellent advertising material. We enclose a small selection with this letter.

Beschreibung des Vertretungsgebiets

1 Ihr Gebiet würde den Raum ... umfassen.
2 Sie würden die Alleinvertretung in Ihrem Land übernehmen.
3 Wir können Ihnen das Exklusivvertriebsrecht in ... (Land) einräumen.
4 Sie hätten das Gebiet ... zu bereisen.
5 Ihre Vertretung umfasst das Gebiet ...
6 Unsere Firma wäre bereit, Ihnen das Gebiet um ... zu überlassen.
7 Was das Vertretungsgebiet anbelangt, wären wir bereit, uns weitgehend nach Ihren Wünschen zu richten.
8 Unter folgenden Vertretungsgebieten können Sie wählen: ...

Description of the sales territory

1 Your territory would cover the ... area.
2 You would be granted the sole agency in your country.
3 We can grant you the exclusive right of sale in ... (country).
4 You would have to travel around in the ... area.
5 You would be our agent/representative for the ... area.
6 Our company would be prepared to give you the area around ...
7 As far as the sales territory is concerned, we would be prepared to respect your wishes as far as possible.
8 You can choose from the following sales territories: ...

9 Die Firma erklärt sich bereit, Ihnen das gewünschte Vertretungsgebiet zu überlassen. Sie sind dann unser einziger Vertreter im Raum ...
10 Nach Erzielung eines Umsatzes von ... sind wir bereit, Ihr Gebiet zu erweitern.

9 Our company is willing to give you the sales territory requested. You will then be our only agent/representative in the ... area.
10 When you have achieved a turnover of ... we will be prepared to expand your territory.

Anforderungen

Persönlichkeit

1 Unsere Firma hat ein ausgezeichnetes Image. Wir fordern deshalb von unseren Mitarbeitern ein Auftreten, das diesem Ruf in jeder Weise gerecht wird.
2 Für diesen verantwortungsvollen Posten sind persönlicher Einsatz und selbstständiges Handeln erforderlich.
3 Diese Aufgabe setzt Erfahrung im Umgang mit Menschen voraus.
4 Wir setzen Fleiß und Verantwortungsbewusstsein voraus.
5 Diese Tätigkeit setzt gute Umgangsformen und ein gewisses Maß an Kontaktfähigkeit voraus.
6 Für diesen Kundenkreis sind ausgezeichnete Umgangsformen und ein hohes Bildungsniveau unerlässlich.
7 Da sich Ihre Tätigkeit auf einen ausgesuchten Kundenkreis erstreckt, sind korrekte Kleidung und gute Umgangsformen Grundvoraussetzung.
8 Für diesen Wirkungskreis suchen wir eine(n) selbstsichere(n), wendige(n) Dame (Herrn).
9 Einfühlungsvermögen und fachliches Wissen sind Voraussetzung.

Requirements

Personality

1 Our company has an excellent image. We therefore expect our employees to act in such a manner as to do justice to our reputation in every way.
2 This post requires personal dedication and the ability to work independently.
3 This position pre-supposes experience in dealing with people.
4 Conscientiousness and a sense of responsibility are a pre-requisite.
5 This field of activity pre-supposes good manners and a certain amount of sociability.
6 For this clientele it is vital to have excellent manners and be well-educated.
7 As you will be dealing with a very select clientele, appropriate dress and good manners are a basic requirement.
8 We are looking for a self-assured and resourceful lady (gentleman) for this field of activity.
9 Sensitivity and expert knowledge are a pre-requisite.

Fachwissen

1 Außer fachlichen Vorkenntnissen benötigen Sie Sprachkenntnisse und die einwandfreie Beherrschung eines PCs.
2 Vorkenntnisse in diesem Fach sind unerlässlich.
3 Wir möchten Sie darauf aufmerksam machen, dass wir größten Wert auf fachliche Vorbildung legen.
4 Fachkenntnisse auf dem Gebiet der Informationstechnologie/Telekommunikation sind unerlässlich.
5 Es sind keine besonderen Vorkenntnisse in diesem Fach notwendig.

Expert knowledge

1 In addition to expert knowledge, you will require foreign language skills and a high degree of computer-literacy.
2 Previous knowledge of this field is imperative.
3 We wish to point out that your professional background is of great importance to us.
4 Expert knowledge of IT (information technology) / in the field of telecommunication is vital.
5 No special knowledge of this field is necessary.

6 Sie müssten eine langjährige Vertretererfahrung haben.
7 Sie hätten Kenntnisse auf dem Gebiet der (des) ... mitzubringen.
8 Für uns kommen nur Leute infrage, die eine kaufmännische Ausbildung haben.
9 Die Tätigkeit erfordert Kenntnisse im ...wesen.
10 Ohne ausreichende Kenntnisse in ... wäre eine Anstellung leider nicht möglich.
11 Sprachkenntnisse in ... sind für die Übernahme der Vertretung im Raum ... unerlässlich (unbedingt erforderlich).
12 Diese Tätigkeit verlangt vor allem technische Kenntnisse.
13 Es sind keine besonderen Kenntnisse erforderlich. Sie werden durch uns geschult.

6 You would need to have considerable experience of acting as a sales representative.
7 You would need to be acquainted with the field of ...
8 We are only interested in people with commercial training.
9 This work requires knowledge of the field of ...
10 Without sufficient knowledge of ... it would unfortunately be impossible to offer you the post.
11 A command of ... (language) is imperative (absolutely necessary) for you to be offered our agency in the ... area.
12 Above all, technical knowledge is required for this field of activity.
13 No particular knowledge is necessary. You will be trained by us.

Lebenslauf

1 Wir bitten Sie, einen (handgeschriebenen) Lebenslauf beizulegen.
2 Wir möchten Sie bitten, Ihrem Bewerbungsschreiben einen handgeschriebenen Lebenslauf beizufügen.
3 Bitte bewerben Sie sich mit den üblichen Unterlagen einschließlich eines tabellarischen Lebenslaufs.

Curriculum vitae (résumé)

1 Please include your (handwritten) CV.
2 We would request you to include a handwritten curriculum vitae with your application.
3 Please include the usual documents and certificates with your application, including a CV in tabular form.

Zeugnisse

1 Für eine Anstellung sind ein tabellarischer Lebenslauf, Zeugnisse, Nachweise der beruflichen Tätigkeit und Referenzen notwendig.
2 Bitte legen Sie Ihre Zeugnisse bei.
3 Bitte senden Sie uns Ihre Zeugnisse oder beglaubigte Abschriften.
4 Bitte legen Sie uns die Zeugnisse bei Ihrer persönlichen Bewerbung vor.
5 Wir bewerten den Ausgang eines persönlichen Gesprächs mehr als Ihre Zeugnisse.
6 Bitte legen Sie uns Dokumente über Ihren schulischen und beruflichen Werdegang vor.
7 Zeugnisse sind nicht erforderlich.
8 Bitte legen Sie uns einen Nachweis über Sprachkenntnisse in ... (Computer-/IT-Kenntnisse) vor.

(Educational/Professional) Qualifications/Certificates

1 A CV in tabular form, certificates showing your qualifications, details of your previous employment and references must be supplied before an appointment can be made.
2 Please include certificates showing your qualifications.
3 Please send us your certificates or authenticated copies thereof.
4 Please bring your certificates to the interview.
5 We attach more importance to your interview than to your qualifications.
6 Please let us have certificates indicating your educational and professional background.
7 Certificates are not necessary.
8 Please let us have written proof of you knowledge of ... [language] (of your computer / IT skills).

Referenzen

1 Wir bitten Sie, auch Referenzen beizubringen.
2 In Anbetracht der verantwortungsvollen Stellung sind ausgezeichnete Referenzen unbedingt erforderlich.
3 Wir bitten Sie, Ihrem Bewerbungsschreiben Referenzen Ihrer bisherigen Arbeitgeber beizufügen.
4 Legen Sie bitte Ihrem Bewerbungsschreiben neben den sonst üblichen Unterlagen auch Referenzen bei.
5 Referenzen sind nicht (unbedingt) erforderlich.

References

1 Please also supply references.
2 This post is one of considerable responsibility for which excellent references are absolutely essential.
3 We would ask you to include references from your previous employers with your application.
4 Please include references when submitting the usual documents accompanying your application.
5 References are not (absolutely) essential.

Vergütungen

Gehalt

1 Wir würden Ihnen ein festes Gehalt von ... bieten.
2 Ihr Gehalt würde sich auf ... belaufen.
3 Ihr festes Anfangsgehalt beträgt ...
4 Wir bieten Ihnen ein Jahresfixum von ...
5 Das vorgesehene Gehalt beträgt ...
6 Ihr fixes Monatsgehalt würde sich auf ... belaufen. Durch Provisionen können Sie es natürlich wesentlich erhöhen.
7 Wir gewähren Ihnen ein monatliches Fixum von ... zuzüglich Provisionen laut beiliegender Provisionsliste.
8 Ihre Gehaltsforderung sollten wir bei einem persönlichen Treffen diskutieren.
9 Wir können Ihnen heute die ungefähre Höhe Ihres Fixums mitteilen, nämlich ... Über den genauen Betrag müssten wir uns persönlich unterhalten.

Provisionen

1 Wir gewähren Ihnen zusätzlich zu Ihrem Fixum eine Provision von ... %.
2 Ihre Provision würde ... % betragen.
3 Außerdem gewähren wir Ihnen eine Delkredere-Provision von ... %.
4 Ihr Provisionssatz beträgt ... % der von Ihnen getätigten Umsätze.
5 Ihre Verkaufsprovision beträgt ... %.

Remuneration

Salary

1 We would offer you a fixed salary of ...
2 Your salary would amount to ...
3 Your initial fixed salary is ...
4 We are offering you a basic annual fee of ...
5 We would expect to pay you a salary of ...
6 Your basic monthly salary would amount to ... This figure can, of course, be increased considerably with commission.
7 We pay you a basic monthly fee of ... plus commission, according to the commission list enclosed.
8 We suggest meeting personally to discuss the salary expected.
9 We are able to tell you the approximate level of your basic fee i.e. ... We would need to discuss the exact figure with you personally.

Commission

1 In addition to your basic fee, we will pay you a commission of ... %
2 Your commission would be ... %
3 In addition, we will grant you a del credere commission of ... %
4 Your commission rate is ... % of your sales.
5 Your sales commission is ... %

6 Außerdem vergüten wir Ihnen für Waren, die von Ihnen auf Ihre Rechnung auf Lager gehalten werden, ... % Provision des (durchschnittlichen monatlichen) Lagerbestands.
7 Außer der regulären Provision von ... % werden wir weitere ... % bei einem monatlichen Umsatz von ... zahlen.
8 Ihre Provision in Höhe von ... % wird beim jeweiligen Eingang des Rechnungsbetrags fällig.
9 Die Provisionsbeträge werden Ihnen monatlich (vierteljährlich, halbjährlich, jährlich) ausbezahlt.

6 In addition, for goods held in storage by you for your own account, you will receive ... % commission on the (average), amount stocked (per month).
7 In addition to the normal commission of ... %, we will pay a further ... % for a monthly turnover of ...
8 Your commission of ... % will be due on receipt of the invoice amount.
9 The commission will be paid to you monthly (quarterly, half-yearly, annually).

Spesen

1 Sie erhalten Ihre Spesen im Rahmen der gesetzlichen Vorschriften voll vergütet.
2 Wir gewähren Ihnen pro Tag einen durchschnittlichen Spesensatz von ...
3 Gegen entsprechende Quittungen erstatten wir Ihnen Ihre Auslagen zurück.
4 Die Spesenabrechnung ist uns jeweils am Monatsende zu schicken.
5 Wir sind bereit, Ihre Unkosten zu tragen.
6 Eine Spesenrückerstattung ist nur bei vollständiger Vorlage aller Belege möglich.
7 Es werden auch Spesen für Kundenbewirtungen gewährt.
8 Wir sind nicht in der Lage, bestimmte Extraspesen (wie Barbesuche, Mittag- und Abendessen usw.) zu erstatten.
9 Sie erhalten Ihre Spesen von uns zurückvergütet, Sie sind jedoch verpflichtet, diese so niedrig wie möglich zu halten.
10 Ihre Spesen werden von uns bis zu einer Höhe von ... erstattet.
11 Ihre Spesen werden mit einer monatlichen Pauschale von ... abgegolten.
12 Die Spesen sind von Ihnen selbst zu tragen.
Spesen können Sie uns nicht in Rechnung stellen.
13 Spesen werden Ihnen von uns nicht vergütet.
14 Ihre Spesen sind in unsere hohen Provisionssätze einkalkuliert und können nicht gesondert in Rechnung gestellt werden.

Expenses

1 Officially recognised expenses will be fully refunded.
2 You will be granted an average daily expense allowance of ...
3 On presentation of the necessary receipts we will refund your expenses.
4 Please send us your expense sheet at the end of each month.
5 We are willing to cover your expenses.
6 Expenses can only be refunded if all receipts are submitted.
7 Expenses for customer entertainment are also refunded.
8 We are not in a position to refund certain extra expenses (such as drinks at the bar, lunches and evening meals etc.).
9 We will refund your expenses but you are expected to keep them as low as possible.
10 We will refund expenses up to ... (amount).
11 You will receive a monthly allowance of ... to cover your expenses.
12 You must pay your own expenses.
You will not be able to charge us for expenses.
13 We do not refund expenses.
14 Expenses are included in our commission rates and cannot be claimed for separately.

Anstellungszeit

Beginn

1 Die Vertretung wird am ... frei.
2 Ihre Anstellung ist ab ... wirksam.
3 Wir würden Sie ab ... einstellen.
4 Sie können die Vertretung am ... übernehmen.
5 Sie können die Vertretung sofort nach Ablauf Ihrer Kündigungsfrist übernehmen.
6 Sie können jederzeit mit der Vertretung beginnen.
7 Die Kündigungsfrist unseres jetzigen Vertreters läuft am ... ab. Bitte übernehmen Sie ab diesem Tag Ihre neue Aufgabe.
8 Die Vertretung wäre ab ... neu zu besetzen.
9 Wir bitten Sie um Übernahme dieser Vertretung ab ...
10 Bitte teilen Sie uns Ihre Wünsche hinsichtlich des Vertretungsbeginns mit.

Dauer

1 Der Vertrag erstreckt sich (vorerst) auf ... Jahre.
2 Der Vertrag ist auf ... Jahre befristet.
3 Nach ...-jähriger Dauer ist der Vertrag jederzeit fristlos kündbar.
4 Die Anstellung erfolgt vorerst auf Probe.
5 Nach sechs Monaten wären wir bereit, einen Vertrag über ... Jahre einzugehen.
6 Nach einer bestandenen Probezeit von ... Monaten sind wir bereit, Ihr Gehalt auf ... zu erhöhen und einen Vertrag von ...-jähriger Dauer mit Ihnen abzuschließen.
7 Die Regelung der Vertragsdauer behalten wir uns vor.
8 Über die Vertragsdauer würden wir uns gern bei Ihrer persönlichen Vorstellung mit Ihnen unterhalten.
9 Die Vertragsdauer wird vorläufig auf 3 Jahre festgesetzt und ist von beiden Seiten jeweils 6 Wochen zum Quartalsende kündbar.

Period of employment

Beginning

1 The agency is vacant as from ...
2 You will be employed as from ...
3 We will employ you as from ...
4 You can take over our agency on ...
5 You can act as our agent/representative as soon as your period of notice has expired.
6 You can take over our agency at any time.
7 Our current agent's/representative's notice period expires on ... Please take up your new position as from this date.
8 The agency would be available as from ...
9 We would ask you to take over this agency as from ...
10 Please let us know as from when you would like to start as our agent/representative.

Length of time

1 The agreement is (initially) for ... years.
2 The agreement is valid for ... years.
3 After a period of ... years the agreement can be terminated at any time without notice.
4 You will initially be employed on a trial basis.
5 After six months we would be prepared to sign an agreement for ... years.
6 Upon successful completion of a probationary period of ..., we would be willing to increase your salary to ... and conclude a ...-year contract with you.
7 We reserve the right to determine the length of the contract.
8 We would like to discuss the length of the contract at your interview.
9 The contract will initially be valid for a period of 3 years and can be terminated by either party 6 weeks before the end of a quarter.

Vorstellung

1 Wir bitten Sie um persönliche Vorstellung am ...
2 Wir bitten Sie nach Möglichkeit um eine persönliche Vorstellung am ... um ... Uhr in unserem Hause.
3 Wenn Sie sich am ... bei uns vorstellen, könnten wir uns über bestimmte Vertragsbedingungen einigen.
4 Wäre Ihnen der ... als Vorstellungstermin angenehm?
5 Wir werden Ihnen Ihre Reisespesen erstatten. Bitte legen Sie uns die entsprechenden Belege vor.

Interview

1 Please attend for interview on ...
2 If possible, we would like you to come for interview on ... at ... at our company.
3 If you would like to come to our office on ... we could then discuss some particular points of the contract.
4 Would it be convenient for you to come for interview on ...?
5 We will refund your travel expenses. Please let us have appropriate receipts.

Bewerbung auf Vertretungsangebot

Einleitende Sätze

1 Ich möchte mich bei Ihnen auf Ihre Anzeige vom ... in ... (Zeitung) bewerben.
2 Es wurde mir mitgeteilt, dass Ihre Firma für den Raum ... einen Vertreter sucht. Ich bin zurzeit in ungekündigter Stellung, möchte mich aber trotzdem zum ... bei Ihnen bewerben.
3 Ich beziehe mich auf Ihr schriftliches Angebot und bewerbe mich bei Ihnen um die Generalvertretung.
4 Ich möchte mich zum ... um die ausgeschriebene Stelle bewerben.
5 Ich möchte mich für die von Ihnen ausgeschriebene Stelle bewerben. Bitte machen Sie mir nähere Angaben.

Angaben zur Person

1 Ich bin ... Jahre alt, verheiratet (ledig) und habe ... (keine, 1, 2, 3) Kinder.
2 Ich bin ... Jahre alt und bereits ... Jahre in dieser Branche tätig.
3 Meine Personalien: Name: ..., Geburtsdatum: ..., Geburtsort: ..., Familienstand: ...
4 Hiermit überreiche ich Ihnen meinen Lebenslauf in tabellarischer Form. Geburtsdatum: ..., Geburtsort: ..., Grundschule in ... von ... bis ..., Lehre als ..., Abschluss am ..., seit ... Jahren als Vertreter tätig.

Application in response to offer of agency

Introductory sentences

1 I wish to apply for the post you advertise in the ... (newspaper) of ... (date).
2 I have been informed that your company is looking for an agent/representative for the ... area. Despite having a permanent post at present, I nevertheless wish to apply as from ...
3 I refer to your written offer and wish to apply for your General Agency.
4 I wish to apply for the post you advertise, which I could take up as from ...
5 I wish to apply for the post you advertise. I would be grateful if you would send me further details.

Particulars

1 I am ... years old, married (single) and have ... (no, 1, 2, 3) child(ren).
2 I am ... years old and already have ... years' experience in this field.
3 Particulars: Name: ..., Date of birth: ..., Place of birth: ..., Marital status: ...
4 I enclose my CV in tabular form. Date of birth: ..., Place of birth: ..., Schooling in ... (place) from ... to ..., Training to become a(n) ... (profession/trade) completed on ... (date), ... years' experience as an agent/representative.

Vorstellungstermin

1 Wenn Sie damit einverstanden sind, würde ich den ... als Vorstellungstermin vorschlagen.
2 Ich werde mich zum vereinbarten Termin bei Ihnen vorstellen.
3 Bitte teilen Sie mir einen Vorstellungstermin mit.
4 Sie würden mir sehr entgegenkommen, wenn Sie den Vorstellungstermin auf den ... legen könnten.
5 Würden Sie bitte den Vorstellungstermin auf einen Vormittag (Nachmittag) legen?
6 Dürfte ich Sie am ... um eine persönliche Unterredung bitten?
7 Ich wäre an einem persönlichen Gespräch sehr interessiert.
8 Ich würde mich gern vor Vertragsabschluss eingehend mit Ihnen über die Konditionen unterhalten.
9 Zur Klärung einiger Fragen würde ich gern einen Termin mit Ihnen vereinbaren.

Date of interview

1 I would suggest ... as the date of the interview, if you are in agreement.
2 I will be pleased to attend for interview on the date agreed.
3 Please let me know the date of the interview.
4 I would very much appreciate it if you could change the interview date to ...
5 Could you please arrange for the interview to be in the morning (afternoon)?
6 Could we have a personal discussion on ...?
7 I would very much like to have a personal discussion with you.
8 Before the contract is signed I would very much like to discuss the terms with you in detail.
9 I would like to arrange an appointment with you to clarify several matters.

Antwort auf angebotene Vertretung

Ablehnung

1 Ich bedanke mich für Ihr Stellenangebot, muss aber leider ablehnen.
2 Vielen Dank für Ihr großzügiges Angebot, das ich aus persönlichen Gründen leider ablehnen muss.
3 Es ist mir leider nicht möglich, auf Ihr Angebot einzugehen, da ich noch auf ... Jahre vertraglich gebunden bin.
4 Ihr Angebot ehrt mich. Ich bedauere jedoch, Ihnen wegen anderer geschäftlicher Verpflichtungen absagen zu müssen.
5 Bedauerlicherweise kann ich Ihr Angebot aus familiären Gründen nicht annehmen.
6 Ich bedaure ablehnen zu müssen, weil mir Ihre Konditionen nicht zusagen.
7 Es tut mir Leid, Ihr Angebot ablehnen zu müssen, da das Vertretungsgebiet für mich denkbar ungünstig liegt.

Reply to offer of agency

Refusal

1 Thank you for your offer, which I regret I must decline.
2 Many thanks for your generous offer, which I am unfortunately unable to accept for personal reasons.
3 It is unfortunately impossible for me to take up your offer as I am bound by contract for the next ... years.
4 I am honoured by your offer. However, I regret that I must decline it owing to other business commitments.
5 Regrettably, I am unable to accept your offer for family reasons.
6 I regret that I must decline your offer because your terms do not appeal to me.
7 I am sorry to have to decline your offer owing to the fact that the location of the territory is particularly unfavourable for me.

Annahme

1 Ich danke Ihnen für das Vertrauen, das Sie mir entgegenbringen. Gern bin ich bereit, Ihre Vertretung in ... zu übernehmen.
2 Die mir von Ihnen angebotene Vertretung in ... nehme ich an.
3 Ihr Vertretungsangebot interessiert mich. Ich bin gern bereit, für Sie tätig zu werden.
4 Ich bin Ihrem Vertretungsangebot nicht abgeneigt. Bitte teilen Sie mir einen Termin für ein persönliches Gespräch mit.
5 Obwohl ich mich zurzeit in ungekündigter Stellung befinde, akzeptiere ich schon heute Ihr Vertretungsangebot.
6 Das Angebot, Ihre Vertretung in ... zu übernehmen, reizt mich sehr. Wann kann ich mich bei Ihnen vorstellen?

Acceptance

1 Thank you for placing your trust in me. I will be pleased to take over your agency in ...
2 I hereby accept the agency you have offered me in ...
3 I am interested in your offer of an agency. I will be please to act on your behalf.
4 I see no reason to refuse your offer of agency. Please let me know when we can discuss the matter personally.
5 Despite having a permanent post at present, I wish to accept your offer of an agency straight away.
6 Your offer of an agency in ... is most attractive. When can I come and introduce myself to you?

Vertretungsgesuch

Seeking an agency/ position as a representative

Zeitungs- und Internetannoncen

1 Suche eine Vertretung in der weiteren Umgebung von ...
2 Bin als Vertreter tätig und möchte mich verändern. Angebote unter Chiffre-Nr. ... an die ... Zeitung.
3 Vertreter in ungekündigter Stellung möchte sich verändern. Angebote erbeten an ...
4 Welche renommierte Firma hat noch eine Vertretung frei? Angebote unter ...
5 Vertreter der ...industrie sucht sich zu verändern.
6 Vertreter möchte sich verbessern. Kein spezieller Branchenwunsch. Angebote erbeten unter ...
7 Kenne mich nach langjähriger Tätigkeit als Vertreter der ...industrie in ... gut aus. Offerten an ... (Zeitungsanschrift mit Chiffre, E-Mail-Adresse)

Newspaper and Internet advertisements

1 Agency/position as representative sought in or around ...
2 Agent/representative seeks change. Offers to Box No. ... in ... (newspaper)
3 Agent/representative, still permanently employed, seeks change. Offers to ...
4 What well-known firm still has an agency vacant (is still looking for a representative)? Offers to ...
5 Agent/representative in the ... industry seeks change.
6 Agent/representative wishes to improve his position. No special preferences as regards field. Offers to ...
7 Have had many years' experience representing the ... industry in ... Offers to ... (address of newspaper with box number, e-mail address)

Angaben zur Person

1 Ich habe eine Ausbildung als ... erhalten.
2 Ich habe nach dem Abitur eine kaufmännische Lehre gemacht.
3 Ich wurde kaufmännisch ausgebildet und bin anschließend zur Vertretertätigkeit übergewechselt.
4 Die einzelnen Stationen meiner Ausbildung sind: mittlere Reife, kaufmännische Lehre und Vertretertätigkeit.
5 Durch meine langjährige Tätigkeit als ... für die Firma ..., bei der ich auch eine kaufmännische Lehre absolvierte, habe ich mir gründliche Branchenkenntnisse angeeignet.

Personal details

1 I am a trained ...
2 After obtaining university entrance qualifications I completed a commercial training course.
3 I did a commercial training course and then became an agent/representative.
4 My educational background and commercial training are: secondary school-leaving certificate (aged 16), recognised commercial training and position as a sales representive
5 Having worked for many years as a(n) ... for ... (firm), where I also did my commercial training, I now have a thorough knowledge of this field.

Referenzen

1 Als Referenzen für meine bisherige Vertretertätigkeit lege ich Ihnen die Namen der bisher von mir vertretenen Firmen vor.
2 Als Referenz kann ich anführen, dass ich gleichzeitig für so bekannte Unternehmen wie ... und ... tätig bin.
3 Bitte erkundigen Sie sich bei der von mir bisher vertretenen Firma nach mir. Ihre Anschrift lautet: ...
4 Würden Sie sich bitte bei Herrn Direktor ... in der Firma ... nach mir erkundigen?
5 Als Anlage erhalten Sie meine Referenzen.

References

1 I am naming as references the firms which I have represented up to now.
2 May I point out, by way of a reference, that I currently represent such well-known firms as ... and ...
3 I invite you to make enquiries about me at the firm I have represented up to now. Its address is: ...
4 Please contact Mr ..., the director of ... (firm), to make enquiries about me.
5 I enclose my references.

Branche

1 Ich würde eine Vertretung in der ...branche vorziehen.
2 Da ich bereits in der ...branche tätig war, möchte ich wieder eine Vertretung in diesem Bereich übernehmen.
3 Ich habe eine technisch orientierte Ausbildung erhalten und würde deshalb gern eine Vertretung in der ...industrie übernehmen.
4 In der ...industrie könnte ich meine Erfahrung gut verwerten.
5 Ich komme aus der Computerbranche und bin daher für die Vertretung Ihres Produkts besonders geeignet.

Field

1 I would prefer an agency (to act as a representive) in the ... industry.
2 As I already have experience in the ... industry, I would like an agency (to act as a representative) in this field once again.
3 I have a more technically oriented training and would therefore like to take on an agency (act as a representatiive) in the ... industry.
4 I would be able to make good use of my experience in the ... industry.
5 I have a computing background and am therefore particularly suited to represent your product.

Vergütungen (aus der Sicht des Vertreters)

1 Ich bin bereit, auf einer Provisionsbasis von . . . % für Sie tätig zu werden.
2 Als Vergütung für meine Vertretertätigkeit stelle ich mir ein Fixum mit zusätzlichen Provisionen vor.
3 Auf einer Provision von . . . % des von mir getätigten Umsatzes muss ich allerdings bestehen.
4 Meine Provision wäre monatlich auszubezahlen.
5 Zusätzlich zu der branchenüblichen Provision erwarte ich Kilometergeld für die geschäftliche Nutzung meines Privat-Pkw.
6 Zu der branchenüblichen Provision von . . . % käme noch die Delkredere-Provision von . . . %.
7 Wie Sie mir zusicherten, erhalte ich ein monatliches Fixum von . . . sowie eine Provision von . . . % auf den erzielten Umsatz sowie die Erstattung von 50 % meines Werbeetats.

Remuneration (from the agent's/representative's point of view)

1 I am prepared to act on your behalf on a . . . % commission basis.
2 I would expect a basic fee plus commission when acting as your agent/representative.
3 I must, however, insist I be granted . . . % sales commission.
4 I would require my commission to be paid to me monthly.
5 In addition to the usual commission, I would expect a mileage (kilometre) allowance for the commercial use of my private car.
6 In addition to the usual commission of . . . %, there would also be the del credere commission of . . . %
7 I note I am assured of a basic monthly fee of . . ., together with . . . % commission on my sales, as well as a 50 % refund of my advertising expenses.

Vertragsdauer (aus der Sicht des Vertreters)

1 Ich würde vorschlagen, den Vertretungsvertrag vorerst für eine Probezeit von . . . abzuschließen.
2 Als Vertragsdauer schlage ich . . . Jahre vor.
3 Der Vertrag sollte vorläufig für eine Dauer von . . . Monaten (Jahren) abgeschlossen werden.
4 Ich bitte, den Vertrag für eine Dauer von . . . aufzusetzen. Hiernach sollte er sich automatisch um ein Jahr verlängern, wenn er nicht von einer Seite mit einer Frist von . . . zum Quartalsende gekündigt wird.
5 Im Vertretungsvertrag sollte die Kündigungsfrist auf ein halbes Jahr festgelegt werden.
6 Der Vertrag sollte unbefristet sein. Kündigung erfolgt durch Einschreibebrief mit . . .-monatiger Kündigungsfrist.
7 Die Dauer des Vertrags bitte ich in einem persönlichen Gespräch festzulegen.

Length of contract (from the agent/representative's point of view)

1 I would suggest that the agency agreement initially be for a trial period of . . .
2 I suggest that the agreement last . . .
3 The agreement should initially be concluded for a period of . . . months (years).
4 Please draw up a contract for a period of . . . Thereafter, it should be automatically renewed for another year unless notice for it to be terminated be given by either party . . . (time) before the end of a quarter.
5 The agreement should provide for a notice period of six months.
6 The agreement should be unlimited and terminable by registered post at . . . months' notice.
7 I would request that the length of the contract be agreed in a personal discussion.

Vertretungsgebiet (aus der Sicht des Vertreters)

1 Ich bin sehr an einer Exklusivvertretung im Raum ... interessiert.
2 Da ich in ... ansässig bin, wäre ich an einer Alleinvertretung im Gebiet ... besonders interessiert.
3 Als Vertretungsgebiet kommt für mich nur ... infrage.
4 Im Raum ... wären meine Gebietskenntnisse und Beziehungen für Sie von großem Vorteil.
5 Da ich vollkommen ungebunden bin, ist die Übernahme Ihrer Vertretung mit keinerlei Gebietswünschen verbunden.
6 Mein bisheriges Vertretungsgebiet war der Raum ...
7 Für die Firma ... hatte ich die Alleinvertretung für ...

Territory (from the agent/representative's point of view)

1 I am most interested in a sole agency in the ... area.
2 As I am resident in ... I would be particularly interested in a sole agency in the ... area.
3 The only territory I could consider an agency in would be ...
4 In the ... area my knowledge of the territory and contacts there would be of great advantage to you.
5 As I have no other commitments, I have no particular requests as regards the territory I would be taking over.
6 Up to now my territory has been the ... area.
7 I had the sole agency for ... (product) for ... (firm).

Ablehnung des Gesuchs

1 Wir bedauern Ihnen mitteilen zu müssen, dass wir die Vertretung in der Zwischenzeit vergeben haben.
2 Wir können Ihnen leider keine Vertretung übertragen.
3 Unsere Vertretungsbezirke sind zurzeit alle besetzt.
4 Bitte fragen Sie in ... Monaten nochmals bei uns an.
5 Wir müssen Ihnen leider mitteilen, dass unser Vertreterstamm komplett ist.
6 Den vakanten Vertreterposten haben wir inzwischen wieder besetzt.
7 Die Generalvertretung des Raums ... haben wir bereits vergeben.
8 Da wir dazu übergegangen sind, unsere Waren durch fest angestellte Field Worker zu vertreiben, müssen wir Ihr Vertretungsgesuch leider ablehnend beantworten.
9 Wir bedauern, Ihr Gesuch aufgrund Ihrer Forderungen (Bedingungen) ablehnen zu müssen.

Refusal of application

1 We regret to inform you that the vacancy for an agent/representative has been filled in the meantime.
2 We are unfortunately unable to grant you an agency.
3 Our territories are at present all occupied.
4 Please enquire again in ... months.
5 We regret to inform you that we have no vacancies for an agent/representative.
6 The vacancy for an agent/representative has now been re-filled.
7 The vacancy for a General Agent for the ... area has already been filled.
8 As it is now our policy to market our goods using permanently employed field workers, we are unfortunately unable to offer you an agency.
9 We regret that, in the light of your demands (terms), we must refuse your request.

Annahme des Gesuchs

1 Wir sind gern bereit, Sie mit einer unserer Vertretungen zu betrauen.
2 Bitte sprechen Sie zur Regelung aller Einzelheiten am ... bei uns vor.
3 Sie können sofort als unser Vertreter tätig werden.
4 Wir sind bereit, Ihnen unsere Exklusivvertretung für den Raum ... zu übertragen. Zur Erledigung aller relevanten Formalitäten bitten wir um Ihren Besuch am ...
5 Eine unserer Vertretungen im Raum ... ist vor kurzer Zeit frei geworden. Wir könnten Ihnen diese Stelle übertragen.
6 Wir freuen uns, Ihnen eine unserer Vertretungen übertragen zu können, und hoffen auf gute Zusammenarbeit.
7 Wir begrüßen Sie als unseren neuen Mitarbeiter.

Acceptance of application

1 We will be pleased to entrust you with one of our agencies.
2 Please call on us on ... to settle all the details.
3 You can start work as our agent/representative immediately.
4 We are willing to grant you the sole agency for the ... area. We would ask you to pay us a visit on ... to complete all the necessary formalities.
5 One of our agencies in the ... area has recently become vacant and could be made available to you.
6 We are pleased to grant you one of our agencies and trust that our work together will be of mutual benefit.
7 We are pleased to welcome you as our new member of staff.

Branchenangabe

1 Wir werden Ihnen die Vertretung unserer ... übertragen.
2 Wir möchten Sie mit der Vertretung unserer Markenartikel des Lebensmittelbereichs betrauen.
3 Erfahrungsgemäß sind in der ...branche die Verdienstchancen besonders gut.
4 Als Produzent von hochwertigen Investitionsgütern müssen wir von unseren Vertretern technische Kenntnisse verlangen.
5 Wie Sie sicherlich wissen, sind wir in der ...industrie tätig.
6 Da Sie bereits in der ...branche als Vertreter tätig waren, würde es Ihnen sicherlich keine großen Schwierigkeiten bereiten, unsere neuartige ... zu vertreiben.
7 Ihre Vertretung umfasst sämtliche Artikel der ... verarbeitenden Industrie und des Handwerks.

Field of activity

1 We will grant you our agency for ... (product).
2 We wish to entrust you with our agency for our branded articles in the food trade.
3 In our experience, the potential earnings in the ... industry are particularly good.
4 As producers of high-value capital goods we require our agents/representatives to be technically well versed.
5 As you will certainly know, we operate in the ... industry.
6 As you already have experience as an agent/representative in the ... industry, it would certainly not be very difficult for you to market our new ...
7 Your agency covers all the products of the ... -processing industry and craft trades.

Gebietsangabe

1 Ihr Vertretungsgebiet wird sich auf den Raum ... beschränken.
2 Ihre Vertretung beschränkt sich auf die Städte ..., ... und ...
3 Ihr Vertretungsgebiet liegt in ...
4 Wir haben nur noch in ... eine Vertretung zu vergeben.

Territory

1 Your territory will be limited to the ... area.
2 Your agency will be restricted to the towns of ... and ...
3 Your territory is in ...
4 We still have a vacancy for an agent/representative in ...

5 Bitte teilen Sie uns umgehend mit, ob dieses Gebiet Ihren Vorstellungen entspricht.
6 Wir können Ihnen zur Auswahl die Gebiete ..., ... und ... vorschlagen.
7 Bitte teilen Sie uns mit, welches Gebiet Ihnen zusagt.
8 Durch die Schaffung des Europäischen Marktes ergeben sich völlig neue Perspektiven hinsichtlich der Gebietsaufteilung. Wir könnten Ihnen den Raum ... oder ... als erweitertes Vertretungsgebiet offerieren.

5 Please let us know immediately if this territory meets your expectations.
6 We are able to offer you the choice of either ... or ...
7 Please let us know which territory appeals to you.
8 The creation of the European Market has put an entirely new complexion on the way territories are drawn up. We could offer you the .. . or ... area as an expansion of your territory.

Vergütungen (aus der Sicht der zu vertretenden Firma)

1 Als Vergütung erhalten Sie ... % Provision auf die von Ihnen getätigten Umsätze.
2 Ihre Provisionsforderungen können wir in dieser Form leider nicht erfüllen.
3 Wie unsere anderen Vertreter, würden auch Sie eine Provision von ... % erhalten.
4 Als Vergütungen erhalten Sie eine Provision in Höhe von ... % und eine ...-prozentige Gewinnbeteiligung zum Ende eines jeden Geschäftsjahrs.
5 Die höchstmögliche Provision, die wir Ihnen anbieten können, liegt bei ... %.
6 Zuzüglich zu der branchenüblichen Provision von ... % zahlen wir eine Delkredere-Provision von ... %.
7 Zu Verhandlungen über die Höhe Ihres Provisionssatzes bitten wir Sie, in den nächsten Tagen bei uns vorzusprechen.
8 Sie erhalten ein monatliches Fixum von ... und ... % Provision aus den von Ihnen getätigten Umsätzen.
9 Sie erhalten eine ...-prozentige Umsatzprovision und eine monatliche Spesenpauschale von ...
10 Wir gewähren Ihnen eine Umsatzprovision von ... %. Ihre gesamten Unkosten gehen zu Ihren Lasten
11 Da unsere Umsatzprovision bereits ... % beträgt, ist es uns leider nicht möglich, uns an Lagerungs- oder Werbekosten zu beteiligen.

Remuneration (from the point of view of the represented firm)

1 Your remuneration will be a ... % commission on sales.
2 We are unfortunately unable to meet your demands as regards commission.
3 Like our other representatives/agents, you would receive a commission of ... %.
4 By way of remuneration you will receive a commission of ... % and a ... % share of the profits at the end of each financial year.
5 The highest possible commission that we can offer you is ... %.
6 In addition to the usual commission of ... %, we pay a del credere commission of ... %.
7 Please call on us in the course of the next few days to negotiate your commission rate.
8 You will receive a basic monthly fee of ... and ... % commission on your sales.
9 You will receive ... % sales commission and a monthly expense allowance of ...
10 We will grant you a ... % commission on sales. You will be required to pay your own expenses.
11 As our sales commission is already ... % we are unfortunately unable to make a contribution towards storage or advertising costs.

Vertragsdauer (aus der Sicht der zu vertretenden Firma)

1 Nach einer halbjährigen Probezeit sind wir bereit, den Vertretungsvertrag auf unbestimmte Zeit mit . . .-monatiger Kündigungsfrist einzugehen.
2 Als Vertragsdauer schlagen wir zunächst . . . Jahre vor.
3 Wir sind bereit, mit Ihnen einen Vertretungsvertrag von . . .-jähriger Dauer abzuschließen.
4 Nach einer Einarbeitungszeit von sechs Monaten können wir uns dann über die Dauer Ihres Vertretungsvertrages unterhalten.
5 Ihr Vertretungsvertrag wird auf unbestimmte Zeit abgeschlossen. Er ist von beiden Seiten durch eingeschriebenen Brief mit einer . . .-monatigen Kündigungsfrist kündbar.
6 Ihre Wünsche hinsichtlich der Vertragsdauer werden wir gern berücksichtigen.
7 Leider ist es uns nicht möglich, derart spezielle Vertragswünsche zu erfüllen.
8 Jede Kündigung muss schriftlich erfolgen.
9 Die Vertragsdauer möchten wir in einem persönlichen Gespräch festlegen.

Length of agreement (from the principal's point of view)

1 After a trial period of six months, we will be prepared to conclude an unlimited agency agreement with a notice period of . . . months.
2 We suggest that the agreement be for . . . years initially.
3 We are willing to conclude an agency agreement with you for a period of . . . years.
4 After you have had six months to familiarize yourself with the work, we can then talk about the length of the agency agreement.
5 Your agency agreement is for an indefinite period. It is terminable by either party by registered post at . . . months' notice.
6 We will be pleased to take your wishes as regards the length of the agreement into consideration.
7 We are unfortunately not able to meet such special requests as regards your contract.
8 The agreement can only be terminated in writing.
9 We wish to determine the length of the agreement in a personal discussion.

Vorstellungstermin

1 Wir möchten Sie bitten, sich am . . . bei uns vorzustellen.
2 Bitte teilen Sie uns mit, ob Ihnen der . . . als Vorstellungstermin angenehm ist.
3 Als Vorstellungstermin käme nur der . . . infrage.
4 Als Vorstellungstermine schlagen wir Ihnen den . . . oder den . . ., jeweils um . . . Uhr, in unserem Haus vor.
5 Ihren Wünschen hinsichtlich des von Ihnen vorgeschlagenen Vorstellungstermins entsprechen wir gern.
6 Die Kosten, die Ihnen durch die Vorstellung in unserem Hause entstehen, werden wir gegen Belege übernehmen.

Date of interview

1 We would like you to come to our office for interview on . . .
2 Please let us know whether it would be convenient for you to come for interview on . . .
3 The only possible interview date is . . .
4 We suggest you come to our office for interview on . . . or . . . at . . . (time).
5 We are pleased to comply with your wishes as regards the interview date suggested.
6 We will refund the expenses incurred when coming to us for interview on presentation of receipts.

Vertretungsvertrag

Parteien

1 Zwischen Herrn (Frau) ... und der Firma ... wird folgender Vertretungsvertrag geschlossen: ...
2 Vertrag zwischen Herrn (Frau) ... als Vertreter(in) und der Firma ... als vertretene Firma.
3 Die Firma ... und Herr (Frau) ... schließen den folgenden Vertretungsvertrag: ...
4 Vertragspartner des folgenden Vertretungsvertrags sind Herr (Frau) ... als Vertreter(in) und die Firma ... als Vertretene.
5 Zwischen dem Unterzeichnenden, der Firma ..., und Herrn (Frau) ... wird der folgende Vertretungsvertrag geschlossen: ...
6 Vertragliche Regelung der Vertretertätigkeit des (der) Herrn (Frau) ... für die Firma ...

Tätigkeit

1 Die Vertretertätigkeit des (der) Herrn (Frau) ... beschränkt sich auf Kundenbesuche und die Entgegennahme von Aufträgen.
2 Herr (Frau) ... übernimmt die Vertretung für unsere Markenartikel der ...branche.
3 Neben der Entgegennahme von Aufträgen umfasst die Vertretertätigkeit des (der) Herrn (Frau) ... auch die Beratung unserer Kunden.
4 Die Vertretertätigkeit des (der) Herrn (Frau) ... muss so ausgeführt werden, dass die Interessen unseres Hauses jederzeit gewahrt werden.
5 Geschäftsvermittlungen und -abschlüsse hat der Vertreter sofort an die zuständigen Stellen der Firma weiterzuleiten.
6 Die Tätigkeit des Vertreters umfasst neben den handelsüblichen Tätigkeiten auch den Kundendienst für unsere technischen Artikel.
7 Über die genaue Abgrenzung der Vertretertätigkeit des (der) Herrn (Frau) ... wird ein Zusatzvertrag abgeschlossen.
8 Da die Vertretertätigkeit mit Reisen verbunden ist, wird dem Vertreter ein Firmenwagen zur Verfügung gestellt.

Agency agreement

Parties

1 The following agency agreement is concluded between Mr (Ms) ... and ... (firm):
2 Agreement between Mr (Ms) ... as agent and ... (firm) as principal.
3 ... (firm) and Mr (Ms) ... conclude the following agency agreement: ...
4 The parties to the following agency agreement are Mr (Ms) ... as agent/representative and ... (firm) as representee.
5 The following agency agreement is concluded between the signatory of ... (firm) and Mr (Ms) ...: ...
6 Contractual agreement defining the duties of Mr (Ms) ... as agent/representative of ... (firm).

Duties

1 Mr (Ms) ... 's duties as an agent/representative are restricted to visiting customers and taking orders.
2 Mr (Ms) ... will take on our agency for our branded articles in the ... industry.
3 In addition to taking orders, Mr (Ms) ...'s duties will also include giving advice to our customers.
4 Mr (Ms) ... must perform his (her) duties in such a way as always to represent the best interests of our company.
5 All business procured and transacted is to be passed on to the respective department of the company immediately.
6 The agent's/representative's duties include both those customary in the trade and also after-sales service for our technical articles.
7 A supplementary contract will be concluded defining precisely the duties of Mr (Ms) ... as our agent/representative.
8 As the duties of our agent include travelling, a company car will be made available to him (her).

9 Die Vertretertätigkeit verlangt den regelmäßigen Besuch unserer Kunden im Vertretungsgebiet.
10 Der Vertreter darf ausschließlich nur für uns arbeiten.
11 Will der Vertreter für andere Firmen tätig sein, bedarf es der Zustimmung der hier vertretenen Firma.
12 Anfragen der Kunden bei der Firma werden an den Vertreter weitergeleitet.
13 Direktfragen leiten wir an den Vertreter weiter.
14 Dem Vertreter wird Gebietsschutz zugesichert.
15 Für Kundenbestellungen, die direkt an uns gehen, wird dem Vertreter eine um ... % geringere Provision gezahlt.
16 Direktbestellungen werden wie Bestellungen behandelt, die über den Vertreter laufen.

9 The agent/representative is required to visit our customers in his (her) territory regularly.
10 The agent/representative is only allowed to work for our company and no other.
11 Should the agent/representative wish to act on behalf of another company, our consent must first be obtained.
12 Enquiries made to our company by customers will be passed on to the agent/representative.
13 Direct enquiries will be passed on to the agent/representative.
14 The agent/representative will be afforded territory protection.
15 The agent/representative will be paid ... % less commission on orders which customers place with us directly.
16 Direct orders will be treated in the same way as orders submitted by the agent/representative.

Vertretungsgebiet

1 Dem Vertreter wird ein noch genau zu bezeichnendes Gebiet zugeteilt. Er muss seine Tätigkeit auf dieses Gebiet beschränken.
2 Das Vertretungsgebiet umfasst den gesamten Raum ...
3 Der Vertreter übernimmt eine Bezirksvertretung in ...
4 Der Vertreter darf ausschließlich Kunden im Raum ... aufsuchen.
5 Der Vertretungsvertrag erstreckt sich auf die folgenden Gebiete: ...
6 Herr (Frau) ... ist Alleinvertreter(in) für unsere Produkte in ...
7 Es ist dem Vertreter nicht erlaubt, über die Grenzen seines Vertretungsgebiets hinweg tätig zu werden.
8 Das Vertretungsgebiet ist vom Vertreter unbedingt einzuhalten.
9 Innerhalb seines Vertretungsgebiets wird dem Vertreter Gebietsschutz zugesichert.
10 Als unser Alleinvertreter im Raum ... wird Ihnen absoluter Gebietsschutz zugesichert.

Territory

1 The agent/representative will be allotted a clearly defined territory. He must limit his activities to this area.
2 The territory covers the entire ... area.
3 The agent/representative will take over the regional territory of ...
4 The agent/representative may only call on customers in the ... area.
5 The agency agreement covers the following territories: ...
6 Mr (Ms) ... is the sole agent for our products in ...
7 The agent/representative is not allowed to do business outside the boundaries of his (her) territory.
8 The agent/representative must keep strictly to his (her) territory.
9 The agent/representative is guaranteed territory protection within his (her) territory.
10 As our sole agent in the ... area, you are guaranteed total territory protection.

Vergütungen

Gehalt

1 Der Vertreter bekommt für seine Tätigkeit ein Fixum in Höhe von ... zuzüglich der handelsüblichen Provisionen.
2 Dem Vertreter wird ein Fixum von ... gewährt.
3 Für seine (ihre) Tätigkeit als Vertreter(in) bekommt Herr (Frau) ... ein Fixum von ... monatlich im Voraus ausgezahlt.
4 Wir garantieren unserem Vertreter ein monatliches Fixum in Höhe von ...
5 Neben Provision und handelsüblichen Spesen wird Herrn (Frau) ... ein Gehalt in Höhe von ... zugesichert.
6 Das monatlich zugesicherte Mindesteinkommen in Form eines Fixums beträgt ...
7 Herr (Frau) ... erhält ein Gehalt in Höhe von ...
8 Unabhängig von den erzielten Umsätzen erhält Herr (Frau) ... ein monatliches Fixum in Höhe von ...

Provisionen

1 Als Provision werden ... % der getätigten Umsätze vergütet.
2 Die anfallenden Provisionsbeträge werden monatlich an den Vertreter überwiesen.
3 Für seine Bemühungen wird dem Vertreter eine Provision in Höhe von ... % des von ihm getätigten Umsatzes vergütet.
4 Wir gewähren weiterhin eine Provision in Höhe von 1 % auf die vom Vertreter auf Lager gehaltenen Waren.
5 Provisionen für stornierte Aufträge werden zurückbelastet.
6 Unserem Gebietsvertreter zahlen wir ... % Provision auf die von ihm getätigten Umsätze und ... % Provision auf die aus seinem Vertretungsgebiet direkt eingehenden Aufträge.
7 Die Provisionen betragen ... % auf den getätigten Umsatz und ... % auf die auf Lager gehaltenen Waren.
8 Provisionen werden nur für Waren gewährt, die vom Kunden bereits bezahlt worden sind.

Remuneration

Salary

1 For his (her) activities the agent/representative will receive a basic fee/salary of ... plus the commission customary in the trade.
2 The agent/representative will be paid a basic fee/salary of ...
3 For his (her) activities as our agent/representative Mr (Ms) ... will receive a basic fee/salary of ... per month, payable in advance.
4 We guarantee our agent/representative a basic monthly fee/salary of ...
5 In addition to commission and the usual expenses, Mr (Ms) ... is guaranteed a salary of ...
6 The guaranteed monthly income, in the form of a basic fee/salary, is ...
7 Mr (Ms) ... will receive a salary of ...
8 Regardless of his (her) monthly sales figures, Mr (Ms) ... will receive a basic monthly fee/salary of ...

Commission

1 The commission rate paid is ... % of sales.
2 Commission earned is remitted to the agent/representative monthly.
3 The agent/representative will receive ... % commission on his (her) sales.
4 We will continue to pay 1% commission on the goods stocked by the agent/representative.
5 Commission on orders which are cancelled will be redebited to your account.
6 We will pay our agent/representative ... % commission on his (her) sales and ... % commission on orders received directly from his (her) territory.
7 Our commissions are ... % on sales and ... % on goods stocked.
8 Commission is only granted on goods already paid for by the customer.

Spesen

1 Nur unbedingt notwendige Übernachtungskosten werden als Spesen anerkannt.
2 Angemessene Reisespesen werden dem Vertreter zurückerstattet.
3 Aufwendungen des Vertreters werden nur bis zu einer Höhe von maximal ... (pro Monat) rückvergütet.
4 Der Vertreter hat Anspruch auf die handelsüblichen Spesen.
5 Gegen Einreichung der erforderlichen Belege werden dem Vertreter die handelsüblichen Spesen vergütet.
6 Zur Abgeltung der Aufwendungen erhält der Vertreter einen monatlichen Pauschalbetrag von ...
7 Die Firma behält sich eine genaue Überprüfung der Spesenabrechnungen vor.
8 Spesen können im Rahmen der gesetzlichen Bestimmungen nur bis zur Höhe von ... monatlich anerkannt werden.
9 Die Spesen werden zusammen mit den Provisionen monatlich an den Vertreter überwiesen.
10 Spesen werden nicht vergütet.
11 Sämtliche anfallenden Spesen hat der Vertreter selbst zu tragen.
12 Mit der Zahlung der Provision sind sämtliche Ansprüche von Seiten des Vertreters abgegolten.

Expenses

1 Only unavoidable expenses for overnight accommodation will be accepted.
2 Reasonable travelling expenses will be refunded to the agent/representative.
3 A maximum of ... towards the agent's/representative's expenses will be refunded (per month).
4 The agent/representative is entitled to the expenses customary in the trade.
5 On presentation of the necessary receipts, the usual expenses will be refunded to the agent/representative.
6 To cover his expenses the agent/representative will receive a monthly allowance of ...
7 The company reserves the right to examine his (her) expense account.
8 Officially recognised expenses up to ... per month will be accepted.
9 Expenses will be remitted to the agent/representative each month together with commission.
10 Expenses are not refunded.
11 All expenses must be borne by the agent/representative.
12 All claims and entitlements on the part of the agent/representative are discharged on payment of the commission.

Abrechnung

1 Die Gehalts- und Provisionsabrechnungen erfolgen monatlich.
2 Die angefallene Provision wird monatlich an den Vertreter überwiesen.
3 Provisionen und Spesen werden monatlich an Sie überwiesen.
4 Auf Wunsch erfolgt eine Bevorschussung der Provisionen. Die Abrechnung wird vierteljährlich durchgeführt.
5 Die Abrechnung wird Ihnen per Einschreiben zugesandt.
6 Einspruch gegen die Provisionsabrechnung kann nur innerhalb von ... Tagen erfolgen.
7 Das vertraglich vereinbarte Gehalt wird monatlich auf das Konto des Vertreters überwiesen. Die Abrechnung erfolgt dann vierteljährlich.

Making up accounts

1 Salary and commission statements are made up monthly.
2 Commission earned is remitted to the agent/representative monthly.
3 Commissions and expenses will be remitted to you monthly.
4 If requested, an advance can be made on your commission. The account will be made up quarterly.
5 The statement of account will be sent to you by registered post.
6 Any objection to the commission statement must be lodged within ... days.
7 The salary specified in the agreement will be transferred to the agent's/representative's account monthly. The account will then be made up quarterly.

Werbung

Unterstützung durch die Firma

1 Bei der Werbung wird der Vertreter von der Firma unterstützt.
2 Für Werbezwecke wird dem Vertreter eine Summe von ... jährlich zur Verfügung gestellt.
3 Die Werbung für die vom Vertreter vertretenen Produkte wird je zur Hälfte von beiden Vertragspartnern getragen.
4 Ausgaben des Vertreters für Werbezwecke werden von uns erstattet.
5 Die Werbung für die von Herrn (Frau) ... vertretenen Markenartikel wird von uns durchgeführt.
6 Wir haben die Werbeagentur ... mit der Werbung für die von Herrn (Frau) ... vertretenen Produkte beauftragt.
7 Die Werbungskosten des Vertreters werden bis zur Höhe von ... jährlich von uns getragen.
8 Die Werbung wird von uns nach modernsten Methoden durchgeführt.
9 Der Hersteller verpflichtet sich, für seine Markenartikel selbst zu werben.
10 Der jährliche Werbeetat beträgt (mindestens) ...

Advertising

Company support

1 The company will support the agent's/representative's advertising efforts.
2 The yearly sum of ... will be made available to the agent/representative for advertising purposes.
3 Advertising expenditure on the products marketed by the agent/representative will be shared equally between both parties to the agreement.
4 The agent's/representative's expenditure for advertising purposes will be refunded by us.
5 We will arrange for advertising of the branded goods marketed by our agent/representative Mr (Ms) ...
6 We have commissioned the ... advertising agency to advertise the products marketed by Mr (Ms) ...
7 We will bear up to ... of the agent's/representative's advertising costs per annum.
8 Our advertising will be state-of-the-art.
9 The manufacturer undertakes to advertise his brand names himself.
10 The annual advertising budget is (at least) ...

Alleinwerbung des Vertreters

1 Der Vertreter hat die Werbung für seine Produkte selbst durchzuführen.
2 Die Firma ist bereit, die dem Vertreter entstehenden Werbungskosten zur Hälfte zu tragen.
3 Die Produktwerbung muss der Vertreter aus eigenen Mitteln bestreiten.
4 Dem Vertreter wird von uns kostenlos Werbematerial zur Verfügung gestellt.
5 Dem Vertreter wird das ihm von der Firma zur Verfügung gestellte Werbematerial berechnet.

Advertising only by agent/representative

1 The agent/representative will arrange to have his (her) products advertised himself (herself).
2 The company is prepared to bear half of the advertising costs incurred by the agent/representative.
3 The agent must finance advertising himself (herself).
4 Advertising material will be made available to the agent/representative by us free of charge.
5 The agent/representative will be charged for the advertising material made available to him by the company.

Wettbewerbsverbot

1 Der Vertreter verpflichtet sich, nach Kündigung dieses Vertrages ... Jahre nicht für Konkurrenzfirmen tätig zu werden.
2 Das Wettbewerbsverbot wird auf ... Jahre festgesetzt.
3 Der Vertreter verpflichtet sich, ausschließlich für uns zu arbeiten.

Ban on competition

1 On termination of this agreement the agent/representative undertakes not to work for rival companies for ... years.
2 The ban on competition is for ... years.
3 The agent/representative undertakes to work for us exclusively.

4 Der Vertreter darf erst nach ... Jahren ab Kündigung dieses Vertrages für Konkurrenzfirmen tätig werden.
5 Bestandteil dieses Vertretungsvertrags ist ein Wettbewerbsverbot von ... Monaten nach Kündigung.

4 The agent/representative may not work for rival companies until ... years after termination of this agreement.
5 Part of this agreement is a ban on competition for ... months after termination thereof.

Vertragsdauer

1 Dieser Vertretungsvertrag hat eine Gültigkeitsdauer von ... Jahren.
2 Der Vertretungsvertrag wird auf unbestimmte Zeit geschlossen.
3 Der Vertrag wird vorerst für eine Dauer von ... Jahren geschlossen. Wird er innerhalb dieses Zeitraums nicht gekündigt, so verlängert er sich stillschweigend um ein weiteres Jahr.
4 Die Vertragsdauer beträgt ... Jahre.
5 Der zwischen dem Vertreter, Herrn (Frau) ..., und der Firma geschlossene Vertretungsvertrag ist erstmals frühestens am ... kündbar.
6 Nach Ablauf des Probehalbjahrs ist der Vertretungsvertrag erstmals frühestens zum ... kündbar.
7 Dieser Vertretungsvertrag wird vorerst zur Probe auf ein halbes Jahr abgeschlossen. Nach Ablauf der Probezeit verlängert er sich stillschweigend um ... Jahre.
8 Die Probezeit für die Vertretertätigkeit des (der) Herrn (Frau) ... beträgt ... Monate.
9 Nach Ende der Probezeit von ... Monaten kann die Vertretung mit sofortiger Wirkung gekündigt werden.

Length of agreement

1 This agency agreement is valid for a period of ... years.
2 The agency agreement is concluded for an unlimited period of time.
3 The agreement is initially concluded for a period of ... years. If it is not terminated within this time, it is automatically renewed for another year.
4 The agreement is valid for a period of ... years.
5 The agency agreement concluded between the agent/representative, Mr (Ms) ... and ... (firm) is first terminable on ... at the earliest.
6 On completion of the trial six-month period, the agency agreement is first terminable on ... at the earliest.
7 This agency agreement is initially concluded for a trial period of six months. On completion of the trial period it is automatically renewed for ... years.
8 Mr (Ms) ...'s probationary period as our agent/representative is ... months.
9 On completion of the trial period of ... months, the agency agreement may be terminated immediately.

Kündigung

1 Nach einer Mindestvertragsdauer von ... Jahren ist dieser Vertretungsvertrag von beiden Parteien mit ...-monatiger Frist kündbar.
2 Verstößt eine der beiden Parteien gegen diesen Vertrag, kann er fristlos gekündigt werden. Die Kündigung muss per eingeschriebenem Brief erfolgen.
3 Nach ... Jahren ist dieser Vertretungsvertrag jeweils vierteljährlich kündbar.
4 Bei der Kündigung muss von beiden Parteien eine Frist von ... Monaten eingehalten werden.
5 Sollte einer der Vertragspunkte verletzt werden, kann nicht der gesamte Vertrag als nichtig erklärt werden.

Termination of agreement

1 After a minimum period of ... years, this agency agreement is terminable by either party at ... months' notice.
2 Should either party violate this agreement, it can be terminated without notice. Termination must be by registered post.
3 After ... years this agency agreement can be terminated on a quarterly basis.
4 When terminating the agreement both parties must give ... months' notice.
5 If one part of the agreement is infringed, the entire agreement may not therefore be declared null and void.

Vertragsänderungen

1 Beide Parteien behalten sich Vertragsänderungen vor.
2 Bei einer unvorhergesehenen Veränderung der Wirtschaftslage können einzelne Punkte dieses Vertretungsvertrags in beiderseitigem Einverständnis geändert werden.
3 Wir behalten uns eine Änderung des Fixums und der Provision vor.
4 Die Probezeit für den Vertreter, Herrn (Frau) . . ., kann von uns verlängert bzw. verkürzt werden.
5 Änderungen des Vertretungsvertrags vom . . . zwischen Herrn (Frau) . . . und der Firma . . .: . . .
6 Die Mindestvertragsdauer wird in beiderseitigem Einverständnis um . . . Jahre verlängert. Danach ist der Vertrag von beiden Seiten mit sofortiger Wirkung kündbar.
7 In Abänderung des Vertrags vom . . . gewähren wir unserem(r) Vertreter(in), Herrn (Frau) . . ., ab sofort eine Provision in Höhe von . . . %.
8 Jede Vertragsänderung bedarf zu ihrer Gültigkeit der Schriftform.
9 Mündliche Vertragsänderungen sind nicht gültig.
10 Auf Wunsch des Vertreters, Herrn . . ., wird seine Probezeit um . . . Monate verlängert.
11 Zusatzvertrag zu obigem Vertretungsvertrag: . . .
12 Auf Wunsch des Vertreters, Herrn . . ., wird das Vertretungsgebiet um die Städte . . . und . . . vergrößert.
13 Der Vertreter, Herr . . ., erhält zusätzlich das Alleinvertretungsrecht für unsere Artikel für . . .
14 Der Provisionssatz wird auf . . . % erhöht.
15 Auf Wunsch des(r) Vertreters(in), Herrn (Frau) . . ., wird obiger Vertretungsvertrag wie folgt abgeändert: . . .
16 Vertragsänderungen bleiben vorbehalten.
17 Auf Wunsch des Vertreters kann die Probezeit verlängert werden.
18 Durch Änderung einzelner Punkte wird der übrige Vertrag in seiner Gültigkeit nicht beeinträchtigt.

Changes to agreement

1 Both parties reserve the right to change the agreement.
2 In the event of an unforeseen change in the economic situation, individual points of this agency agreement may be changed with the consent of both parties.
3 We reserve the right to change the basic fee/salary and the commission.
4 Mr (Ms) . . .'s probationary period can be extended or shortened by us.
5 Changes to the agency agreement between Mr (Ms) . . . and . . . (firm):
6 The minimum length of the agreement is extended with the consent of both parties by . . . years. Thereafter, the agreement is terminable by either party without notice.
7 Our agreement of . . . is changed to the effect that we will henceforth allow our agent/representative, Mr (Ms) . . . a commission of . . . %.
8 Changes to the agreement are only valid if in writing.
9 Verbal changes to the agreement are not valid.
10 At the request of our agent/representative Mr . . ., his probationary period will be extended by . . . months.
11 Supplementary agreement to the above agency agreement:
12 At the request of our agent/representative Mr . . ., his territory will be enlarged to include the towns of . . . and . . .
13 Our agent/represenitive, Mr . . ., will, in addition, receive the sole agency for our articles for . . .
14 The commission rate will be increased to . . . %.
15 At the request of our agent, Mr (Ms) . . ., the above agency agreement is amended as follows: . . .
16 We reserve the right to change the agreement.
17 The probationary period may be extended if the agent so desires.
18 The amendment of individual parts of the agreement in no way detracts from the validity of the rest of it.

Einführung des Vertreters

1. Wir möchten unserer verehrten Kundschaft in ... mitteilen, dass ab ... Herr (Frau) ... unsere Firma dort vertreten wird.
2. In Zukunft wird Sie unser neuer Vertreter, Herr ..., besuchen.
3. Wir würden uns sehr freuen, wenn Sie auch unserem(r) neuen Vertreter(in), Herrn (Frau) ..., Ihr Vertrauen schenkten.
4. Wir haben Herrn (Frau) ... zum Alleinvertreter unserer Markenartikel im Raum ... ernannt und sind überzeugt, dass er (sie) zu Ihrer vollen Zufriedenheit arbeiten wird.
5. Herr (Frau) ... übernimmt ab ... unsere Vertretung bei Ihnen. Wir hoffen, dass Sie ihm (ihr) ebenso viel Vertrauen entgegenbringen wie seinem (ihrem) Vorgänger.
6. Unser neuer Vertreter für den Bezirk ..., Herr ..., nimmt am ... seine Tätigkeit auf.
7. Unser neuer Vertreter, Herr ..., wird sich am ... bei Ihnen vorstellen. Er wird sich bemühen, zu Ihrer vollen Zufriedenheit zu arbeiten.
8. Herr (Frau) ... hat mit Wirkung vom ... unsere Alleinvertretung in ... übernommen.
9. Unser neuer Vertreter, Herr ... wird in Zukunft das Callcenter leiten und Ihnen für alle Fragen zur Verfügung stehen.
10. Bitte teilen Sie uns mit, wann unser neuer Vertreter, Herr ..., bei Ihnen vorsprechen kann.

Introduction of the agent/representative

1. We wish to announce to our valued customers in ... that, as from ..., our company will be represented there by Mr (Ms) ...
2. You will, in future, be visited by our new agent/representative, Mr ...
3. We would be most gratified if you could also place the same trust in our new agent/representative, Mr (Ms) ...
4. We have appointed Mr (Ms) ... as the sole agent for our branded goods in the ... area and are convinced that his (her) work there will be to your entire satisfaction.
5. As from ... Mr (Ms) ... will be taking over our agency in your area. We very much hope you will place the same trust in him (her) as you did in his (her) predecessor.
6. Our new agent/representative for the ... district, Mr ..., will be starting work on ...
7. Our new agent/representative, Mr ..., will introduce himself to you on ... He will make every effort to serve you to your complete satisfaction.
8. As from ..., Mr (Ms) ... will be taking over our sole agency in ...
9. Our new agent / representative, Mr ..., will be in charge of the call centre in future and be pleased to answer all your questions.
10. Please let us know when our new agent/representative, Mr ..., can call on you.

Bericht des Vertreters

Tätigkeit

1. Ich habe bereits eine Anzahl von Kunden mit Erfolg besucht.
2. Mit meinem neuen computergestützten Besuchssystem habe ich gute Erfolge erzielen können.
3. Ich bin zurzeit im Raum ... tätig.
4. Der Pkw hat meine Tätigkeit wesentlich erleichtert.

Agent's/Representative's report

Activities

1. I have already paid successful visits to a number of customers.
2. I have had considerable success using my new computerized system to schedule customer calls.
3. At the moment I am working in the ... area.
4. The company car has made my work considerably easier.

5 Ich habe den Kunden ... leider nicht angetroffen. Deshalb werde ich bei meiner nächsten Tour wieder bei ihm vorsprechen.
6 Leider muss ich Ihnen mitteilen, dass der neue Artikel nicht ankommt.
7 Meine Tätigkeit im Raum ... hat viel versprechend begonnen.
8 Mit dem neuen Verkaufsprogramm konnte ich bis jetzt meinen Umsatz um ... % steigern.
9 Durch die Marktentwicklung haben sich die Absatzchancen Ihrer Produktion beträchtlich verbessert.

5 I was unfortunately unable to see ... (name of customer). I will call on him the next time I am on my rounds in that area.
6 I am sorry to tell you that the new article is not going down well.
7 I have got off to a good start in the ... area.
8 I have thus far been able to increase my turnover by ...% thanks to the new sales range.
9 Thanks to current market trends, the sales opportunities for your goods have improved considerably.

Schwierigkeiten

1 Leider sind bei unseren Verhandlungen mit der Firma (Herrn) ... Schwierigkeiten aufgetreten.
2 Aufgrund des weit verzweigten Kundennetzes ergeben sich Besuchsschwierigkeiten.
3 Es ist mit großen Schwierigkeiten verbunden, den Artikel Nr. ... zu verkaufen.
4 Die derzeit denkbar ungünstigen Straßenverhältnisse machen es unmöglich, die Kunden fristgerecht aufzusuchen.
5 Unsere Kunden weigern sich, auf die geforderten Zahlungsbedingungen einzugehen.
6 Die neue Kollektion lässt sich nur in Großstädten und mittelgroßen Städten absetzen.
7 Bei der Vorführung des Artikels ergeben sich Probleme.
8 Schwierigkeiten ergeben sich aus der schlechten Belieferung der Kunden.
9 Bei der Vorführung des Artikels Nr. ... haben sich technische Probleme ergeben.
10 Einige Kunden befürchten aufgrund der neuen technischen EU-Vorschriften Schwierigkeiten bei der Benutzung des Geräts.
11 Könnte man den Artikel Nr. ... nicht in einer einfacher zu handhabenden Ausführung auf den Markt bringen?
12 Mir scheint der Markt für den Artikel Nr. ... noch nicht aufnahmefähig genug.
13 Das Kundennetz ist derart weit verzweigt, dass ich die von Ihnen vorgeschriebene Tour nicht einhalten kann.
14 Es ergibt sich im neuen Call-Center das Problem, dass wir die Kunden nur telefonisch beraten können.

Difficulties

1 There have been some problems concerning our negotiations with ... (firm)/ (Mr ...).
2 The customers are so far apart that it is sometimes difficult to visit them.
3 It is extremely difficult to sell article No. ...
4 The particularly difficult road conditions at present are making it impossible to visit customers punctually.
5 Our customers are refusing to accept the terms of payment asked.
6 It is only possible to sell the new collection in cities and fairly large towns.
7 There are problems when the article is demonstrated.
8 There have been some problems as a result of poor delivery to customers.
9 There have been technical problems demonstrating article No. ...
10 Some customers are afraid they will run into difficulties when using the equipment as a result of the EU's new technical regulations.
11 Is it not possible to bring out a new version of article No. ... which is easier to use?
12 I feel the market is not yet ready to take article No. ...
13 The clientele is so widely spaced that I cannot keep to the circuit specified.
14 The problem with the call centre is that we are only able to give customers advice on the telephone.

Allgemeine Marktlage

1 Die Marktverhältnisse sind zurzeit ausgezeichnet.
2 Aufgrund der hervorragenden Marktverhältnisse ist ein bedeutender Mehrverkauf zu erwarten.
3 Zurzeit herrscht Hochkonjunktur auf unserem Markt. Daher wäre ich für möglichst schnelle Ausführung meiner Aufträge dankbar.
4 Die Marktverhältnisse sind ausgeglichen.
5 Es freut mich, Ihnen mitteilen zu können, dass der Markt für unsere Artikel wieder aufnahmefähig ist.
6 Wegen der angespannten Marktverhältnisse ist es uns leider unmöglich, mehr Ware abzusetzen.
7 Die anhaltende, weltweite Rezession erschwert das Geschäft.
8 Ich möchte Ihnen mitteilen, dass der Markt gesättigt ist. Ich sehe deshalb für die Zukunft keine großen Verkaufschancen.
9 Durch das Auftreten einer neuen Firma auf unserem Markt haben sich unsere Absatzchancen merklich verschlechtert.
10 Ich glaube, dass der Markt nunmehr ein neues Produkt aufnehmen kann.
11 Es scheint, dass der Markt für Ihre Artikel ... und ... gesättigt ist.

General market situation

1 Market conditions are excellent at present.
2 As a result of the excellent market conditions, we can expect a considerable increase in sales.
3 The market is booming at present. I would therefore be most grateful if my orders could be fulfilled as quickly as possible.
4 The market is steady.
5 I am pleased to inform you that the market is now once again receptive to our articles.
6 Market conditions are tight at the moment, so it is unfortunately impossible for us to sell more goods.
7 The continuing world recession is making business hard.
8 I wish to inform you that the market is saturated. I therefore see little opportunity for sales in the future.
9 The arrival of a new firm in our market means that our sales chances have noticeably worsened.
10 I believe the market can now absorb a new product.
11 It would seem that the market for ... (article) and ... (article) is saturated.

Kaufkraft

1 Die Kaufkraft des Geldes sinkt rapide.
2 Die Kaufkraft der Kunden lässt nach.
3 Die Kauflust unserer Kunden wird auch durch die wirtschaftliche Unsicherheit nicht beeinträchtigt.
4 Unsere Kunden scheinen wieder kauffreudiger zu werden.
5 Es ist mit einem Anstieg/Nachlassen der Kaufkraft zu rechnen.
6 Zunehmende Belebung der Konjunktur lässt ein Ansteigen der Kauflust unserer Kunden erwarten.
7 Die Abschwächung der Konjunktur lässt einen Rückgang der Kauflust unserer Kunden befürchten.
8 Beträchtliche Lohnerhöhungen haben die Absatzchancen für Ihre Produkte verbessert.
9 Die Konjunkturentwicklung hat die Kaufkraft weiter gesteigert/verringert.

Purchasing power

1 Money is rapidly losing its value here.
2 The customers' purchasing power is diminishing.
3 Our customers' readiness to buy is not even being weakened by economic uncertainty.
4 Our customers seem to be more eager to buy now.
5 An increase/decrease in purchasing power is to be expected.
6 Now that the business cycle is picking up, we can expect increasing readiness to buy on the part of our customers.
7 As a result of the economic downturn, we have every reason to fear that our customers' readiness to buy will diminish.
8 Sizeable wage increases have improved sales chances for your products.
9 Economic trends have further increased/decreased purchasing power.

Konkurrenten

1 Wir sind auf diesem Markt konkurrenzlos.
2 Die Zahl der Konkurrenten steigt ständig.
3 Ich muss Ihnen leider mitteilen, dass die Zahl der Konkurrenten auf diesem Markt von Jahr zu Jahr zunimmt.
4 Das Anwachsen der Konkurrenten ist auf den steigenden Bedarf an diesen Produkten zurückzuführen.
5 Die Globalisierung der Wirtschaft hat dazu geführt, dass die Zahl der Konkurrenten von ... auf ... gestiegen ist.
6 Die Zahl der Konkurrenten geht zurzeit etwas zurück.
7 Dank der hervorragenden Qualität unserer Produkte nimmt die Zahl der Konkurrenten ab.
8 Ich freue mich, Ihnen mitteilen zu können, dass wir mit unseren Produkten der Konkurrenz weit überlegen sind.
9 Durch die Fusion der Firmen ... und ... ist uns ein nicht zu übersehender neuer Konkurrent entstanden.
10 Die Firma ... möchte auf unserem Markt tätig werden.
11 Wir können unsere Position nur halten, wenn wir gegen die immer stärker werdende Konkurrenz vorgehen.
12 Unsere Konkurrenz ist noch schwach. Sie wird einen Preiskampf wohl kaum überstehen.
13 Durch den Konkurs der Firma ... dürfte der Konkurrenzkampf auf unserem Markt beendet sein.
14 Das Verhalten der Konkurrenten ist bedenklich.
15 Bedauerlicherweise gelingt es der Firma ..., den Markt immer mehr an sich zu reißen.
16 Die Konkurrenz versucht, den Markt mit unlauteren Mitteln an sich zu reißen.
17 Die Konkurrenz bemüht sich, unsere Kunden abzuwerben.
18 Wiederholt musste ich feststellen, dass Vertreter der Konkurrenz unsere Kunden aufgesucht haben.
19 Leider erobert unsere Konkurrenz mit besserer Qualität den Markt.
20 Durch eine große Werbekampagne versucht die Konkurrenz, den Markt an sich zu reißen.
21 Das Verhalten der Konkurrenz ist (nicht) Besorgnis erregend.
22 Die Konkurrenz versucht, mit neuen Artikeln den Markt zu erobern.

Competitors

1 We have no competitors in this market.
2 The number of competitors is growing steadily.
3 I unfortunately have to tell you that the number of competitors in this market is increasing from year to year.
4 Competition is increasing because demand for these products is growing.
5 The globalisation of the world economy has meant that the number of competitors has grown from ... to ...
6 The number of competitors is falling slightly at the moment.
7 Thanks to the excellent quality of our products, the number of competitors is decreasing.
8 I am pleased to be able to tell you that our products are far superior to those of our competitors.
9 The merger of ... (company) and ... (company) has produced a new competitor that cannot be ignored.
10 ... (firm) want to work our market.
11 We can only maintain our position if we take action against the increasingly strong competition.
12 Our competitors are still weak. They have little chance of surviving a price war.
13 The bankruptcy of ... (firm) has most likely put an end to the competition in our market.
14 Our competitors' behaviour is worrying.
15 Regrettably, ... (firm) are successfully taking over more and more of the market.
16 Our competitors are trying to take over the market by unfair means.
17 Our competitors are trying to lure away our customers.
18 It has repeatedly come to my notice that agents from rival companies have been visiting our customers.
19 Our competitors are unfortunately conquering the market with better quality.
20 Our competitors are trying to take over the market by launching a large-scale publicity campaign.
21 Our competitors' behaviour is (not) disturbing.
22 Our competitors are trying to conquer the market with new articles.

23 Die stürmische Expansion unserer Konkurrenzfirma lässt vermuten, dass diese demnächst den Preiskampf aufnehmen wird.
24 Die neuen Bestimmungen der WHO (Welthandelsorganisation) haben dazu geführt, dass sich auf dem ohnehin umkämpften Markt noch mehr Anbieter gegenseitig Konkurrenz machen.

23 The vigorous expansion of our competitors' company would seem to indicate that they will soon be starting a price war.
24 The new WTO regulations mean that we will soon see even more firms competing against each other in an already highly competitive market.

Verbesserungsvorschläge

1 Den Anstrengungen der Konkurrenz ist nur mit einer großen Werbekampagne zu begegnen.
2 Die Konkurrenz muss mit besserer Qualität übertroffen werden.
3 Durch eine Verkürzung der Lieferfristen wären wir der Konkurrenz gegenüber im Vorteil.
4 Um die Konkurrenz bei unseren Kunden auszuschalten, sollten wir bessere Zahlungskonditionen anstreben.
5 Durch die Einrichtung einer Homepage im Internet könnten Sie die Werbung wesentlich intensivieren.
6 Durch gezielte Werbeaktionen könnten wir den Markt erobern und den Konkurrenzkampf beenden.
7 Für eine etwas preiswertere Ausführung Ihres Artikels Nr. ... wäre der Markt noch aufnahmefähig.
8 Die Verpackung Ihrer Produkte müsste stabiler sein.
9 Die Verpackung Ihrer Waren entspricht nicht den neuen Richtlinien der EU. Bitte treffen Sie entsprechende Vorkehrungen.

Suggestions for improvements

1 We can only counter the efforts of the competition with a large-scale advertising campaign.
2 We must beat the competition on quality.
3 We could gain an advantage over the competition by having shorter delivery periods.
4 To stop the competition from taking away our customers we should go for better terms of payment.
5 If you set up a website you could put considerably more effort into advertising.
6 With selective advertising we could conquer the market and put an end to the battle for customers.
7 The market could still absorb a slightly less expensive version of your article No. ...
8 Your products need to be more sturdily packed.
9 Your goods are not packed in accordance with new EU regulations. Please take appropriate measures.

Aufträge

1 Ich füge die Aufträge der Firma ... bei.
2 Hiermit überreiche ich Ihnen die eingeholten Aufträge.
3 Als Anlage erhalten Sie die eingegangenen Aufträge.
4 Die in dieser Woche erhaltenen Aufträge lege ich bei.
5 Die beigefügten Aufträge sind sofort zu bearbeiten.
6 Ich bitte den beiliegenden Auftrag des Kunden, Herrn ... , bis zum ... zu bearbeiten.
7 Die Aufträge sind auf Wunsch des Kunden bis Anfang nächsten Monats zurückzustellen.

Orders

1 I enclose ...'s (firm) orders.
2 Enclosed you will find the orders obtained.
3 The orders received are enclosed.
4 The orders received this week are enclosed.
5 The orders enclosed are to be dealt with immediately.
6 Please process the enclosed order from our customer, Mr ..., by ... (date).
7 The customer wishes to delay execution of his orders until the beginning of next month.

8 Bitte beachten Sie beim Auftrag der Firma ... die Sonderwünsche hinsichtlich der Qualität.
9 Die Aufträge der beiden Firmen ... und ... konnte ich nur mit der Zusage eines Zahlungszieles von ... Monaten erhalten.
10 Um den Auftrag der Firma ... einzuholen, musste ich ihr einen Mengenrabatt von ... % zusichern.
11 Ich habe der Firma ... zugesagt, dass wir ihr die Lieferung per Express zu unseren Lasten senden werden.
12 Da die Firma ... mit der Bearbeitung ihres letzten Auftrags unzufrieden war, konnte ich diesmal keinen Abschluss tätigen.

8 Please bear the special requests regarding quality in mind when dealing with ...'s (firm) order.
9 It was only possible to secure orders from ... (firm) and ... (firm) by promising them ... months' credit.
10 In order to obtain ...'s (firm) order I had to promise them a quantity discount of ... %.
11 I have promised ... (firm) that we will send them the goods by express at our expense.
12 As ... (firm) were dissatisfied with the execution of their last order, I was unable to obtain one this time.

Firmenbericht an den Vertreter

Bestätigung der Aufträge

1 Hiermit bestätigen wir Ihnen den Eingang der Aufträge vom ...
2 Am ... sind Ihre Aufträge bei uns eingegangen. Wir danken Ihnen dafür.
3 Die Aufträge der Kunden ... sind bei uns eingetroffen. Lieferung erfolgt wie vorgeschrieben (gewünscht).
4 Mit Dank bestätigen wir Ihnen den Eingang Ihrer Aufträge.
5 Wir bedanken uns für Ihre Aufträge. Die Sonderwünsche der Firma ... werden wir gern erfüllen.
6 Die Aufträge der Firma ... sind bei uns eingegangen. Bitte teilen Sie Herrn ... mit, dass sich die Lieferung durch die Sonderwünsche hinsichtlich Farbgebung und Qualität um ca. ... Tage verzögert.

Formelles zu den Aufträgen

1 Dürfen wir Sie bitten, bei den nächsten Aufträgen deutlicher zu schreiben, da sonst Fehllieferungen nicht ausgeschlossen sind.
2 Bitte geben Sie beim nächsten Mal das Ausstellungsdatum an.
3 Wir bitten Sie, die Auftragsnummer des Kunden und die zuständige Abteilung zu vermerken.

Company's report to agent/representative

Confirmation of orders

1 We hereby confirm receipt of your orders dated ...
2 We received your orders on ... Many thanks.
3 We have received orders from ... (customers). Delivery will be made as specified (requested).
4 We thank you for your orders, receipt of which is hereby confirmed.
5 Thank you for your orders. We will be pleased to comply with ...'s (firm) special requests.
6 We have received ...'s (firm) orders. Please inform Mr ... that delivery will be delayed by approx. ... days owing to his special requests regarding colour and quality.

Points of procedure regarding orders

1 May we ask you to write more clearly when submitting your next orders so as to prevent wrong delivery.
2 Please include the date of the order next time.
3 We would ask you to make a note of the customer's order number and the department responsible next time.

4 Wir bitten Sie, E-Mail-Aufträge direkt an uns weiterzuleiten, sie aber vorsichtshalber nochmals per Brief oder Fax zu bestätigen.
5 Wir möchten Sie darauf hinweisen, dass von jetzt an das Original und ein Durchschlag des Auftrags eingesandt werden müssen.
6 Versäumen Sie bitte nicht, den Kunden persönlich unterschreiben zu lassen, da sonst die Gefahr der Annahmeverweigerung bei Eingang der Ware besteht.
7 Sie können in Zukunft derartige Sonderwünsche unserer Kunden keinesfalls akzeptieren.
8 Bitte vermerken Sie auf allen Aufträgen die Mehrwertsteuer-Nr., die Identifikationsnummer sowie die Verbrauchssteuer-Nr., wie dies in den EU-Richtlinien vorgeschrieben wird.

4 Please forward your e-mail orders to us directly and then take the precaution of confirming them by letter or fax.
5 We wish to point out that as from now, both the original and a copy of the order must be sent in.
6 Make sure the customer signs the order himself (herself) so there is no risk of delivery being refused.
7 You are not allowed to agree to any more special requests of this nature from our customers in future.
8 Please note the VAT No., the identification number and the excise duty number on all orders, as prescribed by EU regulations.

Materielles zu den Aufträgen

1 Sie forderten mit Auftragsnummer ... für den Kunden ... einen Artikel Nr ... an. Dieser Artikel ist in unserem Katalog nicht enthalten.
2 Den angegebenen Artikel führen wir nicht.
3 Sie führten in Ihrem Auftrag Nr. ... vom ... den Artikel Nr. ... an, den es gar nicht gibt. Bitte berichtigen Sie diesen Irrtum.
4 Wir möchten Sie auf einen Fehler in Ihrem Auftrag Nr. ... hinweisen: Die Artikelnummer ist nicht ..., sondern ...
5 Die Waren aus dem Auftrag des Kunden ... sind zur vorgesehenen Zeit leider nicht lieferbar.
6 Der Artikel Nr. ... aus Ihrem Auftrag vom ... ist nicht mehr lieferbar.
7 Bitte fragen Sie Ihre Kunden, ob wir für den Artikel Nr. ... Ersatz liefern sollen.
8 Sie sind keinesfalls berechtigt, ein Zahlungsziel von ... Monaten einzuräumen.

Content of orders

1 In order No. ... you refer to article No. ... This article is not in our catalogue.
2 We do not stock the article stated.
3 In your order No. ... of ... you specify article No. ..., which does not exist. Please correct this error.
4 We wish to draw your attention to an error in your order No. ... The article No. is not ... but ...
5 The goods specified in ...'s (customer) order will unfortunately not be available at the time stated.
6 Article No. ... of your order dated ... is no longer available.
7 Please ask your customers whether we should supply a replacement for article No. ...
8 You have no right to grant a credit period of ... months.

Anerkennungsschreiben

1 Für die uns geleisteten Dienste möchten wir Ihnen unsere Anerkennung aussprechen.
2 Wir sind mit Ihrer Vertretertätigkeit bisher sehr zufrieden.
3 Es ist uns eine Freude, Ihnen als einem unserer besten Vertreter zu danken und unser Lob auszusprechen.

Letter praising good service

1 We wish to express our appreciation of your good service.
2 We are thus far extremely satisfied with your performance as our agent/representative.
3 We take great pleasure in expressing our thanks and appreciation to you as one of our best agents/representatives.

4 In Anerkennung Ihrer ausgezeichneten Leistungen haben wir uns entschlossen, ab sofort Ihre Provision um ... % zu erhöhen.

4 In recognition of your excellent services, we have decided to raise your commission rate by ... % as from today.

Zurechtweisung des Vertreters

1 Leider können wir Ihre derzeitigen Arbeitsmethoden nicht dulden.
2 Wir bedauern, Ihnen sagen zu müssen, dass wir mit Ihrer Arbeit nicht zufrieden sind.
3 Wir bitten Sie, in Zukunft sorgfältiger zu arbeiten.
4 Ihre Arbeitsweise befriedigt uns nicht.
5 Ihre im letzten Quartal getätigten Abschlüsse sind wenig zufrieden stellend.
6 Ihre Umgangsweise mit den Kunden hat häufig zu Beschwerden Anlass gegeben.
7 Leider sind bei uns Beschwerden über Ihre Verhandlungsweise eingegangen. Wir bitten Sie um mehr Höflichkeit den Kunden gegenüber.
8 Ihre Kunden klagen über Unzuverlässigkeit.
9 Wir bitten Sie, Ihre Kunden besser zu betreuen.
10 Wir müssen Sie darauf aufmerksam machen, dass die Zahl der bisher von Ihnen eingegangenen Aufträge zu niedrig ist.

Reprimanding an agent/representative

1 We are unfortunately no longer able to tolerate your method of working.
2 We regret having to tell you that we are not satisfied with your work.
3 We would ask you to work with more care in future.
4 You work in an unsatisfactory manner.
5 Your sales figures for the last quarter are unsatisfactory.
6 There have been frequent complaints about your manner with customers.
7 We have unfortunately received complaints about your negotiating technique. We would ask you to be more polite to customers.
8 Our customers have complained about your unreliability.
9 Please look after your customers better.
10 We must point out that the number of orders we have received from you so far is too low.

Produktionsausweitung

1 Wir haben einen neuen Artikel in unser Programm aufgenommen.
2 Wir möchten Sie darauf hinweisen, dass wir neue Produkte herstellen.
3 Ein neues Produkt von uns ist auf dem Markt. Die Prospekte liegen bei. Bitte werben Sie bei Ihren Kunden für den Artikel.
4 Wir freuen uns Ihnen mitteilen zu können, dass wir unser Warenangebot wesentlich erweitert haben. Bitte sprechen Sie darauf auch Ihre Kunden an.
5 Wir haben folgende Artikel neu in unser Programm aufgenommen: ...
6 Wegen der starken Nachfrage haben wir unser Warenangebot im Hinblick auf ... erweitert. Teilen Sie das bitte Ihrer Kundschaft mit.

Expansion of production

1 We have added a new article to our range.
2 We wish to point out that we are manufacturing new products.
3 Our new product is now on the market. Brochures are enclosed. Please promote this article with your customers.
4 We are pleased to tell you that we have considerably expanded our sales range. Please also mention this to your customers.
5 Our sales range now includes the following new articles:
6 Owing to high demand, we have expanded our sales range to include ... Please point this out to your customers.

7 Unser neuestes Modell der Serie ... ist fertig gestellt. Prospekte haben wir beigefügt.
8 Folgende neue Artikel haben wir anzubieten: ... Wir hoffen, Sie verkaufen diese mit großem Erfolg.

7 Our latest model in the ... series is now available. Brochures are enclosed.
8 We are now able to offer the following new articles: ... We hope you will be successful in selling them.

Auslaufende Artikel

1 Bitte weisen Sie Ihre Kunden darauf hin, dass wir die Produktion des Artikels Nr. ... eingestellt haben.
2 Folgende Artikel haben wir aus unserem Verkaufsprogramm gestrichen: ...
3 Bitte machen Sie bei Ihren nächsten Besuchen Ihre Kunden darauf aufmerksam, dass der Artikel Nr. ... ausläuft.
4 Wir fertigen folgende Artikelserie nicht mehr: ... Bitte berücksichtigen Sie dies bei Ihren Verkaufsgesprächen.
5 Die Produktion des Artikels Nr. ... ist für uns unrentabel geworden. Unterrichten Sie die Kunden in Ihrem Vertretungsgebiet bitte davon, dass wir diesen Artikel nicht mehr fertigen.

Discontinued lines

1 Please point out to your customers that production of article No. ... has been discontinued.
2 The following articles have now been dropped from our sales range:
3 When next visiting your customers please draw their attention to the fact that article No. ... is being discontinued.
4 We no longer produce the following series of articles: ... Please bear this in mind when advising customers.
5 It has become uneconomic for us to produce article No. ... Please let the customers in your territory know that we no longer manufacture it.

Preisveränderungungen

1 Infolge ständig steigender Kosten sehen wir uns leider gezwungen, unsere Preise ab ... um ... % zu erhöhen.
2 Wir sind sicher, dass unsere Marktposition trotz der notwendigen Preiserhöhung um ... % ungefährdet ist.
3 Um unseren Marktanteil in Ihrem Land zu erhöhen, reduzieren wir ab sofort unsere Preise um ... %.

Changes in price

1 As a result of steadily rising costs, we are unfortunately obliged to increase our prices by ... % as from ...
2 In spite of the necessity to increase our prices by ... %, we feel sure that our market position will not be endangered.
3 To increase our market share in your country we are reducing our prices by ... % as from today.

Briefwechsel zwischen Kunde, Firma und Vertreter

Kunde an Firma

1 Bitte teilen Sie mir mit, wann ich mit dem Eintreffen der Lieferung rechnen kann.
2 Unterrichten Sie Ihren Vertreter bitte darüber, dass weitere Besuche zwecklos sind.
3 Bei Ihrer letzten Lieferung fehlte der Lieferschein (die Rechnung). Bitte senden Sie ihn (sie) nach.

Correspondence between customer, company and agent/representative

Customer to company

1 Please let me know when I can expect delivery.
2 Please tell your agent/representative that there is no point in calling on us again.
3 You forgot to include the delivery note (the invoice) with your last consignment. Please send it on to us.

4 Lassen Sie mir durch Ihren Vertreter bitte Prospekte über Ihr neues Sonderangebot zukommen.
5 Wenn uns Ihr Vertreter die neue Musterkollektion vorlegen könnte, wären wir in der Lage, bis zum ... zu bestellen.
6 Wir haben mehrmals das Callcenter Ihrer Vertretung in ... angerufen. Es war jedoch nicht in der Lage, uns in angemessener Weise zu helfen.
7 Ihr Vertreter ist in der letzten Woche nicht erschienen; wir senden Ihnen deshalb unseren Auftrag direkt zu.
8 Der jetzige Vertreter ist sehr unhöflich.
9 Wir müssen annehmen, dass unsere Aufträge von Ihrem Vertreter nicht sachgemäß bearbeitet werden.
10 Das Verhalten Ihres Vertreters gibt zu Klagen Anlass.
11 Ihr Vertreter, Herr ..., ist unzuverlässig.

4 Please have your agent/representative bring me brochures on your latest special offer.
5 If your agent/representative could show us the new collection of samples we would be able to place our order by ...
6 We have phoned your call centre in ... on several occasions but it was not able to give us the help we wanted.
7 Your agent/representative, Mr ..., did not pay us a visit last week. We are therefore sending you our order ourselves.
8 Your present agent/representative is most impolite.
9 We must assume that our orders are not being properly dealt with by your agent/representative.
10 Your agent's/representative's behaviour gives us cause for complaint.
11 Your agent/representative, Mr ..., is unreliable.

Firma an Vertreter

1 Wie uns der Kunde ... mitteilte, sind Sie in der letzten Woche nicht bei ihm erschienen. Bitte teilen Sie uns Ihre Gründe mit.
2 Der Kunde ... schreibt uns, dass ihm die neue Musterkollektion nicht vorgelegt wurde. Bitte holen Sie das Versäumte nach.
3 Der Kunde, Herr ... , moniert, dass Sie zum vereinbarten Termin nicht bei ihm erschienen sind. Bitte holen Sie den Besuch sofort nach.
4 Uns ist berichtet worden, dass Ihr Callcenter nicht effizient arbeitet. Bitte nehmen Sie hierzu Stellung.
5 Bitte nehmen Sie Stellung zu dem Vorfall vom ...
6 Die Firma ... hat sich zum zweiten Mal über Sie beschwert. Was haben Sie dazu zu sagen?
7 Hiermit leiten wir eine Beschwerde aus Ihrem Kundenkreis an Sie weiter.
8 Wie kommt es, dass sich unsere Kunden immer wieder über Ihre Unzuverlässigkeit beschweren?

Company to agent/representative

1 ... (customer) tells us that you did not call on him last week. Please let us have your reasons for this.
2 ... (customer) has written to inform us that he has not been shown the new collection of samples. Please rectify this omission.
3 Our customer, Mr ..., complains that you did not keep your appointment with him. Please rectify this immediately.
4 We have been told that your call centre is not working efficiently. Please let us have your comments on this.
5 Please let us have your comments on the incident on ...
6 ... (company) has now complained about you twice. Please let us have your comments on this.
7 We are passing on a complaint about you which we have received from one of your customers.
8 Why is it that our customers are forever complaining about your unreliability?

Vertreter an Firma

1 Ich möchte mich für den Vorfall vom ... entschuldigen.
2 Leider war es mir am ... nicht mehr möglich, den Kunden ... aufzusuchen.
3 Weil ich mich an dem fraglichen Tag nicht wohl fühlte, habe ich meine Tour vorzeitig abbrechen müssen.
4 Ich werde das Versäumte binnen kurzem nachholen.
5 Die Beschwerde des Herrn ... ist mir unverständlich; ich habe ihn termingerecht aufgesucht.
6 Die Beschuldigungen des Kunden ... weise ich zurück.
7 Ich war zum verabredeten Zeitpunkt bei Herrn (Frau) ..., er (sie) war jedoch nicht anzutreffen.
8 Die Firma ... ist ein sehr schwieriger Kunde. Bitte prüfen Sie die Beschwerden sorgfältig.
9 Ich versichere Ihnen, dass derartige Fehler in Zukunft nicht mehr vorkommen werden.

Agent/Representative to company

1 I wish to apologize for the incident on ...
2 It was unfortunately impossible for me to call on ... (customer) on ... (date).
3 As I was unwell on the day in question I had to break off my visits prematurely.
4 I will rectify the matter shortly.
5 I cannot understand Mr ...'s complaint. I called on him as arranged.
6 I cannot accept ...'s (customer) accusations.
7 I called on Mr (Ms) ... at the time agreed but he (she) was not there.
8 ... (company) is a very difficult customer. Please check these complaints carefully.
9 I assure you that such mistakes will not happen again.

Firma an Kunden

1 Unser Vertreter ist bevollmächtigt, den Rechnungsbetrag entgegenzunehmen.
2 Die von unserem Vertreter angegebenen Konditionen sind verbindlich.
3 Wir danken Ihnen für Ihre Anfrage. Unser Vertreter, Herr ... , wird Ihnen demnächst einen Besuch abstatten.
4 Wir hoffen, dass unser neuer Vertreter Ihre Wünsche erfüllen wird.
5 Wir können uns nicht vorstellen, dass unser Vertreter, Herr ..., zu Klagen Anlass gibt. Unsere Kunden sind außerordentlich zufrieden mit ihm.
6 Herr (Frau) ... konnte Sie wegen Krankheit am ... leider nicht besuchen.
7 Wir werden in Zukunft nicht mehr Herrn ..., sondern Frau ... beauftragen, mit Ihnen zu verhandeln.
8 Ihre Beschwerde haben wir an unseren Vertreter, Herrn ... , weitergeleitet.
9 Unser Vertreter, Herr ..., wird zur Überprüfung der Angelegenheit am ... zu Ihnen kommen.
10 Bitte sprechen Sie den Vertreter bei seinem nächsten Besuch bei Ihnen auf diesen Vorfall an.

Company to customer

1 Our agent/representative is authorised to collect the invoice amount.
2 The terms stated by our agent/representative are binding.
3 Thank you for your enquiry. Our agent/representative, Mr ..., will be calling on you in the near future.
4 We trust that our new agent/representative will be able to comply with your wishes.
5 We cannot imagine there being any reason to complain about our agent/representative, Mr ... Our customers are extremely satisfied with him.
6 Mr (Ms) ... was unfortunately unable to call on you on ... owing to illness.
7 In future, we will instruct Ms ... and not Mr ... to negotiate with you.
8 We have passed your complaint on to our agent/representative, Mr ...
9 Our agent/representative, Mr ..., will call on you on ... to look into the matter.
10 Please mention this incident to our agent/representative when he next calls on you.

Unstimmigkeiten zwischen Firma und Vertreter

Auftragsabwicklung

Beschwerden der Firma

1 Mit der Art Ihrer Auftragsabwicklung sind wir nicht einverstanden.
2 Bei Ihren Aufträgen häufen sich die Stornierungen.
3 Bitte gehen Sie bei der Auftragsabwicklung sorgfältiger vor.
4 Sie sind nicht berechtigt, Kunden Sondervergünstigungen zu gewähren.
5 Wir hoffen, dass Sie sich in Zukunft an Ihre Vorschriften hinsichtlich der Auftragsannahme halten.
6 Auf Ihren Aufträgen fehlen die Mehrwertsteuer, die Identifikationsnummer und auch die Verbrauchssteuer-Nummer. Diese sind nach den EU-Vorschriften aber unerlässlich.
7 Die von Ihnen zugesicherte Lieferzeit können wir nicht einhalten.
8 Die von Ihnen zugesicherten Sonderrabatte machen die Aufträge für uns zu einem Verlustgeschäft.
9 Unsere Kunden beschweren sich, dass das Personal Ihres Callcenters unhöflich ist und oft nicht erschöpfende Auskunft geben kann. Bitte stellen Sie diese Mängel unverzüglich ab.

Antwort des Vertreters

1 Bitte teilen Sie mir die Gründe für Ihre plötzliche Unzufriedenheit mit meiner Auftragsabwicklung mit.
2 Bisher waren Sie mit meiner Arbeitsweise zufrieden. Lassen Sie mich bitte umgehend Ihre Wünsche im Hinblick auf die Auftragsabwicklung wissen.
3 Um überhaupt Aufträge zu erhalten, muss ich den Kunden immer weiter entgegenkommen.
4 Bei dieser Auftragsabwicklung laufen Sie Gefahr, von der Konkurrenz vom Markt verdrängt zu werden.
5 Ich muss darauf bestehen, dass meine Aufträge schneller und sorgfältiger ausgeführt werden.
6 Ihre Auftragsabwicklung lässt sehr zu wünschen übrig.

Points of disagreement between company and agent/representative

Processing of orders

Complaints by the company

1 We are dissatisfied with the way you process orders.
2 More and more of your orders are being cancelled.
3 Please be more careful when processing orders.
4 You are not authorised to grant customers special favours.
5 We hope that you will keep to your guidelines in future when taking customers' orders.
6 Your orders do not include VAT, the identification number and the excise duty No. According to new EU regulations this information is essential.
7 We cannot keep to the delivery period you have promised.
8 The special discounts you have promised mean that we will be making a loss on your orders.
9 Our customers have been complaining that the staff at your call centre are impolite and frequently unable to give in-depth information. Please rectify this imediately.

Agent's/Representative's reply

1 Please let me know why you are suddenly dissatisfied with the way I process orders.
2 You have been happy with my way of working up to now. Please let me know immediately how you wish me to process orders.
3 In order to get any orders at all, I am having to make more and more concessions to customers.
4 If you carry on processing orders like this, you run the risk of losing the market to the competition.
5 I must insist that my orders be executed more quickly and carefully.
6 The way you process orders leaves a lot to be desired.

7 Die Erledigung der Aufträge entspricht nicht unseren vertraglichen Vereinbarungen.
8 Ich habe das Personal des Callcenters angewiesen, sich besonders höflich zu verhalten. Hinsichtlich der Auskunftserteilung ist es schwierig, alle Fragen am Telefon zu beantworten.

7 The way you execute orders is not in accordance with our contractual agreements.
8 I have instructed the call centre staff to be particularly polite. However, it is difficult to answer all the questions asked on the telephone.

Provisions- und Spesenabrechnung

Aufstellung des Vertreters

1 Mit der Durchführung Ihrer Provisionsabrechnung bin ich nicht einverstanden.
2 Ich bin nicht bereit, auf meine Provision zu warten, bis der Kunde zahlt. Bitte machen Sie mir einen neuen Abrechnungsvorschlag.
3 Die Provisionszahlung für den letzten Monat steht heute noch aus.
4 Ihre Provisionszahlungen werden von Jahr zu Jahr geringer. Ich bin nicht bereit, bei ständig steigenden Unkosten diese Kürzungen hinzunehmen.
5 Es wurden mir vertraglich ... % Provision zugesichert. Die Kürzungen meiner Provision auf ... % kann ich nicht hinnehmen.
6 In meiner Provisionsabrechnung vom letzten Monat hatten Sie ... Aufträge nicht berücksichtigt. Ich bitte um sofortige Berichtigung und Überweisung des Betrags.
7 Nach meinen Unterlagen müsste sich meine Provision für den letzten Monat auf ... belaufen. Bitte überprüfen Sie die Abrechnung.
8 Bitte überweisen Sie mir unverzüglich meine fällige Provision.
9 Ihre Provisionszahlungen verzögern sich leider von Monat zu Monat.
10 Auch für stornierte Aufträge muss ich auf Zahlung meiner Provision bestehen, weil die Stornierungen durch Ihr Verschulden verursacht wurden.
11 Leider enthalten Ihre Provisionsabrechnungen immer wieder Fehler. Ich bitte Sie nochmals um genaue Berechnung meines Anteils.

Payment of commission and expenses

Agent's/Representative's statement

1 I am not satisfied with your commission statement.
2 I am not prepared to wait for my commission until the customer has paid. Please suggest another mode of payment.
3 My commission for last month has still not been paid.
4 You pay less and less commission every year. I am no longer prepared to accept these cuts in the face of steadily rising costs.
5 ... % commission was contractually agreed. I cannot accept my commission being cut to ...%
6 When making up my commission statement for last month you did not take ... orders into account. Please rectify this immediately and remit the amount in question.
7 According to my records, my commission for last month should amount to ... Please check your statement.
8 Please remit the commission due to me immediately.
9 Your commission payments are unfortunately more and more delayed every month.
10 I must also insist on commission for cancelled orders because it was your fault that they were cancelled.
11 You repeatedly make mistakes in your commission statements. I ask you once again to calculate exactly how much is due to me.

Antwort der Firma

1 Ihre Beschwerde in Sachen Provisionsabrechnung ist unbegründet.
2 In unserer Provisionsabrechnung für den Vormonat können wir keinen Fehler entdecken.

Firm's reply

1 Your complaint regarding our commission statement is unfounded.
2 We are unable to find any error in our commission statement for last month.

3 Wir bitten den Additionsfehler in unserer letzten Provisionsabrechnung zu entschuldigen.
4 Für diese kleinen Aufträge sind Ihre Provisionsforderungen zu hoch.
5 Ihre Beschwerde in Sachen unserer letzten Provisionsabrechnung ist uns unverständlich.
6 Wir werden den irrtümlich übersehenen Provisionsbetrag bei Ihrer nächsten Abrechnung berücksichtigen.
7 Bitte entschuldigen Sie den Fehler in unserer letzten Provisionsabrechnung.
8 Wir haben bereits am ... unsere Bank beauftragt, die fällige Provision auf Ihr Konto zu überweisen.
9 Wir weisen Sie darauf hin, dass laut Vertrag die Provisionen erst nach Eingang der Rechnungsbeträge fällig werden. Ihre Reklamation ist deshalb unbegründet.
10 Die Höhe Ihrer Spesen ist für uns nicht mehr tragbar.
11 Ihre Ausgaben stehen in keinem Verhältnis zu Ihren Erfolgen.
12 Wir sind nicht bereit, Ihre Spesen in voller Höhe zu tragen.
13 Wir sind der Meinung, dass Ihre Spesenabrechnungen zu hoch ausfallen.
14 Wir werden Ihnen die Spesen in Höhe der vorgelegten Quittungen vergüten.
15 Ihre Angaben zur Spesenhöhe stimmen nicht mit der Gesamtsumme der Quittungen überein. Den Differenzbetrag können wir leider nicht übernehmen.

3 Please accept our apologies for the arithmetical error in the last commission statement.
4 You have claimed too much commission for these small orders.
5 We cannot understand your complaint regarding our last commission statement.
6 The commission amount which was mistakenly overlooked will be taken into account in your next statement.
7 Please accept our apologies for the error in our last commission statement.
8 Our bankers were instructed on ... to transfer the commission due to your account.
9 We wish to point out that, according to our agreement, commission is not due for payment until settlement of invoice. Your complaint is therefore unfounded.
10 We are no longer prepared to accept your excessive expense claims.
11 Your expenditure is out of all proportion to your results.
12 We are not prepared to pay all your expenses.
13 We are of the opinion that your expense claims are too high.
14 We will refund the expenses for which you have submitted receipts.
15 The amount of expenditure claimed does not correspond to the total of your receipts. We are unfortunately unable to refund the extra amount.

Stellungnahme des Vertreters

1 Ihre Spesenabrechnung liegt unter dem vertraglich vereinbarten Betrag.
2 Ich bin nicht bereit, die Spesen selbst zu tragen.
3 Ich werde Ihnen Belege zusenden, die die Höhe meiner Spesenabrechnung rechtfertigen.
4 Eine Diskussion über die Richtigkeit meiner Spesenangaben dürfte sich angesichts der beigefügten Belege wohl erübrigen.
5 Im Hinblick auf meine Aufträge kann es keine Debatte über meine Spesen geben.
6 Wie ich Ihrem Brief entnehme, sind Sie nicht mehr bereit, meine Spesen voll zu tragen. Ich muss deshalb auf einer Provisionserhöhung von ... % bestehen.

Agent's/Representative's response

1 Your commission statement is lower than the contractually agreed amount.
2 I am not prepared to pay the expenses myself.
3 I will send you receipts justifying the level of my expenditure.
4 There will doubtless be no need to question the correctness of my expense claim in view of the receipts enclosed.
5 The volume of my orders will no doubt preclude any discussion of my expenses.
6 I note from your letter that you are no longer prepared to pay all my expenses. I must therefore insist on an increase in commission of ... %

Kündigung der Vertretung

Vertragsgemäße Kündigung durch die Firma

1 Wir weisen Sie darauf hin, dass Ihre Vertretung vertragsgemäß zum Ende dieses Jahres ausläuft.
2 Wir sind an einer Verlängerung Ihrer Vertretertätigkeit nicht interessiert.
3 Wir werden Ihren demnächst auslaufenden Vertrag nicht erneuern.
4 Schon heute teilen wir Ihnen mit, dass wir Ihren Vertretungsvertrag fristgerecht zum Ende dieses Jahres kündigen werden.
5 Da Sie den Anforderungen, die wir an unsere Vertreter stellen, nicht genügen, sehen wir uns bedauerlicherweise gezwungen, Ihren Vertrag zum ... termingerecht zu kündigen.
6 Ihr Vertretungsvertrag läuft am ... aus. Wir sind nicht bereit, diesen Vertrag zu erneuern.

Vertragsgemäße Kündigung durch den Vertreter

1 Da ich eine andere Tätigkeit annehmen werde, kündige ich meinen Vertretungsvertrag fristgerecht zum Ende dieses Jahres.
2 Mein Vertretungsvertrag läuft am ... aus. An einer Verlängerung bin ich nicht interessiert.
3 Aus persönlichen Gründen kann ich den Vertretungsvertrag leider nicht erneuern.
4 Mein Gesundheitszustand erlaubt es mir nicht, weiterhin als Vertreter tätig zu sein.
5 Da ich meinen Wohnsitz ändern werde, ist es mir leider unmöglich, den Vertretungsvertrag zu erneuern.
6 Eine andere Firma hat mir eine Exklusivvertretung angeboten. Meinen Vertretungsvertrag bei Ihnen werde ich deshalb nicht verlängern.

Fristlose Kündigung durch die Firma

1 Sie haben unsere vertraglichen Vereinbarungen nicht eingehalten. Ihren Vertretungsvertrag kündigen wir aus diesem Grund mit sofortiger Wirkung.
2 Ihre Vertretertätigkeit für uns endet mit dem heutigen Tage.

Termination of agency

Termination by the company as per agency agreement

1 We wish to draw your attention to the fact that, as per our agreement, your agency terminates at the end of this year.
2 We do not wish to extend the agency agreement.
3 We will not be renewing your contract, which is due to expire in the near future.
4 We wish to tell you as of today that your agency agreement will be terminated at the end of this year in accordance with the period of notice specified.
5 As you are not able to meet the demands we make of an agent/representative, we regrettably have no alternative but to terminate your contract on ... in accordance with the period of notice stipulated.
6 Your agency agreement expires on ... We are not prepared to renew this agreement.

Agent/Representative terminates agency as per contract

1 As I will be taking on other responsibilities, I wish to terminate my agency agreement at the end of this year in accordance with the period of notice specified.
2 My agency agreement expires on ... I do not wish to extend it.
3 I am unfortunately unable to renew my agency agreement for personal reasons.
4 The state of my health makes it impossible for me to continue acting as your agent/representative.
5 As I will be moving away, it is unfortunately not possible for me to renew the agency agreement.
6 I have been offered a sole agency by another company. I will therefore not be extending my agency agreement with you.

Termination of agency agreement by the company without notice

1 You have dishonoured our contractual agreements. We are terminating your agency agreement with immediate effect.
2 Your agency agreement is terminated as of today.

3 Es sind häufig Klagen aus dem Kundenkreis Ihres Gebiets an uns herangetragen worden. Wir sind deshalb leider gezwungen, Ihren Vertretungsvertrag fristlos zu kündigen.
4 Da Sie mehrfach gegen Artikel ... unseres Vertrags verstoßen haben, sehen wir uns leider gezwungen, Ihnen die Vertretung fristlos zu kündigen.
5 Wenn Sie nicht bis zum ... den vertraglich festgelegten Mindestumsatz erreichen, sehen wir uns leider gezwungen, die Vertretung fristlos zu kündigen.

3 We have received frequent complaints about you from clients in your territory. We therefore have no alternative but to terminate your agency agreement without notice.
4 As you have repeatedly infringed Article ... of our contract, we have no alternative but to terminate your agency without notice.
5 Unless you achieve the minimum sales figures stipulated in your contract by ..., we will have no alternative but to terminate the agency agreement without notice.

Fristlose Kündigung durch den Vertreter

1 Da Sie gegen Punkt ... unseres Vertrags verstoßen haben, kündige ich die Vertretung hiermit fristlos.
2 Die von der Firma vertraglich zugesicherte Werbeunterstützung ist bis heute ausgeblieben. Ich sehe mich deshalb gezwungen, den Vertretungsvertrag fristlos zu kündigen.
3 Die Vertretertätigkeit für Sie bietet mir nicht den vertraglich in Aussicht gestellten Verdienst. Ich muss deshalb mit sofortiger Wirkung vom Vertrag zurücktreten.
4 Da sich Ihre Provisisonsabrechnungen immer mehr verzögern, sehe ich mich gezwungen, mit sofortiger Wirkung vom Vertretungsvertrag zurückzutreten.
5 Von Ihrer Seite ist keine Bereitschaft zu erkennen, Ihren Verpflichtungen aus unserem Vertretungsvertrag nachzukommen. Deshalb kündige ich ihn mit sofortiger Wirkung.

Termination of agency agreement by the agent/representative without notice.

1 As you have contravened Point ... of our contract, I hereby terminate the agency agreement without notice.
2 Your company's contractually guaranteed assistance with advertising has still not yet materialialised. I therefore have no alternative but to terminate the agency agreement without notice.
3 My work as your agent/representative is not providing me with the earnings I was led to expect in my contract. I must therefore withdraw from the agency agreement immediately.
4 As your commission statements are increasingly late, I have no alternative but to withdraw from the agency agreement immediately.
5 You show no sign of being prepared to meet your contractual obligations arising from our agency agreement. I am therefore terminating it with immediate effect.

Kommissions- und Provisionsgeschäfte

Agency and commission business

Anbieten eines Kommissionsgeschäfts: Einkauf

1 Wie wir gehört haben, übernehmen Sie Einkaufskommissionen im Raum ... Bitte teilen Sie uns mit, ob Sie auch für uns tätig werden können.
2 Wir würden Sie gern mit unserer Einkaufskommission in ... betrauen.

Offer of commission business: Purchasing

1 We have heard you that you undertake purchasing commissions in the ... area. Please let us know whether you are prepared to act on our behalf.
2 We would be pleased to commission you to act as our buying agent in ...

3 Könnten Sie in Ihrem Namen und für unsere Rechnung in ... Einkäufe tätigen?
4 Für die Beschaffung unserer Rohstoffe in ... suchen wir einen Kommissionär. Wären Sie bereit, diese Aufgabe zu übernehmen?
5 Sie wurden uns von der Firma ... als Einkaufskommissionär empfohlen.
6 Sollten Sie bereit sein, für uns in ... eine Einkaufskommission zu übernehmen, so teilen Sie uns bitte Ihre Bedingungen mit.
7 Unser Einkaufskommissionär in ... steht leider nicht mehr zu unserer Verfügung. Könnten Sie seine Geschäfte für uns übernehmen?
8 Wir sind ein mittleres Unternehmen der ...branche und würden Sie gern mit unserer Einkaufskommission in ... betrauen.
9 Um uns von Zulieferern unabhängig zu machen, möchten wir im Raum ... eine Einkaufskommission errichten. Wären Sie bereit, diese Aufgabe zu übernehmen?
10 Wir sichern Ihnen überdurchschnittliche Provisionen zu.

3 Could you purchase in our name and for our account in ...?
4 We are looking for a commission agent to purchase raw materials in ... Would you be prepared to take on this responsibility?
5 You have been recommended to us as a commission buyer by ... (company).
6 Should you be willing to take on a purchasing commission for us in ..., please state your terms.
7 Our commission buyer in ... is unfortunately no longer able to act on our behalf. Would you be prepared to take over from him?
8 We are a medium-sized company in the ... industry and would be pleased to engage you as our buying agent in ...
9 In order to become independent of suppliers, we wish to set up a commission agency for the purchase of goods in the ... area. Would you be willing to take on this responsibility?
10 We can guarantee you above-average commission.

Antwort des Kommissionärs

1 Aus zeitlichen Gründen ist es mir leider nicht möglich, eine Einkaufskommission für Sie zu übernehmen.
2 Bedauerlicherweise kann ich nicht für Sie als Einkaufskommissionär tätig werden.
3 Gegen eine gute Provision bin ich bereit, Ihre Einkaufskommission zu übernehmen.
4 Ich bin bereit, ab Anfang des nächsten Jahres auf Kommissionsbasis für Sie als Einkäufer tätig zu werden.
5 Zu meinem Bedauern bin ich nicht in der Lage, eine Einkaufskommission zu übernehmen. Ich kann Ihnen aber die Firma ... empfehlen.
6 Ich bin bereit, als Kommissionär für Sie tätig zu werden. Bitte teilen Sie mir Ihre Provisionssätze mit.
7 Wenn Sie gewillt sind, neben einer angemessenen Provision auch für meine Spesen und Lagerkosten aufzukommen, bin ich bereit, Ihre Einkaufskommission zu übernehmen.
8 Ich bin bereit, für Sie auf Kommissionsbasis einzukaufen. Bitte senden Sie mir eine Liste über Art, Menge und Qualität der gewünschten Waren.

Commission agent's reply

1 I unfortunately do not have the time to act as your buying agent.
2 I regret that I cannot act as your commission buyer.
3 If your commission rates are attractive I am willing to act as your buying agent.
4 I am prepared to act as a commission buyer on your behalf as from the beginning of next year.
5 Much to my regret, I am not in a position to act as your commission buyer. I can, however, recommend ... (firm).
6 I am willing to act as your commission agent. Please tell me your commission rates.
7 If you are willing to pay expenses and warehousing costs as well as a suitable commission, I am prepared to act as your commission buyer.
8 I am prepared make purchases for you on a commission basis. Please send me a list of the type, quantity and quality of the goods required.

9 Ich teile Ihnen mit, dass ich grundsätzlich bereit bin, für Sie als Einkaufskommissionär tätig zu werden, und schlage vor, alle weiteren Fragen in einem persönlichen Gespräch zu erörtern.

9 This is to inform you that I am, in principle, willing to act as your commission buyer. I suggest we discuss all further matters in a personal meeting.

Anbieten eines Kommissionsgeschäfts: Verkauf

1 Wir suchen für den Raum ... ein Handelsunternehmen, das unsere Produkte in Kommission vertreibt.
2 Wären Sie bereit, unsere Produkte auf Kommissionsbasis zu verkaufen?
3 Wie wir erfahren haben, haben Sie in ... noch freie Lagerkapazitäten. Würden Sie für uns als Verkaufskommissionär tätig werden?
4 Sie wurden mir von meinem Geschäftspartner, Herrn ..., empfohlen. Wären Sie gewillt, auch für unsere Rechnung zu verkaufen?
5 Unser bisheriger Verkaufskommissionär in ... hat sein Geschäft aufgegeben. Könnten Sie den Verkauf unserer Produkte übernehmen?
6 Der Markt ist für unsere Waren aufnahmefähig. Die Übernahme unserer Verkaufskommission in ... wäre sicher lohnend für Sie.
7 Wir versuchen, unser Verkaufsnetz in der EU weiter auszubauen. Könnten Sie in ... unsere Produkte auf Kommissionsbasis vertreiben?
8 Eine monatliche Provisionsgarantie in Höhe von ... sichern wir Ihnen zu, wenn Sie unsere Verkaufskommission für ... übernehmen.
9 Wir haben vor, ein Konsignationslager in Übersee einzurichten. Könnten Sie uns einen guten Konsignatar empfehlen?
10 Unsere Firma beabsichtigt, als Konsignant einen Konsignationshandel in ... zu errichten. Wären Sie bereit, für uns als Konsignatar tätig zu werden?
11 Als Konsignatar können Sie uns die unverkäufliche Ware zurückschicken und Zollrückerstattung beantragen.

Offer of commission business: Selling

1 We are looking for a trading company in the ... area to sell our products on a commission basis.
2 Would you be willing to sell our products on a commission basis?
3 We have learned that you still have storage space available in ... Would you be prepared to act as our selling agent?
4 You have been recommended to me by a business associate of mine, Mr ... Would you also be willing to sell for our account?
5 Our previous selling agent in ... has left the business. Could you take over responsibility for selling our products?
6 The market is receptive to our goods. It would certainly be worth your while to act as our selling agent in ...
7 We are seeking to expand our sales network in the European Union. Could you sell our products in ... on a commission basis?
8 We can guarantee you ... (amount) commission per month if you act as our selling agent for ...
9 We intend to set up an overseas consignment store. Can you recommend us a good consignee?
10 Our company intends to operate as consignors and set up a consignment business in ... Would you be prepared to act as our consignee?
11 As our consignee you could return the unsold goods to us and apply for a customs duty refund.

Antwort des Kommissionärs/Konsignatars

1 Ich bin gern bereit, hier in ... Ihre Verkaufskommission zu übernehmen.

Commission agent's/Consignee's reply

1 I will be pleased to act as your selling agent here in ...

2 Ich nehme Ihr Angebot zur Errichtung einer Verkaufskommission gern an.
3 Obwohl ich mich auf Einkaufskommission spezialisiert habe, übernehme ich Ihre Verkaufskommission sehr gern.
4 Gegen eine angemessene Provision bin ich bereit, Ihre Produkte auf Kommissionsbasis zu vertreiben.
5 Da ich geschäftlich überlastet bin, muss ich Ihr Kommissionsangebot leider ablehnen.
6 Es ist mir bedauerlicherweise nicht möglich, als Verkaufskommissionär für Sie tätig zu werden.
7 Leider muss ich Ihr Kommissionsangebot ablehnen. Ich kann Ihnen aber die Firma ... empfehlen.
8 Da ich mich vertraglich an die Firma ... gebunden habe, kann ich für Sie nicht als Verkaufskommissionär tätig werden.
9 Ich habe Ihr Angebot hinsichtlich der Übernahme einer Verkaufskommission an die Firma ... weitergeleitet und hoffe, damit in Ihrem Sinne gehandelt zu haben.
10 Ich bin an der Übernahme eines Konsignationslagers sehr interessiert und bitte um Mitteilung Ihrer Bedingungen.
11 Ich arbeite bereits als Konsignatar für ... und bin ggf. durchaus bereit, auch für Sie tätig zu werden.

2 I am pleased to accept your offer regarding the setting up of a commission agency for the sale of your goods.
3 Although I specialise in purchasing commissions, I will be pleased to act as your selling agent.
4 In return for a suitable commission I am prepared to sell your products on a consignment basis.
5 As I am overloaded with business I am unfortunately unable to accept your offer of a commission.
6 I regret that it is impossible for me to act as your selling agent.
7 I must unfortunately decline your offer of a commission. I can, however, recommend ... (firm) to you.
8 As I am bound by contract to ... (firm), I cannot be commissioned to act as your selling agent.
9 I have passed on your offer of a sales commission to ... (firm) and trust I have acted in your interests.
10 I would be very pleased to run a consignment store for you and would ask you to state your terms.
11 I am already acting as a consignee for ... and, under the appropriate circumstances, would also be willing to act on your behalf.

Kommissionär ersucht um Einkaufskommission

1 Könnten Sie mir Ihre Einkaufskommission für ... übertragen?
2 Wie ich gehört habe, suchen Sie einen Einkaufskommissionär für den Raum ... Ich wäre bereit, für Sie tätig zu werden.
3 Ich habe mich auf den Einkauf von ... spezialisiert. Könnte ich auch für Sie als Einkaufskommissionär tätig werden?
4 Als Einkaufskommissionär für ... genieße ich einen guten Ruf. Darf ich auch Ihnen meine Dienste anbieten?
5 Es wäre mir eine große Freude, im Raum ... als Einkaufskommissionär für Sie tätig zu werden.
6 Ich habe gute Beziehungen nach Übersee. Darf ich Ihnen meine Dienste als Einkaufskommissionär anbieten?

Commission agent seeks purchasing commission

1 Could you commission me to act as your buying agent for ...?
2 I understand you are looking for a buying agent for the the ... area. I would be willing to act on your behalf.
3 I specialise in purchasing ... Could I also act as a buying agent on your behalf?
4 I have a good reputation as a buying agent for ... May I also offer you my services?
5 I would be delighted to act as your buying agent in the ... area.
6 I have good contacts overseas. May I offer you my services as a buying agent?

Antwort des Kommittenten

1 In Beantwortung Ihres Schreibens vom ... möchten wir Ihnen mitteilen, dass wir gern bereit sind, Ihnen unsere Einkaufskommission in ... zu übertragen.
2 Bitte besuchen Sie uns am ... zur vertraglichen Fixierung unserer Abmachungen.
3 Wir sind bereit, Ihnen eine Einkaufskommission zu übertragen.
4 Da Ihre Referenzen uns sehr befriedigen, übertragen wir Ihnen unseren Einkauf auf Kommissionsbasis für den Raum ... Wir hoffen auf gute Zusammenarbeit.
5 Wir freuen uns über Ihr Angebot zur Übernahme einer Einkaufskommission.
6 Unser Geschäftsführer, Herr ..., wird Sie in den nächsten Tagen aufsuchen. Bei diesem Besuch können alle Fragen bezüglich der Qualitäten, Preise, Provisionen, Spesenvergütung usw. besprochen werden.
7 Aus organisatorischen Gründen müssen wir Ihr Angebot, eine Einkaufskommission für uns zu übernehmen, bedauerlicherweise ablehnen.
8 Obwohl Ihre Referenzen hervorragend sind, können wir Ihnen den kommissionsweisen Einkauf unserer Rohstoffe nicht übertragen. Die Gründe für diese Entscheidung sind ausschließlich innerbetrieblicher Natur.
9 Wir können Ihr Angebot, Einkäufe in Ihrem Namen und für unsere Rechnung zu tätigen, nicht akzeptieren, haben Sie jedoch unserem Geschäftspartner, der Firma ..., empfohlen. Bitte richten Sie Ihre Bewerbung dort an Herrn ...

Principal's reply

1 In reply to your letter of ... I am pleased to inform you that we are willing to commission you to act as our buying agent in ...
2 Please call on us personally on ... for a contract to be drawn up specifying what we have agreed.
3 We are willing to commission you to act as our buying agent.
4 As your references are highly satisfactory, we will be pleased to have you effect purchases on our behalf on a commission basis in the ... area. We trust that our cooperation will be to our mutual advantage.
5 We are pleased that you have offered to take over as our commission buyer.
6 Mr ..., our General Manager, will be calling on you in the next few days. All your queries regarding quality, price, commission, the refunding of your expenses etc. can then be discussed.
7 We regret that, for organisational reasons, we are unfortunately compelled to decline your offer to act as our buying agent.
8 Although your references are outstanding we are, nevertheless, unable to commission you to act as our purchasing agent for raw materials. This decision is entirely due to internal company reasons.
9 We are unable to accept your offer to effect purchases in your name and for our account but have, however, recommended you to our business associates, ... (firm). Please send your application to their Mr ...

Kommissionär ersucht um Verkaufskommission

1 Es wäre für mich eine große Freude, Ihre Produkte auf Kommissionsbasis vertreiben zu können.
2 Könnten Sie mir den kommissionsweisen Verkauf Ihrer Waren in ... übertragen?
3 Ich bin auf den Verkauf von ... spezialisiert. Darf ich als Kommissionär auch für Sie tätig werden?
4 Als Verkaufskommissionär genieße ich einen guten Ruf. Darf ich auch Ihnen meine Dienste anbieten?

Commission agent seeks sales commission

1 I would be delighted to sell your products on a commission basis.
2 Could you grant me the sales commission for your goods in ...?
3 I specialise in selling ... May I also act as your commission agent?
4 I have a good reputation as a selling agent. May I also offer you my services?

5 Ihr Warensortiment ist in ... sehr beliebt. Darf ich mich deshalb für das hiesige Gebiet als Verkaufskommissionär empfehlen?
6 Die Absatzchancen Ihrer Produkte halte ich für gut. Es würde mich freuen, wenn ich für Sie als Verkaufskommissionär tätig werden könnte.
7 Da ich nicht voll ausgelastet bin, würde ich gern Ihre Verkaufskommission übernehmen.

5 Your sales range is very popular in ... May I therefore recommend you appoint me as your selling agent for my local area?
6 I feel your products have every chance of selling well and would be pleased to act as a selling agent on your behalf.
7 As I am still able to take on more work, I would be pleased to act as your selling agent.

Antwort des Kommittenten/Konsignanten

1 Leider müssen wir Ihr Angebot bezüglich der Übernahme einer Verkaufskommission ablehnen.
2 Da es uns aus organisatorischen Gründen nicht möglich ist, unsere Waren auf Kommissionsbasis zu vertreiben, können wir Ihr Angebot zu unserem Bedauern nicht annehmen. Dürfen wir Ihr Angebot an unseren Geschäftspartner, die Firma ... in ... , weiterleiten?
3 Wir eröffnen in ... eine Geschäftsstelle. Es ist uns deshalb nicht möglich, Ihnen den kommissionsweisen Verkauf unserer Waren zu übertragen.
4 Ihr Angebot, ein Konsignationslager in ... für unsere Produkte einzurichten, ist für uns von großem Interesse. Wir sind gern bereit, Sie mit dieser Aufgabe zu betrauen.
5 Zur vertraglichen Fixierung unserer Geschäftsbedingungen wird unser Geschäftsführer, Herr ..., am ... bei Ihnen vorsprechen.
6 Wir nehmen Ihr Angebot, unsere Produkte auf Konsignationsbasis zu vertreiben, gern an.
7 Mit der Regelung der Geschäftsbedingungen haben wir unseren Prokuristen, Herrn ..., beauftragt. Bitte teilen Sie uns einen Termin für seinen Besuch mit.
8 Wir freuen uns, Sie als Konsignatar mit dem Verkauf unserer Produkte betrauen zu können.

Principal's/Consignor's reply

1 We must unfortunately decline your offer to act as a selling agent on our behalf.
2 As it is impossible for us to sell our goods on a commission basis for organisational reasons, we are unfortunately unable to accept your offer. May we pass it on to our business associates, ... (firm), in ...?
3 We are opening an office in ... and are thus unable to appoint you to sell our goods on a commission basis.
4 We are extremely interested in your offer to set up a consignment store for our products in ... We will be pleased to entrust you with this responsibility.
5 Our General Manager, Mr ..., will be calling on you on ... to draw up a contract specifying our terms and conditions of business.
6 We are pleased to accept your offer to sell our products on a consignment basis.
7 Our managing clerk, Mr ..., has been given the responsibility of finalising our terms and conditions of business. Please let us know when he can call on you.
8 We are pleased to appoint you as our consignee for the sale of our products.

Unstimmigkeiten zwischen Kommittenten/Konsignanten und Kommissionär/Konsignatar

Schreiben des Kommittenten/Konsignanten

1 Ihre Spesenabrechnung erscheint uns zu hoch. Bitte überprüfen Sie Ihre Angaben.
2 Mit der Höhe Ihrer Spesenabrechnung sind wir nicht einverstanden.
3 Sollten sich Ihre Spesenforderungen nicht verringern, sähen wir uns gezwungen, Ihnen unsere Kommissionsgeschäfte (Konsignationsgeschäfte) zu entziehen.
4 Bei derartig hohen Spesen ist der kommissionsweise (konsignationsweise) Verkauf unserer Waren ein glattes Verlustgeschäft für uns.
5 In Ihrer Spesenabrechnung vom letzten Monat ist Ihnen ein Rechenfehler in Höhe von ... zu Ihren Gunsten unterlaufen.
6 Ihre Spesenforderungen sind uns zu hoch. Wir werden eine andere Firma mit dem kommissionsweisen (konsignationsweisen) Verkauf unserer Produkte beauftragen.
7 Wir hatten eine Provision in Höhe von ... % des Rechnungsbetrags vereinbart. Deshalb können wir nicht zulassen, dass Sie uns neuerdings eine Provision von ... % in Rechnung stellen.
8 Ihre letzte Provisionsabrechnung ist um ... zu hoch ausgefallen. Wir bitten Sie deshalb, Ihre nächste Abrechnung um diesen Betrag zu kürzen.
9 Wir werden Ihre Provisionsabrechnungen künftig genauer überprüfen müssen.
10 Die von Ihnen für unsere Kommissionswaren (Konsignationswaren) berechnete Lagermiete ist unbegreiflich hoch.
11 Im letzten Monat haben Sie für uns keine Einkäufe getätigt. Ihre Lagergeldforderung in Höhe von ... ist uns deshalb unverständlich. Wir bitten Sie, sich in Zukunft an die üblichen Lagermieten zu halten.
12 Ihre Lagergeldabrechnungen werden von Monat zu Monat höher.

Antwort des Kommissionärs/Konsignatars

1 Da meine Spesenabrechnung nach bestem Wissen und Gewissen erfolgte, ist mir Ihre Beschwerde wegen deren Höhe unverständlich.

Points of disagreement between principal/consignor and commission agent/consignee

Principal's/Consignor's letter

1 We feel your expense claim is too high. Kindly re-examine your statement.
2 We cannot accept your high expense claim.
3 If your expense claims are not reduced, we will have no alternative but to cancel our commission (consignment) business with you.
4 With such excessive expenses on your part, commission (consignment) sales of our goods constitute an outright loss for us.
5 A miscalculation in your expense account statement of last month has resulted in your erroneously crediting yourself with ...
6 Your expense claims are too high for us. We will be commissioning another firm to sell our products on a commission (consignment) basis.
7 A commission of ...% of the invoice amount was agreed. We therefore cannot accept your new habit of charging us ...% commission.
8 Your last commission statement was ... (amount) too much. We would therefore ask you to deduct this sum from the next one.
9 We will have to examine your expense claims more carefully in future.
10 The fee you have charged for storage of our commission (consignment) goods is unbelievably high.
11 You made no purchases on our behalf last month. We are therefore at a loss to understand your storage charge of ... We would request you only to charge the usual storage fees in future.
12 Your storage charges are becoming higher from month to month.

Commission agent's/Consignee's reply

1 As my expense claim has been submitted in the utmost good faith I cannot understand your complaint about it being too high.

2 Den Additionsfehler in meiner Spesenabrechnung vom ... bitte ich zu entschuldigen.
3 Als Anlage überreiche ich Ihnen die Originalbelege, damit Sie sich von der Richtigkeit meiner Spesenabrechnung überzeugen können.
4 Die Spesen, die ich Ihnen in Rechnung stellte, sind mir tätsächlich entstanden. Als Beweis dafür überreiche ich Ihnen als Anlagen die betreffenden Originalbelege.
5 Ich kann in meiner Spesenabrechnung keinen Fehler entdecken.
6 Bei der Berechnung meiner Provision habe ich mich korrekt an unseren Kommissionsvertrag (Konsignationsvertrag) gehalten. Deshalb weise ich Ihre Beschwerde mit Nachdruck zurück.
7 Bitte entschuldigen Sie den Fehler in meiner Provisionsabrechnung vom ...
8 Ihre Beschwerde wegen meiner Provisionsabrechnung ist mir unverständlich. Ich habe genau ... % des Rechnungsbetrags als Provision berechnet.
9 Ich habe meine Provisionsabrechnung nochmals geprüft und keinen Fehler entdecken können. Deshalb bitte ich Sie, Ihre Kommissionskonten (Konsignationskonten) zu überprüfen.
10 Bitte entschuldigen Sie den Additionsfehler in meiner letzten Provisionsabrechnung.
11 Der Fehler in meiner letzten Provisionsabrechnung ist durch die Stornierung eines Auftrags entstanden.
12 Für Ihre Kommissionswaren (Konsignationswaren) habe ich Ihnen die übliche Lagermiete berechnet. Ihre Beschwerde wegen der Höhe des Lagergeldes ist mir daher unverständlich.
13 Für meinen Fehler bei der Berechnung des Lagergeldes für Ihre Kommissionswaren (Konsignationswaren) bitte ich um Entschuldigung. Ich werde den Betrag in Höhe von ... bei meiner nächsten Abrechnung berücksichtigen.
14 Das Lagergeld für Ihre Kommissionswaren (Konsignationswaren) habe ich nach bestem Wissen berechnet.

2 Please accept my apologies for the arithmetical error in my expense account statement of ...
3 I enclose the original receipts so that you can check for yourself that my expense claim is correct.
4 The expenses claimed for were actually incurred. As proof I enclose the appropriate original receipts.
5 I am unable to find any errors in my expense account statement.
6 When calculating my commission I adhered strictly to the terms of our commission (consignment) contract. I must therefore vigorously reject your complaint.
7 Please accept my apologies for the error in my expense account statement of ...
8 I cannot understand your complaint about my commission statement. I have charged you exactly ... % of invoice amount.
9 I have re-examined my expense claim and I am unable to discover any errors. I would therefore request you to examine your commission (consignment) accounts.
10 Please excuse the arithmetical error in my last commission account statement.
11 The error in my last commission statement was caused by the cancellation of an order.
12 I have charged the usual fee for storing your commission goods (consignment goods). I therefore cannot understand your complaint regarding storage charges.
13 Please accept my apologies for miscalculating the storage fee for your commission (consignment) goods. I will take the sum of ... into account when submitting my next statement.
14 The charge made for storage of your commission (consignment) goods has been calculated in the utmost good faith.

Beendigung des Kommissionsgeschäfts

Kündigung durch den Kommittenten/Konsignanten

1 Da Sie unsere Vorstellungen von der Qualität der von Ihnen einzukaufenden Waren wiederholt nicht berücksichtigt haben, sehen wir keine Grundlage mehr für eine weitere Zusammenarbeit. Wir sind deshalb gezwungen, unseren Einkaufskommissionsvertrag mit sofortiger Wirkung zu kündigen.
2 Da Sie unsere Interessen nicht nachhaltig genug vertreten, sehen wir keine Basis mehr für eine weitere Zusammenarbeit.
3 Bitte betrachten Sie unsere Geschäftsverbindung auf Kommissionsbasis (Konsignationsbasis) als beendet.
4 Aus organisatorischen Gründen müssen wir unser Kommissionsgeschäft (Konsignationsgeschäft) leider beenden.
5 Ihre Spesen- und Lagergeldforderungen sind uns zu hoch geworden. Wir müssen deshalb unser Kommissionsgeschäft (Konsignationsgeschäft) mit Wirkung vom ... beenden.
6 Wie wir erfuhren, haben Sie gleichzeitig für unsere Konkurrenz eine Verkaufskommission übernommen. Wir sehen uns daher gezwungen, unsere Interessen in ... künftig selbst wahrzunehmen. Unsere Geschäftsverbindung ist beendet.
7 Bitte stellen Sie Ihre Einkäufe für unsere Rechnung sofort ein.

Kündigung durch den Kommissionär/Konsignatar

1 Da Sie mit meiner Arbeitsweise unzufrieden sind, werde ich für Sie leider nicht länger tätig sein können.
2 Ihre Beschwerden wegen meiner Lagergeldabrechnungen veranlassen mich, unser Kommissionsgeschäft (Konsignationsgeschäft) als beendet zu betrachten.
3 Da ich am ... mein Geschäft aufgeben werde, kann ich in Zukunft leider nicht mehr als Ihr Einkaufskommissionär tätig sein.

Termination of commission business

Termination of agreement by principal/consignor

1 As on repeated occasions no account has been taken of our requests regarding the quality of the goods you have been commissioned to purchase, we no longer see a basis for future co-operation. We therefore have no alternative but to terminate our agreement commissioning you to make purchases on our behalf with immediate effect.
2 As you do not represent our interests forcefully enough, we no longer see any basis for future co-operation.
3 Please regard our commission (consignment) business links as terminated.
4 We must unfortunately terminate our commission (consignment) business for organisational reasons.
5 Your charges for expenses and storage have become too high. We must therefore terminate our commission (consignment) business as of ...
6 We have learned that you have also accepted a commission to sell on behalf of our competitors. In future, we will therefore have no alternative but to represent our own interests in ... Our business links are hereby terminated.
7 Please stop purchasing goods for our account immediately.

Termination of agreement by commission agent/consignee

1 As you are dissatisfied with the way I work, I will no longer be able to act on your behalf.
2 Your complaints regarding my storage charges oblige me to regard our commission (consignment) business as terminated.
3 As I am giving up my business on ..., I will no longer be able to act as your buying agent in future.

4 Meine Geschäftsaufgabe zwingt mich, unseren Kommissionsvertrag (Konsignationsvertrag) mit sofortiger Wirkung zu kündigen. Die noch auf Lager befindliche Ware werde ich umgehend zurücksenden (sofern Sie keine anderen Anweisungen haben).
5 Ihre ständigen Beschwerden lassen mich vermuten, dass ich Ihre Interessen nicht zu Ihrer Zufriedenheit vertreten habe. Ich sehe mich deshalb veranlasst, von unserem Kommissionsgeschäft (Konsignationsgeschäft) zurückzutreten.
6 Da Sie mit der Zahlung des Lagergeldes schon ... Monate in Verzug sind, muss ich unsere Geschäftsverbindung abbrechen.
7 Da Sie nicht bereit sind, meine Spesenforderungen anzuerkennen, trete ich mit sofortiger Wirkung von unserem Kommissionsvertrag (Konsignationsvertrag) zurück.
8 Ihre Konkurrenz hat mir ein besseres Angebot gemacht, deshalb beende ich meine Tätigkeit als Ihr Verkaufskommissionär.

4 As I am closing down my business, I am forced to terminate our commission (consignment) agreement with immediate effect. I will return the goods still in storage to you immediately (unless otherwise instructed).
5 Your constant complaints lead me to assume that I am not representing your interests to your satisfaction. I therefore see no alternative but to withdraw from our commission (consignment) agreement.
6 As you are now ... months in arrears with payment of storage charges, I must break off our business links.
7 As you are not prepared to accept my expense claims, I hereby withdraw from our commission (consignment) agreement with immediate effect.
8 I have received a better offer from your competitor and will therefore no longer be acting as your selling agent.

Schreiben zu besonderen Gelegenheiten

Letters for special occasions

Dankschreiben

1 Wir bedanken uns für das uns entgegengebrachte Vertrauen.
2 Wir danken Ihnen für den bei uns am ... eingegangenen Auftrag.
3 Für Ihr Verständnis hinsichtlich des Lieferverzugs danken wir Ihnen sehr.
4 Für die uns eingeräumte Zahlungsfrist möchten wir uns bestens bedanken.
5 Wir danken dafür, dass Sie die Mehrlieferung trotzdem abgenommen haben.
6 Für die zum Geschäftsjubliäum entgegengebrachten Glückwünsche bedanken wir uns herzlich.
7 Wir danken Ihnen für die uns gewährte längere Lieferfrist. In dieser Zeit war es uns möglich, die Ware zu beschaffen.
8 Besten Dank für den Auftrag. Wir möchten Ihnen gleichzeitig ein Sonderangebot unterbreiten.
9 Wir danken Ihnen für die freundliche Aufnahme unseres Herrn (unserer Frau) ... in Ihrem Hause.
10 Herzlichen Dank für Ihre freundliche Vermittlung in der Sache ...
11 Wir bedanken uns sehr und sind zu Gegenleistungen jederzeit gern bereit.

Letters of thanks

1 Thank you for having placed your trust in us.
2 Thank you for the order we received from you on ...
3 Thank you very much for being so patient as regards the delay in delivery.
4 Many thanks for the credit period you have granted us.
5 Thank you for also accepting the unordered goods.
6 Many thanks for sending us your good wishes on the occasion of our company's anniversary.
7 Thank you for allowing us a longer delivery period. This gave us time to obtain the goods.
8 Many thanks for your order. May we also take this opportunity to submit our special offer to you.
9 Thank you for the hospitality extended by your company to our Mr (Ms) ...
10 Thank you for your good offices as regards ...
11 We wish to express our thanks to you and will be pleased to reciprocate the favour at any time.

Glückwünsche

Geschäftsjubliäum

1 Zu Ihrem ...-jährigen Geschäftsjubliäum möchten wir Ihnen unsere herzlichsten Glückwünsche aussprechen.
2 Bei dieser Gelegenheit gratulieren wir zu Ihrem Geschäftsjubiläum herzlich.

Congratulation

Company anniversary

1 Please accept our warmest congratulations on the occasion of your company's ... anniversary.
2 May we offer you our warmest congratulations on the occasion of your company's anniversary.

3 Wir erlauben uns, Ihnen zu Ihrem Geschäftsjubliäum zu gratulieren, und hoffen auf weitere gute Zusammenarbeit.

3 We wish to congratulate you on your company's anniversary and look forward to a continuation of our successful business relations in the future.

Weihnachten und Neujahr

1 Die besten Glückwünsche zum Weihnachtsfest und Jahreswechsel!
2 Wir wünschen Ihnen schöne Feiertage und alles Gute im neuen Jahr.
3 Ein frohes Weihnachtsfest und ein gesundes neues Jahr wünschen wir Ihnen allen.
4 Wir gestatten uns, Ihnen und Ihren Mitarbeitern ein frohes Fest und ein erfolgreiches neues Jahr zu wünschen.
5 Schöne Feiertage und ein gesundes, erfolgreiches neues Jahr wünscht Ihnen ...
6 Auch für das neue Jahr hoffen wir auf eine gute Zusammenarbeit und wünschen Ihnen alles Gute.
7 Wir gestatten uns, Ihnen die besten Grüße und Wünsche für das neue Jahr zu übermitteln.

Christmas and New Year

1 Best wishes for Christmas and the New Year.
2 We hope you have a nice Christmas and wish you all the best in the New Year.
3 We wish you all a merry Christmas and good health in the coming year.
4 May we wish you and your staff a merry Christmas and a prosperous New Year.
5 May we (I) wish you a merry Christmas and health and success in the New Year. ... (Name[s] of well-wisher[s])
6 We look forward to doing business with you again in the New Year and wish you all the best.
7 May we offer you our best wishes for the New Year.

Geschäftseröffnung

1 Zur Geschäftseröffnung wünschen wir Ihnen viel Erfolg.
2 Wir hoffen, dass Sie mit Ihrem neuen Geschäft schöne Erfolge haben werden.
3 Wir gestatten uns, Ihnen zur Eröffnung Ihrer Verkaufsniederlassung in ... zu gratulieren, und hoffen auf eine gute Zusammenarbeit.
4 Wir erlauben uns, zu Ihrer Geschäftseröffnung am ... herzlich zu gratulieren.
5 Beste Wünsche zur Eröffnung Ihrer Zweigniederlassung! Bei dieser Gelegenheit möchten wir Sie auf unser Sonderangebot hinweisen.
6 Wir gratulieren Ihnen zu Ihrer Geschäftseröffnung und hoffen, dass wir bald zusammenarbeiten werden.
7 Wir beglückwünschen Sie zu Ihrer Geschäftserweiterung und hoffen zuversichtlich, Sie jederzeit zufrieden stellen zu können.

Opening a new business

1 We wish you every success with your new business.
2 We hope you will be most successful with your new business.
3 We congratulate you on opening your new sales branch in ... and look forward to doing business with you in the future.
4 May we offer you our warmest congratulations on the opening of your new business in ...
5 We wish to convey our very best wishes to you on the opening of your new branch. May we also take this opportunity to draw your attention to our special offer.
6 We wish to congratulate you on the opening your new business, which we hope to be dealing with in the near future.
7 We wish to congratulate you on expanding your business and feel sure that we will be able to provide you with satisfactory service at all times.

Vermählung, Geburtstag

1 Wir möchten Ihnen anlässlich der Vermählung Ihres Sohnes (Ihrer Tochter) unsere herzlichen Glückwünsche übermitteln.
2 Zum ... Geburtstag senden wir Ihnen herzliche Glückwünsche.
3 Anlässlich der Geburt Ihres Sohnes (Ihrer Tochter) möchten wir Ihnen unsere herzlichsten Glückwünsche übermitteln.

Marriage, birthday

1 May we express our warmest congratulation on the marriage of your son (daughter).
2 We wish you many happy returns of the day on your ... birthday.
3 May we convey our warmest congratulations to you on the birth of your son (daughter).

Kondolenzbriefe

1 Wir möchten Sie unseres tiefen Bedauerns über das Hinscheiden Ihres Aufsichtsratsvorsitzenden (-mitglieds), Herrn ..., versichern.
2 Es ist uns ein Bedürfnis, Ihnen zum Ableben Ihres Herrn (Ihrer Frau) ... unser aufrichtiges Beileid auszudrücken.
3 Zutiefst bedauern wir das plötzliche Ableben Ihres(r) hochgeschätzten Mitarbeiters(in), Herrn (Frau) ...
4 Die Belegschaft unserer Firma bedauert aufrichtig das unerwartete Ableben Ihres Betriebsleiters, Herrn ...
5 Über das unerwartete Ableben Ihrer verehrten Frau Gemahlin sind wir zutiefst erschüttert. Gestatten Sie uns, Ihnen unsere aufrichtige Anteilnahme zu bekunden.
6 Wir versichern Sie unserer aufrichtigen Anteilnahme.
7 Wir müssen Ihnen das Ableben unseres Herrn ... mitteilen.

Letters of condolence

1 We wish to express our deep regret at the death of the Chairman (a member) of your Supervisory Board, Mr ...
2 We wish to convey feelings of the greatest sympathy to you on the death of Mr (Ms) ...
3 We deeply regret the sudden death of your highly respected member of staff, Mr (Ms) ...
4 Our staff wishes to express its sincerest regret at the unexpected death of your Plant Manager, Mr ...
5 We are all deeply shocked at the unexpected death of your wife. Please accept our sincerest condolences.
6 May we offer you our sincerest condolences.
7 We regret to inform you of the sad death of our Mr ...

Firmeninformation

Geschäftseröffnung/Eröffnung einer Filiale oder Verkaufsniederlassung/Änderungen innerhalb der Firma

1 Wir teilen Ihnen mit, dass wir am ... in ... ein neues Geschäft eröffnen werden.
2 Bei dieser Gelegenheit möchten wir Ihnen mitteilen, dass wir in ... eine Zweigniederlassung eröffnet haben.
3 Am ... werden wir eine Verkaufsniederlassung in ... eröffnen.

Company information

Announcement of the opening of a new business / new branch / new sales branch / changes within the firm

1 We are pleased to inform you that we are opening a new business in ... on ...
2 We wish to take this opportunity to inform you that we have opened a new branch in ...
3 We will be opening a new sales branch in ... on ...

4 Wir gestatten uns Ihnen mitzuteilen, dass wir in ... ein neues Geschäft eröffnet haben, und hoffen, Ihnen schon in Kürze ein günstiges Angebot unterbreiten zu können.
5 In ..., ...straße ..., haben wir ein neues Geschäft eröffnet. Wir hoffen, Sie werden sich bald mit uns in Verbindung setzen.
6 Die Eröffnung unseres neuen Geschäfts erfolgt am ...
7 Wir freuen uns Ihnen mitzuteilen, dass wir unseren gesamten Auftragsablauf auf ein neues Computer-Software-Programm umgestellt haben.
8 Bitte nehmen Sie zur Kenntnis, dass wir ab sofort alle Aufträge online bearbeiten werden.
9 Sie erreichen unser neues Callcenter unter der Tel.Nr. ...
10 Seit der Zusammenlegung unserer Geschäftsaktivitäten mit ... firmieren wir unter ... und sind telefonisch unter der Nr. ... und per Fax unter der Nr. ... zu erreichen. Unsere E-Mail-Adresse lautet ...
11 Unsere neue Telefonnummer lautet: ...
Per Fax erreichen Sie uns unter ...
Ihre E-Mails schicken Sie bitte an: ...
12 Wir möchten Sie darauf hinweisen, dass unserer Zweigniederlassung ein Auslieferungslager angegliedert ist.
13 Unsere Zweigniederlassung ist mit einer modernen Datenverarbeitungsanlage ausgestattet.
14 Über ein computergesteuertes Netzwerk steht unsere neue Zweigniederlassung in ständigem direktem Kontakt mit der Zentrale.

4 We are pleased to inform you that we have opened a new business in ... and hope to be making you a favourable offer in the near future.
5 We have opened a new business in ... (address). We hope you will be getting in touch with us soon.
6 Our new business is being opened on ...
7 We are pleased to inform you that our entire ordering procedure has now been newly computerised.
8 This is to inform you that from now on all orders can be processed online.
9 The telephone number of our call centre is ...
10 Now that our business has merged with ... our company is now called ... We can be contacted by telephone at ..., fax ... e-mail ...
11 Our new telephone number is ..., fax ...
Please send your e-mails to ...
12 We wish to point out that our branch office also includes a distribution depot.
13 Our branch office is fully computerised.
14 Our branch office has a permanent, direct link with Head Office via our on-line computer network.

Änderung des Firmennamens

1 Wir möchten Ihnen mitteilen, dass wir unseren Firmennamen geändert haben. Ab sofort heißt unsere Firma: ...
2 Nach erfolgtem Ausscheiden unseres(r) Gesellschafters (Gesellschafterin), Herrn (Frau) ..., heißt unsere Firma in Zukunft: ...
3 Wir teilen Ihnen mit, dass wir unsere Firma in eine KG umgewandelt haben.
4 Nach dem Zusammenschluss unseres Hauses mit ... möchten wir Ihnen die Firmenänderung bekannt geben. Der neue Name der Firma lautet: ...

Change of company name

1 We wish to inform you that we have changed our company name. As from now, our company is called: ...
2 Owing to the departure of our partner, Mr (Ms) ..., our firm will in future be called: ...
3 This is to inform you that our firm has now been made into a limited partnership.
4 We wish to inform you that, as a result of its amalgamation with ..., our company has a new name. It is now called: ...

5 Wegen der häufigen Verwechslung des Namens unserer Firma mit dem eines anderen Unternehmens haben wir uns zur Umbenennung unserer Firma entschlossen.
6 Laut Gesellschafterbeschluss vom ... führen wir ab ... den Namen ...
7 Ich teile Ihnen mit, dass ich mein Einzelunternehmen in eine ...gesellschaft umgewandelt habe.
8 Ab ... ist unsere Firma eine börsennotierte Aktiengesellschaft und heißt: ...

5 As a result of the frequent confusion of our company's name with that of another one, we have decided to change our name.
6 In accordance with the shareholders' decision of ..., as from ... our name will be ...
7 This is to inform you that I have changed my sole proprietorship into a ... (e.g. partnership, limited partnership, private limited company).
8 As from ... our company will be a public limited company, listed on the Stock Exchange and called: ...

Änderung der Firmenanschrift

1 Wir teilen Ihnen mit, dass unsere Adresse ab ... wie folgt lautet: ...
2 Unsere neue Anschrift ist: ...
3 Wir sind umgezogen. Unsere neue Anschrift ist: ...
4 Bei dieser Gelegenheit möchten wir Ihnen mitteilen, dass sich unsere Adresse geändert hat. Bitte richten Sie Ihre Angebote in Zukunft an folgende Anschrift: ...
5 Seit dem ... hat unser Unternehmen mit ... fusioniert. Wir werden daher ab ... unseren Firmensitz in ... haben. Die Anschrift lautet: ...
6 Ab ... haben wir eine neue Anschrift. Wir sind in ... zu erreichen.
7 Unsere Firma hat den Sitz gewechselt. Wenden Sie sich bitte künftig an folgende Adresse: ...
8 Die erhebliche Expansion unseres Unternehmens hat uns dazu bewogen, einen neuen Standort zu wählen. Unser neues Fabrikgelände ist in ...
9 Durch das Outsourcing bestimmter Unternehmensteile sehen wir uns genötigt, die Auftragsannahme nach ... zu verlegen. Bitte senden Sie Ihre zukünftigen Bestellungen an folgende Anschrift:

Change in company's address

1 This is to inform you that as from ... our address will be as follows: ...
2 Our new address is: ...
3 We have moved. Our new address is: ...
4 We wish to take this opportunity to inform you that our address has changed. Please send your offers to the following address in future: ...
5 As of ... our company has now merged with ... As from ... our company will be located in ... Our address is ...
6 We will have a new address as from ... We will be in ...
7 Our company has a new location. Please use the following address in future: ...
8 Owing to the considerable expansion of our business, it has been necessary for us to find new premises. Our new factory is sited in ...
9 As some parts of our company's operations are now outsourced, we are compelled to transfer the processing of incoming orders to ... In future please send your orders to the following address:

Änderung der Telefon- und/ oder Fax-Nummern sowie der E-Mail-Andresse

1 Unser Telefonanschluss hat sich geändert. Die neue Nummer lautet: ...
2 Bitte notieren Sie unsere neue Telefonnummer: ...

Change of telephone / fax numbers and e-mail address

1 We now have a new telephone number. It is: ...
2 Please note our new telephone number: ...

3 Wir haben ein Callcenter eingerichtet. Ab sofort wenden Sie sich bitte an folgende Tel.-Nr.: ...
4 Bitte notieren Sie unsere neue Fax-Nr. Sie lautet: ...
5 Bitte wählen Sie zwischen ... Uhr und ... Uhr unsere Tel.-Nr. ..., unsere Fax-Nr. ... oder schicken Sie uns unter ... eine E-Mail.
6 Klicken Sie bitte www... an und Sie erhalten Zugang zu unserer Homepage im Internet. Dort finden Sie unser ständig aktualisiertes Angebot.

3 We have now set up a call centre. Please now use the following telephone number: ...
4 Please note our new fax number: ...
5 Please call us on ... between ... and ..., send us a fax at ... or an e-mail at ...
6 Just click on www... to visit our website. There you will find our latest regularly updated offers.

Änderung der Beteiligungsverhältnisse

1 Bei dieser Gelegenheit möchten wir Ihnen mitteilen, dass die Firma ... inzwischen ... % unseres Aktienkapitals besitzt.
2 Die ...-Bank hat ein größeres Aktienpaket unseres Unternehmens erworben.
3 Wir haben die Kapitalbasis unserer Firma um ... verbreitert.
4 Der Kapitalanteil unseres verstorbenen Gesellschafters, Herrn ..., ist auf Herrn (Frau) ... übergegangen.
5 Herr (Frau) ... und ich besitzen jetzt je ... % des Geschäftskapitals.
6 Im Zuge der Umwandlung unserer Gesellschaft in eine GmbH haben wir die Kapitalanteile verändert.
7 Im Zuge der Fusion mit ... sind ... % des Aktienkapitals auf die ... Gesellschaft übergegangen.

Change in share-ownership ratio

1 May we take this opportunity to inform you that ... (firm) now own ... % of our share capital.
2 (The) ... Bank has acquired a substantial amount of our company's shares.
3 We have expanded our company's capital base by ...
4 The capital share of our late company member, Mr ..., has been transferred to Mr (Ms) ...
5 Mr (Ms) ... and I each own ... % of the working capital.
6 In the course of changing our company into a private limited company we have changed the capital shareholdings.
7 As a result of the merger with ... % of our shares have been transferred to the ... company.

Austritt eines Gesellschafters

1 Wegen des Austritts des Gesellschafters (der Gesellschafterin), Herrn (Frau) ..., bin ich seit dem ... alleiniger Inhaber der Firma ...
2 Herr (Frau) ... ist aus unserer Gesellschaft ausgetreten.
3 Hiermit möchte ich Ihnen den Austritt meines(r) Gesellschafters (Gesellschafterin), Herrn (Frau) ..., bekannt geben.

Company member/Partner leaves

1 As Mr (Ms) ... is now no longer a partner in the firm, I am the sole proprietor of ... (firm) as from ...
2 Mr (Ms) ... has left our company/firm.
3 I hereby wish to announce that my partner, Mr (Ms) ..., has now left the firm.

4 Ich habe die traurige Pflicht, Sie vom plötzlichen Ableben unseres(r) Gesellschafters (Gesellschafterin), Herrn (Frau) . . ., zu unterrichten.
5 Der Gesellschaftsanteil unseres(r) ausgeschiedenen Prokuristen (Prokuristin), Herrn (Frau) . . ., wurde zu gleichen Teilen von den Herren . . . und . . . übernommen.
6 Wir sind sicher, dass sich der Austritt unseres(r) Gesellschafters (Gesellschafterin), Herrn (Frau) . . . , nicht nachteilig auf unsere Geschäftsbeziehungen auswirken wird.
7 Mein(e) Teilhaber(in), Herr (Frau) . . . , ist aus der Firma ausgeschieden.
8 Ich habe den Gesellschaftsanteil meines(r) verstorbenen Teilhabers (Teilhaberin) übernommen.

4 It is my sad duty to inform you of the sudden death of our company member/partner, Mr (Ms) . . .
5 The share in the company held by our former managing clerk, Mr (Ms) . . ., has been transferred equally to Mr (Ms) . . . and Mr (Ms) . . .
6 We feel sure that the departure of our company member/partner, Mr (Ms) . . ., will in no way be detrimental to our business relations.
7 My associate, Mr (Ms) . . ., has now left the firm.
8 I have taken over the share in the company held by my late partner.

Aufnahme eines Gesellschafters

1 Herr (Frau) . . . ist mit Wirkung vom . . . als beschränkt haftender (haftende) Gesellschafter (Gesellschafterin) in unsere Firma eingetreten.
2 Wir haben Herrn (Frau) . . . als Komplementär(in) in unsere Firma aufgenommen.
3 Wir möchten Ihnen mitteilen, dass Herr (Frau) . . . als Gesellschafter(in) in unsere Firma eingetreten ist.
4 Durch die Aufnahme von Herrn (Frau) . . . als Gesellschafter(in) haben wir unsere Kapitalbasis beträchtlich verbreitern können.
5 Herr (Frau) . . . ist mit einer Kapitaleinlage von . . . in unsere Gesellschaft eingetreten.
6 Herr (Frau) . . . ist als neue(r) Gesellschafter(in) unserer Firma mit der Geschäftsführung betraut worden.
7 In Zukunft wird unser(e) neue(r) Gesellschafter(in), Herr (Frau) . . ., unsere Firma leiten.
8 Unser Gesellschaftskapital hat sich durch die Aufnahme von Herrn (Frau) . . . als neuem(r) Gesellschafter(in) auf . . . erhöht.

New member/partner joins company

1 As from . . . Mr (Ms) . . . will be a limited partner in our firm.
2 Mr (Ms) . . . has now become a partner in our firm.
3 We wish to inform you that Mr (Ms) . . . has now become a member of our company.
4 With the arrival of our new partner, Mr (Ms) . . ., we have been able to expand our capital base significantly.
5 Mr (Ms) . . . has joined our company with a capital contribution of . . .
6 Our new member, Mr (Ms) . . ., has been entrusted with the management of the company.
7 Our company will in future be managed by our new member, Mr (Ms) . . .
8 Now that our new member, Mr (Ms) . . ., has joined the company, its working capital has increased to . . .

Ernennungen

1 Mit sofortiger Wirkung wurde unser derzeitiger Prokurist, Herr . . ., zum Direktor ernannt.
2 Aufgrund seiner (ihrer) besonderen Leistungen erteilen wir Herrn (Frau) . . . Prokura.
3 Wir freuen uns, Ihnen die Wahl des Herrn (der Frau) . . . zu unserem neuen Direktor (zu unserer neuen Direktorin) bekannt geben zu dürfen.
4 Wir möchten Sie davon in Kenntnis setzen, dass seit dem . . . die Geschäftsleitung unseres Unternehmens bei Herrn (Frau) . . . liegt.
5 Mit Wirkung vom . . . wurde Frau (Herr) . . . zum Mitglied des Vorstandes berufen.
6 Im Zuge der Zusammenlegung unserer Geschäftsaktivitäten sind folgende Damen (Herren) . . . in den Vorstand berufen worden.
7 Unser(e) neue(r) Aufsichtsratsvorsitzende(r) ist mit Wirkung vom . . . Frau (Herr) . . .

Appointments

1 Mr . . ., who has been our managing clerk up to now, has been appointed Director with immediate effect.
2 By virtue of his (her) outstanding services Mr (Ms) . . . has now been made into an authorised signatory.
3 We are pleased to announce that Mr (Ms) . . . has been chosen as our new Director.
4 We wish to inform you that, with effect from . . ., Mr (Ms) . . . is now the Director of our company.
5 With effect from . . . Ms (Mr) . . . has now been appointed a member of the board of directors.
6 As a result of the merging of our business activities, the following ladies / gentlemen are now on the board of directors . . .
7 As from . . . the supervisory board will be chaired by Mr / Ms . . .

Abberufungen

1 Herr (Frau) . . ., Direktor(in) unseres Unternehmens, tritt mit Wirkung vom . . . in den Ruhestand.
2 Wir möchten Ihnen mitteilen, dass der Geschäftsführer (die Geschäftsführerin) unserer Filiale in . . . aus der Firma ausscheidet.
3 Hiermit teilen wir Ihnen mit, dass Frau (Herr) . . . mit Wirkung vom . . . nicht mehr Mitglied des Vorstandes (Aufsichtsrats) sein wird.
4 Zu unserem Bedauern müssen wir Ihnen mitteilen, dass unser langjähriges Vorstandsmitglied, Frau (Herr) . . . mit Wirkung vom . . . in den Ruhestand treten wird.
5 Am . . . verlässt uns unser(e) langjährige(r) Geschäftsführer(in), Herr (Frau) . . .
6 Aus gesundheitlichen Gründen ist unser(e) Direktor(in), Herr (Frau) . . ., vorzeitig in den Ruhestand getreten.
7 Wir möchten Sie darüber informieren, dass Herr (Frau) . . . nicht mehr als Vertreter(in) für uns tätig ist. Bitte wenden Sie sich in Zukunft direkt an die Firmenzentrale.

Changes in personnel

1 Mr (Ms) . . ., the Director of our company, will be retiring with effect from . . .
2 We wish to inform you that the General Manager of our branch in . . . will be leaving the company.
3 This is to inform you that as from . . . Mr / Ms . . . will no longer me a member of the board of directors / supervisory board.
4 It is our sad duty to inform you that Mr / Ms . . ., who has been on the board of directors for many years, will be retiring as from . . .
5 Our General Manager of many years' service, Mr (Ms) . . ., will be leaving the company on . . .
6 Our Director, Mr (Ms) . . ., has taken early retirement for health reasons.
7 We wish to inform you that Mr (Ms) . . . is no longer acting as an agent/representative on our behalf. Please contact our Head Office directly in future.

Verabredungen

Besuchsanzeige

1 Unser Vertreter wird sich erlauben, Sie am ... zu besuchen.
2 Wir möchten Ihnen den Besuch unseres Rechtsanwalts (unserer Rechtsanwältin), Herrn (Frau) ..., ankündigen.
3 Unser(e) Anwalt(Anwältin) wird Sie demnächst in der Angelegenheit ... aufsuchen.
4 Wegen der Verhandlung über ... wird Sie in Kürze unser(e) Geschäftsführer(in) aufsuchen.
5 Wegen unvorhergesehener Terminschwierigkeiten müssen wir unseren Besuch bei Ihnen leider auf den ... verschieben.
6 Bei der derzeitigen Lage ist es uns unmöglich, den vorgesehenen Besuchstermin einzuhalten. Wir bitten deshalb um einen späteren Termin.
7 Leider kann unser(e) Vertreter(in) erst ... Tage später als verabredet zu Ihnen kommen.

Bitte um Empfang

1 Wir bitten Sie, unsere(n) Vertreter(in) am ... zu empfangen.
2 Es wäre sehr freundlich von Ihnen, wenn Sie Herrn (Frau) ... am ... empfangen könnten.
3 Wir hoffen, Sie empfangen Herrn (Frau) ... zu dem vorgeschlagenen Termin.
4 Wir würden uns freuen, wenn Sie unseren (unsere) Geschäftsführer(in) noch in dieser Woche empfangen könnten.
5 Unser(e) Experte (Expertin) wird am ... bei Ihnen eintreffen. Es wäre sehr freundlich, wenn Sie ihn (sie) zu diesem Zeitpunkt empfangen könnten.
6 Es wäre uns angenehm, wenn Sie uns am ... empfangen würden.
7 Da sich unser(e) Vertreter(in) zurzeit in Ihrer Stadt aufhält, würden wir uns freuen, wenn Sie ihm (ihr) einen Gesprächstermin geben könnten.

Appointments

Notification of visit

1 Our agent/representative will be taking the liberty of visiting you on ...
2 We wish to notify you that our solicitor, Mr (Ms) ..., will be paying you a visit on ...
3 Our solicitor will be visiting you in the near future in connection with ...
4 Our Managing Director will be calling on you shortly in connection with negotiations regarding ....
5 Owing to pressing unforeseen engagements, we are unfortunately obliged to postpone our visit until ...
6 The current situation makes it impossible for us to keep to the date planned for our visit. We would therefore request you to see us at a later date.
7 Our agent/representative is unfortunately only able to call on you ... days later than arranged.

Request for permission to visit

1 Please allow our agent/representative to pay you a visit on ...
2 We would be most gratified if you would let Mr (Ms) ... call on you on ...
3 We hope you will agree to let Mr (Ms) ... call on you on the date suggested.
4 We would be most pleased if our Managing Director could call on you before the end of this week.
5 Our expert will be calling on you on ... We would be very much obliged if you could be available to see him (her) on this date.
6 We would be most pleased if you would let us visit you on ...
7 As our agent/representative is in your town at present, we would be most pleased if you could give him (her) an appointment to see you.

Bitte um Zimmerbestellung und -abbestellung

1 Wir bitten Sie, für Herrn (Frau) ... anlässlich seines (ihres) Besuches in Ihrem Haus vom ... bis ... ein Zimmer zu bestellen.
2 Bitte bestellen Sie für uns im Hotel ... vom ... bis zum ... ein Doppelzimmer mit Bad.
3 Können Sie für Herrn (Frau) ... eine geeignete Unterkunft besorgen?
4 Bitte annullieren Sie unsere Zimmerbestellung im Hotel ...

Request for room reservation and cancellation

1 Please reserve a room for Mr (Ms) ... for his (her) visit to your company from ... to ...
2 Please reserve us a double room with bathroom at the ... Hotel from ... to ...
3 Can you provide suitable accommodation for Mr (Ms) ...?
4 Please cancel our room reservation at the ... Hotel.

Treffpunkt, Bitte um Abholung

1 Wir treffen uns am ... um ... Uhr im Hotel ... Bitte melden Sie sich am Empfang.
2 Bitte begeben Sie sich nach Ihrer Ankunft zum Schalter ... im Bahnhofsgebäude. Sie werden dort von Herrn (Frau) ... erwartet.
3 Können Sie uns vom Flugplatz abholen lassen?
4 Da wir die örtlichen Verkehrsverhältnisse nicht kennen, bitten wir um Abholung vom Flugplatz (Bahnhof).
5 Unser(e) Mitarbeiter(in)/Vertreter(in), Herr (Frau) ... kommt am ... mit Flug (Zug) ... um ... in ... an. Wir würden es dankbar begrüßen, wenn Sie dafür sorgen könnten, dass er (sie) dort abgeholt wird.

Meeting place, Request to be collected

1 I have arranged for us to meet in the ... Hotel on ... (date) at ... (time). Please enquire at the reception desk.
2 On arrival please go to ticket-window (desk) No. ... in the station building, where Mr (Ms) ... will be waiting for you.
3 Can you have us collected from the airport?
4 As we are unacquainted with local transport facilities, we would ask you to collect us from the airport (station).
5 Our Mr (Ms) ... will be arriving in ... (place) on flight No. (on the train from) ... at ... on ... We would be most grateful if you could arrange for him (her) to be collected.

Besuchsabsage

1 Leider müssen wir unseren Besuch am ... bei Ihnen absagen.
2 Wir bedauern, unseren Besuchstermin nicht wahrnehmen zu können.
3 Bitte bestellen Sie unsere Zimmer im Hotel ... ab, da wir den vereinbarten Termin leider nicht wahrnehmen können.

Cancellation of visit

1 We must unfortunately cancel our appointment with you on ...
2 We regret that we will not be able to visit you at the time appointed.
3 Please cancel our rooms at the ... Hotel as we are unable to come at the time appointed.

Ausstellungen

Bekanntgabe einer Ausstellung

1 Gestatten Sie uns, Sie auf unsere Ausstellung in ... hinzuweisen.
2 Bei dieser Gelegenheit erlauben wir uns, Sie zu unserer Ausstellung in ... einzuladen.
3 In unserem neuen Ausstellungsgelände findet in der Zeit vom ... bis zum ... eine Fachmesse für ... statt.
4 Auf der Messe in ... sind wir mit einem eigenen Stand vertreten.
5 Wir freuen uns, Ihnen bekannt geben zu können, dass am ... eine Ausstellung unserer Erzeugnisse in ... stattfinden wird.
6 Vom ... bis zum ... ist in ... eine Ausstellung. Wir sind dort mit unseren Sommerartikeln vertreten. Unser Stand befindet sich in Halle Nr. ...
7 Die Firmen ... und ... geben bekannt, dass sie am ... eine gemeinsame Ausstellung in ... veranstalten.
8 Auf der vom ... bis ... in ... stattfindenden Fachmesse sind unsere Waren auf dem deutschen Stand in Halle ... ausgestellt.
9 In den Messehallen der Stadt findet zurzeit die ...-Ausstellung statt. Wir sind dort mit zwei Ständen vertreten.
10 Bitte entnehmen Sie die Lage unserer Stände dem Ausstellungskatalog.
11 Im Rückgebäude unseres Hauses findet vom ... bis zum ... eine kleine Ausstellung statt, in der alle unsere Artikel gezeigt werden.

Einladung zum Besuch einer Ausstellung

1 Bitte beehren Sie uns mit Ihrem Besuch auf der ...-Messe.
2 Wir freuen uns auf Ihren Besuch unseres Standes während der ...-Messe.
3 Wir würden uns sehr freuen, wenn Sie uns auf der Ausstellung besuchen könnten.
4 Wir erlauben uns, Sie zur Eröffnung der ...-Messe herzlich einzuladen.
5 Vielleicht können Sie es ermöglichen, am ... an unserem kleinen Empfang zur Eröffnung der Ausstellung teilzunehmen. Er beginnt am ... um ... in ...

Exhibitions

Notice of exhibition

1 May we draw your attention to our exhibition in ...
2 We wish to take this opportunity to invite you to our exhibition in ...
3 A trade fair for ... is being held at our new exhibition site from ... to ...
4 We have our own stand at the trade fair in ...
5 We are pleased to inform you that an exhibition of our products will be taking place in ... on ...
6 There is an exhibition in ... from ... to ... We will be showing our summer lines there. Our stand is in Hall No. ...
7 ... (firm) and ... (firm) are pleased to announce that they will be holding a joint exhibition in ... on ... (date).
8 At the trade fair in ... from ... to ... our goods will be on exhibition at the German stand in Hall ...
9 The ... Exhibition is currently being held at the municipal trade fairsite. Our company has two stands there.
10 Please refer to the exhibition catalogue for the location of our stands.
11 From ... to ... there will be a small exhibition at the rear of our premises showing all the articles produced by our company.

Invitation to visit an exhibition

1 We would be honoured if you would visit us at the ... Fair.
2 We look forward to having you visit our stand at the ... Fair.
3 We would be delighted if you could visit us at the exhibition.
4 Please accept our warm invitation to attend the opening of the ... Fair.
5 We hope you will be able to find the time to come to a small reception we are giving on the occasion of the opening of the exhibition. It is in ... on ... (day) at ... (time).

6 Zu unserer Ausstellung laden wir Sie herzlich ein und hoffen zuversichtlich, dass unser dort gezeigtes Sortiment von Interesse für Sie sein wird.
7 Unsere Musterausstellung beginnt am ... Wir gestatten uns, Sie herzlich dazu einzuladen.
8 Die Geschäftsleitung erlaubt sich, Sie zur Eröffnung unserer Frühjahrsausstellung am ... um ... einzuladen.
9 Die Ausstellung beginnt am ... Wir bitten Sie, unseren Stand zu besuchen. Seine Lage erfahren Sie am Informationsschalter.

6 We take great pleasure in inviting you to our exhibition and feel sure that the range of products shown will be of interest to you.
7 We take pleasure in inviting you to the exhibition of our samples, which begins on ...
8 The management takes pleasure in inviting you to the opening of our spring exhibition at ... (time) on ... (date).
9 The exhibition begins on ... We would be pleased if you could visit our stand. Please ask at the information desk for directions.

Organisation der Ausstellung

1 Hiermit bestellen wir gemäß Ausstellungskatalog für die Zeit vom ... bis zum ... den Stand Nr. ... in Halle ...
2 Bitte reservieren Sie uns für die ...-Ausstellung den Stand Nr. ... im Freigelände.
3 Wir benötigen auf unserem Stand zwei elektrische Anschlüsse.
4 Bitte tragen Sie dafür Sorge, dass unser Stand mit Strom- und Wasseranschluss ausgestattet ist.
5 Können Sie uns für die Dauer der Ausstellung einen Dolmetscher vermitteln?
6 Entsprechend Ihrer Bitte haben wir Ihren Stand mit allen gewünschten audiovisuellen Einrichtungen versehen.
7 Wir bitten Sie um Installierung von 3 ISDN-Leitungen, einer Internet- und einer E-Mail-Verbindung.
8 Können Sie bitte dafür sorgen, dass wir auf unserem Stand auch Projektionsmöglichkeiten für Computergrafiken haben?
9 Für die Dauer der Messe benötigen wir Telefon-, Fax- und E-Mail-Anschluss auf unserem Stand. Bitte machen Sie uns ein Angebot.

Organisation of exhibition

1 We wish to order Stand No. ... in Hall ... from ... to ... as per your exhibition catalogue.
2 Please reserve open-air stand No. ... for the ... Exhibition.
3 We will need two electrical points (sockets) on our stand.
4 Please ensure that our stand has water and electricity.
5 Can you arrange for us to have an interpreter for the duration of the exhibition?
6 As requested, your stand has been fitted with the audio-visual equipment you require.
7 Please install 3 ISDN lines and an Internet and e-mail link.
8 Could you also please make sure that our stand has equipment to project computer graphics?
9 We will need a phone, a fax and e-mail on our stand for the duration of the fair. Please let us have your quotation.

Hinweis auf Computer/ Internet

1 Dürfen wir Sie auf unsere Homepage im Internet unter www... hinweisen.
2 Sicherlich sind Sie unserem Namen schon auf Bannern im Internet begegnet und kennen daher unser Ausstellungsprogramm.

Reference to Computer / Internet

1 May we draw your attention to our website at www...
2 You will certainly have encountered our name in banners on the Internet and will therefore be acquainted with our range of exhibits.

3 Unter www. . . können Sie alle Informationen über das Messeprogramm der . . . Ausstellung erfahren.
4 Bestellen Sie online! Besuchen Sie unseren Internet-Shop unter www. . .!
5 Wir haben unser Bestellsystem modernisiert. Sie können jetzt auch online bestellen (buchen).
6 Lassen Sie sich bei uns registrieren, damit Sie mit eigenem Password Zugang zu Ihren Daten haben.
7 Sie erhalten ab sofort ein neues Password. Damit können Sie alle Vorgänge auf dem Bildschirm weiterverarbeiten.
8 Unser computergestütztes Auftragsprogramm ermöglicht Ihnen eine direkte Einschaltung in unser System. Hierdurch kann wertvolle Arbeitszeit gespart werden.
9 Die neue Software ermöglicht es Ihnen, unsere Werbevorlagen individuell für Ihre Zwecke zu bearbeiten.
10 Mit dieser Software können Sie selbst eigene Programme erstellen. Bei Fragen hilft Ihnen unser Callcenter unter der Nr. . . . oder unser Internet-Dienst unter www. . .
11 Die Gebrauchsanweisung für unsere neue Software ist leicht verständlich. Sollten Sie trotzdem Fragen haben, hilft Ihnen die Rubrik FAQ (Frequently Asked Questions) im Internet unter www. . . weiter.
12 Als besonderen Service bieten wir Ihnen die Teilnahme an regionalen Internet-Foren. Dort können Sie mit Kollegen Erfahrungen austauschen.

3 The website at www. . . will give you all the information you require about the programme for the . . . Exhibition.
4 Order online! Visit our Internet shop at www. . .!
5 We have updated our order system. You can now order (book) online.
6 Register with us so you can access your data using your own password.
7 We have a new password for you which will enable you to carry out all operation on your computer screen.
8 With computerised order processing you are able to log directly into our system, thereby saving valuable working time.
9 The software enables you to customise our advertising layouts for your own purposes.
10 Using this software you can make your own programs. Should you have any queries please contact our call centre on . . . or our Internet service at www. . .
11 The operating instructions for our new software are easy to understand. Should you still have any queries please access the FAQs on our website at www. . .
12 As a special service we offer you the opportunity to join a regional Internet discussion forum enabling you share your experiences with others.

Korrespondenz mit offiziellen Stellen

Correspondence with official bodies

Anschreiben an offizielle Stellen

1 An die Handelskammer in ...
2 An ... Handelskammer in ...
3 Wir bitten Sie um Mitteilung, ob und wann in ... eine ...-Messe stattfindet.
4 Würden Sie uns bitte mitteilen, an wen wir uns wenden sollen, um einen Ausstellungsstand auf der ...-Messe zu bestellen?
5 Könnten Sie uns bei Hotelreservierungen (Beschaffung einer Wohnung während der Messe, Verpflichtung von Standpersonal) behilflich sein?
6 Können Sie uns Adressen von Firmen geben, die auf der Messe ...arbeiten durchführen?
7 Können Sie uns mitteilen, welche Dokumente wir für die Einfuhr von ... in Ihr Land benötigen?
8 Sind für die Einfuhr von ...produkten EU-Vorschriften erlassen worden?
9 Können Sie uns sagen, welche Papiere wir für den Transitverkehr durch EU-Länder benötigen?
10 Bestehen in der EU Kontingente für die Einfuhr von ...?

Writing to official bodies

1 To the Chamber of Commerce in ...
2 To the ... Chamber of Commerce in ...
3 Please let us know if and when there will be a(n) ... fair in ...
4 Would you please tell us who to approach in order to reserve an exhibition stand at the ... Fair?
5 Could you please assist us with hotel reservations (finding accommodation for the duration of the fair, taking on staff for the stand)?
6 Can you let us have the addresses of some firms that are able to carry out ... work at the fair?
7 Can you tell us what documents we require to import ... into your country?
8 Are there EU regulations for the import of ... products?
9 Can you tell us what documents we require for goods in transit through EU countries?
10 Are there EU import quotas on ...?

Antworten offizieller Stellen

1 Wir teilen Ihnen mit, dass die nächste ...-Messe vom ... bis zum ... in ... stattfindet.
2 Wegen eines Ausstellungsstandes für die ...-Messe müssen Sie sich an die ... wenden. Wir haben diese veranlasst, Ihnen Formulare zu schicken, die Sie bitte ausgefüllt zurücksenden wollen.
3 Die ...-Messe findet vom ... bis zum ... statt.
4 Wir sind gern bereit, Ihnen bei Hotelreservierungen behilflich zu sein, wenn Sie uns Ihre Wünsche frühzeitig mitteilen.
5 Wir schicken Ihnen in der Anlage eine Hotelliste (eine Liste der auf der Ausstellung mit ...arbeiten beschäftigten Firmen) zu. Sie können sich dann selbst an das für Sie infrage kommende Hotel (an die für Sie infrage kommende Firma) wenden.
6 Als Handelskammer dürfen wir Ihnen keine einzelne Firma empfehlen. Sie erhalten aber anbei eine Liste der Firmen, die bei uns in der ...branche als Mitglieder eingetragen sind.
7 In der Anlage erhalten Sie unsere neueste EU-Broschüre, die Ihre Fragen sicherlich erschöpfend beantwortet.
8 Für die von Ihnen genannten Produkte bestehen zz. in der EU keine Importbeschränkungen.
9 Aus der in der Anlage beigefügten Broschüre können Sie ersehen, welche Kontingente für welche Waren bestehen.
10 Für weitere Fragen oder im Falle Ihres persönlichen Besuches stehen wir jederzeit gern zur Verfügung.
11 Für den Transitverkehr durch die EU benötigen Sie: ...
12 Wir sind gern bereit, Sie bei Bedarf mit den entsprechenden Firmen (einer Anwaltskanzlei, einem Notar, den zuständigen Leuten) in Verbindung zu bringen.

Answers from official bodies

1 We are able to inform you that the next ... fair will take place in ... from ... to ...
2 Please contact ... to reserve an exhibition stand at the ... fair. We have already arranged for them to send you the forms, which we would ask you to fill in and return.
3 The ... Fair is from ... to ...
4 We will be pleased to assist you with hotel reservations and would ask you to let us know your requirements in good time.
5 We enclose a list of hotels (a list of firms carrying out ... work at the fair). We would ask you to make contact with the hotel (firm) of your choice personally.
6 As a chamber of commerce we are not allowed to recommend individual firms. We do, however, enclose a list of our member firms in the ... trade/business.
7 We feel sure that the latest EU brochure enclosed will answer your questions exhaustively.
8 There are, at present, no EU import limits on the products you have named.
9 Please refer to the enclosed brochure for details of products and quotas.
10 If you would like to call here personally, we will be pleased to discuss any further queries you may have.
11 For goods in transit through the EU you will require:
12 We will be pleased to put you in touch with suitable firms (a firm of solicitors, a notary, those responsible).

Hotelkorrespondenz
Hotel correspondence

Allgemeines

1 Zimmerarten:
Einzel- bzw. Einbettzimmer
Doppel- bzw. Zweibettzimmer (getrennte Betten)
Doppel- bzw. Doppelbettzimmer (nebeneinander stehende Betten)
Doppelzimmer mit französischem Bett (breites Bett für zwei Personen)
Dreier- bzw. Dreibettzimmer
Klappbett
Extrabett
Kinderbett
Couch

2 Einrichtungen:
Bad bzw. Dusche
Etagenbad
Bidet und Toilette
Etagentoilette
fließend heißes und kaltes Wasser im Zimmer
Telefon
Radio und Fernsehapparat
Kühlschrank (Minibar)
Stahltresor
Schreibtisch
Sitzgruppe
Küche, Kochnische
Garderobenschrank, Garderobenzimmer
Salon, Aufenthaltsraum
Balkon, Veranda, Terrasse, Garten

3 Lage:
Himmelsrichtung (nach Norden, Süden, Osten, Westen)
Morgensonne, Abendsonne
Blick auf ...
Hauptgebäude, Neubau, Anbau, Nebengebäude
mit (Sonnen-)Balkon

4 Preise:
Zimmer mit Frühstück
Halbpension (Zimmer, Frühstück und eine Mahlzeit)

General

1 Types of rooms:
Single room
Double room or twin-bedded room
Double room or room with 2 adjacent single beds (beds against each other)
Double room with a double bed (1 bed for 2 persons)
3-bed room
Folding bed
Extra bed
Child's bed (cot)
Couch/sofa/settee

2 Fittings:
Bathroom or shower
Bath on same floor
Bidet and toilet
Toilet on same floor
Hot and cold running water in room
Telephone
Radio and TV
Refrigerator (minibar)
Safe
Desk (Writing desk)
Settee and armchairs (3-piece suite)
Kitchen, kitchenette
Wardrobe, walk-in wardrobe
Lounge, sitting-room
Balcony, veranda, patio/terrace, garden

3 Location:
Direction faced by room (to the north, south, east, west)
Early morning sunshine, evening sunshine
(With a) view of ...
Main building, new building, annex (wing), annex
With (a sunny) balcony

4 Prices:
Bed and breakfast
Half board (room, breakfast and either lunch or evening meal)

Vollpension (Zimmer, Frühstück, Mittag- und Abendessen)
Pauschal (mit Erklärung, was inbegriffen)
Bedienung (Service), Taxen, Heizung inbegriffen/zusätzliche Berechnung

5 Benutzung von:
Tennisplatz, Skilift, Schwimmbad, Freibad, Hallenbad, Sauna, Solarium
Golfplatz, Strand, Ruderboot, Segelschiff, Motorboot
Hat Ihr Hotel ein eigenes Schwimmbad?
Ist die Benutzung der Tennisplätze im Zimmerpreis inbegriffen?
Steht ein Tennistrainer (Golflehrer) zur Verfügung?

6 Transporte:
Was kostet der Hotelwagen vom Bahnhof/Flughafen bis zum Hotel?
Wie lange braucht ein Taxi vom Hauptbahnhof bis zu Ihrem Hotel?
Wie oft fährt die Seilbahn?
Wie weit ist es bis zur Seilbahn?
Bieten Sie einen Hotel-Transferservice?

Full board (room, breakfast, lunch and evening meal)
Standard charge/flat-rate (with explanation of what is included)
Service, tax, heating included/charged separately

5 Use of:
Tennis court, ski-lift, swimming pool, open-air swimming pool, indoor swimming pool, sauna, solarium
Golf course, beach, rowing-boat, sailing-boat, motor boat
Has your hotel got its own swimming pool?
Is use of the tennis court included in the price?
Is there a tennis coach (golf instructor)?

6 Transport:
What charge is made for transport from the railway station/airport to the hotel by hotel taxi?
How long does it take to get from the main railway station to your hotel by taxi?
How frequent is the cable railway service?
How far is it to the cable railway?
Do you offer a hotel transfer service?

Sonderwünsche

Transport

1 Hotelwagen:
Wir bitten Sie, uns mit Ihrem Hotelwagen am Bahnhof abzuholen.

2 Flugzeug/Eisenbahn:
Unser Flug Nr. .../Zug Nr. ... von ... kommt um ... Uhr an.
(Wichtig! Immer den Abfahrtsort, die Ankunftszeit und die Flug- bzw Zugnummer angeben. Der Hotelwagen kann Sie dann auch bei Flug- bzw. Zugverspätungen abholen.)

3 Mietwagen:
Wir bitten Sie, uns einen Mietwagen (möglichst einen ...) an den Flughafen zu schicken bzw. dort zur Verfügung stellen zu lassen.

Special requests

Transport

1 Hotel taxi:
Please collect us from the station by hotel taxi.

2 Plane/train:
Our flight No. ... / train No. ... from ... arrives at ... (time).
(Important! Always give details of where you are coming from, your arrival time and the flight or train number. The hotel taxi can then still collect you if your flight or train is delayed).

3 Hire cars:
Please have a hire car (if possible a ...) sent to the airport or provided for us there.

Reservierungen

1 Essen:
Bitte reservieren Sie uns für ..., ... Uhr, einen Fenstertisch für ... Personen in Ihrem Restaurant ...

2 Theaterkarten:
Bitte bestellen Sie für ... im Schauspielhaus ... Karten, möglichst I. Rang Mitte.
Bitte bestellen Sie für einen der Abende ... Opernkarten für ...

3 Könnten Sie uns bitte ... Karten für das Musical ... vorbestellen lassen?

4 Stadtrundfahrt:
Bitte melden Sie uns für eine Stadtrundfahrt am Vormittag des ... an.

5 Ausflug:
Bitte organisieren Sie für uns einen Ausflug nach ...
Bitte bestellen Sie uns einen Führer für die ...-Tour.

6 Dolmetscher:
Bitte bestellen Sie uns einen Dolmetscher für ... von ... bis ca. ... Uhr.

7 Sekretärin:
Bitte besorgen Sie mir eine Sekretärin für Geschäftskorrespondenz für ..., für den ..., um ... Uhr.

8 Material:
Für unsere Konferenz benötigen wir Schreibmaterial, Wandtafeln, Leinwand (Overheadprojektor, Flipchart, Videoanlage, Diaprojektor, Multivisionsanlage, Desktopcomputer, Faxgerät, E-Mail-Anschluss, 3 ISDN-Leitungen).

Reservations

1 Meals:
Please book us a window table in your restaurant ... for ... people for ... (time), on ... (day/date).

2 Theatre tickets:
Please book us ... tickets for ... (play) at the ... theatre, if possible in the middle of the dress (lower) circle.
Please book us ... opera tickets for ... for one of the evening performances.

3 Could you please arrange for ... tickets to be reserved for the musical ...?

4 Sightseeing tour:
Please book us on a sightseeing tour for the morning of ...

5 Excursion:
Please organise an excursion to ... for us.
Please book a guide for us for the ... trip.

6 Interpreter:
Please arrange for us to have an interpreter on ... (date) from ... to approx. ...

7 Secretary:
Please arrange to have a secretary provided to take business letters in ... at ... on ...

8 Materials:
For our conference we will require writing materials, blackboards, a (projection) screen, (an overhead projector, a flipchart, a video recorder, a slide projector, multivision equipment a desktop computer, a fax machine, e-mail, 3 ISDN lines).

Rechnungsstellung

1 Zahlungsweise:
Wir bitten Sie, uns die Rechnungen der Herren ... und ... zur Regulierung zu übersenden.

2 Rechnung:
Wir bitten Sie, uns die Rechnung für Zimmer und Frühstück zu schicken.
Die übrigen Extras werden von Herrn ... direkt beglichen.

3 Bank:
Wir haben unsere Bank beauftragt, den Betrag von ... auf Ihr Konto zu überweisen.

4 Scheck:
Als Anlage überreichen wir Ihnen unseren Scheck Nr. ... über ... zur Begleichung der Rechnung für Herrn ... vom ...

Hotel bills

1 Mode of payment:
Please forward the bills of Mr ... and Mr ... to us for payment.

2 Bill:
Please send us the bill for bed and breakfast. Further charges will be covered by Mr ... personally.

3 Bank:
We have instructed our bank to transfer the amount of ... to your account.

4 Cheque:
We enclose our cheque No. ... for ... in settlement of Mr ...'s bill dated ...

5 Kreditkarte:
Bitte teilen Sie uns mit, ob Sie die ...-Kreditkarte akzeptieren.
6 Anzahlung:
Gern leisten wir für obige Reservierung eine Anzahlung in Höhe von ...
7 Vorauszahlung:
Als Anlage erhalten Sie unseren Scheck Nr. ... über ... Diesen Betrag wollen Sie bitte als Anzahlung für den Aufenthalt von Herrn ... betrachten.

5 Credit card:
Please let us know if you accept ... (name of credit card).
6 Deposit:
We will be pleased to pay a deposit of ... for the above reservation.
7 Payment in advance:
We enclose our cheque No. ... for ... as a deposit for Mr ...'s stay at your hotel.

Auskunft

1 Auf der Hotelrechnung finden wir unter „Sonstiges" den Betrag von ... Wir bitten Sie, uns diesen Betrag aufzuschlüsseln.
2 In Ihrer Rechnung sind ... für Wäsche (Reinigung) aufgeführt. Herr (Frau) ... hat jedoch während seines (ihres) Aufenthalts keine Wäsche (Teile zur Reinigung) weggegeben. Wir bitten um Gutschrift des Betrages bei unserem nächsten Besuch in Ihrem Hause.

Information

1 Your hotel bill includes a charge of ... under "Sundries". Please explain what this refers to.
2 Your bill includes ... for laundry (dry cleaning) charges. During his (her) stay at your hotel Mr (Ms) ... did not have anything laundered (dry-cleaned). Please credit this amount to us when we use your hotel again.

Anforderung von Unterlagen

Menüvorschläge

Wir beabsichtigen, am ... mit etwa ... Personen in Ihrem Hotel das Mittagessen (Abendessen) einzunehmen. Deshalb bitten wir Sie, uns Menüvorschläge sowie eine Weinkarte zukommen zu lassen.

Prospekte

Für eine zwei- bis dreitägige Tagung in ... suchen wir geeignete Übernachtungsmöglichkeiten sowie ein Sitzungszimmer für ca. ... Personen. Bitte schicken Sie uns Ihren Prospekt mit Preisangaben.

Request for written information

Suggested menus

We intend to bring a party of approx. ... persons to lunch (dinner) at your hotel on ... Please therefore send us suggestions for the menu together with a wine list.

Brochures

We are looking for suitable hotel accommodation with a conference room to seat approx. ... people for our 3-day conference in ... Please send us your brochure stating prices.

Fundgegenstände

1 Seit seinem (ihrem) letzten Aufenthalt vom ... bis zum ... in Ihrem Haus vermisst unser Herr (unsere Frau) ... folgenden Gegenstand: ... Wir wären Ihnen dankbar, wenn Sie uns mitteilen könnten, ob er bei Ihnen gefunden worden ist.
2 Herr (Frau) ... hat während seines (ihres) Aufenthaltes in ... am ... seine (ihre) Geldbörse mit folgendem Inhalt verloren: ... Falls Sie diese Geldbörse gefunden haben sollten, wären wir Ihnen für baldige Nachricht per Fax an unsere Nr. ... sehr dankbar.

Lost property

1 Since staying on your premises from ... to ..., our Mr (Ms) ... has been unable to find the following: ... We would be most grateful if you would let us know whether this has been found.
2 When staying in ... on ..., Mr (Ms) ... lost his wallet (her purse) containing the following: ... Should you have found the wallet (purse) we would be extremely grateful if you would fax us as soon as possible on ... (number).

Zimmer, Wert- und Fundgegenstände

Zimmerbezug:
laut Bestätigung
(normal ab 14.00/15.00 Uhr).
Zimmeraufgabe:
laut Hotelanweisung (normal zwischen 12.00 und 14.00 Uhr).
Wertgegenstände:
Das Hotel ist für Wertgegenstände nur verantwortlich, wenn diese dem Hotelier gegen schriftliche Quittung übergeben wurden.
Fundgegenstände:
Fundgegenstände werden dem Gast nicht automatisch nachgeschickt. Fragen Sie schriftlich im Hotel nach verlorenen Gegenständen nach, damit eine gründliche Nachforschung gewährleistet ist.

Room, valuables and lost property

Occupation of room (Arrival time)
as confirmed (normally as from 2/3 pm).
Vacation of room (Departure time)
in accordance with hotel regulations (normally between noon and 2 pm).
Valuables:
The Hotel is only liable for valuables if these are deposited with the hotel management and a receipt is issued.
Lost property:
Objects left by guests on our premises will not automatically be sent on to them. Please address enquiries about missing items to the hotel management in writing to ensure that a thorough search can be made.

Checklists

Buchungen

Klare, übersichtliche Buchung.
Zusätzlich zum Wochentag Datum angeben.
Ungefähre Ankunftszeit angeben.
(Vielfach werden Reservierungen nur bis 18.00 Uhr aufrechterhalten.)
Bei Abholung Flug- oder Zugnummer angeben.
Bei Rechnungsstellung an Firma festhalten, wer was bezahlt.

Checklists

Bookings

Precise, clear booking.
Give the date in addition to the day of the week.
Give an approximate time of arrival. (In many cases bookings are only kept open until 6 pm.)
Give the flight or train number if being collected.
If the company is to receive the bill, note who is to pay what.

Formularvorschlag

Firmen mit viel Hotelkorrespondenz verwenden zweckmäßig einen vorgedruckten dreifachen Formularbrief: Original + Durchschlag 1 an Hotel, Durchschlag 1 mit Reservierungsbestätigung des Hotels an Firma zurück, Durchschlag 2 bleibt bei der Firma.
Formularbrief enthält:
1. Name des Gastes
2. Ankunftsdatum mit Wochentag
3. Abreisedatum mit Wochentag
4. Zimmerart
5. Ankunftszeit, Abholwünsche
6. Rechnungsstellung
7. Besondere Wünsche
8. Platz für Reservierungsbestätigung durch das Hotel.

Suggestions for form to be completed

Companies corresponding frequently with hotels are advised to use a pre-printed form in triplicate as follows: original + copy No. 1 to be sent to the hotel; copy No. 1 to be returned to the company with the hotel's booking confirmation; copy No. 2 to be retained by the company.
Content of form to be sent as a letter:
1. Name of guest
2. Arrival date and day
3. Departure date and day
4. Type of room
5. Arrival time, request for collection
6. Billing instructions
7. Special requests
8. Space for hotel to confirm booking

Telefon – Fax – Computer

Telefon

Vorteil: rasche Bestätigung
Nachteil: Fehlerquellen
Telefongespräche nach Möglichkeit schriftlich bestätigen!

Fax

Vorteil: Es geht über eine Telefonleitung in fast alle Teile der Welt. Es erfolgt in schriftlicher und unterschriftsreifer Form und wird in den meisten Ländern als rechtsverbindlich anerkannt.

Internet

Vorteil: Durch die Verfeinerung der Software-Systeme sind bereits die meisten Fluggesellschaften, Reisebüros und Hotels online. Ein Bestätigungscode garantiert die sofortige Buchung.

Telephone – fax – computer

Telephone

Advantage: rapid confirmation
Disadvantage: source of errors
If possible confirm telephone conversations in writing.

Fax

Advantage: It uses a telephone line in almost every part of the world. It is in written form ready for signature and is accepted as a legally binding document in most countries.

Internet

Advantage: Thanks to the progressive sophistication of software systems, most airlines, travel agencies and hotels are online. Bookings can be made instantly using a confirmation code.

Bankkorrespondenz
Correspondence with banks

Kontoeröffnung

1 Um unsere Exportgeschäfte erledigen zu können
- haben wir die Absicht, bei Ihrer Bank ein Girokonto zu eröffnen.
- bitten wir Sie, auf den Namen von ... ein Girokonto zu eröffnen.
- wären wir Ihnen sehr dankbar, wenn Sie unter der Bezeichnung ... ein Girokonto eröffnen würden.
- möchten wir hiermit die Eröffnung eines Girokontos beantragen.

2 Wir bitten Sie um Angabe der Formalitäten, die für die Eröffnung erforderlich sind.

3 Zwecks Eröffnung bitten wir um Angabe der zu erfüllenden Formalitäten.

4 Wir wären Ihnen sehr dankbar, wenn Sie uns Ihre Bedingungen mitteilen würden.

5 In der Anlage erhalten Sie als anfänglichen Betrag einen Scheck über die Summe von ...

6 Die unterschriftsberechtigten Personen, die aus diesem Grunde für uns verbindlich zeichnen, sind: (Name) (Unterschrift)

7 Herr ... kann allein oder die Herren ... und ... können gemeinschaftlich auf dieses Konto ziehen.

8 Zeichnungsberechtigt sind entweder Herr ... allein oder die Herren ... und ... gemeinsam.

9 Die Korrespondenz ist an ... zu richten.

10 Die Kontoauszüge müssen uns per Post
- monatlich,
- jedes Mal, wenn eine Kontobewegung erfolgt, zugestellt werden.

Opening an account

1 In order to carry out export business
- we wish to open a current account with your bank.
- we would ask you to open a current account in the name of ...
- we would be most grateful if you would open a current account entitled ...
- we hereby apply for a current account to be opened.

2 Please let us know what formalities there are when opening an account.

3 Please let us know what formalities must be complied with to open one.

4 We would be most grateful if you would let us have your conditions.

5 We enclose a cheque for ... as our initial deposit.

6 The authorised signatories, whose signatures on our behalf are thereby legally binding, are: (Name) (Signature)

7 Mr ... alone or Mr ... and Mr ... jointly may draw upon this account.

8 The authorised signatories are either Mr ... alone or Mr ... and Mr ... jointly.

9 Please address all correspondence to ...

10 The statements of account are to be posted to us
- monthly
- each time there has been a transaction.

Kontoschließung

1 Aufgrund der Einstellung unserer Geschäfte ...
2 Als Folge des starken Rückgangs der Exportgeschäfte in Ihrem Land
  - bitten wir Sie, mit sofortiger Wirkung unser Girokonto zu schließen.
  - bitten wir Sie, das Konto, das wir bei Ihnen haben, zu löschen.
3 Wir bitten Sie, den Guthabensaldo auf ... zu übertragen.
4 Der Saldo, den das Konto zu unseren Gunsten aufweist, soll überwiesen werden auf ...
5 Der Saldo zu Ihren Gunsten einschließlich der Beträge, die Ihnen aus Zinsen und Provisionen zustehen, wird Ihnen gezahlt, sobald wir die Abrechnung erhalten.

Closure of account

1 Due to the cessation of our business
2 As there has been a significant decrease in your country's export trade
  - please close our current account with immediate effect.
  - please close our account with you.
3 Please transfer the credit balance to ...
4 We wish you to transfer the balance in our favour to ...
5 The balance in your favour, together with any sums owing to you in interest and commission, will be paid to you as soon as your statement has been received.

Kreditanträge

1 Wir bitten Sie, uns die Bedingungen mitzuteilen, zu denen Sie bereit wären,
  - ein Akkreditiv zu eröffnen.
  - einen Kontokorrentkredit zu gewähren.
  - einen Überziehungskredit zu gewähren.
  - einen Blankokredit zu vereinbaren.
  - einen Diskontkredit zu gewähren.
  - einen Avalkredit zu gewähren.
  - ein widerrufliches/unwiderrufliches Akkreditiv zu eröffnen.
2 Um mögliche Zahlungen leisten zu können, ...
3 Um die günstigen Notierungen des Marktes nutzen zu können, ...
4 Um unsere Rohstoffkäufe zu finanzieren, ...
5 Da wir die Absicht haben, in nächster Zeit erhebliche Mengen von ... zu importieren, ...
6 Infolge des starken Anstiegs unserer Außenhandelsgeschäfte
  - bitten wir Sie um Mitteilung, zu welchen Bedingungen Sie bereit wären, uns einen kurzfristigen/mittelfristigen/langfristigen Kredit in Höhe von ... zu gewähren.

Credit applications

1 Please let us know on what conditions you would be prepared
  - to open a letter of credit
  - to grant a current account advance
  - to grant an overdraft facility
  - to allow us unsecured credit
  - to grant discount credit
  - to grant surety credit
  - to open a revocable/an irrevocable letter of credit.
2 In order to make payments arising
3 In order to take advantage of favourable market prices
4 In order to finance the purchasing of raw materials
5 As we intend to import considerable quantities of ... in the near future
6 As a result of a substantial increase in our foreign business
  - we would ask you to let us know us on what terms you would be prepared to grant us a short/medium/long-term credit facility of ...

7 Als Garantie können wir Ihnen
- die Abtretung aller unserer Außenstände,
- die Lombardierung von negoziierbaren Dokumenten/von Waren/von unbeweglichen Gütern/unseres Lagers/unseres Fahrzeugparks

anbieten.

8 Falls Sie zusätzliche Garantien wünschen, könnten wir Ihnen diese beschaffen.

9 Die Exportversicherung deckt 80 % des wirtschaftlichen und 85 % des politischen Risikos ab.

10 Zu Ihrer Information
- teilen wir Ihnen mit, dass unsere Firma die Absicht hat, ihr Kapital um ca. ... auf ... zu erhöhen; dies bedeutet für Sie eine zusätzliche Sicherheit.
- übersenden wir Ihnen in der Anlage unsere Bilanzen für die letzten drei Jahre.
- erlauben wir uns, Ihnen anbei den Wirtschaftsprüfungsbericht zu übersenden.

11 Falls Sie zusätzliche Informationen über die Solvenz unseres Unternehmens wünschen,
- bitten wir Sie, sich an folgende unserer Lieferanten zu wenden: ...
- bitten wir Sie, sich mit der Handelskammer von ... in Verbindung zu setzen.

7 We are able to offer you
- the assignment of all our accounts receivable
- the making over of negotiable documents/goods/immovables/our stock/our fleet of vehicles

as security.

8 Any additional security required could be obtained.

9 The export insurance covers 80 % of the economic risk and 85 % of the political risk.

10 This is to inform you that
- our company intends to increase its capital by approx. ... to ... This will mean additional security for you.
- we are enclosing our balance sheets for the last three years.
- we are taking the liberty of sending you the auditors' report.

11 Should you require additional information on our company's solvency,
- please contact any of the following of our suppliers: ...
- please get in touch with the Chamber of Commerce in ...

Übersendung von Dokumenten

1 Wir bitten Sie, Ihrer Korrespondenzbank in ... Anweisungen zu erteilen,
- die beigefügten Dokumente gegen Zahlung unseres Wechsels zu übergeben.
- dem Empfänger/Konsignatar die Verschiffungsdokumente gegen Barzahlung unserer Rechnung Nr. ... vom ... auszuhändigen.
- den Bezogenen den Frachtbrief sowie die Rechnung nach Akzeptierung unseres 30-Tage-Sichtwechsels zu übergeben.

Forwarding documents

1 We would ask you to instruct your correspondent bank in ... to
- release the documents enclosed on payment of our draft.
- surrender the shipping documents to the recipient/consignee on payment in cash of our invoice No. ... of ...
- release the consignment note and invoice to the drawee on acceptance of our 30-day sight draft.

2 Im Zusammenhang mit unserer Lieferung von ... übersenden wir Ihnen anbei:
das Konnossement,
die Versicherungspolice,
das Rechnungsdoppel,
das Ursprungszeugnis
- und bitten Sie, die Übergabe an die Empfänger/Konsignatare gegen Zahlung unserer Rechnung Nr. ... über den Gesamtbetrag von ... zu veranlassen.
- und bitten Sie, den Wechsel, den wir auf 30 Tage Sicht ausgestellt und gestern an Sie geschickt haben, den Bezogenen zum Akzept vorzulegen.

3 Bitte schreiben Sie den infrage stehenden Betrag nach Abzug Ihrer Auslagen unserem Konto gut.

4 Wir bitten Sie, den genannten Betrag zu gegebener Zeit dem Konto, das wir bei Ihnen haben, gutzuschreiben.

2 In connection with our consignment dated ..., we are sending you enclosed:
the bill of lading,
the insurance policy,
the duplicate invoice,
the certificate of origin,
- and would ask you to arrange to have them released to the recipient/consignee on payment of our invoice No. ... for the total sum of ...
- and would ask you to present the 30-day sight draft, forwarded to you yesterday, to the drawee for acceptance.

3 Please credit the amount in question to our account after deducting your expenses.

4 We would ask you to credit the sum mentioned to our account with you at the appropriate time.

Kontoauszug

1 Nach Prüfung des Kontoauszugs, den Sie uns mit Ihrem Schreiben vom ... übersandten,
- bestätigen wir Ihnen hiermit, dass wir mit dem daraus hervorgehenden Saldo einverstanden sind.
- fügen wir unsere Einverständniserklärung mit unserer Unterschrift versehen bei.
- erlauben wir uns, Sie auf einen Fehler aufmerksam zu machen, den wir darin gefunden haben.
- möchten wir darauf hinweisen, dass Sie uns aus Versehen den Betrag von ... nicht gutgeschrieben haben.
- teilen wir Ihnen mit, dass Sie uns die am ... erfolgte Eingangsbuchung nicht gutgeschrieben haben.

2 Bitte prüfen Sie die Angelegenheit/diese Differenz und senden Sie uns einen berichtigten Kontoauszug zu.

3 Wir bitten Sie, die notwendigen Nachforschungen anzustellen.

4 Wir sind sicher, dass Sie die Rechtmäßigkeit unserer Beanstandung anerkennen.

5 Nach Überprüfung Ihrer Belastung für Zinsen/Provisionen/Bankgebühren müssen wir Ihnen leider mitteilen, dass wir mit Ihrer Abrechnung nicht einverstanden sind.

Statement of account

1 After examining the statement of account included with your letter of ...,
- we hereby confirm that we agree with the balance shown.
- we include our declaration of consent, duly signed.
- we feel we must draw your attention to an error we have found in it.
- we wish to point out that you have mistakenly omitted to credit us with the sum of ...
- we wish to inform you that the original entry dated ... has not been credited to us.

2 Please check this matter/discrepancy and send us an amended statement.

3 Please make the necessary enquiries.

4 We feel sure you will acknowledge the legitimacy of our claim.

5 Having examined your debits for interest/commission/bank charges we regret to inform you that we do not agree with your statement.

6 Wie aus der dem Kontoauszug beigefügten Eintragung/Buchung ersichtlich ist, betrifft uns die Belastung/Gutschrift nicht.
7 Da die genannte Eintragung/Buchung uns nicht betrifft, bitten wir Sie um Richtigstellung/Verbesserung.
8 Die Anlage zu Ihrem Kontoauszug vom ... für die Eintragung des Betrags von ... mit dem Vermerk „gemäß Anlage“ war Ihrem Kontoauszug nicht beigefügt.
9 In Übereinstimmung mit unseren Büchern lautet der von uns mit Datum vom ... ausgestellte Scheck auf den Betrag von ... und nicht ...
10 Leider haben wir die folgenden Tagesauszüge unseres Kontos Nr. ...
- vom ... bis zum ...
- der Nr. ... bis zur Nr. ...

nicht erhalten.
11 Wir nehmen an, dass sie in der Post verloren gegangen sind.
12 Wir bitten Sie um Übersendung von Duplikaten.
13 Sie können mit Ihrer PIN (personal identification number) und entsprechender Software sämtliche Kontobewegungen über das Internet abrufen und speichern.

6 It can be seen from the entry/bookkeeping entry enclosed with the statement that the debit/credit does not apply to us.
7 As the entry/bookkeeping entry does not apply to us we would ask you to correct/amend the statement.
8 Your statement of account dated ... includes an entry for the sum of ..., against which there is the annotation “as per enclosure”. This enclosure was not included with your statement.
9 According to our books, the cheque issued by us on ... is for the sum of ... and not ...
10 We have unfortunately not received the following daily statements of our account No. ...
- from ... to ...
- from No. ... to No. ...

11 We assume that they have been lost in the post.
12 Please send us copies.
13 All account transactions can be accessed and saved via the Internet using your PIN and the appropriate software.

Börsengeschäfte

1 Wir bitten Sie, für uns zum niedrigstmöglichen Kurs die folgenden Wertpapiere zu kaufen:
... Aktien von ...
... Staatliche Obligationen
... investmentzertifikate
und unser Konto Nr. ... entsprechend zu belasten.
2 Wir möchten die Tendenz zur Baisse bei den Kursnotierungen der Aktien des Chemiesektors ausnutzen und bitten Sie daher, für uns ... Aktien von ... zur Höchstnotierung von ... zu kaufen.
3 Wir bitten Sie, diese Wertpapiere auf unsere Rechnung in einem Sammeldepot/Streifbanddepot aufzubewahren.
4 Die infrage stehenden Wertpapiere werden abgeholt/sollen uns übersandt werden.
5 Wir bitten Sie, die folgenden Wertpapiere, die Sie auf unseren Namen aufbewahren, zum bestmöglichen Kurs zu verkaufen: ...

Stock exchange dealings

1 Please buy us the following securities at the lowest possible price:
... shares in ...
... government bonds
... investment trust certificates
and debit our account No. ... accordingly.
2 We wish to take advantage of the bearish tendency of shares in the chemical industry and would therefore ask you to purchase ... shares in ... at a maximum price of ...
3 We would ask you to keep these securities at our expense in a collective safe custody account/under special wrapper.
4 The securities in question will be collected/ are to be forwarded to us.
5 We would ask you to sell the following securities deposited with you in our name at the best possible rate: ...

6 Unsere Börsen-Software ermöglicht es Ihnen, nicht nur sämtliche Börsenkurse abzurufen, sondern auch Transaktionen über das Internet durchzuführen.

6 Our software not only enables you to access all stock exchange quotations but also to trade on the Internet.

Bargeldloser Zahlungsverkehr

1 Wir bitten Sie uns mitzuteilen, ob Sie damit einverstanden sind, dass wir in Zukunft Ihre Rechnung für ... durch Direktabbuchung vom Konto vornehmen.
2 Ab sofort zahlen Kunden, die ihren Zahlungsverkehr über das Internet abwickeln, um 50 % reduzierte Gebühren.
3 In der Anlage erhalten Sie Ihre Scheckkarte für das Jahr ...
4 Anbei erhalten Sie Ihre Code-Nummer für direkte Abbuchungen von Ihrem Bankautomaten.
5 Die beiliegende verschlüsselte Kennziffer-Kodierung ist sorgfältig aufzubewahren und bei Verlust sofort der Bank zu melden.
6 Über Ihre Telefon-PIN (personal identification number) können Sie Ihren Kontostand und die Kontenbewegungen erfahren und Überweisungen ausführen.
7 Ihr Bankauftrag Nr. ... ist heute per SWIFT erledigt worden. Sie erhalten sofort Nachricht, wenn die Abbuchung des Betrages von unserer ausländischen Filiale bestätigt worden ist.
8 Mit der beigefügten Kreditkarte können Sie bargeldlos bis zum jeweiligen Betrag von ... zahlen. Bitte bewahren Sie sie sorgfältig auf.
9 In der Anlage erhalten Sie Ihre neuen Schecks Nr. ... bis Nr. ... Die für das Jahr ... gültige Scheckkarte ist ebenfalls beigefügt.
10 Die beiliegende Kreditkarte berechtigt Sie zum Einkauf in folgenden Geschäften und Tankstellen: ...
11 Für jede Transaktion benötigen Sie eine TAN (transaction number), die Ihre Unterschrift ersetzt. Bitte denken Sie daran, die verbrauchten TAN's auszustreichen.

Cashless payment

1 Please let us know whether you agree to payment of your ... invoice by direct debit in future.
2 Charges for customers using the Internet to carry out their transactions have been reduced by 50% with immediate effect.
3 We enclose your cheque card for ... (year).
4 We enclose your code number for direct debits initiated via your automated teller.
5 The encoded reference number enclosed is to be kept in a safe place. Its loss must be reported to the bank at once.
6 Using your telephone PIN you can obtain details of your balance and account transactions and make transfers.
7 Your order No. ... to this bank was carried out by SWIFT today. You will be notified immediately as soon as our foreign branch has confirmed that the sum has been debited.
8 Cashless payments of up to ... at any time may be made using the credit card enclosed. Please keep it in a safe place.
9 We enclose your new cheques numbered ... to ... We also enclose your cheque card for ... (year).
10 The enclosed credit card entitles you to make purchases at the following stores and service stations: ...
11 For each transaction you need a TAN, which takes the place of your signature. Please remember to delete the TANs you have used.

Marketing und Werbung
Marketing and advertising

Marktforschung

Anfragen

1 Wir sind sehr daran interessiert, die Absatzmöglichkeiten der von uns hergestellten Waren ermitteln zu lassen.
2 Könnten Sie uns eine oder mehrere Agenturen nennen, die sich in ... mit Marktforschung beschäftigen? Welche von diesen Firmen empfehlen Sie?
3 Wir danken Ihnen für Ihr Schreiben vom ..., mit dem Sie sich bereit erklären, für uns eine Marktuntersuchung in ... zu übernehmen. Natürlich hätten wir gern gewusst, wie hoch die Kosten für uns sein werden.
4 Können Sie auch eine entsprechende Untersuchung im benachbarten ... übernehmen?
5 Bitte teilen Sie uns mit, für welche international bekannten Firmen Sie bereits Marktuntersuchungen in ... durchgeführt haben.
6 Wir sind vor allem daran interessiert zu erfahren, mit welcher Konkurrenz wir zu rechnen haben.
7 Könnten Sie Ihren Bericht in ... Sprache vorlegen?
8 Wie lange benötigen Sie, um einen vollständigen Bericht zu erarbeiten?
9 Als Anlage überreichen wir Ihnen eine Liste von Ländern, mit denen wir in erfolgreicher Geschäftsbeziehung stehen.
10 Haben Sie die Möglichkeit, eine Marktstudie für den gesamten EU-Bereich auszuarbeiten?

Market research

Enquiries

1 We are very interested in having the market potential of the goods we produce assessed.
2 Could you give us the names of one or more agencies involved with market research in ...? Which of these firms do you recommend?
3 Thank you for your letter dated ..., in which you offer to carry out market research for us in ... We would, of course, like to know how much this will cost.
4 Could you also conduct a similar survey in the neighbouring area of ...?
5 Please let us know what well-known, international firms you have already conducted market research for in ...
6 We are especially interested in finding out what competition we will have to contend with.
7 Could you submit your report in ... (language)?
8 How long will it take for you to compile a comprehensive report?
9 We enclose a list of companies with which we enjoy successful business links.
10 Are you in a position to carry out a market survey covering the entire EU?

Antworten

1 Wir senden Ihnen heute eine Liste von Unternehmen, die für Sie Marktforschung in ... betreiben können.
2 Die Agentur ... ist uns bekannt; wir können sie Ihnen bestens empfehlen.
3 Wir sind bereit, die Marktuntersuchung in ... durchzuführen, und wären Ihnen für Ihren Auftrag dankbar. Die Kosten werden annähernd ... betragen.
4 Wir bedanken uns für Ihren Auftrag und werden diesen schnellstens und, wie wir hoffen, zu Ihrer vollen Zufriedenheit ausführen.
5 Wenn keine besonderen Schwierigkeiten auftreten, betragen die Kosten ...
6 Wir bedauern, Ihnen mitteilen zu müssen, dass wir auf dem ... Gebiet keine Marktforschung betreiben.
7 In ... empfehlen wir Ihnen die Firma ..., deren Arbeit uns bekannt ist.
8 Wir teilen Ihnen mit, dass wir bis heute folgende international anerkannte Firmen zu unseren Kunden zählen: ...
9 Wir sind gern bereit, den Bericht in ... Sprache vorzulegen.
10 Leider sind wir nicht in der Lage, den Bericht in ... Sprache vorzulegen, wir können ihn nur in ... Sprache abfassen.
11 Um Ihnen einen gründlichen Bericht zu liefern, benötigen wir ... Wir erwarten Ihre Nachricht baldigst und danken Ihnen schon heute dafür.
12 Da wir bereits im gesamten EU-Raum vertreten sind, besteht keinerlei Schwierigkeit, eine entsprechende Marktstudie zu erstellen. Sie kann in jeder EU-Sprache ausgefertigt werden.
13 Wir danken für Ihren Auftrag zur Durchführung der Marktstudie und werden Ihnen in den nächsten Tagen einen Vorschlag über das Marketing-Mix vorlegen.
14 Um die Field-Research bestmöglich durchführen zu können, müssten wir Außendienstmitarbeiter beschäftigen. Dies würde den Preis erheblich verteuern.
15 Zur Durchführung der Meinungsumfragen setzen wir vorwiegend Studenten ein. Die Auswertung der Fragebögen erfolgt durch unsere Marketing-Agentur.
16 Sobald die Auswertung der Marktforschung vorliegt, können wir Ihnen Vorschläge für geeignete Werbeträger unterbreiten.

Replies

1 A list of companies able to undertake market research in ... is being sent to you today.
2 We are well acquainted with the ... agency and can highly recommend it.
3 We are willing to conduct market research in ... and would be pleased to be commissioned. The costs would come to approx. ...
4 We thank you for commissioning us. We will carry out your instructions as quickly as possible and, we hope, to your entire satisfaction.
5 If there are no particular problems, the costs will amount to ...
6 We regret to inform you that we do not undertake market research in the field of ...
7 We recommend ... (firm) in ..., with whose work we are acquainted.
8 We are pleased to inform you that our clientele so far includes the following internationally known firms:
9 We will be pleased to submit the report in ...(language).
10 We are unfortunately unable to submit the report in ... (language). We are only able to compile it in ... (language).
11 In order to provide you with a thorough report we will require ... We look forward to hearing from you at your earliest convenience and thank you in advance.
12 As we have field workers throughout the EU, there will be no difficulty carrying out a market survey, which can be compiled in any EU language.
13 Thank you for commissioning us to conduct a market survey. We will be sending you our suggestions as to the marketing mix in the next few days.
14 We would have to take on field workers to carry out the best possible field research. This would increase the price considerably.
15 We mainly use students to conduct opinion polls. The questionnaires are then analysed by our marketing agency.
16 As soon as the results of the market research are available, we will make suggestions as regards suitable advertising media.

17 Unser Institut ist auf Maßnahmen der Verkaufsförderung spezialisiert und könnte Ihnen in jeder Weise behilflich sein.
18 Für die Erstellung einer Marktstudie benötigen wir genaue Angaben über die Art des Produkts, seine Absatzmöglichkeiten und die Vertriebskanäle.

17 Our agency specialises in sales promotion and would assist you in every possible way.
18 In order to conduct a market survey we require precise information on the type of product, its potential market and its distribution channels.

Werbung und Publicrelations

Anfragen

1 Hiermit möchten wir Sie bitten uns mitzuteilen, ob Sie daran interessiert wären, für unser Produkt ... eine Werbekampagne zu organisieren.
2 Bitte erarbeiten Sie uns ein Angebot für eine Werbekampagne im Wert von ca. ... Die Werbeträger sollen Rundfunk, Fernsehen, die Tagespresse und das Internet einschließen.
3 Bitte unterbreiten Sie uns ein Werbeangebot für ...
4 Die Firma ... hat uns Ihre Agentur empfohlen. Wir bitten Sie, uns kurz mitzuteilen, welches Marketing-Mix Sie für die in der Anlage näher beschriebenen Produkte unseres Hauses empfehlen würden.
5 Die Marke ... ist Ihnen sicher ein Begriff. Bisher hat uns die Agentur ... in ... vertreten. Da wir mit ihren Diensten nicht mehr zufrieden sind, möchten wir anfragen, ob Sie an der Übernahme eines Werbevertrages interessiert sind. Welche wären ggf. Ihre Bedingungen?
6 Sie sind uns als PR-Agentur empfohlen worden. Falls Sie an einer Zusammenarbeit interessiert sind, bitten wir um Kontaktaufnahme mit Herrn (Frau) ... unter der Telefonnummer ...
7 Die amerikanische Gesellschaft ... plant, sich auf dem ... Markt zu etablieren. Sie sucht zu diesem Zweck eine PR-Agentur. Sind Sie interessiert?
8 Unsere Firma möchte in nächster Zeit ihr Image in der Öffentlichkeit verbessern. Hierfür benötigen wir die Dienste einer erfahrenen Agentur. Könnten Sie uns entsprechende Vorschläge unterbreiten und eine Preisvorstellung nennen?

Advertising and public relations

Enquiries

1 Please let us know whether you would be interested in organising an advertising campaign for our ... (product).
2 Please let us have your offer for an advertising campaign costing approx. ... The advertising media should include radio, TV the daily newspapers and the Internet.
3 Please let us have your quotation to advertise ...
4 ... (firm) have recommended your agency to us. Please give us a brief indication of the marketing mix you would recommend for the products described in detail as per the enclosed.
5 You will most certainly have heard of the ... brand. Up to now the ... agency in ... has acted on our behalf. As we are no longer satisfied with its performance, we wish to enquire whether you would be interested in being contracted to advertise our products. If so, what would be your terms?
6 You have been recommended to us as a PR agency. If you are interested in working on our behalf, please contact Mr .../Ms ... on ... (telephone number).
7 The American company ... plans to establish itself on the ... market and is thus looking for a PR agency. Would you be interested?
8 Our firm would like to improve its public image in the near future. To do so we require the services of an experienced PR agency. Could you make suitable suggestions and give us an indication of your price?

Antworten

1 Vielen Dank für Ihr Schreiben vom ... Wir sind an der Übernahme eines Werbeauftrags für Ihre Produkte sehr interessiert und schlagen vor, dass unser(e) Mitarbeiter(in), Herr (Frau) ..., Sie persönlich aufsucht, um nähere Einzelheiten zu besprechen.
2 In der Anlage erhalten Sie unseren Prospekt für die Durchführung allgemeiner Werbekampagnen. Für die Ausarbeitung individueller Kampagnen benötigen wir nähere Angaben wie folgt: ...
3 Wir würden uns sehr freuen, die Werbung für Ihre Produkte (für Ihre Marke ..., Ihr Logo ...) zu übernehmen.
4 Als PR-Agentur, die im gesamten EU-Raum tätig ist, verfügen wir auch über sprachlich und fachlich geschulte Mitarbeiter, die in jedem EU-Land tätig sein können. Wir stehen für ein persönliches Gespräch jederzeit zur Ihrer Verfügung.
5 Für die von Ihnen vorgesehene Werbekampagne eignen sich besonders Werbespots im Fernsehen (Annoncen in der Tagespresse, Rundschreiben, Werbeslogans auf Haus- oder Wandplakaten, Werbung auf Tragetaschen und Packpapier, Werbung durch Neonreklame, Annoncen auf Theater- und Kinokarten oder -programmen, Reklame auf Kraftfahrzeugen).
6 Die statistische Auswertung Ihrer Marktstudie zeigt, dass die geeignetsten Werbe- (PR-) Mittel folgende wären: ...
7 Wenn Sie eine imagefördernde PR-Kampagne starten möchten, empfehlen wir Ihnen unbedingt unser neues Internet-Werbeprogramm mit folgenden Möglichkeiten zur Auswahl ...

Replies

1 Many thanks for your letter of ... We would be pleased to accept the advertising contract for your products and suggest that our Mr .../Ms ... visit you in person to discuss the matter in detail.
2 We enclose our brochure explaining how we conduct general advertising campaigns. In order to devise individual campaigns we require the following more detailed information: ...
3 We would be most pleased to advertise your products (your ... brand, ... logo).
4 As a PR agency operating throughout the EU we have trained staff with foreign language skills who are deployable in any EU country. We will be pleased to meet you for a personal discussion at any time of your choice.
5 TV commercials (advertisements in daily newspapers, circulars, posters with advertising slogans on hoardings, advertisements on carrier bags and wrapping paper, neon signs, advertisements on theatre and cinema tickets or programmes, advertisements on vehicles) would be particularly appropriate for the advertising campaign you envisage.
6 The statistical analysis of your market survey has revealed that the most suitable means of advertising (PR strategy) would be the following: ...
7 If you wish to lauch a PR campaign to improve your image, we would certainly recommend our new Internet advertising program, which enables you to select from the following possibilities:

Angebot einer Werbe- oder PR-Agentur

1 Wir sind auf die Werbung von ... spezialisiert und würden auch Sie gern zu unseren Kunden zählen. Anbei übersenden wir Ihnen unser Leistungsprofil.
2 Als Anlage überreichen wir Ihnen einen Katalog über die Dienstleistungen, die wir für Sie erbringen können.
3 Dank unseres weit verzweigten Filialnetzes im gesamten EU-Bereich haben wir ein breites Streuungsspektrum anzubieten.

Offer from an advertising or public relations agency

1 We specialise in the advertising of ... and would be pleased to include you among our customers. We enclose a brochure outlining the services we offer.
2 We enclose a catalogue on the services we can perform for you.
3 By virtue of our extensive network of local branches throughout the entire EU, we are able to offer you a service covering a wide field.

4 Sie können auch bei Spezialaufträgen mit schnellster Abwicklung rechnen.
5 Dürfen wir Ihnen unser neues online-Werbeprogramm vorstellen? Mit Hilfe dieses Programms erreichen Sie Ihre Kunden noch schneller und problemloser.
6 Ohne unser online-System ist Werbung heutzutage kaum noch denkbar. Wir sind jederzeit gern bereit, es Ihnen vorzustellen.
7 Auf der Messe ... haben wir vor, Ihnen unser neues Werbeprogramm vorzustellen. Dürfen wir mit Ihrem Besuch rechnen?
8 Anbei erhalten Sie unseren vielseitigen Prospekt sowie eine Referenzliste der Firmen, für die wir erfolgreich gearbeitet haben.
9 Wir sind eine auf das Internet spezialisierte Agentur. Neben der Erstellung kompletter Homepages auch mit Shop liegt unsere Stärke in der Werbung im Netz wie auch in den traditionellen Medien.
10 Wir bieten Ihnen eine reichhaltige Palette an Werbemöglichkeiten im Internet, wie: Banner, Spots, Gewinnspiele usw.

4 You can count on high-speed service, even for special orders.
5 May we introduce our new, online advertising program to you? With the help of this program you will reach your customers even faster and more easily.
6 Nowadays, advertising can hardly be imagined without our online system. We will be pleased to demonstrate it to you whenever you wish.
7 We intend to demonstrate our new advertising program to you at the ... Fair. Can we expect to see you there?
8 We enclose our brochure with a wide variety of information and a reference list of the companies we have successfully advertised for.
9 Our agency is an Internet specialist. As well as designing entire websites and Internet shops our strength lies in advertising on the Internet as well as in the traditional media.
10 We offer you a wide range of advertising methods on the Internet, such as bannner headlines, commercials, competitions etc.

Positive Antwort auf Angebot der Werbe- oder PR-Agentur

1 Wir danken für Ihr Angebot vom ... und würden uns freuen, einen entsprechenden Vorschlag von Ihnen ausarbeiten zu lassen.
2 Sie kennen unser Produkt ... Gern hören wir von Ihnen, wie Sie dieses werbeträchtig vermarkten.
3 Ihr neues on-line-Programm würde uns sehr interessieren. Bitte machen Sie uns nähere Angaben.
4 Wir haben auf der ... Messe Ihre Firma kennen gelernt und interessieren uns für die modernen PR-Vorschläge, die Sie unterbreiten. Könnten Sie uns konkret sagen, wie Sie diese für unsere Firma umsetzen könnten?
5 Wir planen für die nächste Zukunft eine gezielte Werbekampagne für unsere Marke ... (unser Produkt ..., unser Firmenlogo). Hierfür steht ein Werbeetat von ca. ... (Währung) zur Verfügung. Wir bitten um Ihre Vorschläge.

Positive response to an offer from an advertising or PR agency

1 We thank you for your offer dated ... and would be pleased to have you work out an appropriate strategy for us.
2 You will have heard of ... (product). We would be interested to hear what advertising strategy you would use to market it.
3 We would be most interested to see your new online program. Please let us have more information on it.
4 We first made the acquaintance of your company at the ... Fair and are most interested in your modern approach to PR. Can you tell us exactly how you would put this into practice for our company?
5 We intend to conduct a selective advertising campaign for our ... brand (our ... [product], our company's logo). Our budget for this is approx. (currency) ... Please let us have your suggestions.

6 Ihr Katalog für Werbung und PR hat uns gut gefallen. Bitte teilen Sie uns mit, wann wir einen Besuchstermin mit einem Ihrer Fachleute in unserem Hause vereinbaren können.
7 Ihre Angebotspalette für Werbung im Internet mit Bannern, Spots, Gewinnspielen usw. erscheint uns für unser Produkt interessant. Machen Sie uns bitte ein Angebot.
8 Werbung wird immer ausgefeilter. Wir haben uns daher entschlossen, diese Arbeit in Zukunft einem erfahrenen Werbeteam außer Haus zu übertragen. Könnten Sie uns dabei unterstützen?

6 We very much liked your advertising and PR catalogue. Please let us know when one of your experts can pay our company a visit.
7 The range of services offered by your company for advertising on the Internet, including banners, commercials, competitions etc. is an interesting option for our product. Please let us have a quotation.
8 Advertising is becoming more and more sophisticated, so we have decided to commission an experienced outside advertising team to do this work in future. Could you be of assistance to us?

Negative Antwort auf Angebot einer Werbe- oder PR-Agentur

1 Wir danken für Ihr Angebot vom . . ., müssen dies jedoch aus Kostengründen leider ablehnen.
2 Da wir seit Jahren in unserer eigenen Abteilung Werbung und PR betreiben, können wir von Ihrem wirklich interessanten Angebot leider keinen Gebrauch machen.
3 Ihr Prospekt hat uns sehr interessiert. Zurzeit planen wir jedoch keine Werbe- oder PR-Kampagne.
4 Die weltweite wirtschaftliche Rezession zwingt uns leider, in diesem Jahr aus Kostengründen auf jegliche Werbung zu verzichten.
5 Da unsere Marke . . . (unser Produkt . . ., unser Firmenlogo) zurzeit recht gut bekannt ist, planen wir keine weitere Werbung.
6 Ihr Angebot hört sich zwar sehr gut an, übersteigt kostenmäßig jedoch bei weitem den von uns gesteckten Rahmen.
7 Es tut uns Leid Ihnen mitteilen zu müssen, dass wir bereits eine andere Werbeagentur (ein anderes PR-Team) beauftragt haben.
8 Ihr für uns ausgearbeitetes Programm eines Marketing Mix gefällt uns nicht so sehr und übersteigt auch kostenmäßig unser Budget. Wir ziehen es statt dessen vor, mit eigener Homepage im Internet zu werben.

Negative response to an offer from an advertising or public relations agency

1 We thank you for your offer dated . . . but are unable to accept it owing to the costs involved.
2 As we have had our own advertising and PR department for many years now, we unfortunately cannot take you up on your most interesting offer.
3 We were most interested by your brochure. However, we are not planning to conduct an advertising or public relations campaign for the time being.
4 The worldwide economic recession has, unfortunately, made it necessary for us to cut all advertising this year owing to the costs involved.
5 Since our . . . brand (our . . . [product], our company's logo) is very well known at the moment, we are not planning any further advertising.
6 Your offer sounds good but far exceeds the budget we have allocated for this.
7 We are sorry to inform you that another advertising agency (PR team) has already been commissioned.
8 The marketing mix you have devised for us is not really to our liking. We prefer to advertise using our own homepage on the Internet.

Empfehlungsbriefe, Einführungsbriefe, Bewerbungen

Letters of recommendation, letters of introduction, applications

Ankündigung eines Besuchers

1 Herr (Frau) ... von der Firma ... wird sich in den nächsten Tagen (Wochen) nach ... begeben und Sie auf meine Empfehlung aufsuchen.
2 Der Zweck des Besuches von Herrn (Frau) ... ist die Teilnahme an der Messe ... in Ihrer Stadt.

Notification of a visit

1 Mr (Ms) ... from ... (firm) will be going to ... in the next few days (weeks) and will be visiting you on my recommendation.
2 Mr (Ms) will be visiting your town (city) to attend the ... Fair.

Bitte um Unterstützung

1 Es wäre möglich, dass Herr (Frau) ... während seines (ihres) Besuches (Aufenthaltes) in Ihrer Stadt einen Rat oder Hilfe braucht.
2 Da Sie Experte(in) auf dem Gebiet ... sind, wäre ich Ihnen dankbar, wenn Sie Herrn (Frau) ... bei der Beantwortung von diesbezüglichen Fragen helfen könnten.
3 Da Herr (Frau) ... keine Kontakte zur Firma ... hat, wäre es sehr liebenswürdig von Ihnen, wenn Sie ihn (sie) mit den richtigen Leuten (richtigen Behörden, zuständigen Stellen) in Kontakt bringen könnten.
4 Ich habe Herrn (Frau) ... ein kurzes Einführungsschreiben an Sie mitgegeben.
5 Sie können Herrn (Frau) ... sicherlich einige nützliche Hinweise (Auskünfte) über die Marktlage in ... geben.
6 Wir sind Ihnen für jede Unterstützung, die Sie Herrn (Frau) ... geben könnten, sehr dankbar.

Request for assistance

1 Mr (Ms) ... might well need some advice or assistance whilst visiting your town (city).
2 As you are an expert in the field of ..., I would be grateful to you if could assist Mr (Ms) ... by answering any queries he (she) may have in this connection.
3 As Mr (Ms) ... has not had any dealings with ... (firm), it would be most appreciated if you could put him (her) in touch with the right people (right authorities, offices responsible in this matter).
4 I have given Mr (Ms) ... a short letter of introduction for you.
5 I am sure you can give Mr (Ms) ... a few useful tips (some useful information) on the market situation in ...
6 We will be most grateful for any assistance you can give to Mr (Ms) ...

Auskunft über neue Mitarbeiter

1 Bei seiner (ihrer) Bewerbung hat Herr (Frau) ... Sie als Referenz genannt.
2 Wir haben gehört, dass Herr (Frau) ... früher bei Ihnen beschäftigt war.
3 Ihr früherer Mitarbeiter, Herr ..., bemüht sich um eine Anstellung bei uns.
4 Herr (Frau) ... hat sich auf unser Stellenangebot beworben und benennt Sie als Referenz.
5 Mit welchen Auskünften über Herrn (Frau) ... können wir rechnen?
6 Bitte teilen Sie uns mit, wie Sie Herrn (Frau) ... als Mitarbeiter(in) beurteilen.
7 Wie beurteilen Sie die fachliche und menschliche Qualifikation des Herrn (der Frau) ... ?
8 Wir wüssten gern, ob Herr (Frau) ..., Ihr(e) ehemalige(r) ..., sich in dieser Position bewährt hat.
9 Aus welchen Gründen ist Herr (Frau) ... bei Ihnen ausgeschieden?
10 Glauben Sie, Herr (Frau) ... ist dieser Aufgabe gewachsen?

Information about new employees

1 Mr (Ms) ... has named you as a reference in his (her) application.
2 We have heard that Mr (Ms) ... used to work for you.
3 One of your former employees, Mr ..., has applied for a post at our company.
4 Mr (Ms) ... has applied for the post we are offering and has given you as a reference.
5 What information on Mr (Ms) ... are you able to provide us with?
6 Please let us have your assessment of Mr (Ms) ... as an employee.
7 What is your assessment of Mr (Ms) ...'s professional and personal qualities?
8 We would very much like to know whether your former ..., Mr (Ms) ..., performed successfully in this role..
9 What were Mr (Ms) ...'s reasons for leaving?
10 Do you believe that Mr (Ms) ... is up to the job?

Einarbeitung

1 Bitte teilen Sie uns mit, wann Herr (Frau) ... zur Einarbeitung zu Ihnen ins Werk kommen kann.
2 Wir legen großen Wert darauf, dass Herr (Frau) ... in die Bedienung der Anlagen eingearbeitet wird.
3 Die Einarbeitung sollte so schnell wie möglich erfolgen.
4 Für die Einarbeitung haben wir ... Tage geplant.
5 Hiermit bestätigen wir Ihnen den gewünschten Termin ... für die Einarbeitung von Herrn (Frau) ...
6 Wir versichern Ihnen, dass wir Herrn (Frau) ... zur Einarbeitung einen Platz in unserem nächsten Kurs reservieren werden.
7 Langjährige Erfahrung und erstklassiges Schulungspersonal geben Ihnen die Gewähr, dass die Einarbeitung allen Anforderungen entspricht.

Initial training/Induction

1 Please let us know when Mr (Ms) ... can come to your plant for initial training.
2 We consider it of great importance that Mr (Ms) ... be given some initial training on how to operate the equipment.
3 The initial training should take place as soon as possible.
4 We have allowed ... days for initial training (for induction).
5 We hereby confirm that the induction session (initial training) for Mr (Ms) ... is to take place on ... as requested.
6 We assure you that Mr (Ms) ... has been reserved a place on our next induction course.
7 Our first-class training staff and many years' experience are our guarantee that the induction course will meet all demands.

Positive Referenz

1 In Beantwortung Ihrer Anfrage vom ... über Herrn (Frau) ... freue ich mich zu bestätigen, dass er (sie) ... Jahre in unserem Unternehmen tätig war und seine (ihre) Arbeit stets in hervorragender Weise verrichtet hat.
2 Wir haben Herrn (Frau) ... immer zuverlässig in seiner (ihrer) Arbeit und in höchstem Maße vertrauenswürdig und liebenswert gefunden.
3 Ich kann Ihnen Herrn (Frau) ... uneingeschränkt empfehlen.
4 Wir kennen Herrn (Frau) ... seit vielen Jahren als vertrauenswürdige(n) Geschäftspartner(in).
5 Herr (Frau) ... arbeitet seit vielen Jahren in unserem Unternehmen und erfreut sich allerseits größten Vertrauens und ausgesprochener Beliebtheit.
6 Herr (Frau) ... ist aufgeschlossen, freundlich, äußerst zuverlässig und immer gründlich in seiner (ihrer) Arbeit.
7 Auf eigene Initiative hin besuchte Herr (Frau) ... Lehrgänge und Fortbildungsveranstaltungen.
8 Ich bin sicher, dass Herr (Frau) ... jede verantwortungsvolle Aufgabe gewissenhaft erledigen wird.
9 Wir können uns über Herrn (Frau) ... nur äußerst positiv äußern und haben keine Bedenken, ihn (sie) weiterzuempfehlen.
10 Wir haben sehr bedauert, dass Herr (Frau) ... unsere Firma verlassen hat, da er (sie) seine (ihre) Arbeit stets mit äußerster Präzision, Pünktlichkeit und Zuverlässigkeit erledigt hat.

Favourable reference

1 In reply to your enquiry of ... regarding Mr (Ms) ..., I am pleased to confirm that he (she) was employed by our company for ... years and that his (her) work was always of an excellent standard.
2 We have always found Mr (Ms) ... to be reliable in his (her) work, highly trustworthy and personable.
3 I am able to recommend Mr (Ms) ... unconditionally.
4 We have known Mr (Ms) ... for many years now as a trustworthy business associate.
5 Mr (Ms) ... has been working for our company for many years now and is universally well-trusted and highly popular.
6 Mr (Ms) ... is open-minded, friendly, highly reliable and always thorough in his (her) work.
7 Mr (Ms) ... has attended ... courses and in-service training sessions on his (her) own initiative.
8 I feel sure that Mr (Ms) ... will carry out conscientiously all the responsibilities he is entrusted with.
9 We only have extremely positive things to say about Mr (Ms) ... and can recommend him (her) without hesitation.
10 We were extremely sad when Mr (Ms) ... left our company, for he (she) always worked with the utmost precision, punctuality and reliability.

Vage Referenz

1 Es ist richtig, dass Herr (Frau) ... von ... bis ... bei uns beschäftigt war.
2 Herr (Frau) ... war von ... bis ... in unserer ...abteilung tätig und mit ... Arbeiten betraut.
3 Leider können wir nichts Näheres über Herrn (Frau) ... sagen.
4 Herr (Frau) ... hat sich stets bemüht, die ihm (ihr) übertragenen Aufgaben gewissenhaft zu erfüllen.

Non-committal reference

1 It is true that Mr (Ms) ... was employed by us from ... to ...
2 Mr (Ms) ... worked in our ... Department from ... to ... and was responsible for ...
3 We are unfortunately unable to give any further information about Mr (Ms) ...
4 Mr (Ms) ... always did his (her) best to carry out the duties he (she) was entrusted with conscientiously.

5 Herr (Frau) ... hatte die Aufgabe, in der ... Abteilung allgemeine Büroarbeiten zu verrichten. Zu Beanstandungen gab es keinen Anlass.
6 Wir müssen Ihnen leider mitteilen, dass wir über Herrn (Frau) ...s Tätigkeiten in unserem Hause keine näheren Angaben machen können, da der zuständige Vorgesetzte nicht mehr bei uns tätig ist.

5 It was Mr (Ms) ...'s duty to carry out general office work in the ... Department. There was no cause for complaint.
6 We regret to inform you that we are unable to provide you with any more detailed information on Mr (Ms) ...'s work at our company, because his (her) superior at that time has now left.

Bewerbungsschreiben

Eingangsformeln

1 Wie ich aus ... entnehme, suchen Sie zum ... eine(n) ...
2 Von der hiesigen Stelle des Arbeitsamtes habe ich erfahren, dass Sie eine(n) versierte(n) ... suchen.
3 Hiermit bewerbe ich mich um die von Ihnen ausgeschriebene Stelle als ...
4 Herr (Frau) ... hat mir gesagt, dass Sie eine Vakanz für eine(n) ... haben. Ich wäre an dieser Stelle sehr interessiert und glaube, dass ich die nötigen Voraussetzungen erfülle.
5 Ich habe von Herrn (Frau) ... gehört, dass in Ihrem Unternehmen die Stelle eines (einer) ... frei ist, und erlaube mir, mich bei Ihnen zu bewerben.
6 Mit Interesse habe ich in der ... Zeitung (Zeitschrift) vom ... gelesen, dass Sie ab ... eine(n) ... suchen.
7 Ich möchte mich bei Ihnen um den Posten als ... bewerben.

Weitere Einzelheiten

1 In der Anlage finden Sie meinen Lebenslauf (eine kurze Aufstellung meines beruflichen Werdegangs/eine Liste mit Referenzen/eine Übersicht über meine Ausbildung und Berufserfahrung).
2 Bitte entnehmen Sie Einzelheiten meines schulischen und beruflichen Werdegangs dem beigefügten Lebenslauf (Curriculum Vitae).
3 Ich habe vom ... bis ... als ... gearbeitet und verfüge über gründliche Kenntnisse im Bereich des/der ...
4 Ich bin ... Jahre alt, ... Nationalität und habe nach dem ... Schulabschluss eine Lehre als ... absolviert.

Letters of application

Opening phrases

1 I note from ... that you are looking for a(n) ...
2 I have learned from my local JobCentre (employment office) that you are looking for an experienced ...
3 I hereby wish to apply for the job of ... advertised.
4 I have been told by Mr (Ms) ... that you have a vacancy for a ... I would be most interested in filling it and feel sure that I possess the necessary qualifications.
5 I have learned from Mr (Ms) ... that there is a vacancy for a(n) ... at your company and am thus taking the liberty of submitting my application to you.
6 I was extremely interested to read in the newspaper (magazine) of ... that you are looking for a(n) ... as from ...
7 I would like to apply for the post of ... at your company.

Further details

1 I enclose my CV (a brief outline of my employment background/ a list of references/a summary of my professional training and work experience).
2 Please refer to the CV (curriculum vitae) enclosed for details of my educational and professional background.
3 I worked as a(n) ... from ... to ... and am well-versed in the field of ...
4 I am ... years old, ... (nationality, e.g. German) and after leaving school I trained as a(n) ...

5 Nach dem Schulabschluss wurde ich bei der Firma ... zum ...-Kaufmann (zur ... -Kauffrau) ausgebildet.
6 Ich habe soeben mein Studium als ... an der ... Universität abgeschlossen.
7 Am ... habe ich mein Diplom als EU-anerkannte Europa-Sekretärin in den drei Sprachen Englisch, Französisch und Deutsch erhalten.
8 Mit der Erlangung des Europadiploms als ... habe ich den Nachweis erbracht, dass ich in jedem Land der EU als ... tätig sein kann.
9 Nach ...-jähriger Berufserfahrung auf dem Gebiet ... möchte ich mich nunmehr verändern und einige Erfahrungen auf dem Gebiet ... sammeln.
10 Ich habe gehört, dass Sie besonderen Wert auf Mitarbeiter legen, die Erfahrungen mit der ... Software (mit dem ... Computerprogramm, im Internet, im Online-Geschäft usw.) besitzen. Auf diesem Gebiet kenne ich mich besonders gut aus.
11 Mein gegenwärtiges Gehalt ist ... (Währung) pro Jahr.
12 Meine jetzige Stelle ist mit ... (Währung) pro Monat (Jahr) dotiert.
13 Ich kann Ihnen jederzeit Referenzen geben, falls Sie eine Auskunft über meine Person wünschen.
14 Folgende Personen sind bereit, für mich eine Referenz zu geben: ...
15 Zeugniskopien meiner früheren Arbeitgeber sind beigefügt.
16 Mein jetziger Arbeitgeber ist über meine Bewerbung informiert. Sie können sich daher jederzeit wegen einer Auskunft an ihn wenden.
17 Ich könnte in meiner jetzigen Stelle zum ... kündigen. Somit wäre das früheste Antrittsdatum bei Ihnen der ...
18 Da ich im Augenblick keine Beschäftigung habe, wäre ich sofort verfügbar.

5 After obtaining my school-leaving certificate (the equivalent of GCSEs in ... [subjects] in Britain) I completed a recognised training course as a(n) ... (e.g. business/office administrator) at ... (firm).
6 I have just completed a course of study at the University of ... to become a(n) ...
7 The diploma in European secretarial studies in English, French and German which I was awarded on ... is recognised throughout the EU.
8 The European diploma in ... awarded to me is proof that I am able to work in any EU country as a(n) ...
9 After ... years' experience in the field of ... I am now looking for a change and wish to gain experience in the field of ...
10 I understand that you are particularly interested in staff with experience of ... software (with ... [name of computer program], the Internet, online business etc.). I am well acquainted with this field.
11 My current salary is (currency) ... p.a.
12 My current post has a monthly (an annual) salary of (currency) ...
13 Should you so wish, ! can provide you with the names of referees who will be willing to provide you with a personal reference at any time.
14 The following persons are willing to give a reference for me: ...
15 I enclose testimonials from my previous employers.
16 My present employer knows I am making this application. You may therefore feel free to approach him for information about me.
17 I would be able to resign my present post with effect from ... The earliest date on which I could start at your company would thus be ...
18 As I am currently unemployed, I could start immediately.

Schlussworte

1 Ich wäre Ihnen dankbar, wenn Sie mir bald die Gelegenheit zu einem persönlichen Vorstellungsgespräch geben würden.
2 Zur Klärung weiterer Fragen stehe ich Ihnen jederzeit für ein persönliches Vorstellungsgespräch zur Verfügung.

Closing phrases

1 I would be grateful if you could offer me the opportunity of attending an interview in the near future.
2 I am available for an interview to clarify any further questions whenever you may wish.

3 Bitte unterrichten Sie mich unter der Tel.-Nr. ... (Fax-Nr. ..., E-Mail-Adresse ...) von Ihrer Entscheidung.
4 Ich wäre Ihnen dankbar, wenn Sie mich bei der Besetzung dieser Stelle in Betracht ziehen würden, und stehe Ihnen für ein persönliches Gespräch jederzeit gern zur Verfügung.
5 Ich bin für ein Vorstellungsgespräch auch kurzfristig verfügbar. Meine Tel.-Nr. ist ... Falls Sie mich nicht erreichen, wäre ich Ihnen dankbar, wenn Sie eine Nachricht auf meinem Anrufbeantworter hinterlassen oder mir eine Mail an meine E-Mail-Adresse ... schicken würden. Ich melde mich dann sofort.
6 Ich bitte, meine Bewerbung als streng vertraulich zu behandeln, und erwarte mit Interesse Ihre Antwort.
7 Ich danke Ihnen im Voraus für eine baldige Nachricht.

3 Please let me have your decision by telephone on ... (fax ..., e-mail ...).
4 I would be grateful if, when filling this vacancy, you would bear in mind my application and that I am available to attend an interview at any time.
5 I am also available for interview at short notice. My telephone number is ... If I am not available, I would be grateful if you would leave a message on my telephone answering machine or e-mail me at ... I'll get back to you straight away.
6 I would ask you to treat my application in the strictest confidence and look forward with interest to receiving your reply.
7 I thank you in advance for your reply at your earliest convenience.

Antwort auf Bewerbung und Einladung zum Vorstellungsgespräch

1 Wir danken für Ihre Bewerbung vom ... für den Posten eines (einer) ...
2 Mit großem Interesse haben wir Ihre Anzeige in der Spalte „Stellengesuche" in der ... Zeitung (Zeitschrift) gelesen.
3 Füllen Sie bitte das beigefügte Bewerbungsformular aus. Wir bitten Sie, dieses zum Vorstellungsgespräch mitzubringen.
4 Herr (Frau) ..., Leiter (Leiterin) unseres Personalbüros, würde sich freuen, Sie am ... zu einem persönlichen Vorstellungsgespräch zu empfangen.
5 Wir haben Ihre Bewerbung für die Stelle als ... aus dem Internet erhalten und teilen Ihnen mit, dass wir interessiert sind, Sie persönlich kennen zu lernen. Wir werden Sie in den nächsten Tagen anrufen, um einen Vorstellungstermin zu vereinbaren.
6 Wir bitten Sie, sich am ... um ... Uhr in unserer Personalabteilung zu melden. Bitte bestätigen Sie schriftlich oder telefonisch diesen Termin.
7 Ihnen eventuell entstehende Reisekosten werden von uns übernommen.

Reply to application and invitation to interview

1 Thank you for your application dated ... for the post of ...
2 We read your advertisement in the "Situations Wanted" column in the ... (newspaper/magazine) with great interest.
3 Please complete the application form enclosed and bring it with you to your interview.
4 Our Personnel Manager, Mr (Ms) ..., would like you to attend an interview with him (her) on ...
5 We have received your Internet application for the post of ... and are pleased to inform you that we would like to get to know you personally. We will be phoning you in the next few days to arange an appointment.
6 We would ask you to report to our Personnel Department at ... (time) on ... (date). Please confirm this appointment by telephone or in writing.
7 Any travel expenses incurred will be borne by us.

Einstellung

1 Im Anschluss an unsere Unterhaltung (an unser Vorstellungsgespräch) am ... freue ich mich, Ihnen die Stelle als ... in unserem Unternehmen anbieten zu können.
2 Es freut uns, Sie zum ... (mit Wirkung vom ...) in unserer Abteilung als ... einzustellen.
3 Wir freuen uns Ihnen mitzuteilen, dass Sie bei uns zum ... einen Ausbildungsplatz als ... erhalten.
4 Hiermit bestätigen wir, dass wir Sie mit Wirkung vom ... als ... zu einem Gehalt von ... mit einer zunächst auf ... Monate befristeten Probezeit einstellen werden.
5 Ihre Einstellung erfolgt zu den folgenden Bedingungen: ...

Applicant is employed

1 Following our discussion (your interview) on ..., I am now pleased to be able to offer you the post of ... at our company.
2 We will be pleased to employ you as a(n) ... in our department as from ... (with effect from ...).
3 We are pleased to inform you that you will receive a place as a trainee ... as from ...
4 We hereby confirm that we will employ you as a(n) ... at a salary of ... for an initial probationary period of ... months as from ...
5 Your terms of employment are as follows: ...

Absage auf Bewerbung

1 Wir danken für Ihre Bewerbung vom ..., müssen Ihnen aber leider mitteilen, dass wir diese nicht berücksichtigen konnten (Sie nicht in den engeren Kreis der Interessenten gekommen sind/wir die freie Stelle bereits besetzt haben/die Stelle mit einem Mitglied der Belegschaft besetzt wurde).
2 Da die Zahl der Bewerber ungewöhnlich hoch war, konnten wir Sie bei der engeren Auswahl leider nicht berücksichtigen.
3 Aufgrund der schlechten Geschäftslage können wir leider zurzeit keine freien Stellen (keine zusätzlichen Ausbildungsplätze) anbieten.
4 Wir danken Ihnen für das gezeigte Interesse, bitten Sie jedoch um Verständnis, dass wir Ihre Bewerbung nicht berücksichtigen konnten.

Rejection of application

1 We thank you for your application of ... but regret to inform you that we have been unable to consider you for the post (you were not short-listed/ the vacancy has already been filled/a member of our staff has been found to fill the vacancy).
2 As there was an unusually high number of applicants, we have unfortunately not been able to put you on our short list.
3 Owing to the poor state of business, we are unfortunately not able to offer any posts (any additional traineeships/ apprenticeships) at present.
4 We thank you for your interest in our company but regret that we have been unable to consider your application.

Kündigung durch den Arbeitgeber

1 Hiermit teilen wir Ihnen mit, dass wir Ihren Arbeitsvertrag zum ... kündigen.
2 Leider müssen wir Ihnen mitteilen, dass unsere Firma nicht bereit ist, Sie nach Ende der Probezeit weiter zu beschäftigen.
3 Bitte nehmen Sie dieses Schreiben als formelle Kündigung an.
4 Wegen der Rationalisierungsmaßnahmen in unserem Unternehmen sehen wir uns leider gezwungen, Ihren Arbeitsvertrag zum ... zu kündigen.
5 Da die Abteilung, in der Sie beschäftigt sind, im Zuge der Umstrukturierung unseres Unternehmens geschlossen wird, sehen wir uns leider genötigt, Sie zum ... zu entlassen.

Employer gives employee notice

1 We hereby inform you that your contract of employment will be terminated as from ...
2 We regret to inform you that this company is not willing to continue employing you after the end of your probationary period.
3 Please consider this letter to be your formal notice of dismissal.
4 As a result of rationalisation, this company is unfortunately obliged to terminate your contract of employment as from ...
5 As the department in which you are employed will be closed down as a consequence of the restructuring of the company, we are unfortunately compelled to make you redundant as from ...

Kündigung des Arbeitnehmers

1 Da mir mit Wirkung vom ... die Stelle eines (einer) ... angeboten worden ist, möchte ich hiermit mein Arbeitsverhältnis bei Ihnen zum ... auflösen.
2 Bitte nehmen Sie meine Kündigung als ... zum ... entgegen.
3 Ich wäre Ihnen dankbar, wenn Sie meine Kündigung zum ... annehmen würden.
4 Ich kündige hiermit fristgemäß mein Arbeitsverhältnis bei Ihnen zum ...
5 Da ich in einem anderen Unternehmen meine Sprachkenntnisse in ... verwerten kann, habe ich mich entschlossen, mein Arbeitsverhältnis bei Ihnen zum ... zu kündigen.
6 Da mir die Möglichkeit geboten worden ist, eine Zeit lang im Ausland zu arbeiten, bitte ich Sie, mich zum ... aus meinem Beschäftigungsverhältnis bei Ihnen zu entlassen.

Employee gives in his (her) notice

1 As I have been offered the post of ... with effect from ..., I hereby wish to terminate my contract of employment with you as of ...
2 Please accept my resignation as ... as from ...
3 I would be grateful if you would accept my resignation with effect from ...
4 I hereby tender my resignation, in accordance with the specified notice period, with effect from ...
5 As I am able to make use of my knowledge of ... (language) at another company, I have decided to terminate my employment contract with you as of ...
6 As I have been offered the opportunity of working abroad for some time, I would request you to terminate my contract of employment with you as from ...

Korrespondenz im Transportwesen
Correspondence in freight forwarding

Luftfracht

Anfrage an die Spedition

1 Ihre Adresse ist uns von Ihrer Botschaft (Konsulat, Industrie- und Handelskammer usw.) genannt worden.
2 Sind Sie in der Lage, Luftfrachttransporte für uns durchzuführen, und zu welchen Bedingungen? Bitte geben Sie uns einen kurzen Bescheid.
3 Würden Sie uns bitte die Rechtsvorschriften für den Luftfrachtverkehr zukommen lassen?
4 Ihre Anschrift entnahmen wir der Fachzeitschrift „... “.
5 Künftig werden wir unsere Waren – es handelt sich um normale Handelsware – verpackt in Kartons mit den Einzelabmessungen pro Sendung 34 x 34 x 50 cm, durchschnittliches Einzelgewicht 35 kg, per Luftfracht nach Buenos Aires, London, Paris, Madrid, Lissabon und München abfertigen. Wir bitten Sie uns mitzuteilen, welche Kosten pro Sendung ab Fabrik bis Empfangsflughafen entstehen.
6 Bitte geben Sie uns die Kosten an, die bei Charterung eines Flugzeugs für die Verfrachtung von ... entstehen.
7 Unser wöchentliches Frachtaufkommen nach ... beträgt ... t. Wir bitten Sie, mit der Luftfahrtgesellschaft ... eine Spezialrate für uns zu vereinbaren.
8 Besteht die Möglichkeit, eine Maschine (unverpackt auf Bohlen, mit den Maßen ...) mit Nur-Frachter nach ... – und unter welchen Bedingungen – zu versenden?
9 Bitte überprüfen Sie, ob unsere Erzeugnisse (siehe beigefügten Prospekt) Beförderungsbeschränkungen im Luftfrachtverkehr unterliegen.

Air freight

Enquiry made to freight forwarder

1 We have been given your address by your embassy (consulate, chamber of commerce and industry etc.).
2 Are you able to transport our goods by air freight and, if so, on what terms? Please let us know.
3 Would you please send us a copy of the air freight regulations.
4 We found your address in the trade journal "...".
5 We will, in future, be sending our goods – normal commercial items – by air freight to Buenos Aires, London, Paris, Madrid, Lisbon and Munich. They will be packed in cardboard boxes measuring 34 x 34 x 50 cm and weighing an average of 35 kg each. Please let us know what costs would be incurred per consignment for transport ex factory to the airport of destination.
6 Please let us know what it would cost to charter an aircraft to transport ...
7 Our weekly freight volume to ... (location) amounts to ... tonnes. Please negotiate a special rate for us with ... (name of airline/air carrier).
8 Is it possible to send a machine (uncrated on a wooden base measuring ...) on a freight-only plane to ... and, if so, on what terms?
9 Please ascertain whether our products (see brochure enclosed) are subject to air freight transport restrictions.

10 Wann wird die Warenwert-Nachnahme, die Sie mit AWB-Nr. ... erhoben haben, an uns überwiesen?
11 Können Sie eine Sendung von ... kg mit der ... (Fluggesellschaft) nach ... verfrachten?
12 Aus der vorliegenden Korrespondenz ist nicht ersichtlich, ob Sie IATA-Agent sind. Da dies für uns von besonderer Wichtigkeit ist, bitten wir Sie um einen entsprechenden Bescheid.
13 Wir legen Wert darauf, dass Sie die IATA-Konzession besitzen.

10 When will the C.O.D. charges collected by you on AWB No. ... be remitted to us?
11 Can you transport a consignment of ... kg to ... with ... (airline)?
12 It is not clear from our previous correspondence whether you are an IATA agent or not. As this is of great importance to us, we would ask you to let us know.
13 We attach great importance to IATA membership.

Antwort des Spediteurs

1 Aufgrund Ihrer Anfrage vom ... geben wir Ihnen folgende Einzelheiten bekannt: ...
2 Ihre Ware tarifiert unter der Nr. ...
3 Die Frachtkosten ab Flughafen ... bis Eingangsflughafen ... betragen pro kg ...
4 Die Abholung von Ihrem Werk, die Behandlung am Flughafen (Erstellung des AWB, zollamtliche Abfertigung usw.) richtet sich nach dem Luftfracht-Nebengebührentarif, den wir Ihnen als Anlage überreichen.
5 Sollten sich noch Fragen ergeben, beantworten wir sie Ihnen gern.
6 Wunschgemäß erhalten Sie als Anlage die angeforderten Rechtsvorschriften für den Luftfrachtverkehr.
7 Soweit wir feststellen können, unterliegen Ihre Waren (keinen) Beförderungsbeschränkungen.
8 Die Charterung eines kompletten Flugzeugs für die Beförderung von ... nach ... würde sich auf ... belaufen.
9 Eine Teilcharterung über ... m^3 von ... nach ... würde ... kosten.
10 Eine Verfrachtung Ihrer Maschine in einem Nur-Frachter setzt voraus, dass Sie uns mindestens ... Tage vor Abflugdatum einen verbindlichen Ladetermin nennen.
11 Um bei den einzelnen Luftfrachtgesellschaften eine Spezialrate zu erreichen, müssen täglich mindestens ... kg verfrachtet werden.
12 Der Flughafen ... wird zurzeit nur von der Fluggesellschaft ... angeflogen. Eine Verladung mit der ... ist deshalb nicht möglich.

Forwarding agent's reply

1 On the basis of your enquiry dated ... we are pleased to provide you with the following details:
2 Your goods come under tariff No. ...
3 The freight costs from ... Airport to ... Airport are ... per kilo.
4 The charges made for collecting the goods from your plant, processing them at the airport (issuing an AWB, customs clearance etc.) are calculated using the air freight tariff for additional services, which we enclose for your information.
5 Should you have any more queries we will be pleased to answer them.
6 As requested, we enclose a copy of the air freight regulations.
7 As far as we have been able to ascertain, your goods are not subject to transport restrictions.
8 It would cost ... to charter a whole aircraft to transport ... to ...
9 The part-charter of ... m^3 of aircraft space from ... to ... would cost ...
10 You would have to give us a firm loading date at least ... days before the flight date in order to have your machine transported on a freight-only plane.
11 A minimum of ... kg per day would have to be transported for us to negotiate a special rate with individual air carriers.
12 At present, ... Airport is only being served by ... (name of airline). It is therefore not possible to forward goods using ... (name of different airline).

13 Wir sind bereits seit ... IATA-Agent und bringen somit alle Voraussetzungen für die fachgerechte Abwicklung Ihrer Luftfrachtsendungen mit.

13 We have been IATA agents for ... (length of time) / since ... (date) and thus have all the necessary expertise to handle your air freight consignments.

Auftragserteilung

1 Wir kommen heute auf Ihr Angebot vom ... zurück und erteilen Ihnen hiermit den Auftrag, am ... folgende Sendungen zu übernehmen und per Luftfracht unverzüglich abzufertigen:
... Kartons = ... kg nach ...
... Kisten = ... kg nach ...
... Collis = ... kg nach ...
Sämtliche Kosten bis zum jeweiligen Eingangsflughafen gehen zu unseren Lasten. Nach Abfertigung erwarten wir umgehend die Zusendung von je zwei Kopien der AWB.

2 Übernehmen Sie bitte am ... in unserem Werk ...... Kartons ... und versenden Sie diese gemäß beigefügtem Versandauftrag per Luftfracht nach ...

3 Bei der Firma ... sind am ... insgesamt ... Kisten Ersatzteile zu übernehmen, die Sie bitte unverzüglich per Luftfracht an nachstehende Adresse expedieren wollen: ...

4 Die Firma ... wird Ihnen die Ware am ... in Ihrem Flughafenbüro ... anliefern, die Sie bitte mit der nächsten Maschine nach ... ausfliegen wollen.

5 Die bei Ihnen lagernde Sendung ist nunmehr per Luftfracht nach ... zu versenden.

6 Genaue Versandinstruktionen entnehmen Sie bitte der beigefügten Fotokopie des Akkreditivs.

7 Wir beauftragen Sie hiermit, für den ... ein Charterflugzeug nach ... zum Preis von ... zu bestellen.

8 Die Sendung nach ... ist mit einer Warenwert-Nachnahme in Höhe von ... zu belasten.

9 Sofern eine Warenwert-Nachnahme möglich ist, bitten wir Sie, den Betrag von ... zu erheben.

10 Sollte eine Warenwert-Nachnahme nicht statthaft sein, so schicken Sie bitte das Gut ohne Belastung ab. Dann wären lediglich Ihre Manipulationsgebühren einzuziehen.

11 Beachten Sie bitte, dass als Notadresse jeweils die Firma ... einzusetzen ist.

Awarding contracts

1 On the strength of your offer of ... we hereby commission you to take charge of the following consignment on ... and transport it by air freight immediately:
... cardboard boxes, total weight ... kg, to ...
... crates, total weight ... kg, to ...
... packages, total weight ... kg, to ...
All costs incurred up to the airports of destination will be borne by us. After the goods have been processed, please send us two copies of each of the airway bills by return.

2 Please take charge of ... cardboard boxes of ... at our plant on ... and send them by air freight to ..., as per the despatch order attached.

3 Please collect a total of ... cases of spare parts from ... (firm) on ... and then despatch them by air freight to the following address immediately:

4 ... (firm) will be delivering the goods to your airport office ... on ... Please fly them out to ... on the next available flight.

5 The consignment stored with you is now to be sent to ... by air freight.

6 Please refer to the photocopy of the letter of credit enclosed for exact forwarding instructions.

7 We hereby commission you to order a charter aircraft to ... at a cost of ... for ... (date).

8 The additional C.O.D. charge to be made for the consignment to ... is ...

9 Assuming it is possible to deliver the goods C.O.D., we would request you to collect the sum of ...

10 Should C.O.D. not be permissible, please exclude this charge when forwarding the goods and only collect your own handling fees.

11 Please note that the emergency address to be entered is always that of ... (firm).

12 Wir legen besonderen Wert darauf, dass Sie offizieller IATA-Agent sind.
13 Wir haben vom Warenempfänger die Order erhalten, mit der Verfrachtung nur IATA-Agenten zu beauftragen.
14 Der Empfänger wünscht ausdrücklich die Einschaltung der Speditionsfirma ...

12 We attach great importance to official IATA membership on your part.
13 The consignee has instructed us only to have the goods transported by IATA agents.
14 The consignee has expressly requested that ... (name of freight forwarder) be used.

Auftragsbestätigung

1 Wir danken Ihnen für Ihre generelle Auftragserteilung, alle einkommenden Luftfrachtsendungen durch uns abfertigen zu lassen.
2 Auftragsgemäß werden wir die am ... zur Verladung bereitstehenden Güter übernehmen und per Luftfracht nach ... versenden.
3 Am ... werden wir in Ihrem Auftrag bei der Firma ... die avisierten Güter übernehmen und per Luftfracht weiterverladen.
4 Sobald die avisierten Waren in unserem Flughafenbüro angeliefert sind, werden wir die Abfertigung vornehmen.
5 Wir werden uns beim Versand der Güter genau nach Ihren Instruktionen richten.
6 Absprachegemäß haben wir in Ihrem Auftrag für den .. ein Charterflugzeug mit einer Nutzlast von ... bei der ... bestellt. Die Maschine wird pünktlich bereitstehen.

Confirmation of contract

1 We thank you for commissioning us to process all incoming air freight consignments.
2 The goods awaiting loading will be collected on ... as instructed and sent to ... by air freight.
3 The goods specified will be collected from ... (firm) on ... as per your instructions and sent on by air freight.
4 As soon as the goods specified have been delivered to our airport office, they will be processed.
5 Your forwarding instructions for the goods will be strictly adhered to.
6 As agreed, a charter aircraft with a payload of ... has been ordered for you from ... (airline) for ... (date). The aircraft will be made available in good time.

Diverse Bestimmungen

1 Sämtliche Packstücke im Flugverkehr nach ... sind neben der üblichen Markierung mit dem Ursprungsland zu kennzeichnen.
2 Die Handelsrechnungen sind in ... (Ort) vierfach, unbeglaubigt, mit allen handelsüblichen Angaben erforderlich.
3 In ... (Ort) benötigen Postsendungen gleiche Papiere wie Frachtsendungen.
4 Warenmuster ohne Handelswert können nach ... zollfrei eingeführt werden.
5 Von der Zollbehörde in ... nicht abgenommene Waren können unter Zollaufsicht 3 Monate (im Freihafen zum Teil länger) gebührenpflichtig eingelagert werden. Danach erfolgt die öffentliche Versteigerung.

Miscellaneous regulations

1 All parcels sent by plane to ... must be labelled with the country of origin and also bear the usual marks.
2 In ... (location), 4 unauthenticated copies of the commercial invoice containing all the usual information are required.
3 In ... (location), consignments sent by post require the same documentation as freight consignments.
4 Samples without commercial value can be imported into ... duty-free.
5 Goods not cleared by customs in ... can be stored for a fee under customs supervision for 3 months (sometimes for longer in the free port). After this time they are auctioned off to the public.

6 Alle Einfuhrwaren unterliegen in ... einem Einheitszoll von ... % sowie einer Zusatzsteuer von ... % für so genannte Luxusgüter.
7 Warenmuster sind in ... zollfrei, wohingegen Werbegeschenke grundsätzlich der Zollpflicht unterliegen.
8 Da in ... jährlich Einfuhrquoten für ... eingesetzt werden, die nicht überschritten werden dürfen, bedarf es für darüber hinausgehende Lieferungen einer Genehmigung des ...-Ministeriums.

6 In ... (location), all imports are subject to ... % standard customs duty as well as an additional tax of ... % on so-called luxury goods.
7 In ... (location), samples are duty-free whereas free gifts for commercial purposes are always subject to customs duty.
8 Since the annual import quotas for ... in ... must not be exceeded, approval is required from the Ministry of ... for any extra consignments.

Seefracht und Binnenschifffahrtsfracht

Angebotsanforderungen

1 Wir haben ... Kisten ... (Abmessungen: ..., Gesamtgewicht: ...), die FOB ... nach ... zu liefern sind, und bitten Sie, uns die günstigste Offerte vorzulegen.
2 Welche Kosten fallen bei Verfrachtung von ... Ballen ... (Maße: ..., Bruttogewicht: ...) ab beladenem Schiff ... nach ... an?
3 Laut uns vorliegender Seefrachttabelle unterliegt unser Gut (...) keiner Tariffracht. Können Sie uns demzufolge eine „offene Rate" anbieten?

Allgemeine Anfragen an die Spedition

1 Ihre Anschrift ist uns von der hiesigen Interessenvertretung Ihres Landes genannt worden.
2 Teilen Sie uns bitte mit, welche Reedereien Sie vertreten.
3 Sind die von Ihnen zu befrachtenden Schiffe ohne Ausnahme im Lloyd-Register verzeichnet?
4 Welche Angaben in Bezug auf das zu verladende Gut benötigen Sie?
5 Würden Sie unsere Stückgutpartien mit Konferenzschiffen oder mit Outsidern verladen?
6 Übermitteln Sie uns bitte Informationsmaterial über Bulk-Carrier.
7 Wie wirkt sich das Lash-Verfahren in der Praxis aus?

Sea freight and inland waterway freight

Requests for offer

1 We have ... crates of ... (dimensions: ..., total weight: ...) to be delivered to ... FOB ... Please make us your most favourable offer.
2 What are the costs for forwarding ... bales of ... (dimensions: ..., gross weight: ...) from on board ship to ...?
3 According to our sea freight list, our goods (...) are not subject to a freight tariff rate. Can you therefore offer us an "open rate"?

General enquiries to freight forwarder

1 We have been given your address by your country's local trade representative.
2 Please let us know which shipping lines you represent.
3 Are all the ships carrying your cargoes listed, without exception, in Lloyd's Register?
4 What details do you need regarding the goods to be loaded?
5 Would you ship our general cargoes using conference ships or outsiders?
6 Please let us have some literature on bulk carriers.
7 What effect does the lash system have in practice?

8 Geben Sie uns bitte per Fax oder E-Mail an, ab wann Ladebereitschaft für das Binnenschiff ... besteht.
9 Beinhaltet Ihr allgemeines Frachtangebot auch die anfallenden Schleusengelder?

8 Please let us know by fax or e-mail as from when the inland waterway craft ... will be ready for loading.
9 Does your general freight offer also include lock charges?

Charteraufträge

1 Welche Verbindungen haben Sie zu Reedereien, die eine Vollcharter durchführen können?
2 Haben Sie Beziehungen zu Reedereien, die in Form von Jahresverträgen, leere (Bareboatcharter) Schiffe vermieten? Wir suchen Seeschiffe in einer Größenordnung von rund ... BRT, deren Baujahr nach 20 ... liegen muss.
3 Wir möchten über Sie eine Teilcharter für eine Ladung nach ... abschließen.
4 Seitens des Auftraggebers erhielten wir die Auflage, dass ein Schiff unter ... Flagge zu verwenden ist.
5 Zu welchen Bedingungen können Tanker gemietet werden?
6 Können Sie uns einen bestimmten Schiffstyp empfehlen, der sich für die Verladung von Schüttgütern eignet?

Charter contracts

1 What connections do you have with shipping companies able to handle a full charter?
2 Do you have any connections with shipping companies hiring out empty ships (bareboat charters) on annual contracts? We are looking for sea-going vessels with a capacity of approx. ... GRT and which must have been built since 20 ...
3 We would like you to arrange a part-charter for us for a shipment to ...
4 Our customer has instructed us to use a ... -flagged vessel.
5 What terms can tankers be hired on?
6 Can you recommend a particular type of vessel suitable for transporting bulk cargo?

Lademöglichkeit

1 Bitte prüfen Sie, ob für das Schiff ..., das am ... auslaufen soll, noch die Möglichkeit besteht, ... t ..., verpackt in Kunststoffsäcken, mit den Abmessungen ..., als Unterdeckladung fest zu übernehmen.
2 Kann für das am ... auslaufende Schiff ... noch eine Raumbuchung über ... m³ entgegengenommen werden?
3 Stellen Sie bitte fest, ob das Schiff ... unsere Sendung als Optionspartie übernehmen kann. Welche zusätzlichen Kosten entstehen dadurch?
4 Besteht eine Verlademöglichkeit per Binnenschiff ohne Umladung von ... nach ...?

Loading possibilities

1 Please find out whether the vessel ..., due to set sail on ..., is still definitiely able to take a hold cargo on board of ... tonnes of ... packed in plastic sacks measuring ...
2 Is it still possible to reserve ... m^3 of space on board the vessel ..., which sets sail on ...?
3 Please find out whether the vessel ... is able to accept our load as optional freight. What additional costs would be incurred for this?
4 Is it possible to transport the goods by inland waterway without transhipment from ... to ...?

Verladen, Löschen, Verfrachten

1 Teilen Sie uns bitte mit, ob unsere Sendung im Laderaum oder auf Deck verladen wird.
2 Besteht die Möglichkeit, uns beim Verladen unseres Guts den Stauplan zur Verfügung zu stellen?
3 Geben Sie uns bitte bekannt, ob die nach ... zu verladenden Güter direkt verfrachtet werden, oder ob die Ware umgeladen werden muss.
4 Wann beginnt die Entladung von SS „...“, die laut Schiffsliste am ... eintreffen soll?
5 Ist das Schiff schon eingelaufen?
6 Sind die mit MS „...“ eingetroffenen Güter bereits entladen? Sofern nein – wann kann mit der Entladung gerechnet werden?
7 Bitte, sorgen Sie dafür, dass die mit SS „...“ am ... eintreffenden Waren sofort auf ein Binnenschiff zur Weiterleitung nach ... umgeladen werden.
8 Können Sie die am Schuppen ... liegenden Waren zu günstigen Bedingungen übernehmen und per Lkw nach ... verfrachten?
9 Gibt es ab Schuppen ... eine direkte Verlademöglichkeit per Bahn oder ist eine Umfuhr erforderlich?
10 Können Sie für uns die Verzollung im Hafen vornehmen und anschließend die Sendung auf dem schnellsten Weg nach ... weiterleiten?
11 Die am ... eingetroffenen Waren sind mit einer Warenwert-Nachnahme in Höhe von ... belastet. Bitte senden Sie das Gut sofort unter Nachnahme aller bisher entstandenen Kosten an ...
12 Bevor nicht mit dem Absender die Frage der Warenwert-Nachnahme geklärt ist, werden wir die Erzeugnisse auf keinen Fall übernehmen.
13 Können Sie auch in Zukunft die eintreffenden Stückgutsendungen unter ähnlich günstigen Bedingungen für ... Tage im Freihafen zwischenlagern und nach unseren Instruktionen Teilverzollungen durchführen?
14 Können Sie in unserem Auftrag mit Teilbarkonnossementen Lieferungen nach ... vornehmen?

Loading, unloading, shipping

1 Please let us know whether our consignment will be loaded below or above deck.
2 Can the stowage plan be made available to us when the goods are loaded?
3 Please let us know whether the goods to be shipped to ... will be transported there directly or whether they will have to be transhipped.
4 According to the shipping list, SS "..." is due to dock on ... When will unloading commence?
5 Has the ship docked yet?
6 Have the goods which arrived on board MS "..." been unloaded yet? If not, when is unloading expected to take place?
7 Please ensure that the goods arriving on board SS "...", docking on ..., are immediately transferred to an inland waterway craft and forwarded to ...
8 Can you take over the goods stored in shed No. ... on favourable terms and forward them to ... by lorry?
9 Can goods be directly forwarded by rail from shed No. ... or must they first be transported by other means?
10 Can you attend to customs clearance at the port and then forward the consignment to ... by the fastest available means?
11 The C.O.D. charge on the goods which arrived on ... is ... Please send the goods on immediately to ..., C.O.D. all charges incurred to date.
12 We are not prepared to accept the goods until the matter of the C.O.D. charges has been cleared up with the consignor.
13 Can you, on similarly favourable terms, temporarily store package freight arriving in the free port for ... days and then arrange for partial customs clearances as per our instructions?
14 Can you ship consignments for us to ... on partially prepaid bills of lading?

15 Ermitteln Sie bitte, ob das Konnossement rein gezeichnet ist. Sollte eine Einschränkung erfolgt sein, müssten wir umgehend per Fax davon unterrichtet werden.
16 Hat das Ihnen vorliegende Konnossement einen Mängelvermerk?

15 Please ascertain whether a clean bill of lading has been signed. If it is claused in any way, please fax us imediately.
16 Is the bill of lading in your possession claused?

Container

1 Wir beabsichtigen, eine Sendung ... per Container nach ... zu verfrachten. Können Sie ein Durchfracht-Konnossement erstellen?
2 Läuft das nächste Containerschiff nach ... tatsächlich erst am ... aus?
3 Gibt es eine direkte Containerverlademöglichkeit nach ... ?
4 Wann kann ein Container nach ... verladen werden?
5 Wie müssen die Waren im Container verpackt sein?
6 Müssen wir bei Verwendung eines Containers Leihgebühren bezahlen?
7 Muss für einen Container eine bestimmte Pauschalfracht (Lump sum) bezahlt werden?
8 Fallen bei der Rückführung des Containers zusätzliche Kosten an?
9 Welche Möglichkeiten haben Sie, den Container, der mit MS „..." am ... eintrifft, nach ... zu verfrachten?
10 Mit welcher Laufzeit müssen wir ab Eingangshafen, Containerterminal, nach der Empfangsstation ... rechnen?
11 Da der Container CIF ... läuft, der Empfänger der Ware seinen Geschäftssitz jedoch in ... hat und von uns frei Haus beliefert werden will, müssen Sie uns alle ab Eingangshafen entstehenden Kosten berechnen. Sofern Sie eine Vorauszahlung wünschen, bitten wir Sie, uns per Fax zu informieren

Containers

1 We plan to forward a consignment of ... to ... by container. Can you provide us with a through bill of lading?
2 Does the next container ship to ... really not sail until ... ?
3 Is it possible to ship goods directly by container to ...?
4 When can a container be shipped to ...?
5 How must the goods be packed in the container?
6 Is there a hire charge for a container?
7 Must a a flat-rate freight charge (lump sum) be paid for a container?
8 Are there any additional costs when the container is returned?
9 What modes of transport are available to forward the container arriving on board MS "..." on ... (date) to ...?
10 How long will it take for the container to get from the container terminal at the port of arrival to its final destination, ...?
11 As the container is being sent CIF ... but the consignee, whose premises are in ..., wants us to deliver franco domicile, you will have to charge us for all costs incurred as from the port of entry. Should you wish us to make an advance payment, please fax us to this effect.

Gebühren

1 In welchen Währungen können die Charterkosten bezahlt werden?
2 Ist in die vorgesehenen Zeit-Charterverträge auch eine Klausel aufgenommen worden (breakdown clause), die bestimmt, wann die Mietzahlung infolge Maschinenschadens, Kollision oder ungenügender Besatzung unterbrochen wird?

Charges

1 What currencies can charter costs be paid in?
2 Has a clause (breakdown clause) also been included in the time-charter contracts to be used, stipulating when hire charges are interrupted in the event of engine failure, collision or a lack of crew members?

3 Fällt bei einem Charter eine zusätzliche Vergütung für schnellere Beladung oder Entlöschung (dispatch-money) an?
4 Müssen wir außer den bereits aufgegebenen Ganz-(Teil-)Chartergebühren zusätzlich noch Deklarationskosten übernehmen?
5 Wann müssen die Chartergebühren beglichen werden?
6 Besteht Vorauszahlungszwang und gegebenenfalls in welcher Höhe?
7 Besteht für den Hafen ... nach wie vor eine Surcharge in Höhe von ... %?
8 Kann in absehbarer Zeit mit einer ermäßigten Surcharge gerechnet werden?
9 Können Sie uns mitteilen, wann mit dem Wegfall der Surcharge zu rechnen ist bzw. ob in nächster Zeit eine Reduzierung erfolgt?
10 Informieren Sie uns bitte über Konferenzraten in Bezug auf Primagen und Rabatte für die nach ... zu verladenden Güter.
11 Welche Vergünstigungen erhalten wir bei Zeichnung von Kontrakten?
12 In welcher Höhe werden Winterzuschläge anfallen?
13 Die eingegangenen Waren sollen im Freihafen auf unbestimmte Zeit zu unseren Lasten gelagert werden. Teilen Sie uns die hier anfallenden Kosten bitte schnellstens mit.
14 Welche Preisdifferenz besteht bei Verladung von ... t ..., Maße ..., mit Schiffen der Konferenzlinien gegenüber Outsiderverladung?

3 Is dispatch-money payable if a charter ship is loaded or unloaded more quickly?
4 Will we also have to pay charges for clearing in and out, in addition to full (part) charter costs?
5 When must the charter costs be paid?
6 Is there an obligatory advance payment and, if so, how much is it?
7 Is there still a surcharge of ... % at the port of ...?
8 Is the surcharge expected to be reduced in the near future?
9 Are you able to tell us when the surcharge is expected to be abolished, or if it is going to be reduced in the near future?
10 Please let us have details of conference rates as regards primages and discounts on goods forwarded to ...
11 What benefits are there for us if we sign a contracts?
12 How high will the winter surcharges be?
13 The goods received are to be stored in the free port at our expense for an indefinite period of time. Please let us know the costs for this as quickly as possible.
14 What is the difference in price when transporting ... tonnes of ..., dimensions ..., using conference ships as opposed to outsiders?

Aufträge

1 Aufgrund Ihres Angebots vom ... übertragen wir Ihnen die FOB-Verschiffung für die Sendung von ... Kisten ... im Gesamtgewicht von ... nach ...
2 Ihr Angebot in Sachen des Transports von ... Ballen ... von ... nach ... akzeptieren wir und erteilen Ihnen hiermit den Auftrag.
3 Wir beauftragen Sie, für das am ... auslaufende Schiff „...“ eine Raumbuchung über ... m^3 vorzunehmen.
4 Buchen Sie bitte auf dem Schiff „...“ unsere Partie ... als Unterdeckladung.
5 Gemäß Ihrer Zusage bitten wir Sie, unsere Partie ... als Optionssendung mit MS „...“ zu verfrachten.

Orders

1 On the basis of your offer of ... we wish to entrust you with the FOB shipment of a consignment of ... crates of ..., total weight ..., to ...
2 We accept your quotation for transporting ... bales of ... from ... to ... and hereby commission you to do so.
3 Please reserve ... m^3 of space on board the vessel "...", which is due to sail on ...
4 Please book our load of ... as hold cargo on board the vessel " ...".
5 As per your confirmation, please ship our consignment of ... with an option on MS "...".

Antworten auf Anfragen

1 In sofortiger Erledigung Ihrer Anfrage teilen wir Ihnen mit, dass sich die FOB-Kosten für Ihre Kisten ..., Gesamtgewicht ... kg, auf ... belaufen.
2 Die Kosten für die Verfrachtung von ... Ballen ... ab beladenem Schiff „...“ nach ... gliedern sich wie folgt auf: Seefrachtkosten bis ... kg ..., Versicherungsgebühr vom Warenwert ..., Kaigebühren pro 100 kg ...
3 Anhand der Zusammensetzung Ihrer Erzeugnisse stellen wir fest, dass die Ware unter ... tarifiert.
4 Wir können Ihnen mitteilen, dass es nach ... eine direkte Verschiffungsmöglichkeit gibt.
5 Ihre Güter fallen aufgrund der Wertklausel unter den Begriff „ad valorem“.
6 Auf Ihre Anfrage teilen wir Ihnen mit, dass für das am ... auslaufende Schiff „...“ Ihre Raumbuchung noch entgegengenommen werden kann.
7 Es ist nicht üblich, bei Stückgutpartien mit Stauplänen zu arbeiten.
8 Folgende Zwischenhäfen werden von SS „...“ angelaufen: ...
9 Eine Rückfrage bei der Reederei ergab, dass Ihre angebotene Partie ... vom MS „...“ als Unterdeckladung übernommen werden kann.
10 Wir sind selbstverständlich gern bereit, auch alle künftig für Sie eintreffenden Stückgutsendungen preisgünstig abzuwickeln.
11 Seitens der Reederei wird soeben bekannt gegeben, dass Ihre Partie nach ... noch als Optionssendung verbucht werden kann.
12 Zusätzliche Kosten fallen in Höhe von ... an.
13 Laut Auskunft der Reederei wird Ihre Ware auf Deck (im Laderaum) verladen.
14 Unsere Verbindungen zu allen namhaften Reedereien erlauben uns, Ihnen jederzeit Ganzcharter für Schiffe von etwa 8000 BRT zu vermitteln.
15 Selbstverständlich unterhalten wir auch Beziehungen zu Reedereien, die in Form von Jahresverträgen leere (bareboat charter) Schiffe vermieten.

Replies to enquiries

1 In immediate response to your enquiry, we wish to inform you that the FOB costs for the crates of ..., total weight ... kg will come to ...
2 The costs for forwarding ... bales of ... from on board ship to ... can be broken down as follows: sea freight costs up to ... kg ..., insurance charge on value of goods ..., wharfage charge per 100 kg ...
3 We see from your list of products that your goods classify for the ... rate.
4 We are pleased to inform you that the goods can be shipped to ... direct.
5 According to the valuation clause, your goods classify as “ad valorem”.
6 In reply to your enquiry we are pleased to inform you that it is still possible for space to be booked for you on board the vessel “...”, which sets sail on ...
7 It is not standard practice to work with a stowage plan for general cargoes.
8 SS “...” will call at the following ports on the way:
9 We have checked with the shipping company and learned that your consignment can be shipped as hold cargo on board MS “...”.
10 We will, of course, be pleased to process all your future package freight at favourable rates.
11 We have just heard from the shipping company that your consignment to ... can still be booked as a shipment with option.
12 The additional charges will amount to ...
13 According to the shipping company, your goods will be shipped above (below) deck.
14 Thanks to our links with all the well-known shipping companies, we are able to charter whole ships of approx. 8000 GRT for you at any time.
15 We do, of course, have connections with shipping companies which hire out empty ships on annual contracts (bareboat charters).

16 Für den Abschluss einer Teilcharter benötigen wir folgende Angaben: Gesamtgewicht der zu verladenden Güter, Raummaße der Einzelkolli, deren Gewichte, unter Umständen Besonderheiten der Ware.
17 Die handelsüblichen Bedingungen enthalten selbstverständlich auch die „Breakdown clause“.
18 Zusätzliche Vergütungen für schnellere Beladung oder Entlöschung von Charterschiffen werden von unserer Gesellschaft gewährt (nicht gewährt).
19 Deklarationskosten fallen bei einer Ganz-(Teil-)Charter an, und zwar in Höhe von ... % des Gesamt-Charterbetrags (fallen nicht an).
20 Die Chartergebühren sind sofort bei Auftragserteilung mit ... % fällig, der Rest bei Übergabe der Ware im Empfangshafen.
21 Es besteht Vorauszahlungszwang in Höhe von ... %.
22 Die Charterkosten sind in ... zu bezahlen.
23 In Beantwortung Ihrer Anfrage teilen wir Ihnen mit, dass wir für Ihre Sendung nach ... ein (kein) Durchfracht-Konnossement erstellen können.
24 Das nächste Containerschiff läuft voraussichtlich am ... aus.
25 Bei Verwendung eines Containers müssen bestimmte Mindestfrachten bezahlt werden, die jedoch frei ausgehandelt werden können.
26 Für die Rückführung eines Containers fallen (keine) folgende Frachtkosten an: ...
27 Die Weiterleitung eines Containers ab Hafen ... nach ... wird von der uns angeschlossenen Speditionsfirma ... vorgenommen.
28 Die Laufzeit Ihres Containers ab Terminal ... nach Empfangsstation ... beträgt ca. ... Tage.
29 Durch die Umdisposition des Containers entstehen folgende Kosten: ..., die Sie bitte umgehend auf unser Konto bei der ... -Bank überweisen wollen.
30 Wunschgemäß überreichen wir Ihnen Informationsmaterial für Bulk-Carrier-Transporte.
31 Über die Praxis des Lash-Verfahrens gibt Ihnen unsere beigefügte Broschüre „...“ Auskunft.
32 Die Maklerprovision richtet sich nach der jeweiligen Gebührenordnung.

16 In order to arrange a part charter we require the following details: total weight of shipment, cubic dimensions of the individual packages and, if applicable, any peculiarities of the goods.
17 It is, of course, quite customary in the trade for a “breakdown clause” also to be included.
18 (No) additional allowance is granted by our company for loading or unloading charter ships more quickly.
19 Clearing in (out) charges are incurred (are not incurred) for a whole (part) charter, i.e. ... % of the total charter amount.
20 ... % of the charter costs are due when the order is placed, the balance being payable on receipt of the goods at the port of destination.
21 There is an obligatory advance payment of ... %
22 The charter costs must be paid in ...
23 In reply to your query, we wish to inform you that we are able (unable) to issue a through bill of lading for your consignment to ...
24 The next container ship is expected to set sail on ...
25 A minimum freight rate is payable for the use of a container, but is, however, freely negotiable.
26 There are (no) the following additional costs when a container is returned:
27 ... (name of firm), the freight forwarding agency with which we are affiliated, will forward containers from the port of ... to ...
28 It will take approx. ... days for your container to get from the terminal ... to its final destination ...
29 The following charges will be incurred for the rerouting of the container: ... Please transfer this amount to our account at the ... Bank immediately.
30 We enclose literature on bulk carrier transport as requested.
31 The enclosed brochure, “...”, will provide you with information on what effect the lash system has in practice.
32 The broker’s commission is determined by the scale of charges applicable in each case.

33 Die von der Hafenverwaltung festgelegte Gebührenordnung überreichen wir Ihnen als Anlage.
34 Die Preisdifferenz zwischen Konferenz- und Outsiderfrachten beträgt etwa ... %.
35 Die Löschungskosten gemäß der uns vorliegenden Maß- und Gewichtslisten betragen insgesamt ...
36 Die Entladung des Schiffs erfolgt sofort nach Eintreffen am Kai ...
37 Das Schiff liegt bereits am Schuppen Nr. ... Die Entladung beginnt voraussichtlich heute gegen ... Uhr.
38 Auftragsgemäß werden wir die mit MS „...“ eintreffenden Waren zum Zweck des Weitertransports nach ... sofort auf ein Binnenschiff umladen.
39 Selbstverständlich können wir jederzeit die am Schuppen ... liegenden Erzeugnisse per Lkw verfrachten.
40 Der Schuppen ... hat ein eigenes Anschlussgleis; wir empfehlen daher die Weiterverfrachtung per Bahn.
41 Wir sind auf Verzollungen im Hafen spezialisiert und verfügen über gut organisierte Sammeltransporte nach allen größeren Städten der EU.
42 Lieferungen nach ... können mit Teilbarkonnossementen vorgenommen werden.
43 Die Klassifikation des Schiffs „...“ entnehmen Sie bitte beigefügter Liste.
44 Die von uns zu befrachtenden Schiffe sind ausnahmslos im Lloyd-Register verzeichnet.
45 Die am ... eingetroffene Ware liegt laut Konnossement unbeschädigt am Schuppen.
46 Das Konnossement weist einen Schadensvermerk auf. Mit der Besichtigung der Ware haben wir das Havariebüro ... beauftragt.
47 Das vorliegende Konnossement ist rein gezeichnet.
48 Eine eigene Gewichtsbescheinigung für die mit MS „...“ am ... eingetroffenen Güter liegt (nicht) vor.
49 Die Franchise bei Verladung von ... in Fässern ist Bestandteil unserer Konnossementsbedingungen.
50 Die Bordbescheinigung ist am ... per Einschreiben an Sie abgesandt worden.
51 Der Liegeplatz des Binnenschiffs ... ist das Becken ...

33 We enclose the scale of charges as laid down by the port authorities.
34 The difference in price between conference and outsider freight amounts to approx. ... %
35 On the basis of the weight and dimension lists provided, the unloading costs will amount to a total of ...
36 The vessel is unloaded immediately once it has docked at wharf (No.) ... (... wharf).
37 The vessel is already moored at shed No. ... Unloading is expected to start today at approx. ... (time).
38 As instructed, the goods arriving on board MS "..." will be loaded on an inland waterway craft immediately and forwarded to ...
39 We will, of course, be pleased to forward the goods in shed No. ... by lorry at any time.
40 Shed No. ... has its own rail link. We therefore recommend that the goods be sent on by rail.
41 We specialise in customs clearance at the port and operate a well-organised groupage system to all the major cities of the EU.
42 Shipments to ... can be made on partially prepaid bills of lading.
43 Please refer to the enclosed list for the classification of the vessel "...".
44 The vessels carrying our cargo are, without exception, listed in Lloyd's Register.
45 According to the bill of lading, the goods which arrived on ... are at the shed and undamaged.
46 The bill of lading is claused. We have arranged for the goods to be examined by the ... claims agency.
47 The bill of lading is certified clean.
48 There is (no) separate weight certificate for the goods which arrived on board MS "..." on ...
49 The franchise for shipping ... in barrels is included among the terms of our bill of lading.
50 The mate's receipt was sent to you on ... by registered post.
51 The inland waterway craft ... is moored in the ... basin.

52 Das Liegegeld für das Schubschiff ... beträgt ... pro Tag.
53 Der Kanal ... ist für Schiffe in der Größenordnung von ... BRT jederzeit passierbar.

52 The demurrage for the pusher barge ... is ... per day.
53 The ... Canal is navigable for vessels of approx. ... GRT at any time.

Auftragserteilung

1 Ihre Referenzen haben uns so überzeugt, dass wir Ihnen hiermit den generellen Auftrag erteilen, sämtliche ein- und ausgehenden Seefrachten für uns abzuwickeln.
2 Die uns vorliegenden Prospekte lassen Ihre Leistungsfähigkeit erkennen. Wir übertragen Ihnen hiermit – vorerst zeitlich begrenzt – unsere ausgehenden FOB-Lieferungen.
3 Ihr Leistungsangebot überzeugt uns; wir übertragen Ihnen daher unsere gesamten Binnenschifftransporte.

Awarding contracts

1 Your references are so convincing that we hereby commission you to process all incoming and outgoing sea freight for us.
2 The brochures received make the efficiency of your service quite apparent. We are therefore commissioning you – initially for a limited period – to handle our outgoing FOB shipments.
3 The range of services you offer is so convincing that we hereby commission you to deal with all our inland waterway consignments.

Auftragserteilung mit Vorbehalten

1 Bevor wir Ihnen endgültig den Auftrag zum Chartern eines 8000 BRT großen Schiffs geben, bitten wir Sie, uns die genauen Kosten per Fax oder E-Mail mitzuteilen.
2 Wir erteilen Ihnen den Auftrag, eine Teilcharter von ... nach ... für uns durchzuführen.
3 Da Sie Refaktien für schnellere Beladung oder Entlöschung gewähren, erteilen wir Ihnen den Auftrag, ein Charterschiff für uns zu bestellen. Das Schiff soll zum Transport von ... auf der Strecke ... - ... eingesetzt werden.
4 Die Ganz-(Teil-)Charter bitten wir nur zu vergeben, wenn für uns keine Deklarationskosten entstehen.
5 Da Sie gemäß Ihrem Angebot vom ... ein Durchfracht-Konnossement nach ... erstellen können, übertragen wir Ihnen hiermit den Transport.
6 Wir bitten Sie, die bereits im Hafen liegende Sendung mit dem nächsten Containerschiff nach ... zu verladen.
7 Da zwischen Konferenz- und Outsiderfrachten eine erhebliche Spanne liegt, verlangen wir generell die Verfrachtung unserer Erzeugnisse mit Outsidern.
8 Sofern Sie uns ... % Sofortrabatt einräumen könnten, würden wir Ihnen den Verschiffungsauftrag erteilen.

Awarding contracts with qualifications

1 Before we finally commission you to charter an 8000 GRT vessel, please let us have exact details of the costs by fax or e-mail.
2 We hereby commission you to arrange a part charter from ... to ... for us.
3 As your company makes refunds for faster loading or unloading, we hereby commission you to order a charter ship for us. The vessel will be used to transport ... on the ... – ... route.
4 Please only reserve a full (part) charter for us if there are no clearing in and out costs.
5 As, according to your offer of ..., you are able to issue a through bill of lading to ..., we hereby commission you to take charge of the shipment.
6 Please forward the consigment, which is already at the port, on board the next container ship to ...
7 In view of the considerable difference in price between conference and outsider freight, we wish you only to use outsiders to ship our products.
8 If you can grant us an immediate reduction of ... %, we will commission you to take charge of the shipment.

9 Sobald Sie uns den bereits längst fälligen Zeitrabatt überwiesen haben, werden wir Ihnen neue Verschiffungsaufträge zukommen lassen.
10 Wir werden aufgrund der preislichen Vorteile umgehend eine Kontraktzeichnung vornehmen.
11 Sobald MS „. . .“ unsere Ware gemäß B/L entladen hat, bitten wir Sie, das Gut an nachstehende Adresse frei (unfrei/frei Haus) weiterzuleiten: . . .
12 Wir haben Ihnen bereits mitgeteilt, dass die mit SS „. . .“ eintreffende Ware ohne Zwischenlagerung sofort mit einem Binnenschiff nach . . . zu verfrachten ist.
13 Die am Schuppen . . . liegenden . . . Kisten sind – unter Nachnahme aller bisher entstandenen Kosten – per Lkw (Bahn) an . . . zu versenden.
14 Die im Freihafen unter Einlagerungs-Nr. . . . liegenden . . . Ballen sind zu verzollen und anschließend an . . . frei Haus zu expedieren.
15 Sobald ein Havariekommissar die beschädigte Ware besichtigt hat, bitten wir, eine Freischreibung der Güter zu erwirken.
16 Das Havariezertifikat ist neben einer Ausfertigung des B/L unter Bezugnahme auf die Schadens-Nr. . . . an unseren Transportversicherer zu leiten.
17 Aufgrund Ihrer Zusage erteilen wir Ihnen den Auftrag, das Binnenschiff mit 2000 BRT zur Übernahme von . . . in loser Schüttung am . . . im Seehafen . . ., Becken . . ., bereitzustellen.
18 Sie haben uns bestätigt, dass eine Direktverfrachtung per Binnenschiff von . . . nach . . . möglich ist. Bitte übernehmen Sie bei der Firma . . . folgende Sendung und verfrachten Sie diese umgehend: . . .

9 As soon as the long overdue deferred rebate has been remitted to us, we will contract with you for the forwarding of more shipments.
10 In view of your favourable prices we will be pleased to sign a contract immediately.
11 As soon as MS “. . .” has unloaded our goods as per the B/L, we would request you to send them on, carriage paid (carriage forward/delivered free/franco domicile) to the following address:
12 We have already informed you that the goods arriving on board SS “. . .” are to be forwarded to . . . by inland waterway craft immediately and without temporary storage.
13 The crates of . . . stored in shed No. . . . are to be sent to ... by lorry (rail), C.O.D all expenses incurred thus far.
14 The . . . bales in the free port, storage No. . . . , are to be cleared through customs and then forwarded franco domicile to . . .
15 As soon as a claims agent has examined the damaged goods, please obtain a release from him.
16 The certificate of average and one copy of the B/L are to be forwarded to our underwriters with reference to claim No. . . .
17 As per your confirmation, we hereby commission you to supply a 2000 GRT inland waterway craft to take on a cargo of loose . . . at the sea port of . . ., basin . . ., on . . .
18 We note your confirmation that it is possible to forward goods by inland waterway craft from . . . to . . . direct. Please take charge of the following consignment at the premises of . . . (firm) and forward it immediately:

Auftragsbestätigung

1 Wir nehmen gern zur Kenntnis, dass Sie uns ab sofort alle FOB- und CIF-Sendungen zur Weiterbehandlung übergeben.
2 Unser Inlandsbüro teilt uns soeben mit, dass wir ab heute alle aus- und eingehenden Schiffssendungen für Sie abfertigen dürfen. Wir freuen uns sehr darüber.
3 Das Maklerbüro . . . erteilte uns den Auftrag, Ihnen zu bestätigen, dass die Raumbuchung auf SS „. . .“ in Ordnung geht.

Confirmation of contract

1 We are pleased to learn that you will be commissioning us to process all your FOB and CIF shipments from now on.
2 We are most pleased to learn from our inland office that from now on we will be processing all incoming and outgoing shipments for you.
3 The broker's office . . . has requested us to confirm to you that cargo space can be booked on board SS “. . .”.

4 Wie Sie aus beigefügter B/L ersehen, ist die Sendung von … Kisten … am … mit MS „…“ ordnungsgemäß verschifft worden.
5 Dem Güterverzeichnis entnehmen wir, dass Ihre Sendung von … Ballen … aus … am … bei uns eintrifft.
6 Wir bestätigen Ihnen, dass Ihre Partie … als Unterdeckladung auf SS „…“ verfrachtet wurde.
7 Das am … von Ihnen bestellte Charterschiff für eine Fahrt von … nach … liegt am … im Hafen …, Liegeplatz Nr. …, zur Beladung bereit.
8 Ihre Sendung vom … ist mit Container auftragsgemäß nach … versandt worden.
9 Ihre Sendung von … ist Ihrem Wunsch entsprechend mit dem Outsider „…“ verschifft worden.
10 Wir können Ihnen … % Sofortrabatt einräumen. Ihre im Schuppen lagernde Sendung werden wir noch heute verschiffen.
11 Da Sie die Kontrakte in der Zwischenzeit gezeichnet haben, werden wir sämtliche für Sie im Freihafen lagernden Sendungen schnellstens verschiffen.
12 Die mit MS „…“ eingetroffene Ware ist sofort auf das Binnenschiff „…“ umgeladen worden.
13 Die am Schuppen … liegenden … sind heute weisungsgemäß unter Nachnahme aller Kosten an … versandt worden.
14 Wir haben heute Ihre Sendung … verzollt und sofort frei Haus an Sie abgesandt.
15 Das Havariezertifikat ist gemäß Ihrem Schreiben direkt an … geschickt worden.
16 Die Gewichtsbescheinigung wurde am … an … versandt.
17 Die beschädigte Ware ist nach der Besichtigung durch einen vereidigten Sachverständigen freigegeben worden.
18 Wir haben gestern bei der Firma … gemäß Ihrer Abholanweisung die betreffenden Güter übernommen und werden diese weisungsgemäß per Binnenschiff nach … verfrachten.
19 Wir danken Ihnen für Ihre Auftragserteilung und werden das Binnenschiff … zur Übernahme einer …ladung am … im Seehafen … bereitstellen.

4 As can be seen from the enclosed B/L, the consignment of … crates of … was duly shipped on board MS "…" on …
5 We note from the manifest that your consignment of … bales of … from … will be arriving here on …
6 This is to confirm that your consignment of … was shipped on board SS "…" as hold cargo.
7 The charter ship, ordered by you on … to sail from … to …, will be moored in the port of …, berth No. … on …, ready for loading.
8 As per your instructions, your shipment of … has been forwarded by container to …
9 As requested, your consignment of … has been shipped on board the outsider "…".
10 We are able to grant you an immediate reduction of … %. The goods currently being stored in the shed will be shipped today.
11 As you have now signed the contracts, we will ship all the consignments stored in the free port as quickly as possible for you.
12 The goods which arrived on board MS "…" were immediately loaded onto the inland waterway craft "…".
13 As per you instructions, the goods … stored in shed No. … were forwarded to … today, C.O.D. all charges.
14 We have now cleared your consignment of … through customs and forwarded it to you franco domicile.
15 As per your letter, the certificate of average has been sent directly to …
16 The weight certicate was sent to … on …
17 The damaged goods have now been released after being examined by a sworn expert.
18 The goods in question were collected from … (firm) as instructed and will be forwarded to … by inland waterway craft in accordance with your wishes.
19 Thank you for your contract. The inland waterway craft … will be made available in the seaport of … to take a cargo of … on board on …

Straßentransport und Bahnfracht

Allgemeine Anfragen

1 Um unserer Kundschaft einen noch besseren Service bieten zu können, möchten wir mit leistungsstarken Speditionsfirmen zusammenarbeiten.
2 Um gegenüber unserer Konkurrenz bestehen zu können, sehen wir uns veranlasst, andere, verbesserte Verkehrsbedingungen zu wählen.
3 Übermitteln Sie uns bitte eine Leistungsübersicht über die einzelnen Sparten Ihrer Firma.
4 Da wir uns einen Überblick über die Leistungsfähigkeit Ihres Unternehmens verschaffen wollen, bitten wir Sie, uns Ihr Prospektmaterial zu senden.
5 Wir benötigen einen 20-t-Lkw für eine Sonderfahrt von ... nach ... Können Sie einen Sattelauflieger mit 12 m Ladelänge stellen?
6 Wir benötigen ein Fahrzeug mit Palettenbreite und ... t Nutzlast für eine Fahrt von ... nach ...
7 Haben Sie eigene Lkw im Einsatz?
8 Verwenden Sie für die Verfrachtungen Subunternehmer?
9 Bedienen Sie nur bestimmte Verbindungen mit eigenen Fahrzeugen?
10 Übernehmen Sie auch Gelegenheitstransporte?
11 Führen Sie Fahrten im Nahverkehrsbereich aus?
12 Wir haben vor, unsere Lagerkapazität stark zu verringern. Können Sie just-in-time liefern?
13 Wir suchen ein Transportunternehmen, das dem Transport nachgelagerte Prozesse übernimmt. Konkret denken wir an die Montage unserer Maschinen vor Ort und die Übernahme des Kundendienstes.
14 Können Sie während des Transports eine automatische Sendungsverfolgung (tracking) gewährleisten?

Road haulage and rail freight

General enquiries

1 In order to offer our customers an even better service, we would like to work with efficient freight forwarding agencies.
2 In order to keep up with our competitors, we are compelled to use different, improved means of forwarding.
3 Please send us an overview of all the services offered by the different sections of your company.
4 As we wish to obtain an overall picture of your company's capabilities, we would ask you to send us your sales literature.
5 We require a 20-tonne lorry for a special trip from ... to ... Are you able to provide an articulated lorry with a loading length of 12m?
6 We require a vehicle of pallet width and with a payload of ... tonnes for a trip from ... to ...
7 Do you use your own lorries?
8 Do you subcontract forwarding contracts?
9 Do you only use your own vehicles for certain routes?
10 Will you also transport unscheduled loads?
11 Do you also make short haul deliveries?
12 We intend to reduce our storage capacity substantially. Can you deliver on a just-in-time basis?
13 We are looking for a haulage company to provide services after transporting the goods. In this case we mean assembling machines on site and providing after-sales service.
14 Can you guarantee to provide an automatic tracking service for goods in transsit?

Spezielle Anfragen

1 Sind Sie in der Lage, einen Lkw zu stellen, der unter Zollverschluss eine Partie ... von ... nach ... befördern kann?
2 Haben Sie in Ihrem Fahrzeugpark auch Silo-Lkw?
3 Wir vergeben regelmäßig Transporte von ... nach ... Sind Sie an der Übernahme derartiger Ladungen interessiert und zu welchen Konditionen? Voraussetzung ist allerdings, dass die Verfrachtung mit Isotherm-Fahrzeugen durchgeführt wird.
4 Ab Seehafen ... verladen wir laufend 20-t-Partien und benötigen dafür Tankfahrzeuge der Güteklasse ... Können Sie Lkw dieser Art stellen?
5 Haben Sie Erfahrungen im Transport von ...?
6 Unterhalten Sie ein Fahrzeug mit einer entsprechenden Hängevorrichtung?
7 Haben Sie in Ihrem Fuhrpark Wechselpritschen im Einsatz?
8 Sind bei Ihnen die technischen Voraussetzungen gegeben, Container umzuschlagen?
9 Haben Sie entsprechende Betriebseinheiten?
10 Beschäftigen Sie sich auch mit Tiefladertransporten? Wir hätten eine Maschine, Gewicht ..., Maße ..., von ... nach ... zu transportieren.

Special enquiries

1 Are you able to provide a lorry to transport a bonded load from ... to ...?
2 Do you also have silo-lorries in your fleet?
3 We regularly contract for loads to be forwarded from ... to ... Would you be interested in transporting such loads and, if so, on what terms? One pre-condition would, of course, be that refrigerated vehicles are used for forwarding.
4 For our regular collections of 20-tonne loads from the seaport of ... we require class ... tanker lorries. Can you supply vehicles of this type?
5 Do you have any experience in transporting ...?
6 Does your fleet include a lorry with hanger devices?
7 Does your fleet include lorries with demountable bodies?
8 Do you have container handling equipment?
9 Do you have the appropriate operating units?
10 Are you also able to transport goods using low-loaders? In our case, this would be a machine weighing ... and measuring ..., to be transported from .. to ...

Anschlussgleis

1 Wir beabsichtigen die Installierung eines Anschlussgleises für das Werk ...
2 Der Jahresausstoß unseres Werks beträgt ca. ... t.
3 Für den Abtransport der Erzeugnisse werden jährlich ca. ... Waggons benötigt.
4 Würden Sie durch einen Beauftragten Ihrer Gesellschaft die örtlichen Gegebenheiten prüfen lassen?
5 Ist unser Industriegelände in Ihrem Flächenplan bereits berücksichtigt?
6 Wie hoch werden die Baukosten des Anschlussgleises liegen?
7 Ist mit der Installierung eines Anschlussgleises ein bestimmter Mindestversand verbunden?
8 Müssen für das Anschlussgleis besondere Unterhaltungsgebühren bezahlt werden?
9 Nach welchen Gesichtspunkten richten sich die Anschlussgleisgebühren?

Rail link

1 We intend to have a rail link to the ... plant contructed.
2 Our plant's annual output amounts to approx. ... tonnes.
3 Approx. ... wagons per year would be required to transport the products.
4 Would you send a representative of your company to examine the local conditions?
5 Has our industrial site been taken into consideration in your development plan?
6 How high would the railway link construction costs be?
7 Is a minimum volume of goods to be forwarded a pre-condition for the construction of a rail link?
8 Are there any particular maintenance charges for a rail link?
9 What factors are rail link charges determined by?

10 Werden bei Errichtung eines Anschlussgleises die Wünsche des Verladers berücksichtigt?
11 Sofort nach Fertigstellung des Anschlussgleises werden wir unseren gesamten Versand auf Bahn umstellen.

10 Are the forwarder's wishes taken into consideration when the rail link is constructed?
11 As soon as the rail link has been constructed we will immediately switch over to rail transport for all our goods.

Bitte um Konditionen

1 Geben Sie uns bitte die Frachtkosten für ... Kisten ..., Gewicht ..., von ... nach ... bekannt.
2 Zu welchem Frachtsatz werden von Ihnen ... von ... nach ... befördert? Bitte teilen Sie uns die Frachtkosten für 5-/10-/15- und 20-t-Partien mit.
3 Übernehmen Sie die Verladung des Guts in eigener Regie oder müssen wir Verladepersonal stellen?
4 Gliedern Sie uns bitte die beweglichen Kosten für einen 5-t-Lkw auf.
5 Welchen monatlichen Mindestumsatz fordern Sie bei einer durchschnittlichen Tagesleistung von ... für Fahrzeuge, die im Nahverkehrsbereich eingesetzt werden?
6 In welchem Verhältnis müssen Last- zu Leerkilometern stehen?
7 Kommen bei Anforderung von Spezialfahrzeugen zu den üblichen Frachtsätzen noch Zuschläge hinzu?
8 Können Sie unsere Waren mit einer Warenwert-Nachnahme belasten, die Sie bei Auslieferung des Guts vom Empfänger kassieren?
9 Wann wird uns die von Ihnen kassierte Warenwert-Nachnahme gutgebracht?
10 Wie hoch belaufen sich die Kosten für einen kompletten Güterzug mit 50 Waggons von ... nach ...?
11 Welche Sonderfrachtsätze können Sie uns anbieten?
12 Senden Sie uns bitte Ihren Gütertarif zu. Aus dem Tarifwerk müssen sowohl der Stückgut-Frachtsatz als auch der Wagenladungstarif ersichtlich sein.
13 Zugleich benötigen wir ein Bahnhofsverzeichnis.
14 Wir wünschen ferner ein Exemplar des Nebengebührentarifs.
15 Im Besonderen informieren Sie uns bitte über die Kosten für die Benutzung der bahneigenen Krananlage.
16 Sind diese Kosten pauschal angesetzt oder muss die stundenweise Überlassung bezahlt werden?

Request for conditions

1 Please indicate the freight costs for ... crates ..., weighing ..., from ... to ...
2 What are your freight rates for forwarding ... from ... to ...? Please indicate the freight charges for loads of 5, 10, 15 and 20 tonnes.
3 Do you load the goods yourselves or must we provide labour?
4 Please let us have a break-down of the variable costs for a 5-tonne lorry.
5 What is the minimum monthly freight volume required for vehicles averaging ... per day on short haul deliveries?
6 What must the ratio of loaded to unloaded mileage (kilometres) be?
7 Are there also surcharges in addition to the normal freight rates if special vehicles are used?
8 Will you accept C.O.D. consignments and collect payment from the consignee yourselves?
9 When would the C.O.D. amount be credited to us?
10 What would the costs be for an entire goods train with 50 wagons from ... to ...?
11 What special freight rates are you able to offer us?
12 Please send us a copy of your goods tariff. It must show both package freight and wagonload rates.
13 We also require a list of railway stations.
14 We also wish to have a copy of the tariff for additional services.
15 Please also indicate in particular what it costs to use cranes belonging to the railway.
16 Are these flat-rate charges or is use of the equipment charged by the hour?

17 Welche Lieferfristen liegen einem Frachtvertrag zugrunde?
18 Müssen für verkürzte Lieferfristen Sonderzuschläge bezahlt werden?
19 Werden für angeforderte, jedoch nicht benötigte Waggons Abbestellgebühren verlangt?
20 In welcher Höhe fallen derartige Gebühren an? Wie lange darf ein Verladevorgang dauern, bevor Waggonstandgelder bezahlt werden müssen?

17 What delivery periods are provided for in the contract of carriage?
18 Are there special surcharges for shorter delivery periods?
19 Are there cancellation charges for the non-use of wagons ordered?
20 How high are such charges? How long can loading take before demurrage charges are incurred?

Verpackungsmaterial

1 Können Sie uns Ihre eigenen Verpackungsmittel (Behälter, Paletten, Collicos usw.) stellen?
2 Werden die Verpackungsmittel kostenfrei gestellt?
3 Verlangen Sie für Ihre speditionseigenen Behältnisse bestimmte Gebühren?
4 Werden bei Verwendung Ihrer Behälter (Paletten) Mindestfrachten erhoben?
5 Müssen für die Rückführung der Verpackungsmittel zusätzlich Kosten übernommen werden?
6 Könnten Sie uns Einwegbehälter zur Verfügung stellen?
7 Wie hoch wäre der Preis für eine Verpackungseinheit?

Packaging material

1 Can you provide us with your own packing units (containers, pallets, collapsible containers etc.)?
2 Are the packing units provided free of charge?
3 Do you make any particular charges for the use of your own receptacles?
4 Are there minimum freight charges if your containers (pallets) are used?
5 Will additional charges be incurred for returning the packaging units?
6 Can you provide us with non-returnable containers?
7 How much would one packaging unit cost?

Transportkombinationen

1 Erläutern Sie uns bitte den Begriff „Kombinierte Verkehre".
2 Unterhalten Sie kombinierte Verkehre?
3 Wenn Ihre Firma solche Spezialverkehre nicht unterhält, können Sie uns dann mitteilen, an wen wir uns wenden sollen?
4 Welche Vorteile bringt der kombinierte Verkehr?
5 Bestehen für den kombinierten Verkehr besondere Auflagen?
6 Können wir uns gemeinsam mit Ihnen am kombinierten Verkehr beteiligen?
7 Welche Güter sind vom Transport im kombinierten Verkehr ausgeschlossen?
8 Müssen wir eine bestimmte Anzahl von Sattelaufliegern (Wechselpritschen/Containern) in einen Pool einbringen?
9 Unterliegen die im kombinierten Verkehr eingesetzten Fahrzeuge bestimmten Höchst- oder Mindestmaßen?

Combined forwarding

1 Please explain what is meant by "combined forwarding".
2 Do you arrange combined forwarding?
3 If your company is unable to arrange this type of special forwarding, could you tell us whom to approach?
4 What are the advantages of combined forwarding?
5 Are there any special conditions as regards combined forwarding?
6 Would it be possible for our companies to co-operate in the joint forwarding of goods on a combined basis?
7 What goods are not eligible for combined forwarding?
8 Must we put a certain number of articulated lorries (demountable lorries/containers) into a pool?
9 Are the vehicles used in combined forwarding subject to any particular maximum or minimum dimensions?

10 Liegen genormte Paletten (Behälter) frachtmäßig günstiger?
11 Erhält man bei Aufgabe eines bestimmten monatlichen Kontingents Refaktien?
12 Nach welchen Gesichtspunkten werden Refaktien gewährt?
13 Wie gestaltet sich die Rückvergütung?
14 Sind damit zeitliche Auflagen verbunden?
15 Können im kombinierten Verkehr auch Sonderfahrzeuge wie etwa Silo-Lkw eingesetzt werden?
16 Muss für die Rückführung leerer Ladeeinheiten ebenfalls Fracht bezahlt werden?
17 Gibt es einen Sondertarif für die Rückführung von leeren Sattelaufliegern?
18 Muss für eine Ladeeinheit eine bestimmte Fracht bezahlt werden oder richtet sich diese nach dem geladenen Gewicht?

10 Is the freight on standard-sized pallets (containers) more favourable?
11 Are there refunds for forwarding a certain amount per month?
12 What factors determine whether refunds are granted?
13 What procedure is used for making refunds?
14 Are there any time limits?
15 Can special vehicles such as silo-tankers also be used for combined forwarding?
16 Must freight also be paid for the return of empty load units?
17 Is there a special tariff for the return of empty articulated lorry trailers?
18 Is there a fixed freight charge per load unit or does freight depend on loaded weight?

Beförderungspapiere

1 Müssen die Beförderungspapiere vom Absender erstellt werden?
2 Innerhalb welchen Zeitraums können wir nachträgliche Verfügungen vornehmen?
3 Es ist allgemein üblich, dem Spediteur bei Abholung eines Guts die Begleitpapiere zu übergeben.
4 Eine nachträgliche Verfügung ist immer dann möglich, wenn die Ware noch nicht an den ursprünglichen Empfänger ausgeliefert worden ist.
5 Können die uns vorliegenden Frachtbrief-Formulare für Stückgutsendungen ebenso wie für ganze Wagenladungen verwendet werden?
6 Sind im Frachtbrief Korrekturen erlaubt?
7 Müssen hierbei Besonderheiten beachtet werden?
8 Dürfen wir im Frachtbrief eine Kurzmitteilung an den Empfänger vermerken?
9 Müssen wir im Frachtbrief neben dem Bruttogewicht auch das Volumen der Sendung angeben?
10 Dürfen dem Frachtbrief Anlagen beigefügt werden?
11 Sind bei Verwendung von Behältern (Paletten) Begleitpapiere vorgeschrieben, die wir anzufertigen haben?

Transport documents

1 Must the consignor provide the transport documents?
2 By what time must supplementary instructions be issued?
3 It is customary to give the transport documents to the freight forwarder when the goods are collected.
4 Supplementary instructions are possible as long as the goods have not been delivered to the original consignee.
5 Can the consignment note forms in our possession be used for package freight as well as whole wagonloads?
6 Are corrections permitted on a consignment note?
7 Do any special regulations apply here?
8 Are we allowed to write a note to the consignee on the consignment note?
9 Must the volume of the consignment also be stated on the consignment note as well as the gross weight?
10 Are enclosures permitted with the consignment note?
11 Are we required to provide any accompanying documents when using containers (pallets)?

Diverses

1 Teilen Sie uns bitte mit, wie lange eine Sendung per Express von ... nach ... braucht.
2 Kann eine Expressgutsendung nach ... mit einer Warenwert-Nachnahme belegt werden? Bis zu welcher Höhe?
3 Können Speditionsleistungen als Barvorschuss per Nachnahme eingezogen werden? Besteht der Höhe nach eine Beschränkung?
4 Wird eine Expressgutsendung grundsätzlich vor Zustellung dem Empfänger avisiert?
5 Kann der Empfänger die Ware selbst am Bestimmungsbahnhof abholen?
6 Besteht unter bestimmten Voraussetzungen ein Zustellungszwang durch den bahnamtlichen Rollführer?
7 Können Behälter als Expressgut verfrachtet werden?
8 Sind hierbei bestimmte Höchstgewichte zu beachten?
9 Können Sie uns für den Transport unserer Erzeugnisse Spezialwaggons vom Typ ... zur Verfügung stellen? Wir benötigen hiervon täglich ca. ... Stück.
10 Sind bei Ihrer Gesellschaft Waggons im Einsatz, die sich bevorzugt für Schüttgut eignen?
11 Können Sie für den Abtransport einer großen Maschinenanlage Tiefladewaggons bereitstellen?
Wann müssen wir diese spätestens bei Ihnen bestellen?
12 Hat der Bestimmungsbahnhof ... eine Krananlage, mit der die Maschinenteile entladen werden können?
13 Besteht am Bestimmungsbahnhof ... die Möglichkeit, die Waggons per Straßenroller zum Empfänger zu überführen?
14 Übermitteln Sie uns bitte ein Verzeichnis der sich im Einsatz befindlichen Waggontypen. Wissenswert ist für uns im Besonderen die Aufgliederung nach der zulässigen Achs- und Meterlast.
15 Wichtig ist für uns eine Aufstellung der Lademaße.
16 Können Sie uns für den Transport von ... täglich ... Waggons mit Selbstentladeeinrichtung stellen?

Miscellaneous

1 Please let us know how long it takes to send a consignment from ... to ... by express.
2 Can an express consignment to ... be sent C.O.D.? What is the maximum amount?
3 Can forwarding charges be collected C.O.D.? Is there any limit to the amount?
4 Is the consignee always notified before an express consignment is delivered?
5 Is the consignee able to collect the goods himself at the station of destination?
6 Is it, under certain circumstances, obligatory for the railway's contract carrier to be used?
7 Can containers be sent by express?
8 Are there any regulations regarding the maximum weight?
9 Can you supply special, ... (type) wagons to transport our products? We require approx. ... of them per day.
10 Does your company use wagons that are particularly suited for bulk loads?
11 Can you supply low loaders to transport heavy engineering equipment? By when must these be ordered from you at the latest?
12 Does the station of destination, ..., have a crane to unload the machine parts?
13 Is the station of destination, ..., equipped with a wagon-carrying trailer to transport the wagons to the consignee by road?
14 Please send us a directory of all the types of wagons in use. We are particularly interested in a classification according to the permitted axle and cubic metre loads.
15 It is important for us to have a list of the loading gauges.
16 Can you supply ... wagons with unloading gear per day to transport ...?

Angebote

1. Wir sind jederzeit in der Lage, einen 20-t-Lkw für Sonderfahrten von ... nach ... für Sie abzustellen.
2. Die Gestellung eines Sattelaufliegers mit 12 m Ladelänge ist nach vorheriger Abstimmung möglich.
3. Fahrzeuge mit Palettenbreite müssen ca. ... Tage vor Transportbeginn angefordert werden.
4. Unser Unternehmen setzt ausschließlich eigene Fahrzeuge ein.
5. Für bestimmte Verbindungen bedienen wir uns verschiedener Subunternehmer.
6. Es trifft zu, dass wir in allen größeren Städten der EU eigene Lkw im Einsatz haben.
7. Wir verstehen uns als integriertes Logistikunternehmen und sind in der Lage, Zusatzleistungen zu übernehmen.
8. Selbstverständlich führen wir auch Fahrten im Nahverkehrsbereich aus.
9. Unsere Geschäftsbedingungen bitten wir Sie der Rückseite unseres Briefbogens zu entnehmen.
10. Da wir in erster Linie Auslandstransporte durchführen, besitzt ein Großteil unserer Lkw Zollverschluß, so dass sich keine Schwierigkeiten bei der Verfrachtung Ihrer Ware von ... nach ... ergeben.
11. Wir sind ein ISO 2000 ff.-zertifierter Logistikanbieter und können auch extrem enge Zeitpläne garantieren.
12. Wir haben uns auf just-in-time Lieferungen spezialisiert. Kontaktieren Sie uns unter Tel./Fax. Nr. ... E-Mail-Anschrift ...
13. Die sich bei uns im Einsatz befindlichen Tankfahrzeuge haben die Güteklasse ..., und wir sind ab Seehafen ... aufnahmefähig.

Offers

1. We can provide you with a 20-tonne lorry for special trips from ... to ... at any time.
2. We will be able to provide an articulated lorry with a loading length of 12m, if advance notice is given.
3. Vehicles of pallet width must be ordered approx. ... days prior to the date of forwarding.
4. Our company only uses its own vehicles.
5. We use different subcontractors on certain routes.
6. It is true that our company has lorries operating in all major EU cities.
7. We are an integrated logistics company and are able to provide additional services.
8. We will, of course, be pleased to make short haul deliveries.
9. Please refer to the reverse of this letter for our terms and conditions of business.
10. As we mainly deal with consignments abroad, most of our lorries have customs seals, so there will be no difficulty in forwarding your goods from ... to ...
11. We are an ISO 2000 ff. certified logistics supplier and are able to guarantee extremely tight delivery schedules.
12. We specialise in just-in-time deliveries. Please call us at ..., fax ..., e-mail ...
13. Our fleet includes class ... tanker lorries, which can be used for collections from the seaport of ...

Kostenstellung

1. Die Frachtkosten für ... Kisten ..., Gewicht ..., von ... nach ... betragen ...
2. Der Frachtsatz für ... von ... nach ... beträgt
   für 5-t-Partien pro kg ...
   für 10-t-Partien pro kg ...
   für 15-t-Partien pro kg ...
   für 20-t-Partien pro kg ...
3. Die Verladung des Guts muss durch den Absender vorgenommen werden.
4. Gern geben wir Ihnen die variablen Kosten für einen 5-t-Lkw an: ...

Charges

1. The freight charges for ... crates of ..., weight ..., from ... to ..., amount to ...
2. The freight rate for ... from ... to ... is
   ... per kg for 5-tonne loads.
   ... per kg for 10-tonne loads.
   ... per kg for 15-tonne loads.
   ... per kg for 20-tonne loads.
3. The goods must be loaded by the consignor.
4. The variable costs for a 5-tonne lorry are as follows:

5 Der monatliche Mindestumsatz muss bei einer durchschnittlichen täglichen Entfernung/Strecke von ... km mit ..., im Nahverkehrsbereich mit ..., angesetzt werden.
6 Die Last- und Leerkilometer sollten in einem Verhältnis von ... zu ... stehen.
7 Für Spezialfahrzeuge gibt es Sondertarife, die alle Zuschläge bereits beinhalten.
8 Wir können Warenwert-Nachnahmen bei Zustellung erheben; der Nachnahmebetrag wird außerhalb des Kontokorrent-Verfahrens umgehend an Sie überwiesen.
9 Für die Einziehung der Nachnahme erheben wir ... % vom Warenwert.

5 The minimum monthly freight volume for an average daily mileage of ... (an average distance of ... kilometres per day) would be ... and ... for short haul deliveries.
6 The ratio of loaded to empty kilometres should be ...
7 There are separate tariffs in which all surcharges are included for special vehicles.
8 We will be pleased to forward goods on a C.O.D. basis. Monies thus collected will be remitted to you immediately and not via your account with us.
9 We charge ... % of the value of the goods for C.O.D. consignments.

Kosten für Verpackungsmittel

1 Unsere firmeneigenen Verpackungsmittel können wir Ihnen jederzeit stellen.
2 Die Gebühren richten sich nach unserer internen Preisaufstellung; eine kostenfreie Überlassung ist leider nicht möglich.
3 Bei Verwendung unserer speditionseigenen Verpackungsmittel müssen entsprechende Mindestfrachten berechnet werden, die sich nach Größenordnung staffeln.
4 Für die Rückführung unserer Verpackungseinheiten fallen (keine) folgende Gebühren an: ...
5 Einwegbehälter in den Formaten ... können Ihnen gegen Kostenerstattung zur Verfügung gestellt werden.
6 Die Preise entnehmen Sie bitte der beigefügten Aufstellung.

Charges for packaging materials

1 We will be pleased to make our company's own packaging material available to you at any time.
2 Charges are made as per our company's own price list. Packing unfortunately cannot be provided free of charge.
3 Use of our company's own packaging material is subject to a minimum freight charge, staggered according to size.
4 The following (no) charges are incurred for the return of our packaging material: ...
5 Non-returnable containers measuring ... can be provided at cost.
6 Please refer to the enclosed list for prices.

Transportkombinationen

1 Beim „Kombinierten Verkehr" handelt es sich um eine Beförderungsart, bei der der Lkw-Unternehmer gemeinsam mit der Bahn Leistungen erbringt.
2 Wir unterhalten „Kombinierte Verkehre" nach folgenden Orten: ...
3 Neben seiner allgemeinen volkswirtschaftlichen Bedeutung bringt der „Kombinierte Verkehr" für den einzelnen Transportunternehmer erhebliche Kosteneinsparungen, vor allem im Personalbereich, mit sich.
4 Eine Zusammenarbeit ist (leider nicht) möglich.

Combined forwarding

1 When goods are jointly transported by a haulage contractor and the railway service this is known as "combined forwarding".
2 We offer a "combined forwarding" service to the following locations:
3 In addition to the overall economic advantages, "combined forwarding" results in considerable savings for the individual carrier, especially in terms of labour.
4 Our companies will (unfortunately not) be able to co-operate on this.

5 Folgende Güter können wegen der einschlägigen Bedingungen nicht im „Kombinierten Verkehr“ befördert werden: . . .
6 Die Einbringung einer bestimmten Anzahl von Sattelaufliegern (Wechselpritschen/ Containern) in einen Pool ist gegenwärtig nicht erforderlich.
7 Die im „Kombinierten Verkehr“ eingesetzten Fahrzeuge unterliegen bestimmten Höchstmaßen und einer begrenzten Gesamtlast.
8 Die Beförderung von Paletten (Behältern) liegt frachtmäßig (nicht) günstiger.
9 Refaktien werden bei einer bestimmten Mindestaufgabe gewährt. Die Bedingungen entnehmen Sie bitte beiliegendem Merkblatt.
10 Im „Kombinierten Verkehr“ können auch Silofahrzeuge eingesetzt werden, sofern sie die zulässigen Höchstmaße und -gewichte nicht überschreiten.
11 Bei der Rückführung von leeren Sattelaufliegern usw. fallen selbstverständlich Kosten an, die sich nach der jeweiligen Frachtentabelle richten.
12 Die Fracht wird zurzeit pro Ladeeinheit berechnet.

5 According to the regulations currently in force, the following goods are not eligible for “combined forwarding”:
6 At the present time it is not necessary to put a certain number of articulated lorries (demountable lorries/containers) into a pool.
7 The vehicles used for “combined forwarding” are subject to maximum dimensions and an overall weight limitation.
8 The freight charges for pallets (containers) are (not) more favourable.
9 Refunds are granted if a certain minimum quantity is forwarded. Please refer to the information sheet included for details.
10 Silo vehicles can also be used in “combined forwarding”, insofar as they do not exceed the maximum dimensions and weights permitted.
11 When empty articulated lorries etc. are returned, charges are, of course, incurred in accordance with the corresponding freight tariff.
12 At present, freight is charged per load unit.

Fracht- und Begleitpapiere

1 Die Frachtbriefe sind in der Regel vom Auslieferer der Ware auszustellen.
2 Es müssen grundsätzlich die genormten Frachtbriefe ausgefertigt werden.
3 Für Stückgutsendungen und komplette Wagenladungen werden einheitliche Frachtbriefe verwendet.
4 Korrekturen im Frachtdokument sind erlaubt; sie müssen jedoch gegengezeichnet werden.
5 Kurzmitteilungen, die in unmittelbarem Zusammenhang mit der zu befördernden Ware stehen, sind erlaubt.
6 Es empfiehlt sich, im Frachtbrief die Brutto-, Tara- und Nettogewichte anzugeben.
7 In der Regel wird das frachtpflichtige Gewicht von der Bahn gestellt.

Forwarding documents and accompanying documents

1 The consignment notes are normally provided by the freight forwarder.
2 Standard consignment notes should always be used.
3 Uniform consignment notes are used for package freight and whole wagonloads.
4 Corrections are permitted on freight documents. They must, however, be countersigned.
5 Brief notes directly relating to the goods being forwarded are permitted.
6 It is advisable to state the gross, tare and net weights on the consignment note.
7 The railway authorities usually determine the weight on which freight is payable.

Diverses

1 Die Zustellung Ihrer Sendungen erfolgt durch die Firma ...
2 Der Bestimmungsbahnhof ... hat einen (keinen) bahnamtlichen Rollführer.
3 Sofern der Empfänger am Bestimmungsbahnhof eine Vollmacht zugunsten eines bestimmten Spediteurs abgegeben hat, erfolgt durch diesen die Zustellung seiner Sendungen.
4 Bestimmte zollamtliche Behandlungen nimmt der ortsansässige Spediteur vor.
5 Für Rollfuhrleistungen gibt es feste Tarife, zweiseitige Preisabsprachen sind jedoch möglich.
6 Ob die Zustellungskosten vom Empfänger zu tragen sind, richtet sich nach dem Frankaturvermerk.
7 Auf Ihre Anfrage teilen wir Ihnen mit, dass eine Expressgutsendung nach ... eine Laufzeit von ca. ... Stunden hat.
8 Eine Expressgutsendung kann mit einer Warenwert-Nachnahme bis zur Höhe von ... belegt werden.
9 Speditionsleistungen können per Nachnahme bis zur Höhe von ... eingezogen werden.
10 Wenn auf dem Frachtbrief ein entsprechender Hinweis auf die Avisierung der Sendung vorhanden ist, erfolgt seitens der Bahn die Benachrichtigung des Empfängers.
11 Der Empfänger kann die Ware am Bestimmungsbahnhof selbst abholen.
12 Ein Zustellungszwang besteht (nicht).
13 Behälter können nur bis zu einem Höchstgewicht von ... per Expressgut versandt werden.
14 Wir sind in der Lage, Ihnen Spezialwaggons vom Typ ... bei rechtzeitiger Anmeldung in ausreichender Zahl bereitzustellen.
15 Unser Wagenpark umfasst auch Spezialwaggons für Schüttgut.
16 Tiefladewaggons stehen uns nur beschränkt zur Verfügung; es muss daher eine rechtzeitige Anmeldung des Transports erfolgen.
17 Der Bestimmungsbahnhof ... hat eine ... t tragende Krananlage.
18 Eine Zustellung per Straßenroller ist (leider nicht) möglich.
19 Wunschgemäß erhalten Sie ein Verzeichnis der sich im Einsatz befindlichen Waggons, dem Sie auch die betriebstechnischen Daten entnehmen können.

Miscellaneous

1 Your consignment will be delivered by ... (firm).
2 The station of destination has (does not have) a contract carrier.
3 Insofar as the consignee has provided the station of destination with his authorisation that a particular freight forwarder is to be given the contract, this latter will be entrusted with the delivery of the consignment.
4 The local freight forwarder attends to certain customs formalities.
5 There are fixed tariffs for haulage services but bi-lateral agreements are, however, possible.
6 Whether delivery costs are to be paid for by the consignee is determined by the freight payment marking.
7 In reply to your enquiry, we wish to inform you that an express consignment to ... takes approx. ... hours.
8 A maximum of ... in C.O.D. charges can be collected on an express consignment.
9 A maximum of ... in freight forwarding charges can be collected on delivery.
10 If the consignment note bears an annotation to the effect that notification is required, the consignee will be informed by the railway authorities.
11 The consignee may collect the goods at the station of destination himself.
12 Delivery is (not) compulsory.
13 Only containers weighing no more than ... can be sent by express.
14 If notice is given in good time, a sufficient number of special, ... (type) wagons can be provided.
15 Our rolling stock also includes special wagons for bulk loads.
16 We only have a limited number of low loaders available. Notice of forwarding must therefore be given in good time.
17 The station of destination at ... has a ...-tonne crane.
18 Delivery can (unfortunately cannot) be made by wagon-carrying trailer.
19 As requested, we enclose a directory containing details of all the types of wagons in use together with technical data.

20 Waggons mit Selbstladeeinrichtung können nach vorherigem Avis bereitgestellt werden.
21 Die Nachbeeisung von Kühlwagen wird ab einer bestimmten Entfernung vorgenommen.
22 Kühlwagen werden in der Regel nach Sonderfahrplan abgefertigt.

Spezielle Auftragserteilung

1 Wir beziehen uns auf Ihre Offerte vom ... und übertragen Ihnen die Durchführung des Transports per Sonderfahrt am ... von ... nach ...
2 Bitte stellen Sie uns am ... einen Sattelauflieger von ... m Ladelänge.
3 Für den ... benötigen wir ein Fahrzeug, das Palettenbreite hat.
4 Da Sie nach ... eigene Fahrzeuge einsetzen, erteilen wir Ihnen hiermit den Auftrag, folgende Sendung zu übernehmen: ...
5 Wir erteilen Ihnen die Order, für die Zeit vom ... bis zum ... sämtliche Nahverkehrstransporte ab Werk ... nach ... durchzuführen.
6 Mit Ihren Geschäftsbedingungen erklären wir uns einverstanden.
7 Hiermit erteilen wir Ihnen den Auftrag, am ... unsere Sendung ... bei der Firma ... zu übernehmen und mit einem Fahrzeug mit Zollverschluss nach ... zu verfrachten.
8 Wir wollen uns erstmals Ihrer Dienste im Siloverkehr bedienen und bitten Sie, am ... gemäß Versandauftrag Nr. ... folgende Partie zu übernehmen: ...
9 Zu übernehmen sind mit Isotherm-Fahrzeug am ... bei Firma ... insgesamt ... t ...
10 Als Probeauftrag sind am Tanklager ... ... t gemäß beigefügter Abholbescheinigung zu übernehmen.
11 Am ... sind bei der Firma ...... abholbereit, die Sie bitte zum genannten Termin übernehmen wollen.
12 Wir haben heute einen Container an Sie abgesandt, der sofort nach Eingang zur Beladung der Firma ... zugestellt werden muss.
13 Bei der Firma ... sind am ... ca. ... t ... abholbereit, die Sie bitte gleich übernehmen wollen.
14 Ihrem Angebot zufolge bitten wir Sie, die Sendung ... am ... bei uns abzuholen und nach ... zu verfrachten.

20 Wagons with unloading gear can be provided if prior notice is given.
21 Refrigerated wagons are recooled after a certain distance.
22 Refrigerated wagons are normally run on a special timetable.

Special contracts

1 We refer to your offer of ... and hereby commission you to arrange for special transportation of the goods from ... to ... on ...
2 Please provide an articulated lorry with a loading length of ...m on ...
3 We require a vehicle of pallet width on ...
4 As you use your own vehicles for trips to ..., we hereby commission you to forward the following consignment: ...
5 We hereby commission you to collect all our short haul consignments for forwarding ex works ... to ..., for the period from ... to ...
6 We hereby accept your terms and conditions of business.
7 We hereby commission you to collect our consignment of ... from ... (firm) on ... and transport it in a bonded vehicle to ...
8 We wish to avail ourselves of your silo transport services for the first time and would request you, as per forwarding order No. ..., to take charge of the following load on ...: ...
9 A total of ... tonnes of ... is to be collected by refrigerated vehicle from ... (firm) on ...
10 As a trial order, ... tonnes are to be collected from the ... tank storage depot, as per the instructions for collection enclosed.
11 Please pick up ..., which will be ready for collection at ... (firm) on ...
12 A container was sent to you today which is to be forwarded to ... (firm) for loading as soon as it arrives.
13 Approx. ... tonnes of ... will be ready for collection from ... (firm) on ... Please then pick up this load immediately.
14 As per your offer, we would request you to collect the consignment of ... from our premises on ... and forward it to ...

15 Alle normalen Stückgutsendungen sind automatisch durch den Rollfuhrunternehmer ... zuzustellen, Sendungen mit Warenwert-Nachnahme sind uns grundsätzlich zuvor zu avisieren.
16 Geben Sie bitte Ihrer Empfangsstelle die Anweisung, dass eingehende Waggonladungen uns umgehend telefonisch avisiert werden, da wir die Entladung selbst vornehmen.
17 Ab sofort sind die für uns eingehenden Waggons am Anschlussgleis der Firma ... bereitzustellen.

15 All normal package freight is to be delivered automatically by the haulage contractor ... We must be given prior notification of all C.O.D. consignments.
16 Please instruct your receiving office to advise us by telephone of all incoming wagonloads, as unloading will be carried out by us.
17 Please arrange for incoming wagons for us to be directed to ...'s (firm) rail link from now on.

Versandanzeige

1 Wir danken für den uns erteilten Auftrag und bestätigen Ihnen, dass Ihre Sendung vom ... ordnungsgemäß verfrachtet wurde.
2 Wir werden bemüht sein, auch künftige Transportaufträge stets zu Ihrer vollen Zufriedenheit abzuwickeln.
3 Die uns mit Ihrer Versandanweisung übergebenen Sendungen sind heute an die vorgeschriebenen Empfänger abgesandt worden.
4 Sämtliche Sendungen, die Sie uns am ... übergeben haben, sind noch am selben Tag bearbeitet worden.
5 Gemäß Ihren Frachtbriefen wurden die Waren unverzüglich expediert.
6 Laut Ihrer Verladeanweisung vom ... haben wir die Sendung ... am ... mit Eilvermerk nach ... versandt.

Advice of despatch

1 We thank you for your contract and hereby confirm that your consignment of ... was duly forwarded.
2 We will do our best to ensure that any future forwarding contracts will always be carried out to your entire satisfaction.
3 The consignments given to us together with your forwarding instructions were despatched to the consignees indicated today.
4 All the consignments given to us on ... were processed on the same day.
5 The goods were despatched immediately as per your consignment notes.
6 In accordance with your loading instructions of ..., the consignment of ... was despatched to ... on ... by express.

Transportversicherung

Konditionen

1 Der Käufer (Verkäufer) trägt das Risiko des Transports.
2 Während des Transports ist die Ware gegen Verlust und/oder Beschädigung versichert.
3 Das Risiko des Verlusts oder der Beschädigung der Ware wird von uns getragen (ist von Ihnen zu tragen).
4 Die Ware ist auf dem Transport versichert.
5 Die Ware wird von uns auf unsere (Ihre) Kosten gegen Transportschäden versichert.

Transport insurance

Conditions

1 The transport risk is borne by the buyer (seller).
2 The goods are insured against loss and/or damage in transit.
3 The risk of loss of or damage to the goods is borne by us (by you).
4 The goods are insured in transit.
5 The goods are insured by us at our (your) expense against damage in transit.

6 Wir (Sie) tragen die Kosten der Transportversicherung.
7 Die Ware ist bis zum Eintreffen am Erfüllungsort gegen Beschädigung oder Verlust versichert.
8 Die Kosten der Transportversicherung tragen Käufer und Verkäufer je zur Hälfte.
9 Auf Ihren Wunsch schließen wir eine Transportversicherung ab, deren Kosten wir Ihnen in Rechnung stellen.
10 Wenn Sie es wünschen, versichern wir die Ware zu Ihren Lasten.
11 Es kann eine Transportversicherung abgeschlossen werden, mit deren Kosten wir Sie belasten.
12 Die Kosten der Transportversicherung sind im Kaufpreis (nicht) enthalten.
13 Die Kosten der Transportversicherung werden (nicht) gesondert berechnet.

6 The costs of transport insurance are borne by us (you).
7 The goods are insured against damage or loss until their arrival at the place of performance.
8 The costs of transport insurance are shared equally by the buyer and the seller.
9 If requested, we will take out transport insurance, for which costs you will be invoiced.
10 We will insure the goods at your expense if you so wish.
11 Transport insurance can be taken out, the costs of which will be debited to you.
12 The costs of transport insurance are (not) included in the purchase price.
13 Transport insurance is (not) charged for separately.

Anfragen

1 Für den Abschluss einer Transportversicherung benötigen wir Angaben über die Seetüchtigkeit und Güte des Schiffes (Schiffsklassifikation), das Sie zur Verladung unserer Güter vorgesehen haben.
2 Liegt die am ... eingetroffene Ware unbeschädigt im Warenzollverschlusslager? Sollten irgendwelche Beschädigungen/Diebstähle festgestellt worden sein, würden wir zur Vorlage bei unseren Transportversicherern unbedingt das Schadensattest eines vereidigten Sachverständigen benötigen.
3 Haben Sie die Bordbescheinigung (board receipt) bereits an uns abgesandt? Das Dokument wird von unseren Transportversicherern verlangt.
4 Liegt eine separate Gewichtsbescheinigung für die mit MS „...“ eingetroffene Sendung vor? Eine solche Bescheinigung wird soeben von der Transportversicherung bei uns angefordert.
5 Teilen Sie uns bitte mit, ob unser Erzeugnis (durchschnittlicher Wert per kg ...) frachttechnisch unter den Begriff „ad valorem“ fällt.
6 Sind bei Abschluss einer Versicherung gemäß der Institute Cargo Clauses, Deckung B, die folgenden Risiken abgedeckt:
Abhandenkommen
Aufruhr

Enquiries

1 We require information on the seaworthiness and quality of the vessel (classification of the ship) our goods are to be shipped on.
2 Are the goods which arrived on ... undamaged and in a bonded warehouse? If it is apparent that there has been damage/pilferage, we would most certainly require a certificate of damage from a sworn expert, which we will then forward to our transport insurance company.
3 Has the mate's receipt (board receipt) been sent to us yet? This document is required by our transport insurance company.
4 Is there a separate weight certificate for the goods that arrived on board MS "..."? Our transport insurance company has just asked for it to be sent in.
5 Please let us know whether our product qualifies as "ad valorem" (average value per kg ...) for freight purposes.
6 Are the following risks covered by an Institute Cargo Clauses B Cover insurance policy?:
loss
riot

Beschädigung
Beschmutzung
Bruch
Diebstahl
Erdbeben
Hakenriss
Krieg
Nässe
Oxydation
Plünderung
Raub
Rost
Sabotage
Schäden durch Beiladung
Seewasserschäden
Streik
Verbiegung?

7 Welche Risiken beinhaltet eine Clause C-Deckung?

8 Können (Müssen) wir bei Aufgabe der Versicherungssumme einen imaginären Gewinn einkalkulieren? Sofern ja, bis zu welcher Höhe?

damage
soiling
breakage
theft
earthquake
hook failure
war
wetness
oxydation
pilferage/looting
pilferage/robbery
rust
sabotage
damage from other cargo
seawater damage
strike
bending/distortion.

7 What risks are covered by a Clause C policy?

8 Can (must) we include projected profits when stating the insured value? If this is so, up to what amount?

Angebote

1 Wir danken Ihnen für Ihre Anfrage und übermitteln Ihnen heute die gewünschten Prämientarife.

2 Als Anlage überreichen wir Ihnen wunschgemäß die neuesten Prämientarife, aufgegliedert nach Land-/See-/ und Lufttransporten.

3 Da aus unserer Broschüre sämtliche Transportversicherungsarten ersichtlich sind, erübrigt es sich, auf Ihre spezielle Frage einzugehen.

4 Sie finden die entsprechende Prämie auf Seite ... Beachten Sie bitte, dass zur angeführten Prämie noch ... % Versicherungssteuern hinzukommen.

5 Zum Zweck des Abschlusses einer Generalpolice erlauben wir uns, Ihnen ein Antragsformular zukommen zu lassen. Bitte geben Sie uns dieses Formular, in allen Teilen ausgefüllt, bald zurück. Wir werden Ihnen dann umgehend unser Angebot unterbreiten.

Offers

1 We thank you for your enquiry and enclose the premium scales as requested.

2 As requested, we enclose our latest premium scales, subdivided into land, sea and air transport.

3 As our brochure covers all types of transport insurance, a detailed answer to your specific question is not necessary.

4 You will find the corresponding premium on page ... Please note that there is an additional insurance tax charge of ... % on the premium quoted.

5 We are taking the liberty of sending you an application form for the purpose of taking out an open policy. Please return this form to us, with all parts completed, in the near future. We will then submit our offer to you by return.

Auftragserteilung

1 Aufgrund der uns vorliegenden Prämientarife erteilen wir Ihnen hiermit den Auftrag, unsere Sendung ... nach ... gegen allgemeine Risiken zu versichern.

Awarding contracts

1 On the basis of the premium scale received, we hereby request you to insure our consignment of ... to ... against general risks.

2 Wir bitten Sie, folgende Sendung mit f.p.a.-Deckung (w.p.a.-Deckung) gemäß den Institute Cargo Clauses, Deckung C (Deckung B) zu versichern: ...
3 Wir erteilen Ihnen den Auftrag, uns eine Versicherungspolice für unsere Exportsendungen zukommen zu lassen.
4 Die uns mitgeteilten/genannten Prämiensätze entsprechen nicht unseren Erwartungen. Der Abschluss einer Generalpolice steht deshalb nicht zur Diskussion.
5 Das Konkurrenzangebot liegt wesentlich günstiger. Wir werden unsere Versicherungsabschlüsse dort tätigen.

2 Please insure the following consignment with f.p.a. coverage (w.p.a. coverage) as per Institute Cargo Clauses, C Cover (B Cover): ...
3 We hereby request you to supply us with an insurance policy for our export consignments.
4 The premium rates quoted do not meet our expectations. We are therefore not prepared to consider taking out an open policy with you.
5 The offer made by your competitor is considerably more favourable. We will therefore be taking out our insurance cover with that company.

Auftragsbestätigung

1 Wir danken Ihnen für Ihren Auftrag und erlauben uns, Ihnen als Anlage die Versicherungspolice zu überreichen.
2 Für künftige Abschlüsse stehen wir Ihnen jederzeit zur Verfügung.
3 Für Ihre Sendung nach ... erhalten Sie wunschgemäß ein Versicherungszertifikat.
4 Durch den Abschluss einer Generalpolice bei unserer Gesellschaft sind Ihre Sendungen nunmehr gegen alle Risiken abgesichert. Die bei Ihnen ein- oder ausgegangenen Sendungen wollen Sie uns bitte monatlich nachträglich melden.

Confirmation of contract

1 We thank you for the contract and take pleasure in sending you the insurance policy enclosed.
2 We will be pleased to conclude further policies with you at any time.
3 As requested, we are sending you an insurance certificate for your consignment to ...
4 Thanks to your having taken out an open policy with our company, your consignments are now covered against all risks. Please advise us of incoming and outgoing consignments retrospectively each month.

Umfang des Versicherungsschutzes

1 Bitte versichern Sie unsere Sendung bis zur Grenze (einschließlich Verzollung/bis zum Bestimmungsort).
2 Gemäß Ihrer Anforderung haben wir die für Sie bestimmte Sendung bis zur Grenze (einschließlich Verzollung/bis zum Bestimmungsort) versichert.
3 Ist die Sendung nach Ankunft bis zur Anlieferung bei uns versichert?
4 Die Sendung ist bis zum Bestimmungsort (bis Entladung vom Sammeltransport/bis zur Anlieferung bei Ihnen) versichert.

Extent of insurance cover

1 Please insure our consignment up to the border (including customs clearance/ to the place of destination).
2 As requested, we have insured the consignment intended for you up to the border (including customs clearance/to the place of destination).
3 Is the consignment insured after arrival until it is delivered to our premises?
4 The consignment is insured up to the place of destination (until unloaded from group transport/until delivery to your premises).

Schadensfall

1 Betreff: Ihren (Unseren) Schadensfall vom ...

Claims

1 Re: Your (our) claim dated ...

2 Bitte senden Sie uns die notwendigen Versicherungsformulare, damit wir den Schadensfall melden können.
3 Die von Ihnen angeforderten Versicherungsformulare sind an Sie abgegangen.
4 Wir möchten Ihnen den folgenden Schadensfall melden und bitten Sie, einen Ihrer Agenten damit zu beauftragen, den Schaden an Ort und Stelle zu inspizieren.
5 Wir haben von Ihrem Schadensfall Kenntnis genommen und ihn an die Versicherungsgesellschaft weitergeleitet.
6 Die beigefügten Versicherungsformulare wollen Sie bitte ausgefüllt an uns zurücksenden.
7 Wir haben Ihre Anweisungen vom ... erhalten und werden uns mit ... in Verbindung setzen.

2 Please send us the insurance forms necessary for us to register our claim.
3 The insurance forms requested have been sent to you.
4 We wish to report the following claim to you and would ask you to instruct one of your agents to inspect the damage on the spot.
5 We have taken note of your claim and passed it on to the insurance company.
6 Please complete the insurance forms enclosed and return them to us.
7 We have received your instructions dated ... and will get in touch with ...

Anhang

Internationale Handelsabkürzungen und Fachausdrücke

a/a	always afloat *Das Schiff darf nicht auf Grund geraten.*
a.a.r.	against all risks *gegen alle Risiken*
a/c	account *Konto*
a/d	after date *nach Dato*
AGM	annual general meeting *(Jahres-)Hauptversammlung*
a.m./am	ante meridiem *vormittags*
approx.	approximately *ungefähr*
art.	article *Artikel*
A/S	account sales *Verkaufsabrechnung*
ATM	automated teller machine *Geldautomat*
Attn	Attention, For the attention of *zu Hd.*
Bdy.	broadway *britische u. amerikanische Straßenbezeichnung*
B/E (B(s)/E)	bill(s) of exchange *Wechsel, Tratte*
B/L (B(s)/L)	bill(s) of lading *Konnossement, Seefrachtbrief*
Bros.	brothers *Gebrüder*
c. / ca.	circa *ungefähr*
CAD	cash against documents *Kasse gegen Dokumente*
c.c.	carbon copy *Durchschrift*
C.C.	charges collect *Erhebung von Gebühren, unfrei*
CFR	cost and freight *Kosten und Fracht*
CIF	cost insurance freight *Kosten, Versicherung und Fracht*
CIP	carriage and insurance paid to *frachtfrei versichert bis*
c/o	care of *per Adresse*
Co	company *Gesellschaft*
COD	cash on delivery *Nachnahme*
COS	cash on shipment *Zahlung bei Verschiffung*
cm	centimetre (-er) *Zentimeter*
c.p.d.	charterer pays dues *Abgaben werden vom Charterer bezahlt*
CPT	carriage paid to *frachtfrei bis*
cr.	creditor *Gläubiger*
c.r.	current rates *zu den Sätzen und Tarifen, die zurzeit in Kraft sind*

Cres.	crescent *britische Straßenbezeichnung*
c.t.	conference terms *Konferenzbedingungen*
cv/CV	curriculum vitae *Lebenslauf*
cwt.	hundredweight *Zentner*
D/A	deposit account *Sparkonto*
D/A	documents against acceptance *Dokumente gegen Akzept*
DAF	delivered at frontier *geliefert Grenze*
d.d.	dangerous deck *gefährliche Ware, Deckgut*
d/d	days after date *Tage nach dato*
DDP	delivered duty paid *geliefert verzollt*
DDU	delivered duty unpaid *geliefert unverzollt*
dep.	departure *in Fahr- und Flugplänen angegebene Abflugzeit*
DEQ	delivered ex quay *geliefert ab Kai*
DES	delivered ex ship *geliefert ab Schiff*
div.	dividend *Dividende*
doz.	dozen *Dutzend*
D/P	documents against payment *Dokumente gegen Zahlung*
Dr	Doctor *Doktor*
d/s	days after sight *Tage nach Sicht*
E.&O.E.	errors and omissions excepted *Irrtümer und Auslassungen vorbehalten*
ECU	European Currency Unit *Europäische Währungseinheit*
EDP	electronic data processing *elektronische Datenverarbeitung*
EEA	Exchange Equalisation Account *Devisen-/Währungsausgleichskonto*
EFTPOS	Electronic funds transfer at the point of sale *Einzugsermächtigung am Kassenterminal*
e.g.	exempli gratia, for example *zum Beispiel*
EMS	European Monetary System *Europäisches Währungssystem*
EMU	European Monetary Union *Europäische Währungsunion*
Enc/Encs	Enclosure(s) *Anlage(n)*
E.O.M.	end of month *Monatsende*
ERM	Exchange Rate Mechanism *Wechselkursmechanismus*
ETA	estimated time of arrival *planmäßige Ankunftszeit*
etc.	et cetera / and so on *usw.*
e.t.c.	expected to complete *zu erwartendes Löschende*
e.t.s.	expect to sail *voraussichtliche Abfahrt*
EXW	ex works *ab Werk*
f.a.q.	fair average quality *Durchschnittsqualität*
FAQ/FAQs	frequently asked question(s) *häufige Fragen*
FAS	free alongside ship *frei Längsseite Seeschiff*
FCA	free carrier *frei Frachtführer*

FCR	forwarding agent's certificate of receipt *Spediteur-Übernahme-bescheinigung*
FCT	forwarding agent's certificate of transport *Spediteur-Übernahme-bescheinigung*
Fed.	Federal Reserve Bank (USA) *amerikanische Zentralbank*
FIFO	first in first out *Zuerstentnahme der älteren Bestände (Inventurbewertung)*
FOB	free on board *frei an Bord*
FPA	free from particular average *frei von Teilschäden außer im Strandungsfall*
ft. (1')	foot, feet *Fuß*
FTSE	Financial Times Stock Exchange Index *britischer Aktienindex*
GDP	gross domestic product *Bruttoinlandsprodukt*
Gds.	gardens *britische Straßen-bezeichnung*
gm (gr)	gramme (gram) *Gramm*
GNP	gross national product *Bruttosozialprodukt*
HGV	heavy goods vehicle *Lastkraftwagen (Lkw)*
HMS	Her (His) Majesty's Ship (Steamer) *Ihrer (Seiner Majestät) Schiff (Dampfer)*
H.P.	horse power *PS, Pferdestärke*
HP	hire purchase *Ratenkauf*
ICC	institute cargo clauses *Versicherungsbedingungen für Gütertransporte*
i.e.	id est, that is to say *das heißt*
IMO	International Money Order *Internationale Zahlungs-anweisung*
in. (1″)	inch *Zoll*
Inc.	incorporated with limited liability (AE) *GmbH, AG*
incl.	including *einschließlich*
INCOTERMS	international commercial terms *internationale Regeln für die Auslegung handels-üblicher Vertragsformeln*
IOU	"I owe you" *Schuldschein*
kg	kilogram *Kilogramm*
l	litre (-er) *Liter*
lbs (lbs)	pound(s) *Pfund*
L/C (L(s)/C)	letter(s) of credit *Akkreditiv*
LIFO	last in first out *Zuerstentnahme der neuesten Bestände*
Ltd.	limited *mit beschränkter Haftung*
m	metre (-er) *Meter*
mm	millimetre (-er) *Millimeter*
m/d	months after date *Monate nach dato*
Miss	*Anrede einer unverheirateten Frau*
MLR	minimum lending rate *Mindestdiskontsatz*
M.O.	money order *Postanweisung*

Mr	mister *Herr*
M/R	mate's receipt *Empfangsquittung, Bescheinigung, dass sich die Ware an Bord befindet*
Mrs	*Anrede einer verheirateten Frau*
m/s	months after sight *Monate nach Sicht*
Ms	*Anrede einer Frau, ohne anzugeben, ob sie verheiratet ist oder nicht*
MS	motor ship *Motorschiff*
MV	motor vessel *Motorschiff*
No / Nos	number(s) *Nr., Nummer*
O/o	to the order of *an die Order von*
oz (oz(s))	ounce(s) *Unze(n)*
p.a.	per annum *jährlich*
pc (pc(s))	piece(s) *Stück*
pd	paid *bezahlt*
PEP	personal equity plan *personalisierter Anlageplan*
PIN	personal identification number *persönliche Geheimzahl*
plc	public limited company *Aktien-, Kapitalgesellschaft*
p.m.	post meridiem *nachmittags*
P.O. Box	Post Office Box *Postfach*
P.O.	postal order *Postanweisung*
p.o.d.	paid on delivery *bezahlt bei Anlieferung*
pp	per pro(curationem) *im Auftrag; in Vertretung; per Prokura*
ppd	pre-paid *im Voraus bezahlt*
psbr	public sector borrowing requirement *Kreditaufnahmebedarf der öffentlichen Hand*
p.t.o.	please turn over *bitte wenden*
Pty	proprietary company, a private limited company registered in South Africa or Australia *GmbH*
q.v.	quod vide *diesbezüglich siehe*
recd.	received *erhalten*
regd.	registered *eingeschrieben*
R.O.G.	receipt of goods *Erhalt der Waren*
R.P.	reply paid *Antwort bezahlt*
r.p.m.	revolutions per minute *Umdrehungen pro Minute*
rsvp	répondez s'il vous plaît *um Rückantwort wird gebeten*
S/A	statement of account *Kontoauszug*
sgd.	signed *gez., gezeichnet*
Sqr.	square *Platz*
SR&CC	(free from) strikes, riots and civil commotion *(frei von) Streik, Aufruhr und bürgerlichen Unruhen*
STD	Subscriber Trunk Dialling *Selbstwählfernverkehr*

TESSA	Tax Exempt Special Savings Plan *prämienbegünstigte oder steuerbegünstigte Sondersparform*
Through B/L, Thru B/L	through bill of lading *Durchkonnossement*
T.T.	telegraphic transfer *telegrafische Überweisung*
v.	vide *siehe*
VAT	value added tax *Mehrwertsteuer*
WPA	with (particular) average *Teilschaden ist mitversichert*
WB, w/b	waybill (AE) *Frachtbrief*
wt.	weight *Gewicht*
yd.	yard *Yard*

Länderverzeichnis mit Währung und internationaler Geschäftssprache

In den meisten Ländern der Europäischen Gemeinschaft gilt ab dem 01.01.2002 der Euro als offizielles Zahlungsmittel.

D = Deutsch, E = Englisch, F = Französisch, S = Spanisch

Afghanistan – *Afghanistan* 1 Afghani = 100 Puls *1 afghani = 100 puli*	E
Ägypten – *Egypt* 1 ägypt. Pfund = 100 Piaster *1 Egyptian pound = 100 piastres*	E/F
Albanien – *Albania* 1 Lek = 100 Quindarka *1 lek = 100 qindars/qintars*	F/E
Algerien – *Algeria* 1 alg. Dinar = 100 Centimes *1 dinar = 100 centimes*	F
Andorra – *Andorra* franz. Franc/Peseta *French franc/Spanish peseta*	F/S
Angola – *Angola* 1 neuer Kwanza = 100 Lwei *1 kwanza = 100 cents*	E
Antigua und Barbuda *Antigua and Barbuda* 1 ostkaribischer $ = 100 Cents *1 East Caribbean dollar = 100 cents*	E
Argentinien – *Argentina* 1 arg. Peso = 100 Centavos *1 peso = 100 centavos*	S
Armenien – *Armenia* 1 Rubel = 100 Kopeken *1 rouble/ruble = 100 copecks*	E
Äthiopien – *Ethiopia* 1 Birr = 100 Cents *1 Ethiopian birr = 100 cents*	E/F
Australien – *Australia* 1 austr. $ = 100 Cents *1 Australien dollar = 100 cents*	E
Bahamas – *The Bahamas* 1 Bahama-$ = 100 Cents *1 Bahamian dollar = 100 cents*	E
Bahrain – *Bahrain* 1 Bahrain-Dinar = 1000 Fils *1 Bahraini dinar = 1000 fils*	E
Bangladesch – *Bangladesh* 1 Taka = 100 Poisha *1 taka = 100 poisha*	E
Barbados – *Barbados* 1 Barbados-$ = 100 Cents *1 Barbados dollar = 100 cents*	E
Belgien – *Belgium* 1 belg. Franc = 100 Centimes *1 Belgian franc = 100 centimes*	F
Belize – *Belize* 1 Belize-$ = 100 Cents *1 Belize dollar = 100 cents*	E
Bolivien – *Bolivia* 1 Boliviano = 100 Centavos *1 boliviano = 100 centavos*	S
Bosnien-Herzegowina – *Bosnia and Hercegovina* 1 jugosl. Dinar = 100 Para *1 Yugoslavian dinar = 100 paras*	D/F/E
Botswana – *Botswana* 1 Pula = 100 Thebe *1 pula = 100 cents*	E
Brasilien – *Brazil* 1 Real = 100 Centavos *1 cruzeiro = 100 centavos*	E/S
Brunei – *Brunei* 1 Brunei-$ = 100 Cents *1 Brunei dollar = 100 cents*	E
Bulgarien – *Bulgaria* 1 Lew = 100 Stotinki *1 lev = 100 stotinki*	E/F/D
Burundi – *Burundi* 1 Burundi-Franc = 100 Centimes *1 Burundi franc = 100 centimes*	F

Chile – *Chile* S
1 chilen. Peso = 100 Centavos
1 peso = 100 centavos

China, Volksrepublik – E
China, People's Republic of
1 Renminbi Yuan = 10 Jiao
1 yuan = 10 chiao/100 fen

Costa Rica – *Costa Rica* S
1 Costa Rica-Colón = 100 Céntimos
1 colon = 100 centimos

Dänemark – *Denmark* D/E
1 dän. Krone = 100 Øre
1 krone = 100 ore

Deutschland – *Germany* D
1 Deutsche Mark = 100 Pfennige
1 deutschmark = 100 pfennigs

Dominica – *Dominica* E
1 ostkarib. $ = 100 Cents
1 East Caribbean dollar = 100 cents

Dominikanische Republik – S
Dominican Republic
1 dominikanischer Peso = 100 Centavos
1 peso = 8 reals/100 centavos

Dschibuti – *Djibouti* F
1 Dschibuti-Franc = 100 Centimes
1 Djibouti franc = 100 centimes

Ekuador – *Ecuador* S
1 Sucre = 100 Centavos
1 sucre = 100 centavos

Elfenbeinküste – *Ivory Coast* F
1 CFA-Franc = 100 Centimes
1 CFA franc = 100 centimes

El Salvador – *El Salvador* S
1 Salvador-Colón = 100 Centavos
1 colon = 100 centavos

Estland – *Estonia* E/D
1 estn. Krone = 100 Senti
1 Estonian krone = 100 sinti

Europa – *Europe*
1 Euro = 100 Cent
1 euro = 100 cents

Fidschi – *Fiji* E
1 Fidschi-$ = 100 Cents
1 Fiji dollar = 100 cents

Finnland – *Finland* E/D
1 Finnmark = 100 Penniä
1 markka = 100 pennia

Frankreich – *France* F
1 franz. Franc = 100 Centimes
1 franc = 100 centimes

Gabun – *Gabon* F
1 CFA-Franc = 100 Centimes
1 CFA franc = 100 centimes

Gambia – *Gambia* E
1 Dalasi = 100 Butut
1 dalasi = 100 butut

Georgien – *Georgia* E/D/F
1 Rubel = 100 Kopeken
1 rouble/ruble = 100 copecks

Ghana – *Ghana* E
1 Cedi = 100 Pasewas
1 cedi = 100 pasewas

Grenada – *Grenada* E
1 ostkaribischer $ = 100 Cents
1 East Caribbean dollar = 100 cents

Griechenland – *Greece* E/D/F
Drachme = 100 Lepta
drachma

Großbritannien – *United Kingdom* E
1 Pfund Sterling = 100 Pence
1 pound sterling = 100 pence

Guatemala – *Guatemala* S
1 Quetzal = 100 Centavos
1 quetzal = 100 centavos

Guinea – *Guinea* F
1 Guinea-Franc = 100 Cauris
1 Guinea franc = 100 cauris

Guyana – *Guyana* E
1 Guyana-$ = 100 Cents
1 Guyana dollar = 100 cents

Haiti – *Haiti* F
1 Gourde = 100 Centimes
1 gourde = 100 centimes

Honduras – *Honduras* S
1 Lempira = 100 Centavos
1 lempira = 100 centavos

Indien – *India* E
1 indische Rupie = 100 Paise
1 rupee = 100 paise

Indonesien – *Indonesia* E
1 Rupiah = 100 Sen
1 rupiah = 100 sen

Irak – *Iraq* E
1 Irak-Dinar = 1000 Fils
1 Iraqi dinar = 1000 fils

Iran – *Iran* E/F/D
1 Rial = 100 Dinar
1 rial = 100 sen

Irland – *Ireland, Republic of* E
1 irisches Pfund = 100 Pence
1 punt = 100 pence

Island – *Island* E/D
1 isländ. Krone = 100 Aurar
1 krona = 100 aurar

Israel – *Israel* E
1 Schekel = 100 Agorot
1 shekel = 100 agorot

Italien – *Italy* E/F
Lira
lira

Jamaika – *Jamaica* E
1 Jamaika-$ = 100 Cents
1 Jamaican dollar = 100 cents

Japan – *Japan* E
1 Yen = 100 Sen
1 yen = 100 sen

Jemen – *Yemen* E
1 Rial = 100 Fils
1 rial = 100 fils

Jordanien – *Jordan* E
1 Jordan-Dinar = 1000 Fils
1 dinar = 1000 fils

Jugoslawien – *Yugoslavia* E/D/F
1 jugosl. Dinar = 100 Para
1 dinar = 100 paras

Kambodscha – *Kampuchea* F
1 Riel = 100 Sen
1 riel = 100 sen

Kamerun – *Cameroon* F/E
1 CFA-Franc = 100 Centimes
1 CFA franc = 100 centimes

Kanada – *Canada* E/F
1 kanad. $ = 100 Cents
1 Canadian dollar = 100 cents

Kasachstan – *Kazakhstan* E
1 Tumen = 1 Rubel
1 tumen = 1 rouble/ruble

Katar – *Qatar* E
1 Katar-Riyal = 100 Dirham
1 Qatar riyal = 100 dirham

Kenia – *Kenya* E
1 Kenya-Shilling = 100 Cents
1 shilling = 100 cents

Kirgistan – *Khirgizia* E
1 Som = 100 Tyin
1 som = 100 tyin

Kiribati – *Kiribati (Gilbert Islands)* E
1 austral. $ = 100 Cents
1 Australian dollar = 100 cents

Kolumbien – *Colombia* S
1 kolumb. Peso = 100 Centavos
1 peso = 100 centavos

Komoren – *Comoro Islands* F
1 Komoren-Franc = 100 Centimes
1 Comoro franc = 100 centimes

Kongo – *Congo* F
1 CFA-Franc = 100 Centimes
1 CFA franc = 100 centimes

Korea-Nord – *North Korea* E
1 Won = 100 Chon
1 won = 100 jon/chon

Korea-Süd – *South Korea* E
1 Won = 100 Chon
1 won = 100 jon/chon

Kroatien – *Croatia* D/E/F
1 kroat. Dinar = 100 Para
1 Croatian dinar = 100 para

Kuba – *Cuba* S
1 kuban. Peso = 100 Centavos
1 Cuban peso = 100 centavos

Kuwait – *Kuwait* E
1 Kuwait-Dinar = 10 Dirham
1 dinar = 1000 fils

Laos – *Laos* F
1 Kip = 100 At
1 kip = 100 at

Lesotho – *Lesotho* E
1 Loti = 100 Cisente
1 maloti = 100 lisente

Lettland – *Latvia* E/D
Lettischer Rubel
Latvian rouble/ruble

Libanon – *Lebanon* F/E
1 liban. Pfund = 100 Piaster
1 Lebanese pound = 100 piastres

Liberia – *Liberia* E
1 Liberia-$ = 100 Cents
1 Liberian dollar = 100 cents

Libyen – *Libya* E/F
1 libyscher Dinar = 1000 Dirham
1 Libyan dinar = 1000 dirhams

Liechtenstein – *Liechtenstein* D
1 Schweizer Franken = 100 Rappen
1 Swiss franc = 100 rappen

Litauen – *Lithuania* E/D
1 Litas = 100 Centas
1 litas = 100 centas

Luxemburg – *Luxembourg* F/D
1 lux. Franc = 100 Cents
1 Luxembourg franc = 100 centimes

Madagaskar – *Madagascar* F
1 Madagaskar-Franc = 100 Centimes
1 Malagasy franc = 100 centimes

Malawi – *Malawi* E
1 Kwacha = 100 Tambala
1 kwacha = 100 tambala

Malaysia – *Malaysia* E
1 Ringgit = 100 Sen
1 ringgit = 100 cents

Malediven – *Maldive Islands* E
1 Rufiyaa = 100 Laari
1 rupee = 100 paise

Mali – *Mali* F
1 CFA-Franc = 100 Centimes
1 CFA franc = 100 centimes

Malta – *Malta* E
1 maltes. Pfund = 100 Cents
1 Maltese pound = 100 cents

Marokko – *Morocco* F/S
1 Dirham = 100 Centimes
1 dirham = 100 centimes

Mauretanien – *Mauritania* F
1 Ouguiya = 5 Khoums
1 ouguiya = 5 khoums

Mauritius – *Mauritius* E
1 Mauritius-Rupie = 100 Cents
1 Mauritian rupee = 100 cents

Mazedonien – *Macedonia* E/D/F
Denar (Übergangswährung)
denar

Mexiko – *Mexico* S
1 mex. Peso = 100 Centavos
1 Mexican peso = 100 centavos

Mikronesien – *Micronesia* E
1 US $ = 100 Cents
1 US dollar = 100 cents

Moldawien – *Moldavia* E
1 Rubel = 100 Kopeken
1 rouble/ruble = 100 copecks

Monaco – *Monaco* F
1 franz. Franc = 100 Centimes
1 French franc = 100 centimes

Mongolei – *Mongolia* E
1 Tugrik = 100 Mongo
1 tugrek = 100 möngös

Mosambik – *Mozambique* E
1 Metical = 100 Centavos
1 metical = 100 centavos

Myanmar (Burma) – *Myanmar (Burma)* E
1 Kyat = 100 Pyas
1 kyat = 100 pyas

Namibia – *Namibia* E
1 südafr. Rand = 100 Cents
1 South African rand = 100 cents

Nepal – *Nepal* E
1 nepal. Rupie = 100 Paisa
1 Nepalese rupee = 100 paisa

Neuseeland – *New Zealand* E
1 Neuseeland-Dollar = 100 Cents
1 New Zealand dollar = 100 Cents

Nicaragua – *Nicaragua* S
1 Córdoba = 100 Centavos
1 cordoba = 100 centavos

Niederlande – *The Netherlands* E/D/F
1 holl. Gulden = 100 Cents
1 guilder = 100 cents

Niger – *Niger* E
1 CFA-Franc = 100 Centimes
1 CFA franc = 100 centimes

Nigeria – *Nigeria* E
1 Naira = 100 Kobo
1 naira = 100 kobo

Norwegen – *Norway* E/D
1 norw. Krone = 100 Öre
1 krone = 100 öre

Oman – *Oman* E
1 Rial Omani = 1000 Baizas
1 Omani rial = 1000 baizas

Österreich – *Austria* D
1 öst. Schilling = 100 Groschen
1 schilling = 100 groschen

Pakistan – *Pakistan* E
1 pakist. Rupie = 100 Paisa
1 Pakistan rupee = 100 paise

Panama – *Panama* S
1 Balboa = 100 Centésimos
1 balboa = 100 centesimos

Paraguay – *Paraguay* S
1 Guarani = 100 Céntimos
1 guarani = 100 centimos

Peru – *Peru* S
1 Nuevo Sol = 100 Céntimos
1 inti/sol = 100 centavos

Philippinen – *Philippines* E/S
1 phil. Peso = 100 Centavos
1 peso = 100 centavos

Polen – *Poland* E/D/F
1 Zloty = 100 Groszy
1 zloty = 100 groszy

Portugal – *Portugal* E/S
1 Escudo = 100 Centavos
1 escudo = 100 centavos

Rumänien – *Romania* D/E/F
1 Leu = 100 Bani
1 leu/lei = 100 bani

Russland – *Russia* E/D/F
1 Rubel = 100 Kopeken
1 rouble/ruble = 100 copecks

Rwanda – *Rwanda* F
1 Rwanda-Franc = 100 Centimes
1 Rwandan franc = 100 centimes

Saint Kitts und Nevis – *St. Kitts and Nevis* E
1 ostkarib. $ = 100 Cents
1 East Caribbean dollar = 100 cents

Saint Vicente/Grenadinen – *St. Vincent/Grenadines* E
1 ostkarib. $ = 100 Cents
1 East Caribbean dollar = 100 cents

Salomonen – *Solomon Islands* E
1 Salomon-$ = 100 Cents
1 Solomon dollar = 100 cents

Sambia – *Zambia* E
1 Kwacha = 10 Ngwee
1 kwacha = 10 ngwee

Samoa – *Samoa* E
1 Tala = 100 Sene
1 tala = 100 sene

San Marino – *San Marino* E
ital. Lira
Italian lira

Santa Lucia – *Santa Lucia* E
1 ostkarib. $ = 100 Cents
1 East Caribbean dollar = 100 cents

São Tomé und Principe – *Sao Tome and Principe* E
1 Dobra = 100 Céntimos
1 dobre = 100 centimos

Saudi-Arabien – *Saudi Arabia* E
1 Saudi-Riyal = 20 Qirshes
1 riyal = 20 qirshes

Schweden – *Sweden* E/D
1 schwed. Krone = 100 Öre
1 krona = 100 öre

Schweiz – *Switzerland* D/F/E
1 Schweizer Franken = 100 Rappen
1 Swiss franc = 100 rappen

Senegal – *Senegal* F
1 CFA-Franc = 100 Centimes
1 CFA franc = 100 centimes

Seychellen – *Seychelles* E
1 Seychellen-Rupie = 100 Cents
1 rupee = 100 cents

Sierra Leone – *Sierra Leone* E
1 Leone = 100 Cents
1 leone = 100 cents

Simbabwe – *Zimbabwe* E
1 Zimbabwe-$ = 100 Cents
1 Zimbabwe dollar = 100 cents

Singapur – Singapore E
1 Singapur-$ = 100 Cents
1 Singapore dollar = 100 cents

Slowakei – *Slovakia* D/E
1 slow. Krone = 100 Haleru
1 Slovakian koruna = 100 haleru

Slowenien – *Slovenia* D/E
Tolar
tolar

Somalia – *Somalia* E
1 Somalia-Shilling = 100 Cents
1 Somali shilling = 100 cents

Spanien – *Spain* S
Peseta
peseta

Sri Lanka – *Sri Lanka* E
1 Sri-Lanka-Rupie = 100 Cents
1 Sri Lanka rupee = 100 cents

Südafrika – *South Africa* E
1 Rand = 100 Cents
1 rand = 100 cents

Sudan – *Sudan* E
1 sud. Pfund = 100 Piaster
1 Sudanese pound = 100 piastres

Surinam – *Surinam* E
1 Surinam-Gulden = 100 Cents
1 Surinam guilder = 100 cents

Swasiland – *Swaziland* 1 Lilangeni = 100 Cents *1 lilangeni = 100 cents*	E
Syrien – *Syria* 1 syrisches Pfund = 100 Piaster *1 pound = 100 piastres*	F/E
Taiwan – *Taiwan* 1 Taiwan-$ = 100 Cents *1 Taiwanese dollar = 100 cents*	E
Tadschikistan – *Tadzhikistan* 1 Rubel = 100 Kopeken *1 rouble/ruble = 100 copecks*	E
Tansania – *Tanzania* 1 Tansania-Shilling = 100 Cents *1 shilling = 100 cents*	E
Thailand – *Thailand* 1 Baht = 100 Satang *1 baht = 100 satang*	E
Togo – *Togo* 1 CFA-Franc = 100 Centimes *1 CFA franc = 100 centimes*	F
Tonga – *Tonga* 1 La'anga = 100 Jeniti *1 pa'anga = 100 senik*	E
Trinidad und Tobago *Trinidad and Tobago* 1 Trin. u. Tob. $ = 100 Cents *1 Trinidad dollar = 100 cents*	E
Tschad – *Chad* 1 CFA-Franc = 100 Centimes *1 CFA franc = 100 centimes*	F
Tschechische Republik – *Czech Republic* 1 tsch. Krone = 100 Halern *1 Czech koruna = 100 haleru*	D/E/F
Tunesien – *Tunisia* 1 tunes. Dinar = 1000 Millimes *1 dinar = 1000 millimes*	F
Türkei – *Turkey* 1 türkische Lira = 100 Kurus *1 Turkish lira = 100 kurus*	F/D/E
Turkmenistan – *Turkmenistan* 1 Rubel = 100 Kopeken *1 rouble/ruble = 100 copecks*	E
Uganda – *Uganda* 1 Uganda-Shilling = 100 Cents *1 Ugandan shilling = 100 cents*	E
Ukraine – *Ukraine* 1 Karbowanez = 1 Rubel *1 karbovanez = 1 rouble/ruble*	E/D/F
Ungarn – *Hungary* 1 Forint = 100 Filler *1 forint = 100 filler*	D/E
Uruguay – Uraguay 1 urug. Peso = 100 Centavos *1 peso = 100 centesimos*	S
Usbekistan – *Uzbekistan* 1 Rubel = 100 Kopeken *1 rouble/ruble = 100 copecks*	E
Vatikanstadt – *Vatican City* ital. Lira = 100 Centesimi *Italian lira*	E/F/D/S
Venezuela – *Venezuela* 1 Bolivar = 100 Céntimos *1 bolívar = 100 centimos*	S
Vereinigte Arabische Emirate *United Arab Emirates* 1 Dirham = 100 Fils *1 dirham = 100 fils*	E
Vereinigte Staaten von Amerika (USA) *United States of America* 1 US-$ = 100 Cents *1 dollar = 100 cents*	E
Vietnam – *Vietnam* 1 Dong = 10 Hào = 100 Xu *1 dong = 10 hao = 100 xu*	F/E
Weißrussland – *Belarus (White Russia)* 1 Rubel = 100 Kopeken *1 rouble/ruble = 100 copecks*	E/D/F
Zaire – *Zaire* 1 Zaire = 100 Makuta *1 zaire = 100 makuta*	F
Zentralafrikanische Republik *Central African Republic* 1 CFA-Franc = 100 Centimes *1 CFA franc = 100 centimes*	F
Zypern – *Cyprus* 1 Zypern-Pfund = 100 Cents *1 Cyprus pound = 100 cents*	E

Britische und amerikanische Maße und Gewichte

Längenmaße

1 Inch	= 2,54 cm	
1 foot	= 12 inches	= 30,48 cm
1 yard	= 3 feet	= 91,44 cm
1 (statute) mile		
	= 1760 yards	= 1,609 km

Nautische Maße

1 fathom	= 6 feet	= 1,829 m
1 nautical mile		
	= 1,852 km	

Britische Hohlmaße

Trocken- und Flüssigkeitsmaße

1 gill	= 0,142 l	
1 pint	= 4 gills	= 0,568 l
1 quart	= 2 pints	= 1,136 l
1 gallon	= 4 quarts	= 4,5459 l
1 quarter	= 64 gallons	= 290,935 l

Trockenmaße

1 peck	= 2 gallons	= 9,092 l
1 bushel	= 4 pecks	= 36,368 l

Flüssigkeitsmaße

1 barrel	= 36 gallons	= 163,656 l

Amerikanische Hohlmaße

Trockenmaße

1 pint	= 0,5506 l	
1 quart	= 2 pints	= 1,1012 l
1 gallon	= 4 quarts	= 4,405 l
1 peck	= 2 gallons	= 8,8096 l
1 bushel	= 4 pecks	= 35,2383 l

Flüssigkeitsmaße

1 gill	= 0,1183 l	
1 pint	= 4 gills	= 0,4732 l
1 quart	= 2 pints	= 0,9464 l
1 gallon	= 4 quarts	= 3,7853 l
1 barrel	= 31,5 gallons	
	= 119,228 l	
1 barrel petroleum		
	= 42 gallons	= 158,97 l

Flächenmaße

1 square inch	= 6,452 cm^2	
1 square foot	= 144 square inches	
	= 929,029 cm^2	
1 square yard	= 9 square feet	
	= 8361,26 cm	
1 acre	= 4840 square yards	
	= 4046,8 m^2	
1 square mile	= 640 acres	
	= 259 ha	= 2,59 km

Handelsgewichte

1 grain	= 0,0648 g	
1 dram	= 27,3438 grains	
	= 1,772 g	
1 ounce	= 16 drams	= 28,35 g
1 pound	= 16 ounces	= 453,59 g
1 hundredweight	= 1 quintal	
Brit.	= 112 pounds	
	= 50,802 kg	
Am.	= 100 pounds	
	= 45,359 kg	
1 long ton		
Brit.	= 20 hundredweight	
	= 1016,05 kg	
1 long ton		
Am.	= 20 hundredweight	
	= 907,185 kg	
1 stone	= 14 pounds	= 6,35 kg
1 quarter		
Brit.	= 28 pounds	
	= 12,701 kg	
Am.	= 25 pounds	
	= 11,339 kg	

Raummaße

1 cubic inch	= 16,387 cm^3
1 cubic foot	= 1728 cubic inches
	= 0,02832 m^3
1 cubic yard	= 27 cubic feet
	= 0,7646 m^3

Register

Alphabetisches Register

A

B

C

D

E

F

G

H

I

J

K

L

M

N

O

P

Q

R

S

T

U

V

W

Z